A GUERRA CIVIL ESPANHOLA

Francisco J. Romero Salvadó

A GUERRA CIVIL ESPANHOLA

Tradução:
Barbara Duarte

ZAHAR
Jorge Zahar Editor
Rio de Janeiro

Em memória de meus avôs,
José Romero Prats e Cipriano Salvadó Solsona

Título original:
The Spanish Civil War

Tradução autorizada da primeira edição inglesa, publicada
em 2005 por Palgrave Macmillan, de Hampshire, Inglaterra,
uma divisão de Macmillan Publishers Limited

Jorge Zahar Editor Ltda.
rua México 31 sobreloja
20031-144 Rio de Janeiro, RJ
tel.: (21) 2108-0808 / fax: (21) 2108-0800
e-mail: jze@zahar.com.br
site: www.zahar.com.br

Projeto gráfico e composição: Letra e Imagem
Capa: Ségio Campante
Foto de capa: © Hulton-Deutsch Collection / Corbis

CIP-Brasil. Catalogação-na-fonte
Sindicato Nacional dos Editores de Livros, RJ

Romero Salvadó, Francisco J., 1960-
R672g A Guerra Civil Espanhola / Francisco J. Romero Salvadó; tradução Barbara Duarte. — Rio de Janeiro: Jorge Zahar Ed., 2008.
il.

Tradução de: The Spanish Civil War
Inclui índice
ISBN 978-85-378-0093-5

1. Espanha – História – Guerra civil, 1936-1939. I. Título.

CDD: 946.081
08-2796 CDU: 94(460)"1936/1939"

SUMÁRIO

PREFÁCIO

Mais de 70 anos após o seu término, a Guerra Civil Espanhola continua a exercer um fascínio particular. Milhares de artigos, dissertações, romances, documentários e filmes inspirados nesse conflito testemunham seu impacto duradouro e colocam seu estudo no mesmo patamar de outros grandes acontecimentos do século XX: a Revolução Russa, a ascensão e queda do Terceiro Reich e a Segunda Guerra Mundial.

A Guerra Civil Espanhola foi principalmente um conflito local, uma tentativa brutal de resolver, por meios militares, um grande número de questões sociais e políticas que dividiram os espanhóis por várias gerações. Temas como reforma agrária, centralismo *versus* autonomia regional e papel da Igreja Católica e das Forças Armadas em uma sociedade moderna atingiram um ponto crítico com a tentativa de golpe militar, em julho de 1936, que precipitou a Guerra Civil. Esses cruéis três anos de luta fratricida foram uma experiência traumática que afetou diretamente a vida de famílias e colocou irmãos em lados opostos do combate. Os nacionalistas triunfantes garantiram a duração desse clima de ódio e divisão por 40 anos.

A guerra não foi, no entanto, somente um conflito local, mas também transcendeu barreiras nacionais e suscitou paixões e debates repletos de ressentimento pela Europa. Todas as grandes potências intervieram e determinaram, em grande medida, o curso e o resultado do conflito. A União Soviética apoiou a República não por solidariedade ideológica, mas como tentativa de construir uma aliança internacional contra o fascismo. Antes da *Anschluss* com a Áustria e a crise dos Sudetos na Tchecoslováquia, em 1938, a Espanha era um exemplo óbvio do falso contexto de paz no Ocidente. Todas as evidências de flagrante envolvimento das potências fascistas na Espanha – inclusive o bombardeio em massa contra cidades e o indiscriminado ataque a navios mercantes – foram ignoradas. Stálin aprendeu a lição da estratégia ocidental e, em agosto de 1939, assinou o Pacto de Não-Intervenção com a Alemanha nazista, que tornou a guerra no continente quase inevitável.

Foi, contudo, o apelo popular que concedeu à Guerra Civil Espanhola um romantismo especial. Em 1936, a Espanha era um microcosmo que sintetizava a ferocidade, o radicalismo e a polarização de uma era. Nenhum outro conflito despertou a tal ponto a paixão de cidadãos e artistas. Obras como *Guernica* de Pablo Picasso, *Por quem os sinos dobram* de Ernest Hemingway (mais tarde filmado em Hollywood, com Gary Cooper no papel principal), *Homenagem à Catalunha* de George Orwell e *A esperança* de André Malraux se tornaram clássicas. Até no lendário filme *Casablanca*, o aventureiro Rick (interpretado por Humphrey Bogart) confessa que, antes de se estabelecer em Marrocos, lutou pela República na Espanha.

Apesar da alta reputação de poetas, artistas e escritores, eles representaram somente uma pequena minoria da multidão de voluntários combatentes na Espanha. Os partidários dos nacionalistas acreditavam que sua luta era em defesa da civilização cristã contra a barbárie comunista. Já para os milhões de voluntários que lutaram pela República, a Espanha representava a "última grande causa" – a resistência final contra as forças aparentemente invencíveis do fascismo e da reação política que arrebatou o continente nos anos entreguerras.

A Guerra Civil Espanhola está longe de se ter esgotado como tema e ainda é assunto de análise e debate amplos. Durante 40 anos, seu estudo fez parte da longa e amarga "guerra de palavras" característica do regime franquista. Na Espanha, os apologistas da ditadura retratavam a rivalidade fratricida como cruzada heróica contra os suspeitos habituais: maçons, comunistas, judeus e separatistas. Contudo, os derrotados também forneceram uma visão maniqueísta na qual a guerra era explicada como a opressão do povo espanhol por uma minoria de clérigos, generais e capitalistas. Certamente, em função das suas divisões da época e das recriminações mútuas que se seguiram, os republicanos nunca puderam apresentar a imagem monolítica e homogênea encarnada pelos nacionalistas. Somente no exterior a tragédia espanhola pôde ser analisada com certo grau de objetividade. No entanto, embora os estudiosos pudessem escrever sem a censura existente na Espanha, suas conclusões viram-se limitadas pela falta de acesso a fontes primárias.

Só a partir do final dos anos 1970, após a morte de Franco e o desmantelamento de sua ditadura, uma profusão de estudos acadêmicos foi capaz de corrigir as distorções históricas do legado franquista. Essa inovadora historiografia confirmou a complexidade, a riqueza e a profundidade da Guerra Civil Espanhola. Com base na grande quantidade de monografias e fontes primárias impressas, este livro busca proporcionar um estudo analítico atualizado e oferecer ao leitor um caminho claro por meio do qual o autor inglês Gerald Brenan classificou como "Labirinto Espanhol", e o escritor austríaco Franz Borkenau, em seu testemunho da guerra, nomeou de "Arena Espanhola". Um dos objetivos cruciais deste livro é desvendar mitos, manipulações e conclusões fáceis que acompanharam muitas vezes esse assunto fascinante. Certamente, em função de seu campo de ação, muitas questões interessantes (problemas de gênero, a vida diária por trás das linhas de frente, a experiência social dos grupos etc.) não podem ser abordadas com profundidade, e o legado cruel da Guerra Civil será tratado, de forma sintética, somente no epílogo. Para facilitar a compreensão dos acontecimentos, foi adotada a ordem cronológica.

Este trabalho enfatiza em particular o início do conflito. Muitos estudos começam a análise da Guerra Civil Espanhola no verão de 1936 ou fazem em geral um breve exame dos anos da Segunda República (1931–1936). Na verdade, as origens da tragédia espanhola estão bem mais enraizadas na história do país. No máximo, seria possível afirmar que as sementes do conflito foram plantadas durante o meio século de existência do regime anterior, na Monarquia Bourbon restaurada, de dezembro de 1874 a abril de 1931. O radicalismo político, a revolta social e o intervencionismo pretoriano na Espanha dos anos 1930 foram a herança que as classes dirigentes monarquistas receberam da era da Restauração – e não conseguiram promover internamente a reforma democrática. A persistência do governo oligárquico tradicional – quando confrontado com a emergência da política de massas e as demandas de setores então recentemente mobilizados da população – deu início a uma época de conflito social armado e a uma polarização política quase sem precedentes, levando à substituição do regime liberal por uma ditadura militar, em 1923, e à queda da própria Monarquia, oito anos depois.

Embora o curso da guerra seja o tema central do presente estudo, esta obra refuta qualquer idéia de determinismo histórico e de inevitabilidade do conflito. Desse modo, a despeito das afirmações dos oficiais rebeldes, a guerra não foi inevitável, mas produto de um golpe ilegal e de seu posterior fracasso parcial. Apesar de todos os erros cometidos pela classe governante republicana, os pretextos dos conspiradores para justificar sua rebelião eram inaceitáveis. Certamente, em 1936, ocorriam tumultos sociais e violência nas ruas. No entanto, a situação não era necessariamente pior do que em outras épocas da Monarquia. Além disso, como na ascensão fascista ao poder na Itália e na Alemanha, o colapso da ordem pública foi em grande medida causado por baderneiros de direita. Ainda mais absurda foi a sugestão, difundida por elementos próximos à insurreição militar, de que oficiais do Exército agiram para impedir uma intimidadora conspiração comunista internacional; na verdade, segundo a evidência dos primeiros dias da Guerra Civil, era claro que as diferentes milícias republicanas, dos comunistas à Confederação Nacional do Trabalho (CNT), não tinham armas, treinamento militar e sequer o desejo de tomar o poder de Estado.

Muitos textos consideram a deflagração das hostilidades como prova da falência da República; o contrário é verdadeiro. O sucesso da República foi corroborado pela derrota do levante militar em quase dois terços do continente espanhol. Com algumas notáveis exceções, a rebelião só teve êxito nas áreas que tinham votado tradicionalmente a favor dos partidos de direita. Ao contrário de muitos outros países europeus, cujos sistemas constitucionais foram derrubados com relativa facilidade por forças de extrema direita, a República reagiu e lutou, e foram necessários 33 meses de embate brutal para que sua resistência fosse esmagada.

Este livro se concentra nos dois campos em guerra. Entretanto, a visão monolítica de uma Espanha cruelmente dividida é enganosa. Como Paul Preston, Enrique Moradiellos e outros autores em suas recentes análises demonstraram, a maioria dos espanhóis não queria a guerra. Pelo contrário, foram surpreendidos pelo horror e pela tragédia diante de seus olhos. Na maior parte dos casos, a geografia determinava de que lado cada um lutaria. Além disso, como Hugh Thomas observou em seu estudo pioneiro sobre a Guerra Civil, não existiam duas, mas mil Espanhas no verão de 1936. Após o fracasso do golpe, a luta fratricida não foi um choque entre dois campos claramente homogêneos, mas uma variedade de amargos conflitos locais.

Busca-se aqui traçar também uma descrição comparativa da evolução nos dois campos, em particular o da repressão e o da organização interna. Com referência à repressão, todas as guerras civis, como provaram os conflitos recentes nos Bálcãs e no Leste europeu, são extremamente cruéis. A arena espanhola não foi diferente. Ambos os lados ofereceram um espetáculo igualmente vergonhoso de perseguição e assassinato de milhares de compatriotas espanhóis. O campo nacionalista não era a "cidade de Deus" descrita por Bishop Enrique Pla, mas estava dominado pelo obscurantismo e pelo fanatismo religioso que lembravam os piores momentos da Espanha da Inquisição. Por sua vez, na Espanha republicana, padres e proprietários eram caçados e mortos.

Membros de minha família enfrentaram a brutalidade de ambos os lados. Porém, tiveram mais sorte que muitos outros. Meu avô paterno, José Romero Prats, sabendo que patrulhas da Federação Anarquista Ibérica (FAI) o investigavam, precisou passar grande parte da guerra escondido numa sala de cinema, no andar de baixo de seu apartamento. Seu "crime" foi ter sido secretário da Prefeitura de Valência durante a Monarquia. Anarquistas prenderam seu cunhado, Manuel Pérez, juiz que foi salvo pela rápida mobilização da família. Um primo distante e membro influente de uma das muitas milícias de rua descobriu onde ele estava preso e conseguiu libertá-lo de seus captores. Manuel Pérez escapou, não antes de ser espancado a ponto de ficar inválido pelo resto da vida. Meu avô materno, Cipriano Salvadó Solsona, lutou durante três anos no Exército Republicano da Catalunha e, como milhões de seus companheiros, fugiu pela fronteira no início de 1939, indo parar em um campo de concentração francês, do qual escapou poucos meses depois para voltar à Espanha. Após cruzarem os Pireneus a pé, ele e seus colegas logo desfrutaram do gosto de uma nova ordem quando foram importunados e tiveram seus poucos pertences roubados por um grupo de falangistas. Para eles, o grupo de meu avô não só fazia parte do derrotado Exército comunista, mas também era a "escória da Catalunha"! Ainda assim, não foram executados, e a diversão dos falangistas se limitou a insultá-los e forçá-los a cantar, fazendo continência, o hino falangista, "Cara al Sol".

Nenhum partido político de qualquer campo poderia alegar inocência com relação ao banho de sangue ocorrido em quase todos os cantos da Espanha. Não é mais possível transferir toda a culpa aos criminosos e chamá-los de *descontrolados*. O recente livro de Jorge Reverte sobre o cerco de Madri, por exemplo, fornece evidências terríveis do conluio entre anarquistas e a Juventude Socialista no extermínio de centenas de prisioneiros nacionalistas que deveriam ser transferidos para outras prisões fora da capital sitiada, no final de 1936. No entanto, havia uma diferença vital nas ondas de terror realizadas por ambos os lados.

Desde o início, algumas vozes na Espanha republicana, inclusive a do presidente Azaña, expressavam arrependimento pelas matanças e exigiam seu fim. A recriação do Estado republicano acabou efetivamente com esse tipo brutal de governo mafioso, no início de 1937, que só reapareceria depois que o aparato governamental republicano entrou em colapso, nos últimos meses da guerra. Em contraposição, a carnificina nunca diminuiu na Espanha nacionalista. No mínimo, piorou com o tempo. A vigilância poderia ter sido efetivamente limitada, se não completamente eliminada, pelos comandantes militares. Entretanto, eles não conseguiram fazer isso, e até incentivaram a violência. Como a maioria era formada por oficiais coloniais, eles simplesmente colocavam em prática os métodos brutais que haviam aprendido nos anos de campanhas cruéis contra "nativos não civilizados" em Marrocos: o inimigo tinha de ser exterminado e a população potencialmente hostil devia ser paralisada pelo puro terror. Por sua vez, a Igreja Católica abençoou a orgia de sangue, já que, para ela, os nacionalistas estavam engajados em uma cruzada santa contra os perversos hereges da "anti-Espanha".

Com relação à evolução e à organização dos dois campos, esse trabalho se concentra em como a ascensão ao poder do general Franco e de Largo Caballero (e mais tarde de Negrín) e a resolução de diferenças internas na primavera de 1937 (os nacionalistas em abril, em Salamanca, e os republicanos um mês depois, em Barcelona) podem ser vistas como tentativas paralelas, de ambos os lados, de centralizar, coordenar e mobilizar todos os recursos humanos e materiais a sua disposição para alcançar a vitória.

Isso se mostrou mais fácil para os nacionalistas. Apesar de seus diferentes objetivos, existia uma tradição de colaboração entre as diferentes forças da direita. Elas compartilhavam valores autoritários como a "fascistização" empreendida durante os anos 1930 – e o acordo tácito de subordinar suas atividades à autoridade do Exército facilitou a tarefa. Em contraposição, a rivalidade que historicamente contaminou a esquerda continuou com força total até os últimos dias da guerra. O campo republicano nunca chegou ao consenso de objetivos e aos esforços alcançados do lado oposto. Os objetivos concorrentes do governo central com relação aos das administrações basca e catalã, a tradicional aversão da esquerda ao militarismo e à centralização, e os confrontos entre reformistas e revolucionários, marxistas e libertários, entre outros aspectos, fragmentaram as diferentes forças que lutavam pela República, e nunca foram satisfatoriamente equacionados.

A uniformidade alcançada pela disciplina pretoriana sobre seu eleitorado político proporcionou aos nacionalistas uma clara vantagem. Franco pôde formar um Exército eficiente, uma retaguarda unificada, um Estado e uma economia relativamente coesos e centralizados para travar seu esforço de guerra.

No entanto, é somente parte da história explicar a implosão definitiva da República e sua rendição com base no conflito interno. Este livro ressalta como a ligação entre a realidade local e o contexto internacional também foi uma razão crucial para a decisiva vitória de Franco. A intervenção externa e a chamada "não-intervenção" determinaram, em grande parte, o curso e o resultado da guerra. Mesmo no início, em julho de 1936, somente a oportuna ponte aérea ítalo-alemã do Exército da África de Franco transformou um golpe fracassado em marcha bem-sucedida em direção a Madri. Do mesmo modo, a chegada da ajuda soviética e a mobilização, pelo Comintern, de milhares de voluntários no outono de 1936 salvaram a capital espanhola e contribuíram para prolongar a guerra.

Nunca se deve esquecer de que uma guerra é travada com tanques, aviões e balas. Para a Espanha, país sem indústria de armamentos significativa, a aquisição regular de armas no exterior foi crucial. É portanto absurdo insistir no antigo clichê de que a perfídia de Stálin foi responsável pela derrota da República. Certamente a intervenção da União Soviética na Espanha não teve razões altruístas. A URSS foi bem paga por seus serviços e tentou impor um projeto político favorável a seus próprios interesses no interior do campo republicano. Todavia, era a única grande potência que, durante todo o conflito, estava preparada para vender armas à República e enviar-lhe conselheiros militares. Sem as armas e o apoio soviéticos para mobilizar os recursos financeiros da República, a guerra teria terminado bem mais cedo.

As bombas e as tropas fascistas, associadas à hipocrisia ocidental, ditaram o resultado definitivo da tragédia espanhola. Além disso, a terrível conclusão que surge a partir da análise de fontes italianas e alemãs é que nenhuma das ditaduras fascistas estava disposta a arriscar um confronto maior com relação à Espanha. Se as potências ocidentais agissem com uma autêntica imparcialidade, o confronto poderia ter terminado de modo muito diferente, não certamente com a vitória total de Franco.

É revelador que tanto Azaña como Negrín tenham culpado a Grã-Bretanha, e não o Eixo, pela derrota republicana. O governo Baldwin ignorou a princípio a flagrante intervenção italiana na Espanha e mais tarde autorizou a monstruosa farsa do Pacto de Não-Intervenção, que colocava o governo legítimo da Espanha em pé de igualdade com os rebeldes do Exército e também impunha de vez um embargo unilateral de armas. Em seguida, na gestão de Chamberlain, o governo britânico torceu pela vitória de Franco.

Mas o sacrifício da Espanha "comunista" pelo bem do apaziguamento dos ditadores se mostrou inútil, porque não preservou a paz no continente. Pelo contrário, o apaziguamento pode ter acelerado a marcha em direção aos horrores da Segunda Guerra Mundial. Durante sua aventura espanhola comum, a Alemanha e a Itália selaram o pacto do Eixo e aperfeiçoaram suas técnicas militares, enquanto suas ambições territoriais só se viram fortalecidas pela impunidade com a qual seus tanques, aviões e tropas agiram, apesar da existência de um acordo de não-intervenção. A opinião ocidental certamente garantiu que os espanhóis "desfrutassem" de um futuro franquista.

ABREVIATURAS

ACNP Asociación Católica Nacional de Propagandistas – influente associação católica laica criada em 1909 com importante papel no estabelecimento da Ceda e na busca de uma estratégia legalista para tomar o controle da República.

AR Acción Republicana – partido dos republicanos progressistas liderados por Manuel Azaña.

Ceda Confederación Española de Derechas Autónomas – coalizão de grupos direitistas e católicos fundada em 1933 e liderada por Jose María e Gil Robles.

CGT Confédération Générale du Travail – confederação de sindicatos franceses.

CNCA Confederación Nacional Católica Agraria – fundada em 1917 e bastante ligada à ACNP, essa organização fornecia enorme base para a Ceda.

CNT Confederación Nacional del Trabajo – confederação de sindicatos anarco-sindicalistas, fundada em 1910.

CRT Confederación Regional del Trabajo – braço catalão da CNT.

CTV Corpo di Truppe Volontarie – forças italianas enviadas à Espanha para lutar ao lado dos nacionalistas durante a Guerra Civil.

FAI Federación Anarquista Ibérica – grupo criado em 1927 por anarquistas com o objetivo de impor seus princípios à CNT.

FET Falange Española Tradicionalista – partido franquista também conhecido como "Movimento Nacional", criado pela união de diferentes grupos de direita em abril de 1937.

FNTT Federación Nacional de Trabajadores de la Tierra – seção de trabalhadores da agricultura da UGT.

IR Izquierda Republicana – força política que surgiu da união, em abril de 1934, da Ação Republicana, de Azaña, seção de esquerda do PRRS, com outros pequenos partidos, como o Partido Republicano galego, de Santiago Casares Quiroga.

IRA Instituto de Reforma Agraria – órgão estatal estabelecido em 1933 com o objetivo de financiar e supervisionar a implementação da reforma agrária.

JAP Juventudes de Acción Popular – seção da Ceda formada por jovens.

JSU Juventudes Socialistas Unificadas – formadas na primavera de 1936 pela junção das Juventudes Socialista e Comunista, o grupo permaneceu sob o controle dos comunistas.

NIA Acordo de Não-Intervenção (Non-Intervention Agreement) – pacto apoiado por 27 nações européias, em setembro de 1936, com o objetivo de garantir o isolamento da Espanha e o bloqueio de armas durante a Guerra Civil Espanhola.

NIC Comitê de Não-Intervenção (Non-Intervention Commitee) – sediado em Londres, órgão supervisor do NIA composto por embaixadores dos países signatários.

NKVD Narodnyi Komissariat Vnutrennikh Del (Comissariado Popular para Assuntos Internos) – polícia secreta soviética.

PCE Partido Comunista de España – partido resultante da união dos dois primeiros e pequenos partidos comunistas espanhóis, em novembro de 1921.

PNV Partido Nacionalista Vasco – principal grupo nacionalista no País Basco. Foi fundado por Sabino Arana em 1895.

Poum Partido Obrero de Unificación Marxista – pequeno grupo revolucionário marxista formado em 1935 pela união de dois partidos de dissidentes comunistas: o Partido Comunista de Esquerda, liderado pelo antigo trotskista Andreu Nin, e o Bloco de Trabalhadores e Camponeses, de Joaquín Maurín.

PRRS Partido Republicano Radical Socialista – partido jacobino e anticlerical que tomou parte das coalizões governamentais de 1931-33. Dividido em 1933, sua ala esquerda se juntou a Azaña para formar a Izquierda Republicana; a direita se uniu a Diego Martínez Barrios para criar a Unión Republicana.

Psoe Partido Socialista Obrero Español – fundado em 1879.

Psuc Partido Socialista Unificado da Cataluña – formado em julho de 1936 pela união de quatro partidos, o Psuc incluía as seções catalãs do PCE e do Psoe. No entanto, o componente mais importante foi a catalã Unión Socialista de Catalunya.

SIM Servicio de Investigación Militar – serviço de inteligência republicana criado em agosto de 1937.

Soma Sindicato de Obreros Mineros Asturianos – estabelecido em 1910, foi uma das importantes seções da UGT.

SSOO Sindicatos de Oposición – combinação de diferentes sindicatos, principalmente de Valência e Barcelona, que foram expulsos ou abandonaram a CNT durante a radicalização dos anos 1932-33. Em 1936, alguns de seus integrantes se uniram de novo à CNT, mas outros passaram para a UGT.

UGT Unión General de Trabajadores – principal sindicato de controle socialista, criado em 1889.

UP Unión Patriótica – movimento político criado nos anos 1920 para apoiar a ditadura do general Primo de Rivera.

UR Unión Republicana – partido liderado por Diego Martínez Barrios e formado em setembro de 1934 pelos radicais que o seguiram na separação do Partido Radical de Lerroux e uma seção do PRRS.

MAPAS

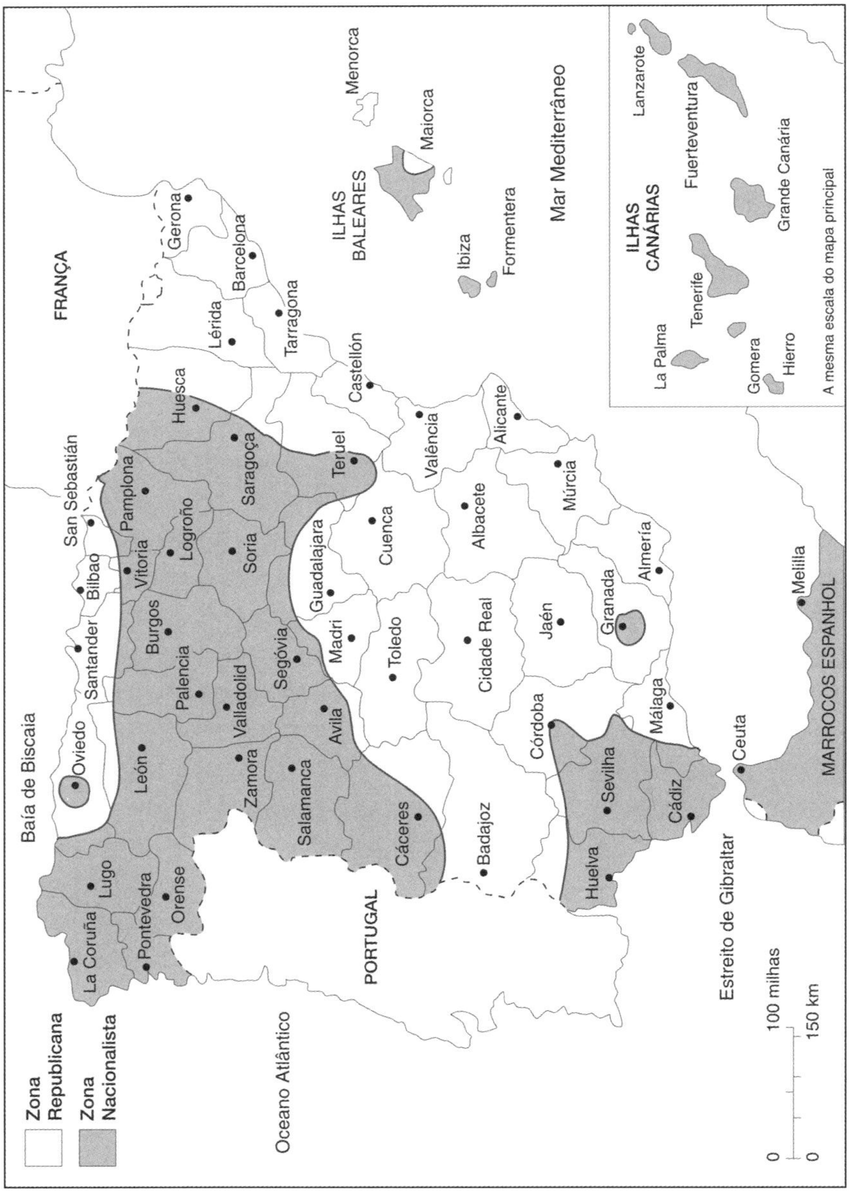

Zona Republicana
Zona Nacionalista
Oceano Atlântico
Baía de Biscaia
FRANÇA
PORTUGAL
Mar Mediterrâneo
ILHAS BALEARES
Menorca
Maiorca
Ibiza
Formentera
Estreito de Gibraltar
MARROCOS ESPANHOL
Ceuta
Melilla
La Coruña
Lugo
Pontevedra
Orense
Oviedo
León
Santander
Bilbao
San Sebastián
Vitoria
Pamplona
Logroño
Burgos
Palencia
Valladolid
Zamora
Salamanca
Cáceres
Badajoz
Avila
Segóvia
Soria
Saragoça
Huesca
Lérida
Gerona
Barcelona
Tarragona
Castellón
Teruel
Guadalajara
Madri
Toledo
Cuenca
Valência
Albacete
Alicante
Múrcia
Cidade Real
Jaén
Granada
Almería
Córdoba
Sevilha
Huelva
Cádiz
Málaga
ILHAS CANÁRIAS
Lanzarote
Fuerteventura
Grande Canária
Tenerife
La Palma
Gomera
Hierro
A mesma escala do mapa principal
0
100 milhas
0
150 km

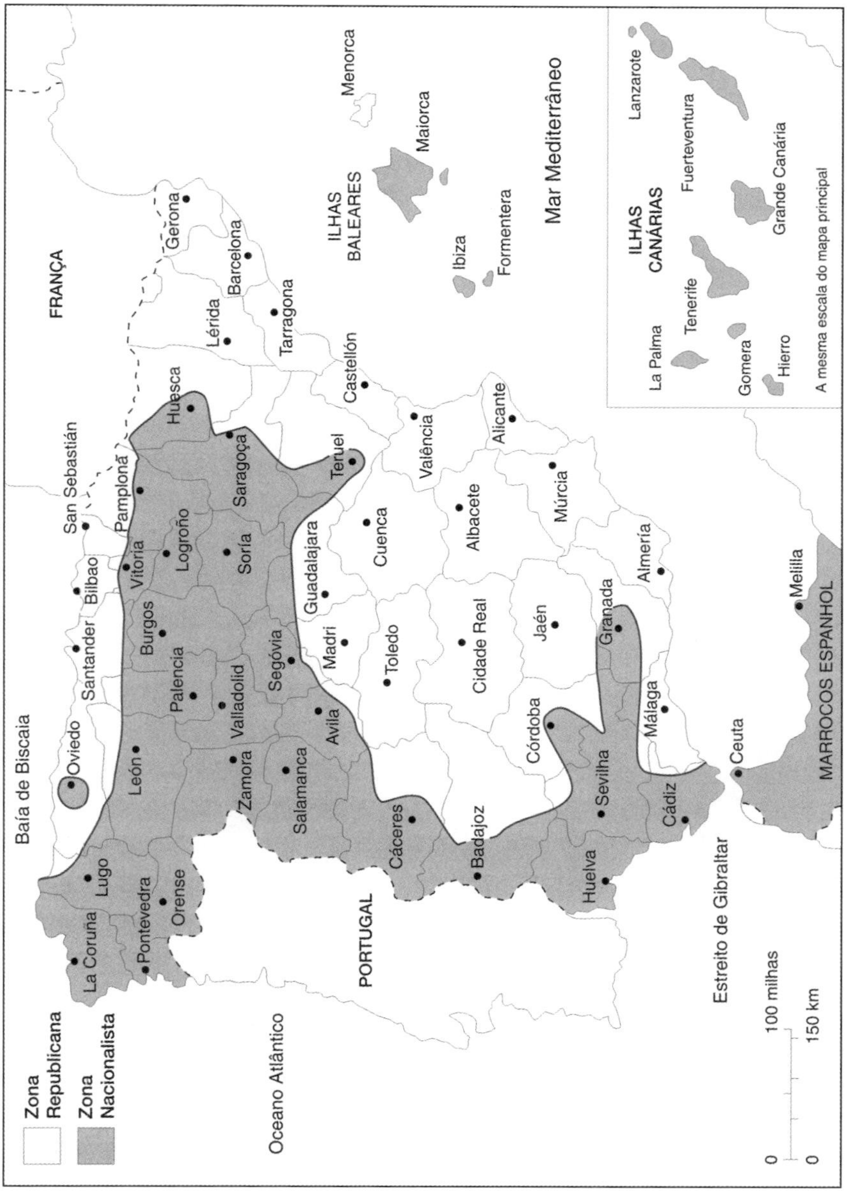

Zona Republicana
Zona Nacionalista
Oceano Atlântico
Baía de Biscaia
FRANÇA
PORTUGAL
Estreito de Gibraltar
MARROCOS ESPANHOL
Mar Mediterrâneo
ILHAS BALEARES
Menorca
Maiorca
Ibiza
Formentera
ILHAS CANÁRIAS
Lanzarote
Fuerteventura
Grande Canária
Tenerife
La Palma
Gomera
Hierro
A mesma escala do mapa principal
La Coruña
Lugo
Pontevedra
Orense
Oviedo
León
Santander
Bilbao
San Sebastián
Vitoria
Pamplona
Burgos
Palencia
Valladolid
Zamora
Salamanca
Logroño
Soria
Segóvia
Avila
Huesca
Saragoça
Lérida
Barcelona
Gerona
Tarragona
Castellón
Teruel
Guadalajara
Madri
Toledo
Cuenca
Valência
Albacete
Alicante
Múrcia
Cidade Real
Cáceres
Badajoz
Jaén
Córdoba
Granada
Almería
Málaga
Sevilha
Huelva
Cádiz
Ceuta
Melilla
0 100 milhas
0 150 km

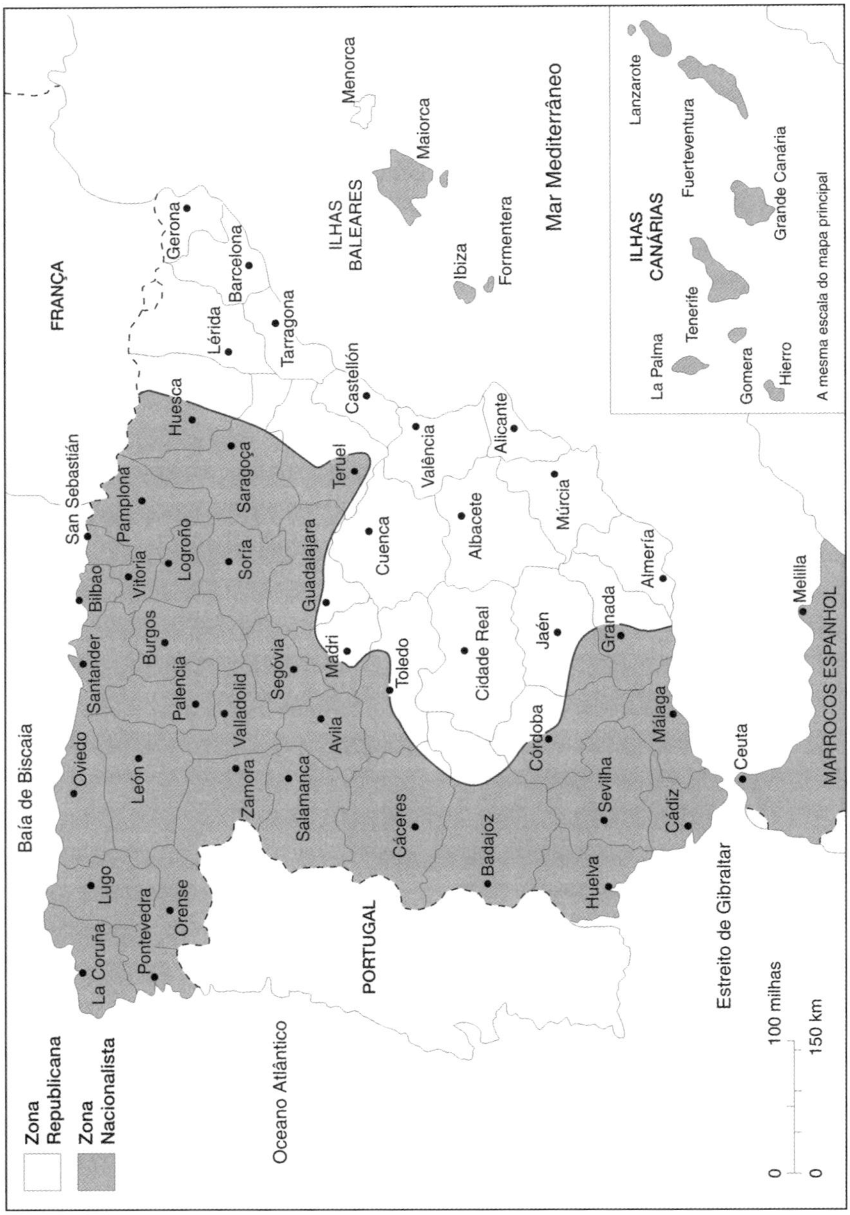
Zona Republicana
Zona Nacionalista
Oceano Atlântico
Baía de Biscaia
FRANÇA
PORTUGAL
Mar Mediterrâneo
ILHAS BALEARES
Menorca
Maiorca
Ibiza
Formentera
Estreito de Gibraltar
MARROCOS ESPANHOL
Ceuta
Melilla
ILHAS CANÁRIAS
Lanzarote
Fuerteventura
Grande Canária
Tenerife
La Palma
Gomera
Hierro
A mesma escala do mapa principal
La Coruña
Pontevedra
Lugo
Orense
Oviedo
León
Santander
Bilbao
San Sebastián
Vitoria
Pamplona
Burgos
Palencia
Logroño
Zamora
Valladolid
Salamanca
Segóvia
Avila
Soria
Huesca
Saragoça
Guadalajara
Madri
Teruel
Gerona
Barcelona
Lérida
Tarragona
Castellón
Valência
Cuenca
Toledo
Cáceres
Badajoz
Cidade Real
Albacete
Alicante
Múrcia
Jaén
Córdoba
Granada
Almería
Sevilha
Málaga
Cádiz
Huelva
100 milhas
150 km
0
0

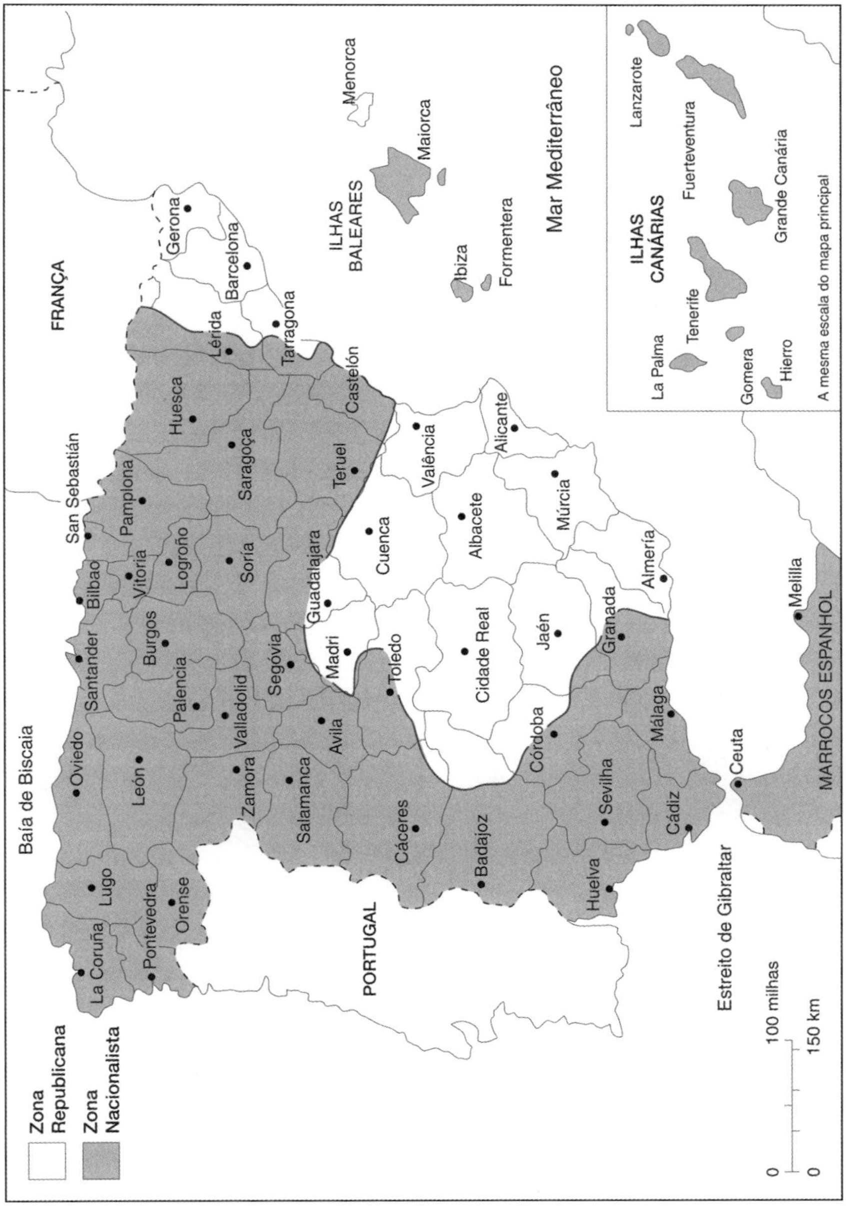
Zona Republicana
Zona Nacionalista
Baía de Biscaia
FRANÇA
PORTUGAL
Mar Mediterrâneo
ILHAS BALEARES
Menorca
Maiorca
Ibiza
Formentera
Estreito de Gibraltar
MARROCOS ESPANHOL
Ceuta
Melilla
ILHAS CANÁRIAS
Lanzarote
Fuerteventura
Grande Canária
Tenerife
La Palma
Gomera
Hierro
A mesma escala do mapa principal
La Coruña
Lugo
Pontevedra
Orense
Oviedo
León
Santander
Bilbao
San Sebastián
Vitoria
Pamplona
Logroño
Burgos
Palencia
Valladolid
Zamora
Salamanca
Segóvia
Avila
Soria
Guadalajara
Madri
Toledo
Huesca
Saragoça
Lérida
Gerona
Barcelona
Tarragona
Castelón
Teruel
Cuenca
Valência
Alicante
Albacete
Múrcia
Cidade Real
Jaén
Granada
Almería
Cáceres
Badajoz
Córdoba
Sevilha
Huelva
Cádiz
Málaga
0 100 milhas
0 150 km

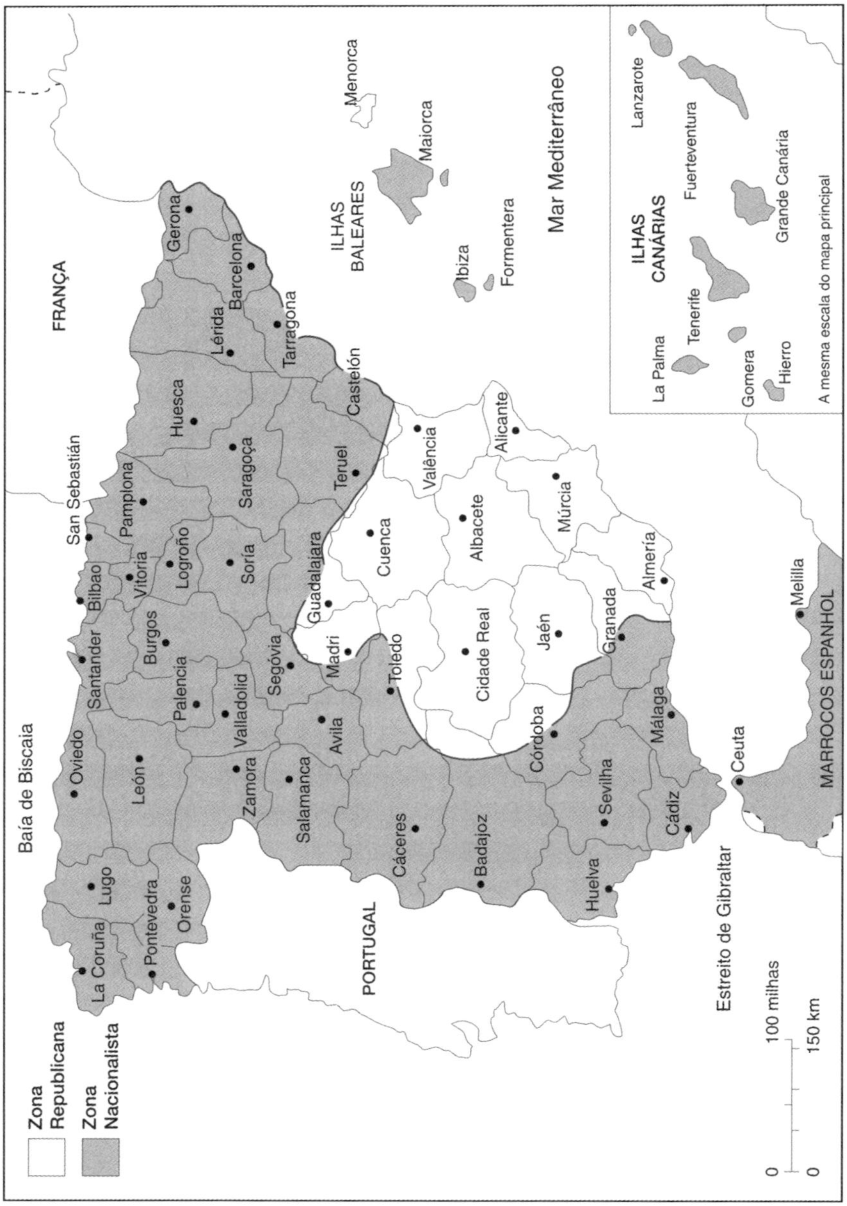
Zona Republicana
Zona Nacionalista
0 100 milhas
0 150 km
Baía de Biscaia
FRANÇA
PORTUGAL
ILHAS BALEARES
Menorca
Maiorca
Ibiza
Formentera
Mar Mediterrâneo
Estreito de Gibraltar
MARROCOS ESPANHOL
Ceuta
Melilla
ILHAS CANÁRIAS
Lanzarote
Fuerteventura
Grande Canária
Tenerife
La Palma
Gomera
Hierro
A mesma escala do mapa principal
La Coruña
Lugo
Pontevedra
Orense
Oviedo
León
Santander
Palencia
Burgos
Bilbao
Vitória
San Sebastián
Pamplona
Logroño
Zamora
Valladolid
Salamanca
Avila
Segóvia
Soria
Huesca
Saragoça
Lérida
Gerona
Barcelona
Tarragona
Castelón
Teruel
Guadalajara
Madri
Cuenca
Valência
Alicante
Albacete
Múrcia
Toledo
Cidade Real
Jaén
Almería
Granada
Cáceres
Badajoz
Córdoba
Sevilha
Málaga
Cádiz
Huelva

1

O DOLOROSO CAMINHO RUMO À MODERNIDADE

Somente neste ano, mais de 20 pessoas foram mortas pela Guarda Civil. ... Na verdade, a Espanha vive em estado de perpétua guerra civil: por um lado, o povo que luta por sua sobrevivência e seus direitos de forma pacífica; por outro, as autoridades que negam a ele seu meio de vida e seus direitos, sob a mira de uma arma.[1]

O CHARME EM DECLÍNIO DO LIBERALISMO ESPANHOL

As origens da Guerra Civil Espanhola estão profundamente enraizadas na história do país. O fanatismo religioso e a retórica inflamada em torno do conflito foram em grande parte inspirados na legendária Reconquista, a luta de quase 800 anos para expulsar os mouros da península. O confronto entre o centralismo estatal e os nacionalismos periféricos também evoca as Guerras Carlistas do início do século XVIII, quando os Bourbon tiveram de engolir a autonomia catalã. Do mesmo modo, a crueldade e a paixão de ambos os lados refletiam a cruel brutalidade das guerras civis do século XIX, travadas entre carlistas e liberais.[2] Em nenhum outro lugar na Europa a transição do feudalismo para o capitalismo produziu conflito tão prolongado e impiedoso. Posterior a esse período, o fracasso da Monarquia da Restauração (1874-1931) tem grande importância para a compreensão do radicalismo político e da polarização social que finalmente culminaram na carnificina de 1936-39.

O retorno dos Bourbon ao trono em dezembro de 1874 parecia inaugurar um período de estabilidade política com base em uma ordem constitucional moderna. No entanto, elementos do regime anterior ainda eram dominantes na sociedade política e civil, e a persistência deles, em uma época de rápida modernização cultural e econômica, levou a uma rebelião social e política que, na Espanha (como em outras partes da Europa), caracterizou o período entre as guerras mundiais. Nesse contexto, o conflito fratricida espanhol foi a batalha mais atroz de uma guerra civil européia a atingir o continente, desde a conquista do poder pelos bolcheviques em outubro de 1917 – incluindo, entre outros eventos, a consolidação da Rússia soviética, a ascensão do fascismo na Itália, a tomada da Alemanha pelos nazistas e o estabelecimento de ditaduras monarquistas e militares por toda a Europa central e oriental.[3]

No final do século XIX, a Espanha, que já fora o maior império colonial do mundo, era um país relegado à periferia da Europa. Sua impressionante derrota para os Estados Unidos em 1898 acabou com as últimas esperanças de um esplendor imperial. Numa época de darwinismo social, quando o bem-estar das nações parecia se caracterizar pela aquisição de colônias, a Espanha tinha muitos problemas. A perda da maior parte de seus territórios no exterior (Cuba, Filipinas, Porto Rico etc.) durante essa guerra questionou a possibilidade de sua permanência no mesmo patamar das principais potências do mundo ocidental.

Naquele momento de trauma e declínio, a nação parecia unida por uma nova fórmula mágica: a Regeneração, uma reforma completa das fundações sociais, econômicas e ideológicas da Espanha. Como o país vivia uma época de prosperidade artística e literária, foram os intelectuais que, concentrando suas atenções sobre os males da Espanha, enfraqueceram a legitimidade moral do regime. A chamada Geração de 1898 era formada por um grupo eclético de romancistas, poetas e filósofos que encaravam o obscurantismo e o atraso da Espanha com pessimismo. Para eles, a solução passava pela crença progressiva na mobilização popular, no caso de Pío Baroja e Miguel de Unamuno, pela busca de uma elite moral, no caso de José Ortega y Gasset, e pelo apelo de Joaquín Costa por uma personalidade forte, "um cirurgião de ferro", para erradicar a corrupção da política e realizar uma regeneração nacional a partir de cima.[4] Essas abordagens constituíram os dois caminhos para a modernidade, o democrata e o autoritário, cujo confronto final ocorreu em 1936.

Em todos os aspectos externos, a Espanha de *fin de siècle* tinha um sistema parlamentar moderno. Após a Restauração dos Bourbon, em seguida ao golpe militar em dezembro de 1874, o arquiteto do regime, o conservador Antonio Cánovas del Castillo, deu fim às discórdias de décadas anteriores ao conceber uma fórmula política pela qual as elites governantes puderam desfrutar do poder sem que fosse preciso recorrer à intervenção pretoriana como único instrumento de mudança. Ele concordou em alternar o governo com outro partido político, o dos liberais, liderado por Práxedes Mateo Sagasta.

A Constituição de 1876 consolidou as liberdades fundamentais de expressão e associação; o catolicismo foi declarado a religião oficial do Estado, mas permitiu-se a prática particular de outras crenças; partidos políticos e sindicatos tiveram autorização para entrar em funcionamento e expressar suas opiniões em um grande número de periódicos locais e nacionais. Com a introdução, em 1890, do sufrágio universal masculino e do julgamento pelo tribunal do júri, a Espanha parecia estar na vanguarda da ordem política moderna européia.

Na realidade, as duas formações dinásticas ou monarquistas, conservadores e liberais, desfrutavam do monopólio do poder, alternando-se no governo de modo tão sistemático que a prática era conhecida como *turno pacífico* (rodízio pacífico).[5] Entretanto, eles não eram propriamente partidos no sentido moderno da palavra. Com exceção de um tímido anticlericalismo e de uma ênfase maior em valores civis por parte dos liberais, havia pouca diferença entre os dois. Ambos eram grupos de pessoas notáveis ligadas entre si por clientelismo e endogamia. Níveis impressionantes de nepotismo resultavam em parlamentos que pareciam comitês de amigos trocando discursos loquazes e evitando confrontos sobre questões reais.[6] Essa elite governante tinha relações com as classes econômicas dominantes, as elites financeiras e fundiárias, enquanto a burguesia comercial e industrial representava o parceiro mais novo.[7]

No ápice da ordem liberal estava a Coroa. Com a Restauração na Espanha, o princípio da soberania nacional compartilhada pelo monarca e o Parlamento ocultava o potencial de autocracia.[8] O rei era o comandante-em-chefe das Forças Armadas e, como chefe de Estado, podia dissolver o Parlamento, nomear ou dispensar governos, vetar legislações e assinar tratados internacionais, como também possuía vastos poderes de patrocínio, com a concessão de títulos e recompensas.

Durante a Restauração, foi recriada a aliança entre altar e trono. Com a expansão das congregações religiosas, o clero retomou seu poder e riqueza, obtendo controle quase total sobre a educação primária e secundária, além de assumir o papel principal em funções sociais como a gestão de fundos de caridade e a direção de orfanatos e hospitais. Se a Igreja era a guardiã ideológica da Monarquia, as Forças Armadas eram sua guarda pretoriana. A segunda cláusula da Lei da Constituição do Exército, de 29 de novembro de 1878, dispunha que os militares tinham como principal função defender a nação de seus inimigos internos. Desse modo, qualquer agitação social era automaticamente seguida da suspensão da Constituição e da decretação de lei marcial, concedendo-se ao Exército o controle final sobre a manutenção da ordem pública.[9]

José Berruezo, importante anarco-sindicalista nos anos 1920, em Santa Coloma de Gramenet (Barcelona), experimentou a intolerância do clero e o abuso policial com relação aos que buscavam alternativas sociais ou políticas para as leis eclesiásticas. Aos 14 anos, foi seguro por um guarda civil e chamado de "filho-da-mãe" quando tentava convencer os mineiros a freqüentar aulas nos institutos locais de trabalhadores. Em sua cidadezinha, o mais importante oponente dos centros culturais proletários era ninguém menos que o padre local, dom Celeste.[10]

O funcionamento da Espanha liberal dependia da fraude eleitoral, de uma apatia política generalizada e, quando necessário, da violência física. As eleições na Espanha não resultavam em governos: em lugar disso, cada administração manipulava os resultados com antecedência e assegurava a maioria atuante nas próximas Cortes ou Parlamentos. Os chamados *caciques* (grandes figuras políticas locais) eram fundamentais para sustentar os resultados das eleições. Com variações de província a província, os *caciques* podiam ser agiotas, latifundiários ou seus agentes, funcionários civis e até padres. Eles eram o elo entre o Estado distante e alheio e os distritos isolados.[11] Distribuíam os votos de seus eleitorados e, em troca, tinham a permissão de administrar áreas como se fossem feudos, adaptar a legislação em benefício de sua clientela e punir os rebeldes.

O *caciquismo* no país e a oligarquia governante em Madri contavam com um ambiente de desenvolvimento econômico lento, pouca consciência política e um atraso cultural generalizado. A permanência dessa situação tornou-se um impedimento para a modernização nacional e teve como conseqüência a dominância incontestável de interesses especiais, assim como uma Espanha social e economicamente fragmentada. Ao deixar a educação, em grande medida, nas mãos da Igreja, o Estado liberal não estruturou um mecanismo nacional que forjasse um sentimento comum de cidadania.[12] O Exército também não podia cumprir essa função, pois não gozava do prestígio dos prussianos ou da tradição revolucionária do Exército francês. O imperialismo social – usado com êxito em outros Estados europeus para dissipar a tensão local – não podia ser utilizado na Espanha.[13] O injusto sistema de recrutamento (*quintas*) — em que os ricos podiam pagar para não prestar serviço militar —, o uso freqüente das Forças Armadas para abafar levantes sociais e o massacre de cerca de 60 mil soldados de origem humilde nas desastrosas guerras coloniais dos anos 1890 anularam qualquer sentimento patriota por parte das classes trabalhadoras.

Julgada pelos padrões ocidentais, a Espanha de *fin de siècle* estava muito atrasada em termos de modernização econômica. O planejamento de curto prazo da maioria dos governos, acrescido da necessidade de uma rápida assistência financeira, fez com que parte significativa dos valiosos direitos de exploração de minerais caísse em mãos de empresas estrangeiras. Até 1910, 66% da população encontravam-se no setor primário da economia; as taxas de analfabetismo giravam em torno de 56%, somente 26% dos que tinham 18 anos ou menos recebiam instrução escolar apropriada, e a mortalidade infantil era de 200 por mil aproximadamente.[14]

A transição do feudalismo para a produção capitalista moderna não conseguiu mudar efetivamente o setor agrário. A transformação da terra em mercadoria que podia ser comprada ou vendida livremente, a chamada *desamortización,* proporcionou à elite agrária tradicional a oportunidade de transformar seus privilégios feudais em direitos capitalistas de propriedade privada, convertendo antigas dívidas em arrendamentos e racionalizando a exploração de uma forma geral. Isso beneficiou tanto magnatas donos de propriedades como fazendeiros ricos, especuladores urbanos e financistas, que tiravam vantagem da situação para comprar terras. Desse modo, uma grande oligarquia de cultivadores de trigo, produtores de vinho e de azeitonas, ligada às elites financeiras do país, surgiu como nova e poderosa classe governante. Muitos deles se tornaram proprietários de terras absenteístas, que consideravam suas posses como fonte de prestígio, mas não investiam nelas, deixando-as em mãos de administradores.

As terras comunais e as eclesiásticas foram vendidas em grandes parcelas aos licitantes que fizessem a maior oferta em leilão público, o que agravou ainda mais a distribuição desigual da posse de terra no país. Trabalhadores perderam seus arrendamentos de longo prazo, os direitos ancestrais consagrados pela ordem feudal foram deixados à mercê das forças do mercado. Por conseguinte, a agricultura não produziu excedentes o bastante para alimentar a crescente população urbana, enquanto o emprego sazonal e os salários muito baixos resultaram em falta de demanda por produtos manufaturados. Essas condições restringiram de modo severo a possibilidade de uma expansão industrial em escala nacional.[15]

Além disso, o desenvolvimento econômico foi um processo desigual que exacerbou as diferenças estruturais entre norte e sul, cidade e campo. O norte fértil, de chuva abundante, pastos verdes e gado, e o leste, com um dinâmico setor voltado para as exportações e para a pequena produção de frutas e legumes, consolidaram uma classe de pequenos arrendatários e fazendeiros. Sua falta de confiança no Estado central fez com que apoiassem opções políticas que iam do carlismo ao regionalismo e ao republicanismo federal. Na região mais pobre e central, dedicada ao cultivo de cereal, em Castela, o modelo agrário fazia coexistirem grandes e pequenos camponeses proprietários de terra. Nessa área, o catolicismo inato do campesinato tendia a manter atitudes sociais conservadoras e a evitar o conflito social. A atividade pastoral da Igreja e a concessão de empréstimos promoveram o apoio em massa ao sindicato católico, a Confederação Nacional Católica Agrária (CNCA). Os camponeses castelhanos mais tarde comporiam os escalões populares de partidos de direita, nos anos 1930, e as tropas nacionalistas.

Em contrapartida, a parte sulina da Espanha (sul de Castela, Extremadura e Andaluzia) foi marcada por um grande vácuo econômico entre proprietários de terra e camponeses sem terra. Historicamente, o melhor território foi dividido entre a nobreza combatente e as ordens eclesiásticas, nos últimos estágios da Reconquista. Durante as reformas liberais (de 1830 até os anos 1850), a aristocracia (agora associada à classe de especuladores urbanos e comerciantes) confirmou seus direitos de propriedade como latifundiária e manteve sua influência na política nacional. A grande maioria da população continuou como mão-de-obra barata, sujeita à autoridade caprichosa dos administradores, na ausência dos proprietários de terra. Como o modelo era a monocultura, os camponeses dependiam em geral de uma única fonte de emprego, que, mesmo então, só estava disponível durante parte do ano – nas épocas de plantio e colheita.

Não surpreende que *braceros* do sul (literalmente, aqueles que usavam seus braços, ou *brazos*, para trabalhar) ou *jornaleros* (aqueles que trabalhavam por um salário fixo, ou *jornal*) tivessem o padrão de vida mais baixo na Espanha, labutando sob calor insuportável, do nascer do sol ao anoitecer, em troca de salários baixíssimos. A ausência de qualquer classe média rural sólida exacerbava as divisões de classe, e a Igreja era vista como a instituição que legitimava essa opressiva ordem semifeudal. O sul se tornou, conseqüentemente, o centro de um tipo quase primitivo de conflito social, vivendo explosões violentas e freqüentes de revoltas populares contra o clero, sufocadas com uma ferocidade igualmente brutal pela polícia paramilitar, a Guarda Civil.[16]

Na virada do século, em contraposição, uma economia capitalista moderna se desenvolvera em torno da indústria têxtil da Catalunha, das fábricas de ferro e aço do País Basco e dos interesses de exploração de minas das Astúrias. O surgimento desses enclaves industriais resultou em uma economia dual e enfatizou as diferenças culturais e sociais no interior da Espanha. O contraste entre o progresso dos centros urbanos e o atraso do campo era impressionante. Em 1910, Barcelona e Madri tinham mais de meio milhão de habitantes, Valência, mais de 200 mil, e dez outras cidades, populações de cerca de 100 mil. Essas comunidades urbanas possuíam várias características do mundo modernizado: bondes, carros, telégrafo, telefone, eletricidade, gás etc. Essas sociedades apresentavam um estrato social mais rico – uma burguesia financeira e comercial, uma classe média constituída de profissionais liberais, uma pequena burguesia de artesãos e lojistas e um proletariado crescente.

As divisões sociais muitas vezes se traduziam em separação topográfica dos residentes. Os muros medievais das cidades foram destruídos, e *ensanches* (grandes extensões de terreno nos arrabaldes) foram estabelecidas para acomodar a crescente população. Essas novas áreas foram planejadas com todas as instalações modernas para as classes mais abastadas. Em contraste, os trabalhadores eram concentrados em subúrbios ou favelas dentro das cidades, onde tinham de pagar altos aluguéis e viver em habitações aglomeradas, que freqüentemente não dispunham dos serviços mais básicos.

Falta de legislação social, baixos salários, carência de alimentos e um sistema fiscal regressivo fomentavam o conflito de classes.[17] As greves dos trabalhadores coexistiam com formas mais tradicionais de protesto popular, como os *motines de subsistencias*, revoltas locais contra *consumos* (impostos sobre gêneros alimentícios) e *quintas* (recrutamento militar). No entanto, em uma sociedade preponderantemente rural e socialmente fragmentada, não existia um movimento político nacional que pudesse se beneficiar do descontentamento generalizado. A efervescência popular raramente saía de sua própria região e era, por isso, facilmente resolvida como questão de ordem pública. Porém, tudo começou a mudar na virada do século, quando o lento mas constante crescimento da mobilização social, da modernização econômica e da consciência política começou a ameaçar a hegemonia das elites e dos *caciques*.

Após a curta experiência da Primeira República (1873-1934), os partidos republicanos sobreviveram como pouco mais que pequenas facções rivais. Apesar disso, após 1898, eles começaram a fazer progressos modestos, mas importantes, em algumas cidades onde se tornava cada vez mais difícil para os governos dinásticos determinar os resultados da eleição. Contavam com o apoio da classe média progressista, viam um grande número de intelectuais se unir a suas propostas e gozavam de uma considerável simpatia entre alguns setores da classe trabalhadora.

Explorados socialmente e negligenciados politicamente, proletariado e campesinato constituíam os grupos dissidentes mais óbvios. No entanto, sua organização efetiva só começou a se formar no final do século XIX, e a divisão – tanto ideológica como geográfica – caracterizou essa evolução. De fato, uma tendência libertária floresceu no sul e no leste, enquanto o marxismo se tornava dominante no centro e no norte. Ambos possuíam a crença de que a emancipação deveria passar pelo processo de educação. A organização socialista Casas del Pueblo e a libertária Ateneos Racionalistas buscaram despertar a consciência de classe dos trabalhadores e dissuadi-los de passatempos prejudiciais, como jogos de aposta e bebidas. A dura rivalidade entre marxistas e anarquistas tornou a unidade do proletariado efêmera, mesmo nos momentos cruciais.

A chegada, em 1868, do italiano Giuseppe Fannelli, discípulo do importante anarquista russo Mikhail Bakunin, impulsionou na Espanha essa corrente política. Por conseguinte, as duas organizações de trabalhadores pioneiras no país ficaram sob controle anarquista: a Federação Regional Espanhola (FRE, 1870-81) e a Federação Regional dos Trabalhadores Espanhóis (FRTE, 1881-88). O socialismo chegou mais tarde, em dezembro de 1871, pelas mãos de Paul Lafargue, genro de Karl Marx.

O Partido Socialista Obrero Español (Psoe) só foi criado em 1879, e seu sindicato, Unión General de Trabajadores (UGT), em 1889. O socialismo espanhol viveu um estável embora doloroso e lento desenvolvimento e, ao contrário do que aconteceu em outros países europeus, não conseguiu se tornar a força claramente dominante no movimento dos trabalhadores. Tanto o partido como o sindicato possuíam, normalmente, a mesma liderança autoritária, cuja rígida interpretação do marxismo tinha pouca relação com a situação espanhola. Eles negligenciavam a questão agrária, e suas visões determinísticas os levaram a adotar uma crença inata na necessidade da luta de classes e na inevitabilidade do triunfo final do proletariado. Contudo, enquanto a retórica oficial estava repleta de radicalismo, na prática eles enfatizavam as questões de organização e as disputas sociais comezinhas. Qual a finalidade, indagavam eles, de planejar a destruição da sociedade capitalista – e principalmente de fazer sacrifícios para se preparar para eventos futuros – se isso aconteceria de qualquer modo?[18]

A estratégia gradualista do socialismo se mostrou bem-sucedida entre a chamada "aristocracia trabalhista" com preocupações de pequena escala e entre os habilidosos artesãos de Madri e outras cidades castelhanas. Destreza e paciência na estrutura de organização fizeram com que os socialistas conseguissem incursões vitais em importantes áreas industriais, como nas minas das Astúrias e nas indústrias de aço e naval bascas, onde a liderança local muitas vezes usava táticas militantes além das prescritas pelo Comitê Executivo.[19] Entre 1900 e 1913, após a consolidação nas áreas industriais do norte e o sucesso em organizar nacionalmente mineiros e trabalhadores de estradas de ferro, a participação na UGT cresceu de 15 mil para quase 150 mil pessoas.[20] Entretanto, a ausência de uma estratégia agrária impedia a expansão para o sul rural.

Os esforços dos socialistas também fracassaram na Catalunha, principal região industrial, e, como conseqüência, nas regiões vizinhas de Valência e Aragão. Nessas áreas, o isolamento dogmático dos socialistas em relação a grupos republicanos de esquerda entrou em choque com a abordagem mais pragmática e há muito estabelecida de atividades propostas pelo moderado sindicalismo catalão. Do mesmo modo, a relutância dos socialistas em participar de muitas greves, tais como a paralisação geral em massa de 1902, os distanciou do proletariado radicalizado.

O afastamento aumentou quando os socialistas cometeram o erro óbvio de, em 1899, transferir os postos de comando da UGT de Barcelona para Madri, capital política, mas não industrial.[21] Além disso, o papel central que atribuíam à política levou-os a entrar, embora com admirável coragem, na disputa eleitoral. No entanto, um sistema político com fraudes eleitorais endêmicas e a determinação socialista de preservar o isolamento do movimento de outras forças "burguesas" levaram a tristes resultados. Mesmo assim, vereadores socialistas começaram a ser eleitos (em pequeno número) nos anos 1890, no País Basco, e em Madri, em 1905, onde o líder do partido, Pablo Iglesias, e dois outros conseguiram assentos no governo municipal. Ironicamente, porém, eles precisaram recorrer na capital aos mesmos métodos fraudulentos de seus oponentes para garantir a eleição, incluindo falsificar cédulas.[22]

Em contraste, o movimento libertário desfrutava de períodos de intensa atividade seguidos por outros de repressão e atividade clandestina. "Apóstolos" anarquistas levavam o novo evangelho de cidade em cidade, onde convertiam os trabalhadores oprimidos ao anunciar a chegada de uma nova era de justiça, liberdade e distribuição de terras. As idéias anarquistas pareciam fornecer uma coerência ideológica à tradição segundo a qual as classes populares, sem confiança no Estado e na política, recorriam à ação direta para resolver seus descontentamentos.[23] Era de fato um apelo mais lógico que a conduta reformista oferecida pelos socialistas. Entretanto, a aversão dos anarquistas às questões organizacionais levou a explosões revolucionárias mal planejadas, facilmente contidas, o que ocasionava muitas vítimas.

Além disso, a inabilidade (ou relutância) dos anarquistas para superar uma subcultura marcada pelo legendário heroísmo e pela violência dos chamados grupos de afinidade ou de ação (pequeno número de companheiros com objetivos anarquistas comuns) se mostrou custosa para o proletariado. As atividades desses grupos, a suposta "propaganda por meio de atos", facilitavam as ações de agentes provocadores e forneciam às autoridades a desculpa para adotarem severas represálias. Desse modo, no volátil campo da Andaluzia, uma grande quantidade de crimes, em 1881, suscitou acusações da polícia com relação à existência de uma sociedade secreta, La Mano Negra, cujo objetivo era o de assassinar os principais proprietários de terra. Após milhares de prisões e inúmeras execuções, as organizações anarquistas do sul foram desmanteladas.

Em 1890, Barcelona presenciou uma espiral de bombardeios e uma repressão impiedosa, com a prática comum de tortura e acusações falsas que mandaram muitos inocentes para a forca.[24] Além disso, os trabalhadores precisaram resistir a uma violenta ofensiva por parte de empregadores que resultou no colapso do moderado sindicato têxtil, Las Tres Clases del Vapor. Logo depois o movimento trabalhista catalão sofreu grande retrocesso com a derrota da greve geral, em 1902, e só mostrou sinais de revitalização com a criação, em 1907, da Solidaridad Obrera. Essa nova organização adotou o sindicalismo revolucionário da entidade francesa Confédération Générale du Travail (CGT), rejeitando tanto a política eleitoral como a violência individualista dos anarquistas. Em lugar disso, ela tentava organizar os trabalhadores em fortes entidades para liderar a luta econômica por meio da ação direta, inclusive de sabotagem, boicote e greve.

A virada do século presenciou a consolidação de forças políticas anticentralistas. No caso basco, o Partido Nacionalista Vasco (PNV), fundado por Sabino Arana em 1895, representou uma reação antimodernista contra os perigos da suposta "pureza" da raça e da cultura basca produzida pelo industrialismo e pela imigração espanhola. Os bascos herdaram do carlismo o ultracatolicismo e a nostalgia do passado, resumidos no lema "Deus e as Leis Antigas" (*Fueros*) – agora associado a posições semi-separatistas.

O nacionalismo catalão teve sucesso rápido e se tornou a força hegemônica local, e mesmo um fator considerável na política nacional. Até os anos 1920, a formação catalã dominante era a Lliga Regionalista, fundada em 1901 (ano em que obteve uma impressionante vitória eleitoral em Barcelona). Ao perderem seus lucrativos mercados coloniais, setores da burguesia industrial catalã se afastaram de um regime que não poderia defender seus interesses econômicos. Liderada por Francesc Cambó, a Lliga sempre trilhou um caminho pragmático, dividido entre uma crítica feroz ao monopólio político mantido pelas principais elites proprietárias e uma ambição de integrar a classe governante, de modo a conferir aos interesses industriais catalãos um papel hegemônico.[25]

A combinação letal de proletariado radical, movimento nacionalista, classe empregadora intransigente e oficialato revoltado produziu como resultado Barcelona, a maior metrópole industrial da Espanha, que se tornou o principal centro de conflito político do país. Para piorar, desde 1901 a capital catalã testemunhou a ascensão de um demagogo republicano, Alejandro Lerroux. Habilidoso orador e organizador, Lerroux tirou vantagem da desmoralização do movimento dos trabalhadores para constituir um formidável mecanismo político pelo qual o Partido Radical ganhou apoio nas políticas municipais. Seu dom de mobilizar as classes mais desfavorecidas, pelo menos até 1914, fez com que recebesse o apelido de "Imperador do Paralelo", em referência ao bairro proletário da cidade. Ele incitava seus seguidores com brutal anticlericalismo, anticatalanismo e promessas vagas de uma vindoura revolução após o estabelecimento da República. Os panfletos incendiários de Lerroux, convocando, entre outros atos, o incêndio de conventos, polarizaram ainda mais a situação.

No entanto, considerando todo seu radicalismo, os esforços de Lerroux desfrutavam da boa vontade dos governos liberais de Madri, que não recusavam apoio a esse personagem suspeito se ele pudesse contra-arrestar a ascensão do catalanismo. O oportunismo sem princípios e os acordos duvidosos de Lerroux não só enfatizariam as turvas fundações da Espanha da Restauração, como também criariam problemas quando, na década de 1930, seu partido se tornou dominante na política nacional.[26]

Depois de 1898, a estabilidade do regime foi colocada em risco pela freqüente intervenção pretoriana na política. Em 1900, o Exército espanhol ostentava 499 generais, 578 coronéis e mais de 23 mil oficiais para cerca de 80 mil soldados (seis vezes mais oficiais que na França, cujo Exército permanente tinha 180 mil soldados), o que representava um câncer num Estado que destinava mais de 40% de seu orçamento à defesa. Entretanto, 70% desse percentual eram gastos com salários de oficiais, impedindo assim a modernização das Forças Armadas. Ressentidos e traumatizados pela derrota colonial, os militares, além disso, passaram a não tolerar qualquer crítica civil.[27] Afastados da sociedade, começaram a reivindicar o papel de guardiões dos valores sagrados da nação: a unidade da pátria e a preservação da ordem social. Os militares consideravam inadequadas as práticas constitucionais existentes para acabar com os efeitos perniciosos do regionalismo e do conflito de classes. Nisso encontraram um grande aliado na Monarquia. Coroado em 1902, Afonso XIII, educado por professores católicos e ligados ao Exército, geralmente apoiava seus oficiais nas disputas com políticos e usava com freqüência suas prerrogativas constitucionais para nomear e demitir primeiros-ministros, promovendo ainda mais o faccionalismo.[28]

Em novembro de 1905, cerca de 300 oficiais atacaram o gabinete do satírico jornal catalanista *Cu-Cut*, por terem se enfurecido com a publicação de uma charge antimilitarista.[29] O governo liberal de então, liderado por Eugenio Montero Ríos, refém da solidariedade das tropas do Exército e do difundido clamor catalão, foi derrubado pelo rei e substituído por outro governo liberal, sob o comando de Segismundo Moret, mais bem preparado para apaziguar o Exército. Desse modo, em março de 1906, promulgou-se a Lei das Jurisdições. A partir de então, qualquer ofensa ao Exército, à Monarquia ou à pátria estaria sob jurisdição militar.[30] A supremacia civil se submetera à pressão pretoriana, anunciando assim um futuro nefasto. A indignação foi tal na Catalunha que todos os partidos políticos, dos carlistas aos regionalistas, selaram uma aliança política, a Solidaridad Catalana. A única exceção foi a facção de Lerroux, que em janeiro de 1908 abandonou os outros republicanos para formar o Partido Radical.

No verão de 1909, o envolvimento da Espanha na nova aventura colonial em Marrocos desencadeou dias de efervescência, mais tarde conhecidos como Semana Trágica.[31] Com as memórias de 1898 ainda frescas, a convocação de reservistas para sufocar uma rebelião local levou à ira popular. Uma greve geral contra a guerra foi facilmente reprimida por toda parte, menos em Barcelona, onde os eventos explodiram: levantaram-se barricadas, e a experiência anterior de violenta propaganda anticlerical acabou por produzir o incêndio de 50 igrejas, conventos e escolas religiosas, assim como cenas macabras, como a exumação de cadáveres de freiras. O Estado, por sua vez, reagiu de modo brutal. Tribunais militares julgaram 1.725 indivíduos, condenando 17 à morte. Cinco deles foram executados, inclusive Francisco Ferrer Guardia, o conhecido diretor anarquista da facção racionalista La Escuela Moderna, causando grande escândalo, tanto na Espanha como no exterior. Ferrer foi falsamente acusado de ter planejado a revolta, e sua sentença de morte se baseou no depoimento de alguns radicais ávidos por atribuir a culpa a alguém. Para muitos, ele permaneceu um mártir, um homem imparcialmente assassinado por sua personalidade revolucionária e pelo suposto papel que desempenhou num atentado fracassado contra a vida do rei, anos antes.[32]

Embora não fosse um ataque político contra o regime, a importância da Semana Trágica não pode ser subestimada.[33] Em pequena escala, ela prognosticou a selvageria da Guerra Civil: as rebeliões antimilitares e a violência anticlerical como expressão da frustração das classes trabalhadoras foram sufocadas no subseqüente banho de sangue. Na época, também fomentou o faccionalismo interno dos dois principais partidos e fortaleceu o papel da Coroa. Portanto, os liberais, com o consentimento do rei, depuseram o primeiro-ministro conservador, Antonio Maura, em outubro de 1909.[34] Maura, o mais notório político dinástico da época, pôs em prática uma agenda de reformas políticas, afastando no processo muitos dos setores governantes. De acordo com seu filho Gabriel, Maura ficou surpreso quando o monarca aceitou uma demissão nunca entregue por ele. Quando Maura retornou ao palácio real, Gabriel chegou a ver, pela primeira vez, o pai chorar.

Em 1913, quando ele se recusou a continuar com a ficção do *turno*, Maura foi abandonado por grande parte de seu partido. Uma minoria seguiu o líder deposto e criou o movimento maurista, dividindo assim os conservadores. Os mauristas nunca formaram um partido coerente, mas eram como uma ampla igreja unida por sua devoção a Maura, pelo monarquismo e pela dura crítica à corrupção dinástica. Pode-se dizer que as duas correntes, uma facção democrata-cristã e uma tendência nacionalista e antiliberal, representavam as duas alternativas da moderna política de direita na Espanha.

A Semana Trágica, ao menosprezar o "radicalismo", também deu início ao obscurecimento do Partido Radical entre o proletariado catalão. A Solidaridad Obrera decidiu se expandir para o resto do país em competição aberta com a UGT. Desse modo, criou-se a entidade anarco-sindicalista Confederação Nacional do Trabalho (CNT) em um congresso, em Barcelona (30 de outubro-1º de novembro de 1910). Os socialistas abandonaram seu tradicional sectarismo e estabeleceram uma *conjunción* (aliança eleitoral) com os republicanos, na esperança de fundar uma República burguesa progressista. O sucesso veio em maio de 1910, quando Pablo Iglesias se tornou o primeiro socialista eleito no Parlamento.

A MONTAGEM DE UMA REVOLUÇÃO

A deflagração da Primeira Guerra Mundial, como em outras partes da Europa, agiu como catalisador e acelerador de níveis sem precedentes de transformação econômica e mobilização social na Espanha. A guerra anunciou a chegada da política de massa, enfraquecendo aquelas ordens liberais que, até o momento, dependiam do servilismo de uma grande percentagem da população.

A Espanha não entrou na guerra, mas a guerra certamente entrou na Espanha – e com um impacto devastador. Inicialmente, houve um consenso em relação à neutralidade, mas não durou muito. A maioria dos políticos dinásticos evitava tomar partido, em um esforço vão de ignorar e serem ignorados pelos acontecimentos no continente. Todavia, para as forças políticas não-dinásticas e para as elites culturais, o conflito europeu se tornou uma questão de preocupação obsessiva. Para eles, a guerra era percebida como um choque ideológico no qual cada uma das facções combatentes passou a simbolizar determinados valores transcendentes. Basicamente, os partidos de direita (os mauristas e os carlistas), as classes de proprietários de terra, a Corte, o Exército e o sacerdócio se identificavam com os Impérios Centrais, vistos como símbolos da ordem social, da política hierárquica e do monarquismo. Em contraposição, os intelectuais, a classe média profissional e aqueles grupos políticos contrários ao *status quo* existente – republicanos, socialistas e regionalistas – eram francófilos: acreditavam que o triunfo da Entente promoveria a democracia por toda a Europa.[35]

A disputa entre os partidários dos Aliados e os defensores dos Impérios Centrais gerou debate tão violento que adquiriu o caráter de uma guerra civil moral: um confronto verbal entre duas Espanhas e um sinal da guerra civil real que atingiria a geração seguinte.[36] Essa desilusão foi exacerbada pela crescente interferência dos lados combatentes na arena espanhola. A falta de papel, em particular, deu aos combatentes a oportunidade de financiar (ou até mesmo comprar) jornais e influenciar assim os editoriais e a opinião pública. Os serviços de inteligência alemães certamente eram os mais ativos. Eles organizavam o contrabando de armas para Marrocos a fim de promover uma rebelião na área francesa; financiavam o envolvimento anarquista em greves e o colapso da produção industrial que dava assistência ao esforço de guerra da Entente; contratavam pistoleiros para assassinar empresários pró-aliados e subornavam oficiais locais para obter informações sobre navios transportando cargas para portos aliados (que seriam então torpedeados por submarinos).[37] Atingiram os navios da Entente e destruíram mais de 30% da frota mercante espanhola.

Além da polarização ideológica, a guerra alterou dramaticamente a economia espanhola. O status neutro do país facilitou as vendas para ambos os campos, gerando um período de lucros fabulosos nos setores comercial e industrial. Mas o impacto disso foi desigual e exacerbou as realidades sociais e estruturais do país. A explosão da demanda interna, o corte drástico das importações, o acúmulo de produtos básicos, o colapso do sistema de transportes e o aumento de dinheiro em circulação produziram uma inflação galopante, déficits e um grande fluxo demográfico do campo em crise para as cidades agitadas, onde trabalhadores recém-chegados sofriam com as terríveis condições de vida e os salários irrisórios, que não acompanhavam a subida de preços.[38] A disparidade entre a insatisfação do proletariado e o estilo de vida extravagante da burguesia fomentava tumultos pela falta de comida e as greves. A gravidade da crise era tal que, reagindo à pressão por parte dos cidadãos das áreas rurais, a UGT e a CNT selaram um pacto trabalhista em julho de 1916.[39]

Trabalhadores do setor público (inclusive oficiais do Exército), cujas condições econômicas foram igualmente arruinadas pela inflação e os déficits, também passaram a se organizar para defender seu padrão de vida. Em 1915, os soldados começaram a criar as chamadas Juntas Militares de Defesa, um tipo de sindicato de oficiais. Enraivecidos com a introdução de reformas e os cortes no Exército, os militares criticavam ferozmente a corrupção do sistema governante, assim como o favoritismo exibido pelo regime e as rápidas promoções outorgadas aos *africanistas* – aqueles que serviram em Marrocos.[40] Simultaneamente, a burguesia industrial catalã buscou traduzir sua força econômica então recentemente obtida para o plano político. Quando o ministro das Finanças, o liberal Santiago Alba, tentou cobrar impostos do comércio e da indústria sobre os lucros de guerra, sem cobrá-los da agricultura, a Lliga liderou a mobilização dos interesses industriais. No Parlamento, ela introduziu pela primeira vez a questão da autonomia catalã e dirigiu com sucesso a oposição aos projetos de Alba.[41]

Durante o ano de 1917, acontecimentos locais e internacionais interligados produziram a crise de autoridade do regime. Os republicanos e o movimento trabalhista receberam com entusiasmo a queda do czarismo em março. No final do mês, UGT e CNT assinaram um manifesto ameaçando derrubar o sistema governante com uma greve geral. Em abril, o rei destituiu seu primeiro-ministro, o liberal Conde Romanones, quando este tentou seguir o exemplo dos Estados Unidos e romper relações diplomáticas com os Impérios Centrais. Quando substituídos por um governo de outra facção liberal, os liberais se dividiram.[42] Com o debate sobre a neutralidade cada vez mais inflamado, um assustado monarca ordenou que o governo dissolvesse as Juntas, o que resultou, porém, em comparações, por parte de muitos de seus oficiais, entre o rei e a "traição" do czar Nicolau II. No entanto, a recusa de as Juntas se dissolverem forçou o colapso do governo depois de menos de dois meses, e pareceu abrir as portas para a mudança política.

A impressão difundida de que o regime tinha chegado a um impasse ganhou força quando o rei confiou ao líder conservador Eduardo Dato a tarefa de formar um novo governo. Em teoria, Afonso simplesmente obedecia a Constituição, mas aquele não era um momento normal. Endossar a ficção do *turno* nesse momento crítico significava a negação da necessidade da reforma. O líder catalão Francesc Cambó chegou a declarar na época que o mais conservador a se fazer era ser revolucionário.[43] Em 19 de julho, a Lliga, com o apoio de republicanos e socialistas, organizou uma assembléia de parlamentares em Barcelona. Lembrando os primeiros dias da Revolução Francesa, ela exigia o fim do antigo sistema e a convocação de Cortes Constituintes, tribunal eleitoral a ser formado pelo governo nacional e cujos membros deveriam representar a verdadeira vontade da nação.[44]

Após o desacato dos oficiais e a rebelião parlamentar, muitos acreditavam, no verão de 1917, que a dinastia Bourbon seguiria o destino dos Romanov. Simó Piera, importante anarco-sindicalista catalão, escreveu que em toda parte – em cafés, bondes e mercados – se respirava uma atmosfera revolucionária.[45]

No verão de 1917, ainda não era claro se Dato era o homem certo para salvar o regime. Ao contrário de Maura, conhecido pela firmeza e o carisma pessoal, Dato, considerado conciliador e lacaio da Corte, não era a pessoa ideal para tomar decisões difíceis. Trabalhando com o ministro do Interior José Sánchez Guerra, seu governo se mostraria mais eficiente que o esperado. Tendo em mente o perigo de uma possível colaboração entre partidos de classe média, o proletariado e o Exército, o governo Dato resolveu fazer uma aposta: decidiu instigar o movimento trabalhista a entrar em uma greve revolucionária inoportuna, de modo a assustar as classes médias e fornecer uma desculpa para usar o Exército a fim de sufocar a efervescência. O governo poderia então declarar-se salvador da Espanha e responsável pela lei e pela ordem.[46]

Durante o "verão quente" de 1917, o governo conseguiu ser mais astuto que o movimento socialista, que, cegado por sua confiança eufórica, estava disposto a abrir mão da tradicional prudência, acabando por pagar o preço de sua inexperiência revolucionária. A deflagração de uma greve de transportes em Valência, em julho, proporcionou a oportunidade certa. Os socialistas tentaram de tudo para evitar a expansão do conflito dos transportes, mas se deparavam constantemente com a intransigência da corporação – uma intransigência apoiada, se não inspirada, pelo governo. Sob pressão de seus parceiros da CNT, o Psoe e os comitês executivos da UGT concordaram em associar a disputa do transporte a uma greve geral. Os socialistas acreditavam que, se os trabalhadores ferroviários prosseguissem por conta própria, sua organização – constituída de modo tão doloroso no passado – seria destruída e todo o movimento operário sofreria as conseqüências. Além disso, havia tanto otimismo que – pela primeira vez – não deram atenção a Pablo Iglesias: de seu leito de enfermo ele condenava o ato. Julián Besteiro e Andrés Saborit (pelo Psoe) e Francisco Largo Caballero e Daniel Anguiano (pela UGT) foram nomeados integrantes do principal comitê de greve em Madri. Eles anunciaram então a decisão aos seus aliados republicanos e da CNT no resto do país. Depois da posição assumida pelos oficiais e da reunião dos parlamentares, eles acreditavam que o regime entraria em colapso como um castelo de cartas.[47]

Aquele momento representava o batismo de fogo do socialismo como importante força política na Espanha. Na verdade, não era só a primeira tentativa séria de conduzir à modernização democrata, mas também de ascender ao poder, por parte daqueles que até então haviam sido forçados a permanecer em oposição. A intensidade da luta e as esperanças dos revolucionários – assim como a crueldade da repressão – prognosticavam o confronto da Guerra Civil entre as duas Espanhas – que, no momento, apenas despontava no horizonte.

A greve geral de agosto de 1917, contudo, não conseguiu se disseminar além dos principais centros urbanos. Exceto nas Astúrias, foi sufocada em menos de uma semana. Qualquer esperança de que o Exército se recusasse a defender o regime logo foi frustrada. Ao contrário do que ocorrera na Rússia, os soldados camponeses espanhóis não tinham sido desmoralizados por anos de derrotas e pelo desgaste da guerra. Por conseguinte, eles obedeciam às ordens de seus superiores, que, por sua vez, esqueceram toda a linguagem reformista dos dois meses anteriores. As concessões econômicas aos militares e os rumores espalhados pelo governo de que o ouro estrangeiro estava por trás dos distúrbios acabaram com as últimas hesitações do Exército: era melhor atirar em trabalhadores na Espanha, concluíram, que cavar trincheiras na França. A reação militar foi de uma brutalidade impressionante. Canhões foram usados contra centros operários, e as manifestações populares eram metralhadas, deixando dezenas de feridos pelo país.[48] Pouco depois, assustada com os acontecimentos de agosto, a Lliga mudou completamente de atitude, e em novembro de 1917 se uniu a um governo dinástico de coalizão. Com esse ato, ela acabou efetivamente com as esperanças reformistas despertadas pela Assembléia de julho em Barcelona.[49]

ENSAIO DE UMA GUERRA CIVIL

A violenta opressão ao movimento revolucionário não só frustrou as esperanças democratas, mas, de modo irônico, soou como uma sentença de morte do regime liberal na Espanha. O governo foi forçado a contar com a repressão militar para sobreviver, o que indicava tanto a alienação do sistema em relação ao resto da sociedade como a consolidação da interferência pretoriana no centro de tomada de decisão. De fato, com o enfraquecimento da estabilidade social, a ordem constitucional foi efetivamente subvertida, à medida que o Exército se tornava cada vez mais necessário para manter a ordem pública e, em aliança com a Coroa, agia como força anticonstitucional com poder de veto sobre os ministérios. Paralelamente, a inflação galopante e a deterioração dos padrões de vida fomentavam a constante militância dos trabalhadores e o tumulto político. Ataques a lojas e padarias e greves atingiram o ápice nos anos 1919 e 1920. Ao mesmo tempo, depois da Primeira Guerra Mundial, o bolchevismo ameaçava se espalhar em direção a oeste, por todo o continente, aumentando assim a euforia revolucionária e iniciando o período mais rico do ativismo político de esquerda na Europa desde 1848.

O medo do bolchevismo se apoderou de todos os governos europeus. A formação da Internacional Comunista (Comintern) em março de 1919, seguida da criação (embora de curta duração) das Repúblicas Soviéticas na Hungria e na Bavária, intensificou o pânico. Na Espanha, a efervescência rural e industrial em massa deu sinais de alarme. Com a recessão econômica do pós-guerra, os empregadores planejavam recorrer às táticas habituais de demissões e aos cortes de produção. Porém, isso não poderia ser facilmente realizado com uma classe trabalhadora combativa. Era iminente, portanto, a guerra civil. A carnificina desse conflito social seria o ensaio final de uma das mais violentas lutas de classe da década de 1930.

Desde o final de 1918, muitos estrangeiros, em particular russos e alemães, foram presos e deportados da Espanha.[50] Incidentalmente, agentes do Comintern, liderados pelo russo Mikhail Borodin, chegaram à Espanha em dezembro de 1919. Mas suas tentativas de criar uma forte organização comunista tiveram poucos resultados.[51] Traumatizada pela experiência de 1917, a maioria dos líderes socialistas foi contra o início de novas aventuras revolucionárias. Somente alguns membros da Juventude Socialista estavam preparados para se opor a seus superiores e formar um pequeno Partido Comunista em abril de 1920. Separação mais séria ocorreu um ano depois, quando o Psoe se recusou a endossar a Internacional de Moscou, e uma minoria de seus membros se desligou do Partido.

No entanto, a participação e a influência dos comunistas eram bastante limitadas – mesmo após a criação de um Partido Comunista unificado (PCE) em novembro de 1921. Eles achavam impossível oferecer um programa bem definido que atraísse trabalhadores das duas tradições consagradas, o socialismo reformista e o anarco-sindicalismo radical.[52] Sua única invasão significativa foi aos refúgios da UGT basca e asturiana, em que a liderança local estava dividida em relação à estratégia contra uma ofensiva burguesa de cortar salários de trabalhadores em minas e fábricas. Por conseguinte, em 1922 e 1923, realizou-se uma onda de greves nas minas de carvão e fundições de aço dessas regiões. A violência sempre se incendiava entre comunistas favoráveis a táticas de confrontação e socialistas em busca de uma solução negociada. Em 1923, após uma frustrante série de derrotas das greves lideradas pelos comunistas, o socialismo ainda era dominante.

A CNT capitalizou a maior parte do crescente descontentamento dos anos de pós-guerra. Ao contrário dos socialistas, os *cenetistas* concluíram, após a derrota de 1917, que os trabalhadores deveriam intensificar a ação direta no ambiente de trabalho e abandonar compromissos com partidos políticos. A partir da metade de 1918, a rebelião irrompeu por todo o sul agrário. Notícias da vitória bolchevique e a subseqüente expropriação de propriedades na Rússia deram o impulso para acionar um motim no revoltoso campo espanhol. Durante o chamado Triênio Bolchevique, os centros e sindicatos trabalhistas se desenvolveram, propriedades foram tomadas e guerras iniciadas. O movimento só foi esmagado após os meses de batalhas em que a Guarda Civil e o Exército usaram todo seu poder.[53] No entanto, a CNT era mais temível em seu reduto urbano.

No verão de 1918, os anarco-sindicalistas catalães abandonaram os antigos sindicatos de artesanato e adotaram o modelo dos modernos sindicatos industriais (Sindicatos Unicos). Greves bem organizadas, empreendidas por poucos sindicatos, porém mais fortes, logo resultaram em vitórias surpreendentes para o proletariado. O momento decisivo ocorreu em fevereiro de 1919, quando uma disputa irrompeu na hidroelétrica anglo-canadense conhecida como La Canadiense. As autoridades e os empregadores ficaram surpresos com a força do proletariado catalão. Em uma greve geral que durou 44 dias, Barcelona ficou completamente paralisada. Para piorar, o sindicato de artistas gráficos chegou a introduzir a "censura comunista" – impedindo qualquer publicação hostil à posição dos trabalhadores.

A vitória da CNT foi sem precedentes: o governo prometeu uma jornada de trabalho de oito horas, a empresa concordou em contratar de volta seus empregados sem qualquer tipo de penalidade e ainda elevar os salários.[54] Quando a CNT realizou um congresso no Teatro de la Comedia, em Madri, em dezembro de 1919, a organização estava no auge de seu poder. Naquele momento, ela contava com mais de 700 mil integrantes, três vezes mais que a UGT. A estrutura do Sindicato Unico foi adotada nacionalmente, e, em meio ao otimismo revolucionário, a CNT votou pela adesão de forma provisória ao Comintern.[55]

A partir de 1919, os conflitos sociais se transformaram em verdadeira luta de classe, depois que burguesia, grupos paramilitares e Exército selaram uma aliança sem que uma série de impotentes governos em Madri tomasse conhecimento. Em abril de 1919, Jaime Miláns del Bosch, capitão-geral de Barcelona, com o entusiasmado apoio das elites econômicas locais, ordenou ao governador civil e a seu chefe de polícia, considerado "muito piedoso", que pegassem o trem para Madri. Uma antiga milícia rural burguesa da época medieval, El Somatén, foi estabelecida nas cidades, e seus membros receberam permissão para portar armas, patrulhar ruas e prender grevistas. Enquanto isso, os industrialistas contratavam gangues de criminosos cuja tarefa era espancar, assediar e até atirar nos principais anarco-sindicalistas. Em novembro de 1919, os empregadores catalães promoveram uma grande dispensa temporária de trabalhadores que durou dois meses e deixou 200 mil sem emprego. Um mês depois, um grupo composto em sua maioria por trabalhadores carlistas fundou os chamados Sindicatos Libres. Apoiados pelas autoridades locais, entravam em curso de coalizão com a CNT.[56]

Com as disputas sociais resolvidas por meio da pura violência, muitas cidades espanholas se tornaram campos de batalha. O massacre em Barcelona foi tal que a cidade foi apelidada de "Chicago do Mediterrâneo". Nessa atmosfera de terror, a ação de grupos começou a tomar o controle da CNT. Industrialistas, contramestres e sindicalistas rivais eram alvo de suas armas e bombas. Por sua vez, membros da CNT eram presos e deportados para províncias distantes (fazendo a viagem a pé e acorrentados) ou assassinados. A nomeação do general Severiano Martínez Anido como governador civil de Barcelona, em novembro de 1920, marcou o apogeu da repressão. Durante dois anos, ele governou Barcelona como seu feudo e deu proteção oficial ao contraterrorismo. Armaram-se os atiradores dos Sindicatos Libres em quartéis militares e criou-se a notória Lei de Fugas (permissão para atirar nos anarco-sindicalistas capturados que "tentavam escapar").

A CNT foi dizimada, com centenas de seus melhores militares presos ou assassinados. Não surpreende que a maioria deles fosse conhecida como líderes anarco-sindicalistas "moderados". Em março de 1923, foi assassinado o militante trabalhista catalão mais carismático, Salvador Seguí, conhecido por se opor às atividades descontroladas dos grupos.

Nesse ciclo de retaliações, o primeiro-ministro Dato, o arcebispo de Saragoça e dois antigos governadores civis, entre outros, foram mortos. Raramente se passava um dia sem que os jornais anunciassem novos assassinatos ou atos de violência.[57]

Para piorar, notícias devastadoras da quase esquecida aventura marroquina abalaram o país no verão de 1921. Depois que o Exército espanhol foi derrotado em Annual pela população local, a rápida retirada de suas tropas logo se transformou em tumulto. Cerca de nove mil soldados foram mortos e centenas se tornaram prisioneiros. Em poucos dias, todo o território conquistado desde 1909 estava perdido, e os marroquinos se encontravam na fronteira de Melilla. Reforços em massa foram convocados em uma reação inicial de patriotismo e vingança. No entanto, à medida que as tropas afundavam em uma campanha sangrenta e os políticos argumentavam sobre a estratégia de longo prazo, esses sentimentos se transformaram, em 1922, em apelos pelas cabeças dos responsáveis pelo desastre. A publicação do inquérito empreendido pelo general Juan Picasso confirmou muitas falhas políticas e militares. Uma comissão parlamentar foi formada para discutir a questão das responsabilidades. Os dois integrantes socialistas, Indalecio Prieto e Julián Besteiro, se tornaram as principais vozes da crítica a um regime que tinha comandado o desastre. A ligação próxima entre o rei e seus oficiais *africanistas* (em particular suposto incentivo ao general Manuel Silvestre, comandante-em-chefe das forças em Annual) implicou pessoalmente até Afonso XIII.[58]

Num clima ininterrupto de violência social e choque colonial, as classes econômicas dominantes começaram a exigir uma solução autoritária, ao mesmo tempo que os editoriais de direita elogiavam a ascensão do fascismo na Itália e a reação política européia ao impulso revolucionário dos anos anteriores. Quando, em setembro de 1923, Miguel Primo de Rivera, capitão-geral de Barcelona, protagonizou um golpe militar, o regime entrou em colapso sem resistência.

A REGENERAÇÃO VINDA DE CIMA

O *pronunciamento* foi o resultado definitivo da crescente intromissão pretoriana e da crítica militar contra a ordem liberal. Agora os oficiais não tomavam mais o poder como representantes de uma facção política, mas afirmavam estar acima da política partidária: eles se consideravam defensores dos valores sagrados da nação (unidade da pátria, da propriedade e da ordem pública) posta em risco pela administração incompetente de políticos em um momento de perigo revolucionário. Isso estabeleceu, portanto, um arriscado precedente para o futuro: o do caminho antiliberal para a modernidade no qual o Exército assumiu o papel de salvador da nação. De fato, Primo de Rivera reivindicou para si o papel de "Cirurgião de Aço", o forte líder preparado para adotar medidas drásticas no sentido de curar as doenças que destruíam a pátria.[59]

O rei (divertindo-se com a idéia de assumir esse papel) não impediu o colapso da antiga ordem. Se tecnicamente não era responsável pela rebelião militar, Afonso estava bem cônscio dos antecedentes. A possibilidade de ser incriminado no desastre colonial confirmou sua visão de que os improdutivos partidos dinásticos não lhe ofereciam qualquer proteção contra os inimigos do trono. Assim, nos momentos cruciais da noite de 13 de setembro, o monarca levou um tempo deliberadamente longo para chegar a Madri, se recusou a apoiar qualquer medida excepcional contra o golpe e deixou claro que sua principal lealdade era com relação a "seu Exército". Uma vez na capital, dispensou rapidamente o ministério e convidou Primo de Rivera para formar um governo militar.[60]

A ditadura era, acima de tudo, uma solução exigida pelas classes dominantes assustadas numa sociedade em transição entre a política oligárquica e a democracia.[61] Essa foi a fórmula que a Espanha adotou para manter o controle social quando o tradicional liberalismo desmoronou, como foi o caso da Itália em 1922. Como capitão-general de Barcelona em 1923, Primo de Rivera se tornou o herói da burguesia catalã, que apoiou de modo entusiasmado sua tentativa de conquistar o poder e acompanhou o general na triunfante partida da estação de trem, com destino a Madri, para formar um novo governo.[62] As corporações agrária e industrial e as câmaras de comércio da Espanha, assim como a Igreja católica, não ficaram para trás e receberam com alegria o novo regime.[63] Em contrapartida, a ditadura criou altas tarifas protecionistas para defender a produção nacional da competição externa e impôs a paz social. Com Martínez Anido no comando do ministério do Interior, a lei marcial durou até maio de 1925. O PCE e a CNT foram banidos, e centenas de seus militantes presos.

A repressão estatal, embora um tanto moderada em termos de derramamento de sangue, em comparação aos anos anteriores, não explica o declínio da efervescência dos trabalhadores durante o período. A bonança econômica e o ativo intervencionismo na economia garantiram uma era de expansão industrial nos anos 1920. Financiada por um orçamento extraordinário, a ditadura investiu pesado em trabalhos públicos, como a construção de estradas, ferrovias e outras infra-estruturas. Uma substancial modernização econômica coexistia com iniciativas sociais próprias. Longe de ser perseguida, a UGT passou a colaborar com o Estado. A oposição dos setores do Psoe, liderada por Indalecio Prieto, foi derrotada pela aliança entre o líder Pablo Iglesias e, depois de sua morte em 1925, Julián Besteiro e a ala sindicalista liderada por Francisco Largo Caballero. Eles receberam bem a oportunidade de estabelecer a hegemonia socialista no movimento dos trabalhadores, e, conseqüentemente, os integrantes da UGT aceitaram trabalhos pagos pela máquina burocrata do regime.[64]

Os trabalhadores industriais como um todo se beneficiavam do crescente desenvolvimento econômico e do paternalismo estatal.[65] Copiado do corporativismo fascista, o estabelecimento dos chamados *comités paritarios* (comitês de arbitragem dos representantes de empregadores e trabalhadores) para promover a legislação social e resolver conflitos foi o experimento social de maior alcance. Mas, ao contrário da Itália, a liberdade sindicalista era respeitada e não havia um sindicato fascista único para representar os operários. Na verdade, a UGT ficou responsável pela maior parte da representação trabalhista, acima dos Llibres ou dos sindicatos católicos. Além do mais, enquanto os empregadores assumiam o encargo de financiar os comitês e tinham de obedecer às decisões em grande parte favoráveis aos trabalhadores, o proletariado ainda tinha o direito de recorrer à greve. Até a antiga guarda da CNT, liderada por Angel Pestaña, avaliava a idéia de participar do corporativismo do regime e aceitar seus mecanismos de arbitragem. Os anarquistas de linha-dura, contudo, se opuseram furiosamente a isso. Eles fundaram, num encontro secreto em Valência, em julho de 1927, a Federação Anarquista Ibérica (FAI), com o objetivo de conquistar a liderança da organização assim que pudessem retomar legalmente suas atividades.[66]

A restauração da paz social, a crítica à corrupção do desacreditado regime anterior e a bem-sucedida pacificação de Marrocos garantiram certa popularidade à ditadura.[67] No entanto, sem qualquer coerência ideológica ou fundações políticas sólidas, o regime logo começou a se desintegrar. Em uma tentativa de transformar seu governo, de um sistema com base militar para outro de base civil, Primo de Rivera fundou em 1924 o partido político Unión Patriótica. Um ano depois, muitos civis se juntaram ao governo. No entanto, ao contrário do dinamismo do fascismo italiano, a Unión Patriótica nunca deixou de ser uma imposição artificial, com a participação sobretudo de carreiristas sedentos por empregos e proteção oficial.[68]

À proporção que a incerteza política aumentava, a generalização da censura, as constantes decisões arbitrárias e um claro favoritismo com relação à Igreja católica levaram à oposição intelectuais e estudantes. Os anos 1920 produziram um processo de modernização cultural – com o início da produção de massa, a introdução do rádio e o aumento de público nos cinemas – que afetou as classes médias em particular. Sentindo-se alijadas, e não representadas, elas começaram a se dirigir em grande número para o setor republicano. Na Catalunha, medidas repressivas como a proibição da língua e de símbolos próprios fizeram com que a hegemonia do nacionalismo catalão passasse da Lliga para grupos de esquerda, inclusive o semi-separatista Estat Catalá, liderado por Francesc Maciá.

Enraivecidos com as tentativas que Primo de Rivera fez de cortar o orçamento militar e se intrometer no sistema de promoção, alguns setores do Exército começaram a conspirar. A maioria desses planos, que envolviam políticos do regime antigo, foi facilmente desmembrada. Contudo, revelavam as evidentes divisões dentro das Forças Armadas, responsáveis definitivas pela Monarquia.[69] Em 1929, o rei cansou de um regime no qual desempenhava papel secundário. O início da depressão econômica mundial, adicionada ao descontentamento militar, forneceu a Afonso a desculpa para exercer pressão sobre Primo de Rivera no sentido de que se retirasse em silêncio. Proprietários de terra e industrialistas rejeitaram a política fiscal que teria possibilitado uma cobrança de impostos mais progressiva e, em um voto claro de falta de confiança, se recusaram a contribuir com os empréstimos que o regime ansiava por arrecadar.[70] Os mesmos grupos que saudaram o golpe em 1923 agora se tornavam seus detratores mais explícitos. Um Primo de Rivera doente e isolado finalmente renunciou, em 28 de janeiro de 1930. Três meses depois morreu em Paris.

CREPÚSCULO DE UMA ERA

A coroa tentou em vão se dissociar da ditadura. Ao apostar na tomada de poder pretoriana, Afonso XIII acreditava garantir seu trono. Na verdade, ele destruiu o apoio constitucional e atrelou seu destino ao de Primo de Rivera. A Monarquia tinha aceitado de pronto o golpe militar, em 1923, porque o sistema oligárquico não podia mais funcionar. No entanto, em 1930, a tentativa de trazer de volta a antiga ordem liberal, como se nada tivesse acontecido, se mostrou absurda. O impacto dos sete anos anteriores não poderia ser apagado da noite para o dia. Nesse período, a ditadura tinha promovido um período de rápida modernização econômica e cultural que alterou de modo significativo a estrutura social da Espanha. Entre 1923 e 1930, mais de um milhão de pessoas migraram do campo para grandes cidades como Barcelona, Madri, Valência, Bilbao e Saragoça. A agricultura, embora ainda fosse o setor que mais empregos criava para a economia, passou de 57,3% para 45,5% da força de trabalho, enquanto os setores industriais e de serviços cresceram respectivamente de 21,9% e 20,8% para 25,6% e 27,9%. Uma urbanização cada vez maior foi acompanhada de significativo aumento da taxa de alfabetização, pelo desenvolvimento espetacular das estradas de ferro e do sistema de rodovias e pela produção de telefones, rádios e outros símbolos de modernidade.[71] A conseqüência óbvia foi que o antigo sistema elitista, que já se mostrava moribundo em 1923, tornou-se um total anacronismo na Espanha avançada e mais modernizada dos anos 1930.[72]

Fragmentados bem antes do *pronunciamiento* de Primo de Rivera, mantidos fora dos cargos públicos e difamados na imprensa durante a ditadura, os antigos partidos dinásticos encontravam-se em meio ao caos. Além disso, somente alguns dos famosos monarquistas reagiram com entusiasmo ao apelo do soberano para salvar o trono. Muitos outros se juntaram aos republicanos ou evitaram apoiar um monarca que se havia identificado com um regime que os denegria. Em contraposição, o republicanismo nunca vivera dias melhores. Segundo o antigo maurista Angel Ossorio, até seu gato era agora republicano.[73] A censura da ditadura, assim como outros mecanismos arbitrários, mobilizou milhões de pequenos empresários, intelectuais e membros de profissões liberais que nunca tinham revelado interesse pela política. Eles concordavam que, longe de ser uma garantia de estabilidade, a continuidade da Monarquia era uma fonte de conflito e obscurantismo eclesiástico.[74]

Enquanto os monarquistas logo se envolveram em disputas no âmbito das esferas de poder, os republicanos se caracterizavam pela coerência e unidade. Em 17 de agosto de 1930, representantes de diferentes grupos republicanos, inclusive catalães e (em uma posição particular) os socialistas Indalecio Prieto e Fernando de los Ríos, realizaram um encontro crucial numa cidade ao norte de San Sebastián, onde decidiram se unir em uma campanha eleitoral para promover uma Corte Constituinte que levaria à proclamação da República e à concessão de autonomia à Catalunha. Os socialistas foram totalmente incorporados ao pacto em outubro, e, quando se estabeleceu o governo provisório, receberam três ministérios. No entanto, para dissipar o medo entre as classes médias de que a tomada de poder republicana significasse uma completa revolução social, os cargos cruciais de primeiro-ministro e ministro do Interior foram reservados a dois antigos conhecidos monarquistas, Niceto Alcalá Zamora e Miguel, filho de Antonio Maura.[75]

Enquanto membros da CNT, legalizada em abril de 1930, conspiravam com os republicanos catalães e com um pequeno número de jovens oficiais do Exército descontentes, graças às lembranças cruéis de 1917, socialistas e republicanos se moviam com extrema cautela. Depois de muitos adiamentos, eles concordaram com uma insurreição que teria início em 15 de dezembro de 1930. Como era de esperar, após a fúnebre atuação nas rebeliões espanholas, o movimento foi um total desastre. Três dias antes da data combinada, o impulsivo capitão Fermín Galán se rebelou na isolada guarnição nordeste de Jaca (Huesca), na crença de que sua ousada ação seria a centelha para atear um abrangente movimento revolucionário. As autoridades agiram rápido, prendendo a maioria dos integrantes do governo provisório. Grande parte dos oficiais comprometidos permaneceu passiva, com exceção de uma minoria, que assumiu o comando da base aérea de Cuatro Vientos, fora de Madri, e limitou suas ações a sobrevoar a capital e lançar panfletos antimonarquistas antes de fugir para o exterior. O próprio Gálan foi capturado e, junto com o segundo homem no comando, sumariamente executado em 24 horas.[76]

A República agora tinha seus mártires, e a Monarquia podia ser representada como regime cruel. O subseqüente julgamento do governo provisório, em março de 1931, revelou por completo a drástica mudança dos tempos desde 1917. O presidente do tribunal militar, general Burguete, fora um dos piores repressores da revolução de 1917 nas Astúrias. Agora ele permitia ao acusado viajar da prisão para a corte judicial em carros privados e, durante o julgamento, não continha as aclamações de uma grande platéia republicana. O veredicto era quase uma liberação: foi proferida a sentença mínima de seis meses e um dia, mas os acusados acabaram postos em liberdade e saudados como heróis por multidões entusiasmadas. Burguete até comentou que ele, pessoalmente, tinha votado a favor da absolvição dos acusados.[77]

Com o objetivo de ganhar tempo para reconstruir suas redes, o governo decidiu organizar eleições municipais para 12 de abril de 1931, mas os resultados impressionaram a nação. Os monarquistas obtiveram maiorias esmagadoras no campo, mas 47 das 52 capitais provinciais votaram a favor da coalizão republicano-socialista. Evidentemente, onde a opinião pública podia se expressar com liberdade, a votação foi em massa contra o regime. O voto rural não tinha significado sério, representando somente a tradicional obediência cordata orquestrada pelos ainda onipotentes *caciques* locais.[78] Nem o derrotismo monarquista nem a força republicana se mostraram decisivos. Durante as cruciais 24 horas seguintes, o regime simplesmente entrou em colapso. Ao contrário do que acontecera tantas vezes no passado, não havia qualquer tentativa de apresentar a maioria geral fabricada como prova da vitória. Perplexos, os monarquistas admitiram a derrota e desertaram em massa. Enquanto multidões jubilosas celebravam a proclamação da Segunda República da Espanha, nas ruas das principais cidades, Afonso XIII, identificado como o maior obstáculo à modernidade, fugiu do país, abandonado por seus políticos e por um Exército relutante em intervir, como acontecera em 1923.[79]

2

A SEGUNDA REPÚBLICA

(1931-1936)

Uma breve experiência de democracia

A República é um caldeirão em que a vingança se transforma em justiça, a luta de classes em um dos propósitos, e a burguesia e o proletariado em forças harmônicas para criar a justiça social.[1]

O PERÍODO DE LUA-DE-MEL

Em 14 de abril de 1931, ocorreram festejos sem precedentes na Espanha. Quando o rei Afonso fugiu para o exílio, as pessoas dançaram e se abraçaram. Bandeiras republicanas foram penduradas durante a noite, adornando varandas, postes de ruas e prédios públicos.[2] No entanto, havia conflitos sociais latentes e profundos, apenas ocultados pelas comemorações nacionais. Estavam momentaneamente submersos, mas logo reapareceriam, uma vez que a euforia nacional terminasse. Cinco anos mais tarde, as mesmas avenidas e praças se tornariam campos de batalha depois que os festejos foram substituídos por ódio e ressentimento.

Na verdade, a proclamação da República não poderia ter chegado em momento pior: 1931 foi o início de uma era de radicalismo político, extremismo ideológico e crise econômica mundial nunca antes vistos. A Espanha parecia ir contra a corrente dos tempos. Enquanto a República representava o primeiro exercício democrático do país, em outros lugares a política pendia para o lado das ditaduras e do fascismo. A queda de Primo de Rivera foi um caso inédito, o único governo autoritário na Europa, nos anos entreguerras, que levou à democracia. Além disso, embora o relativo atraso da economia espanhola, associado à desvalorização da peseta, suavizasse o impacto da crise econômica internacional, os novos governos precisaram enfrentar severas restrições financeiras. O desemprego aumentava, ao mesmo tempo que o comércio entrava em declínio e o capital disponível se esgotava. Os mais afetados eram a indústria de construção e os setores dinâmicos de exportação de metais, minerais e frutas cítricas, cujo nível de produção quase caiu pela metade a partir de 1929.[3]

Nesse contexto internacional de radicalismo político e crise econômica, os novos objetivos modernizadores do regime fomentaram a polarização do país. Apesar do zelo reformista dos novos ministros, a impossibilidade de empréstimos de capital do exterior, acrescida da enorme dívida herdada dos anos de gastos abundantes da ditadura, impedia que o ministério dispusesse de recursos financeiros para viabilizar muitos de seus projetos. Por conseguinte, como as crescentes expectativas de grupos tradicionalmente discriminados não encontravam correspondência na realidade, o desencantamento popular ganhava força. No entanto, ao mesmo tempo, essa mesma legislação era considerada intolerável pelas classes ricas, na medida em que, caso totalmente implementada, ameaçava sua hegemonia econômica e social.

Com a República atacada por ambos os lados do espectro político, o período de lua-de-mel foi curto. Se a Monarquia tivesse sido derrubada por meios violentos, em oposição à rápida e sangrenta transição de abril de 1931, é provável que o equilíbrio de poder fosse radicalmente diferente. Na verdade, ao abandonarem o rei por conveniência, os principais pilares do regime antigo (o Exército, a Igreja e a oligarquia proprietária de terra) conseguiram preservar seu poder social e institucional e também atuaram como um obstáculo à mudança.[4] Os republicanos logo enfrentaram a dura realidade de implementar a legislação em pontos distantes da Espanha, onde o poder econômico e social permaneceu em grande medida nas mãos das elites tradicionais.

A fraqueza dos partidos republicanos levou à instabilidade política e até a um impasse. De fato, os republicanos estavam divididos em vários grupos cuja aliança se fortalecera somente pela oposição comum à Monarquia. Agora, contudo, com o poder a seu alcance, eles seriam destruídos pelas rivalidades pessoais e pela diferença de programas. Para piorar, o apoio popular nacional que tinham era relativamente pequeno e se concentrava entre as classes médias urbanas. O verdadeiro apoio de massa voltava-se para grupos não republicanos: socialistas e *cenetistas*, na esquerda; católicos e, em extensão menor, carlistas, na direita.

De início, a República podia contar com o entusiasmo existente. A hegemonia dos partidos reunidos no Pacto de San Sebastián foi confirmada por sua vitória esmagadora nas eleições gerais de junho de 1931. Dos 470 assentos, vários grupos republicanos de esquerda elegeram 180 representantes; entre os republicanos de centro-direita, os radicais (com

90 assentos) se tornaram o segundo maior grupo na Câmara; o partido de Alcalá não conseguiu atrair o voto moderado, obtendo somente 22 cadeiras, enquanto outros 20 foram ocupados por partidos menores. Com algumas notáveis exceções, os antigos partidos dinásticos saíram literalmente de cena.[5] As novas agremiações de direita só conseguiram reunir 41 deputados, com monarquistas e católicos formando a chamada "minoria agrária", e carlistas e nacionalistas bascos, a coalizão basco-navarrense.[6]

Com 116 assentos, o Psoe surgiu como o maior partido. Entretanto, um debate interno com relação à responsabilidade ministerial ainda afligia os socialistas. Seu líder oficial, Julián Besteiro, defendia uma estratégia de deixar o governo para os republicanos, enquanto os socialistas apoiariam a nova bancada do Congresso de modo a garantir a aprovação da legislação progressista. Bestero foi derrotado por uma frente combinada da maior parte da ala sindicalista do partido (liderada por Largo Caballero) com os parlamentares socialistas (liderados por Indalecio Prieto), que queriam permanecer no núcleo da tomada de decisão ministerial e tornar o socialismo o fundamento da nova ordem. Desse modo, eles mantiveram três ministérios (Largo no Trabalho; Prieto nas Finanças; e Fernando de los Ríos na Justiça). O próprio Besteiro não recusou o prestigioso papel de porta-voz nas Cortes Constituintes.[7]

Após décadas de governo elitista, a máquina estatal estava nas mãos de uma nova classe governante, formada principalmente por classes médias profissionais urbanas, comprometidas com a modernização do país por meio de um vasto programa de reformas que, acreditavam seus integrantes, só poderia sobreviver se acompanhado de profunda transformação cultural.[8] Para essa missão, era crucial a construção de fundações intelectuais e simbólicas de uma sociedade secular. Em outras palavras, eles se empenharam em destruir os laços monarquistas e eclesiásticos que tornavam os espanhóis "súditos", em vez de "cidadãos". A educação, à qual atribuíam poderes quase místicos, seria responsável pela transformação, o que não chegava a surpreender, pela presença de tantos professores universitários, escritores e jornalistas na primeira das Cortes Constituintes.[9] Na verdade, uma educação que enfatizava o pensamento independente, a liberdade de doutrina religiosa e a rejeição da hierarquia realizaria a dupla função de preparar o povo para seu papel na nova sociedade e ajudar a construir as bases sociais.[10]

Professores de colégio se tornariam a principal força dessa revolução democrata: eles seriam os propagadores, responsáveis por levar os valores civis "modernos" até os lugarejos mais longínquos da Espanha.[11]

Na verdade, uma das realizações republicanas mais louváveis foi o compromisso com a educação pública e o investimento financeiro nela aplicado. Entre 1931 e 1933, foram instituídas 13.580 novas vagas de professores. Além disso, o Ministério da Educação criou empreendimentos culturais como as chamadas Missões Pedagógicas ou companhias teatrais como La Barraca, de Garcia Lorca.[12] Esses missionários modernos eram as tropas de choque a liderar uma nova era igualitária que substituiria o catolicismo – até então motor ideológico da hierarquia social – pelo humanismo secular e pela justiça social. Eles viajavam para cidades remotas e pequenos vilarejos onde exibiam filmes, liam poesias e ensinavam princípios democratas. Quando partiam, deixavam uma biblioteca com os clássicos da literatura.

Apesar de seu grande idealismo, a abordagem paternalista republicana de cima para baixo correspondia a construir uma casa a partir do telhado. Ao mesmo tempo que excluía a classe média católica, também não estava de acordo com as demandas básicas da população. Na verdade, uma ênfase mais completa na reforma econômica e social teria consolidado o maior apoio popular ao regime. A necessidade mais desesperada dos aldeões era de pão e trabalho, e não de músicas e poemas.[13] Além disso, construir bibliotecas com obras de Tolstói, Balzac e Zola em áreas pobres era um esforço nobre, porém mal direcionado. Para um campesinato pouco alfabetizado, a leitura de extensos volumes de literatura clássica era tarefa árdua e complicada, além de bem menos prática que ler manuais técnicos sobre agricultura.

A introdução de um pacote de reformas pelo ministro da Guerra, Manuel Azaña, o dinâmico líder do pequeno partido Ação Republicana, também foi crucial na modernização do país. O objetivo era transformar as Forças Armadas, da guarda pretoriana da Monarquia, em instituição profissional que obedecia e defendia a ordem constitucional da Espanha. No entanto, as iniciativas de Azaña estimulariam sérias oposições e ressentimentos no oficialato. A infame Lei das Jurisdições de 1906 (que deu autoridade judicial de militares sobre civis) foi abolida, e os oficiais tiveram de prestar juramento de lealdade à República ou seriam dispensados do serviço. A questão das "responsabilidades" pelo desastre em Marrocos foi reaberta e alguns militares foram julgados. Aprovaram-se também medidas para lidar com uma corporação superlotada, o que incluiu o incentivo à aposentadoria dos oficiais mais antigos com pagamento integral (mais de dez mil aceitaram a oferta) e a suspensão da promoção por méritos de guerra.[14]

Enquanto os republicanos se ocupavam mais de medidas culturais e políticas, a principal preocupação do Psoe era a introdução da legislação social com o objetivo de melhorar as terríveis condições de vida dos trabalhadores. O ministro do Trabalho, Largo Caballero, ajudado pelo ministro da Justiça, de los Ríos, planejou as novas medidas. Os salários foram aumentados e os aluguéis congelados, para que, em um período de deflação, os salários reais dos trabalhadores urbanos subissem em 16% entre 1931 e 1933. No campo, eles praticamente dobraram.[15] Os funcionários tinham agora sete dias de férias remuneradas por ano, e o direito de greve não poderia dar margem a demissões. Outros avanços foram obtidos no campo da seguridade social, como a licença-maternidade, a aposentadoria e o seguro contra acidentes de trabalho. Os comitês de arbitragem de Primo de Rivera foram chamados agora de *jurados mixtos* e estendidos ao campo. A jornada de oito horas de trabalho foi introduzida em todos os tipos de ocupação. Finalmente, para resolver o desemprego na Espanha rural, a Lei das Fronteiras Municipais (proibindo empregadores de trazerem trabalhadores de fora até que todas as pessoas em condições de trabalhar em uma determinada municipalidade já estivessem empregadas, o que impedia greves) e a do Cultivo Obrigatório (forçando proprietários de terra, sob pena de seu possível confisco, a usá-la para cultivo) foram aprovadas.[16]

A conquista desses primeiros meses de ardor reformista levou à aprovação de uma nova Constituição em dezembro de 1931. A Espanha foi definida como uma "República de trabalhadores de todas as categorias", com regime democrático, secular e potencialmente descentralizado. Direitos individuais, inclusive a proteção da propriedade privada, foram incluídos na Constituição, mas o artigo 44 aceitava a possibilidade de expropriação para uso social. Duas das questões mais controversas – a concessão de poder autônomo a regiões históricas, em particular a Catalunha,[17] e a introdução da esperada reforma agrária – foram aprovadas implicitamente, mas deixou-se para o Parlamento a tarefa de definir os detalhes da legislação. Todas as eleições deveriam agora ser feitas por voto universal secreto, e pela primeira vez as mulheres poderiam participar.[18] Passariam a existir uma única Câmara inferior e um Tribunal de Garantias Constitucionais (um tipo de Suprema Corte), o qual ficaria encarregado de determinar a constitucionalidade das leis e mediar quaisquer conflitos entre os governos central e locais. O Parlamento teria a função de eleger, para o período de seis anos, um presidente da República com poderes essenciais, mas limitados, que poderia indicar e destituir primeiros-ministros, dissolver a Câmara duas vezes e assumir um papel de aconselhamento na elaboração das leis. Suas decisões, contudo, tinham de ser aprovadas pelo Parlamento, que também poderia dispensá-lo.

Em menos de um ano, a Espanha avançara mais no caminho da modernidade que nos dois séculos anteriores. No entanto, rápidas mudanças em período tão curto causaram profundos traumas na tradicional estrutura da sociedade.

As divergências no interior da coalizão governante eram evidentes mesmo no verão de 1931. A legislação contra o clero, somada às diferenças com relação à reforma agrária, fez com que, em outubro, dois dos principais republicanos conservadores deixassem o governo: Alcalá Zamora e Miguel Maura. Mesmo assim, a eleição de Alcalá em dezembro como primeiro presidente da República serviu para adiar os antagonismos existentes. A confrontação entre os dois maiores partidos, os radicais e os socialistas, foi mais ameaçadora. A reputação duvidosa dos radicais era tal que, em 1930, todos os participantes do Pacto de San Sebastián concordaram que o partido não deveria receber nenhum ministério relacionado às questões econômicas. A idéia de tornar Lerroux ministro da Justiça também teve de ser abandonada, pois Maura sugeriu que os radicais começariam a leiloar sentenças de tribunais no centro de Madri. O apoio significativo aos radicais entre o eleitorado de classe média urbana não poderia ser ignorado. Eles eram membros essenciais da chamada Aliança Republicana, formada em fevereiro de 1926, e tinham de ser acomodados no governo provisório como aliados necessários – mesmo que profundamente indesejáveis.[19]

Após as eleições de junho de 1931, os radicais poderiam assumir a responsabilidade de serem não só o partido republicano mais antigo, como também aquele de maior representação junto à minoria parlamentar. Entretanto, enquanto seus parceiros na Aliança e no governo, os socialistas-radicais (PRRS) e a Ação Republicana (AR), adotavam um programa progressista, os radicais tinham se afastado dramaticamente de sua antiga posição revolucionária. Lerroux se apresentava agora como o responsável por uma República socialmente conservadora. Além disso, os radicais foram mais bem-sucedidos que outros partidos republicanos ao criarem uma organização nacional por meio da expansão de seus redutos urbanos para o campo, onde até então eram pouco representados. Em grande medida, isso foi possível ao absorverem uma série de redes formadas pelos *caciques*. Antigos monarquistas notáveis, como Santiago Alba, se uniram aos radicais; outros, como Manuel Burgos y Mazo, José Sánchez Guerra e até Conde Romanones, instruíram seus clientes a fazer o mesmo.

Essa infiltração feita por antigos monarquistas e *caciques* conhecidos, que esperavam proteger sua posição influente sob o disfarce da "respeitabilidade republicana", aconteceu em todos os partidos, mas certamente foi mais significativa entre os radicais. Eles afirmavam que, pelo bem da República, a incorporação de setores do antigo regime era melhor que seu distanciamento. A desvantagem óbvia foi que muitas autoridades locais permaneceram nas mãos de antigos monarquistas propensos a se opor a qualquer reforma significativa, enfatizando assim a transição dos radicais para a direita.[20]

Em outubro de 1931, os socialistas e os radicais continuavam a evitar um confronto aberto apoiando em conjunto a candidatura de Manuel Azaña para primeiro-ministro. Contudo, não era segredo que Lerroux acreditava ser aquela uma medida temporária e que ele, como líder do maior partido republicano, deveria permanecer nesse cargo, uma vez aprovada a Constituição. Quando, em dezembro, Azaña deixou claro que as Cortes não seriam dissolvidas e que, com o apoio socialista, manteria seu cargo de primeiro-ministro, os radicais abandonaram de repente o governo.[21] Em 1932, disputas pessoais e ideológicas resultaram praticamente no colapso do Pacto de San Sebastián. Um Lerroux ressentido começou aos poucos a passar para a oposição, pedindo a retirada dos socialistas e a instalação de um governo completamente republicano.[22] A partir de então, de forma preocupante, o maior partido republicano ficou claramente contra o acordo de 1931.

À medida que a coalizão governamental originária começou a se romper, as idéias republicanas contra o clero garantiram uma hostilidade descontrolada por parte da Igreja católica. Uma reforma nessa instituição que passara tanto tempo sem sofrer mudanças não somente chegava tarde como se impunha para transformar a Espanha em um Estado democrata e secular. A nova legislação introduziu o divórcio e o casamento civil, erradicou os símbolos religiosos de prédios públicos e acabou com o status de fiscalização especial atribuído ao clero. Os subsídios estatais seriam extintos em dois anos e a Igreja teria de declarar sua renda e seus bens, que pela primeira vez seriam passíveis de cobrança de impostos.[23]

O ardor dos republicanos contra o clero (muito mais forte que o do Psoe), embora em grande parte provocado por uma Igreja tradicionalmente intolerante, não só era politicamente pouco sábio, mas também prejudicial. A República poderia ter adotado uma conduta mais cautelosa ao tornar prioridade sua a legislação econômica e social. Fazer com que o clero perdesse seu controle supremo sobre a educação era, no entanto, necessário para a modernização cultural. Ainda assim, os republicanos não promoveram somente um ensino estatal alternativo. Alegando ser essa uma questão de segurança pública, eles proibiram todo ensino oferecido por ordens religiosas.[24] Essa era uma medida ingênua. O vazio deixado pelo fim da educação católica não podia ser preenchido de imediato, por força de restrições orçamentárias, e colocou o novo regime em colisão com a Igreja. Isso, acrescido de diretrizes punitivas desnecessárias, como a proibição de enterros e comemorações religiosas, proporcionou à direita anti-republicana uma bandeira ideal – a da perseguição – para mobilizar a oposição contra o regime.[25]

Certamente os ataques provocativos, como os das pastorais do cardeal-arcebispo da Espanha, Pedro Segura, em maio de 1931, duplicaram o ressentimento do governo contra o clero. Sem dúvida, muitos sacerdotes de alto posto não poderiam ver a Igreja, o próprio símbolo da antiga Espanha, incluída na modernização empreendida em quase todo o mundo ocidental. Uma aversão à democracia estava há muito enraizada na hierarquia eclesiástica e produziria resultados em seu apoio ativo à ditadura e em seu papel de reduto da Monarquia. Foi o católico Maura que logo depois decretou a expulsão do cardeal Segura e do bispo de Vitoria, Mateo Múgica.[26] Contudo, muitos padres da paróquia local não eram, em princípio, contra o novo regime. Algumas personalidades importantes, como o núncio apostólico monsenhor Tedeschini, estavam preparadas para buscar um acordo, e o bispo Ilundain, de Málaga, endossava em público a República[27] Mas o discurso republicano contra o clero isolava esses moderados, e os adeptos da linha-dura aproveitavam para tirar vantagens no interior da hierarquia católica.[28]

Quando Azaña declarou, em outubro de 1931, que a Espanha tinha deixado de ser um país católico, estava correto em termos objetivos, mas sua avaliação ignorava o poder ainda impressionante da Igreja.[29] Mesmo com a diminuição das pessoas que freqüentavam a missa e com a perda de controle do catolicismo nos centros urbanos, a Igreja ainda tinha influência sobre setores significativos da classe média e uma multidão de seguidores entre os fazendeiros rurais de Castela, do País Basco e de Navarra. Na Espanha dos anos 1930, a prática católica era mais característica no norte que no sul, mais adotada por donos de propriedade que por trabalhadores manuais, mais comum entre indivíduos escolarizados que entre aqueles de menor instrução e mais entre as mulheres que nos homens.[30]

Além disso, a Igreja tinha um controle vital sobre as publicações e a mídia. Na verdade, importantes organizações católicas, como a influente Associação Católica Nacional de Propagandistas (ACNP), tiveram papel crucial na reorganização da política de direita, que, em 1931, estava em total desordem. Liderada por Angel Herrera, essa organização (formada principalmente por estudantes das antigas escolas jesuítas) possuía a maior e mais poderosa cadeia de jornais e estações de rádio do país. O próprio Herrera era o editor de *El Debate*, o jornal católico mais importante,[31] que ecoava os sarcásticos ataques da hierarquia da Igreja. A República era retratada pelo jornal como a incorporação da anti-Espanha: herege, satânica e má. A expulsão do país dos anti-republicanos, como o cardeal Segura e mais tarde os jesuítas, era prova de que o governo se jubilava em esmagar o sacerdócio indefeso.

Simultaneamente, a imprensa católica também buscava obter o apoio das Forças Armadas. A concessão de autonomia à Catalunha foi descrita como o início da fragmentação da pátria, e as reformas de Azaña foram distorcidas para parecer uma tentativa de destruir o Exército. Persistentes mensagens apocalípticas, que descreviam a República como um regime não-patriótico, dominado por comunistas, ateus, maçons[32] e separatistas, buscavam identificação com os próprios sentimentos dos militares. Os *africanistas* eram particularmente receptivos: já estavam revoltados com a reabertura da questão das responsabilidades e com a suspensão das promoções de campo de batalha concedidas durante as guerras marroquinas.[33]

As classes e instituições econômicas dominantes se uniram à ofensiva anti-republicana. Empregadores urbanos (o Patronal), contudo, estavam longe de ser uma frente monolítica. Alguns demonstraram seu desprezo com relação ao novo regime ao enviar seus capitais para o exterior,[34] mas outros até saudaram a República após os complicados anos finais da Monarquia. No entanto, em 1932, a maioria estava irritada com os lucros declinantes e os salários elevados que afetavam milhões de pequenos e médios negócios. Eles concentravam seu descontentamento em especial sobre os comitês de arbitragem, dirigidos por figuras nomeadas pelo Ministério do Trabalho e vistos como um tipo de ditadura socialista que impunha contratos e condições sempre favoráveis às classes trabalhadoras. Embora não buscasse necessariamente a derrubada da República, o Patronal queria uma reforma drástica na orientação política do governo. Em julho de 1933, a assembléia de empregadores exigiu a retirada imediata dos socialistas. Suas esperanças voltaram-se para um novo governo dominado pelos radicais.[35]

Ao contrário de seus equivalentes urbanos, a oligarquia rural se uniu no esforço de restaurar a ordem social dominante antes de 1931. O campo nunca tinha vivido a introdução de uma legislação reformista. Até então, o controle do poder local exercido pelos seus nomeados e com a aquiescência da Guarda Civil garantiu aos maiores proprietários de terra uma influência quase absoluta sobre milhões de trabalhadores sem terra. Agora, pela primeira vez, eles viam sua hegemonia entrar em colapso. A nova legislação social, embora longe de ser revolucionária, caso implementada, poderia ter conseqüências de longo alcance na Espanha rural. O funcionamento estável dos latifúndios dependia de uma grande quantidade de mão-de-obra que trabalhava horas intermináveis por salários miseráveis. Além da ameaça de uma ampla reforma agrária, os trabalhadores agora não só trabalhavam menos horas, como também haviam tido aumento de salário. Proprietários deviam pagar hora extra sempre que precisassem de uma jornada maior, como inevitavelmente acontecia durante a colheita. No contexto da depressão mundial, com preços agrícolas e exportações em queda, essas medidas significavam uma redistribuição bastante significativa da riqueza. Como os socialistas dominavam os comitês de arbitragem, os contratos trabalhistas favoreciam os trabalhadores. Além disso, proprietários de terra não eram mais capazes de manter os salários baixos trazendo mão-de-obra barata de fora; nem podiam fazer a dispensa temporária de trabalhadores rurais deixando partes de terra não cultivadas.[36]

A resistência dos proprietários de terra em mudar, acrescida das esperanças levantadas pelo novo regime entre os trabalhadores locais, significava que o campo se tornava a zona de batalha mais cruel.[37] Incidentes como o linchamento de quatro guardas civis por aldeões em Castilblanco (Extremadura), em dezembro de 1931, seguido, em janeiro de 1932, pelo assassinato indiscriminado de 11 pessoas em Arnedo (Logroño) por membros da Guarda Civil, revelavam o terrível caráter do conflito social na Espanha rural.[38] No sul do país, um constante barril de pólvora pela miséria de grande percentual da população, os novos horizontes abertos pelo regime republicano fomentaram antigos ódios. Republicanos, socialistas e católicos brigavam pelo controle do poder local. A anarco-sindicalista CNT e, em um grau menor, os comunistas do PCE lançaram ataques constantes que terminaram em confrontos selvagens com a Guarda Civil, mas também em um choque sanguinário com a socialista UGT. Sevilha (o principal reduto do PCE) viveu uma autêntica guerra entre comunistas e anarco-sindicalistas.[39]

Depois de 1931, a composição e o caráter da UGT foram alterados de forma drástica. Com os socialistas no governo, milhões de trabalhadores sem terra do sul juntaram-se ao sindicato dos trabalhadores socialistas, a Federação Nacional de Trabalhadores da Terra (FNTT). Por conseguinte, a UGT foi transformada, de organização relativamente pequena da aristocracia trabalhista da capital e de estivadores, mineiros e fundidores de metal do norte, em poderoso movimento de massa, em que quase 40% eram camponeses radicalizados e do sul, obscurecendo assim a CNT como principal representante do proletariado rural.[40] Em contraste, apesar de sua retórica interclasses, a Confederação Nacional Católica Agrária (CNCA) permaneceu uma organização controlada por grandes proprietários de terra que trabalhavam com bispos e padres locais.[41] Sob a liderança de Jose María Gil Robles, ela se tornou a mais forte força anti-republicana, mobilizando milhões de pequenos latifundiários, *arrendatarios* e fazendeiros que tiveram sua inclinação católica despertada pelas leis anticlericais e também se sentiam negligenciados pela reforma agrária e prejudicados economicamente pelos comitês de arbitragem dominados pelos socialistas.[42] Ao descrever em termos apocalípticos a busca do governo pela coletivização da terra como uma tentativa de retirar deles suas propriedades, a CNCA convenceu facilmente esses fazendeiros católicos de que tinham os mesmos interesses que as oligarquias rurais.[43]

A hostilidade com relação à República não era limitada, contudo, às forças políticas de direita. Tanto comunistas como anarco-sindicalistas também faziam parte da oposição à República democrata.

Para os comunistas, não havia diferença entre o antigo e o novo regime. Em sua visão maniqueísta, a República era somente uma cortina de fumaça para desviar as massas do verdadeiro caminho revolucionário. A análise do PCE era claramente influenciada pela própria visão do Comintern, dos socialistas como "fascistas sociais", colaboradores de classe e inimigos dos verdadeiros interesses do proletariado.[44] Apesar disso, embora os comunistas travassem uma ofensiva revolucionária contra a República, com exceção de Sevilha e, em grau menor, Astúrias e Biscaia, sua influência nacional foi mínima. No outono de 1932, seu fraco impacto sobre as massas resultou em uma verdadeira mudança na liderança, inclusive seu secretário, José Bullejos, foi substituído pelo mais dócil José Diaz.[45]

Por sua vez, forçada à existência clandestina durante a ditadura de Primo de Rivera, a CNT estava em processo de reconstrução na época da proclamação da República. A confederação estava longe de ser uma organização monolítica, e seus princípios libertários frouxos dificultavam muito a especificação de uma estratégia comum. Ela agrupava algumas tendências muito diferentes: anarquistas milenares do sul, sindicalistas pragmáticos da Catalunha e de Valência, e os *exaltés* dos grupos de ação agora reunidos na organização anarquista mais radical (FAI) com importantes raízes na Catalunha e em Aragão.[46]

De início, sob a liderança da antiga guarda, chefiada pelo secretário nacional, o veterano Angel Pestaña, a CNT recebeu bem a República como um regime popular que aparentemente inaugurava um período de esperança e liberdade.[47] Na Catalunha, em particular, os anos de perseguição e colaboração que os republicanos catalães de esquerda e os *cenetistas* haviam passado em conjunto pareciam anunciar um período de boas relações. Os líderes, no entanto, logo começaram a ser atacados pelos partidários da linha-dura. Um dos membros mais carismáticos da FAI, um jovem veterano dos grupos de ação da década de 1920, Juan García Oliver, declarou:

> Diante da atitude de rendição dos antigos anarco-sindicalistas, consideramos a República uma instituição burguesa que tinha de ser substituída pelo comunismo libertário. Isso tornou imperativa uma onda de insurreições que, por sua vez, seria combatida pela burguesia, o que precisava prosseguir até o colapso da República burguesa. Tínhamos de criar em nossos militantes o hábito de ações revolucionárias, de modo a superar seu medo das forças repressivas do Estado. Essa prática sistemática de insurreições foi uma "ginástica revolucionária".[48]

A batalha para tomar o controle da CNT se tornou acirrada no congresso da entidade, em junho de 1931. Vaiada e atormentada, a antiga guarda obteve uma vitória temporária com um acordo para o estabelecimento de sindicatos nacionais.[49] No entanto, ferozmente combatida pelos anarquistas –, que temiam que isso levasse ao crescimento de uma burocracia interna e à destruição do caráter federalista das organizações locais –, a medida nunca foi implementada.[50] A balança de poder logo se inclinou em direção à FAI. Com seus princípios libertários, era inerente a desconfiança da CNT em relação ao paternalismo republicano, mais em sintonia com o gradualismo socialista. Em lugar disso, os anarco-sindicalistas acreditavam na ação direta e na mobilização vinda de baixo para promover, através dos comitês rurais e de vizinhos, questões populares e de consumidores, como greves de locatários. Os ativistas algumas vezes também se envolviam em atividades criminais, inclusive assaltos armados.[51] A presença no governo dos históricos inimigos da CNT, os socialistas, intensificou as apreensões existentes. Reformas socialistas patrocinadas pelo Estado, quando bem-sucedidas, ameaçavam a sobrevivência da CNT como principal organização na Andaluzia e outras partes da Espanha.[52]

Certamente a própria violência anarquista contribuiu para a perseguição da CNT. Azaña revelou a dicotomia do governo quando declarou ser impossível ajudar a CNT, que se recusava a receber apoio e cujo extremismo rejeitava qualquer legislação reformista, algo que, segundo a organização, diminuiria o espírito insurrecional dos militantes.[53] No entanto, as desvantagens republicanas ao lidar com a crise econômica e a aplicação de uma rígida política de ordem pública favoreciam os radicais. As expectativas populares não eram correspondidas, enquanto os governos buscavam políticas econômicas liberais, de equilíbrio orçamentário e monetarista. Portanto, não havia espaço para benefícios de bem-estar social em trabalhos públicos para os desempregados durante uma época em que a taxa de desemprego sobrepujava iniciativas de caridade locais e projetos municipais.[54] Além disso, os protestos eram combatidos com as mesmas práticas não reformadas de lei marcial e impunidade policial da época que imperavam na Monarquia.

A odiada Guarda Civil militarizada continuou no mesmo lugar, intacta, e a única novidade foi a criação de uma nova subdivisão, a Guarda de Assalto (liderada por oficiais do Exército), para policiar as cidades.[55] Durante 1931, greves e badernas induzidas por *cenetistas* ou comunistas levaram a grande número de prisões e, em julho, em Sevilha, ao uso da artilharia e em seguida à aplicação da brutal Lei de Fugas (atirar para matar em caso de fuga) a quatro prisioneiros. A CNT logo acusou a República de converter a Espanha em um abatedouro.[56] Recessão econômica e práticas orçamentárias restritivas, acrescentadas à repressão policial, deixaram vastos setores de trabalhadores marginais atraídos pelas mensagens sem compromisso da FAI. Para eles, os princípios de arbitragem estatal pregados pela UGT tinham pouca utilidade.

A aprovação da Lei pela Defesa da República, em outubro de 1931, que formalizou medidas excepcionais (inclusive a proibição de greves espontâneas, a prisão e até a deportação de suspeitos), confirmou para muitos *cenetistas* que a República dominada pelos socialistas queria sua destruição.[57] A legislação, que parecia tolerar o assassinato de trabalhadores e marginalizava a CNT, não deixava margens para as manobras da antiga guarda. Desse modo, sob a violenta direção da FAI, a CNT tomou o caminho da chamada "ginástica revolucionária". Segundo o veterano anarco-sindicalista Simó Piera, era extremamente doloroso para aqueles que tinham liderado a CNT nos primeiros anos ver como todo o trabalho sólido de pessoas como Seguí era destruído pela euforia pseudo-revolucionária.[58] Trinta dos mais significativos líderes da organização publicaram, em 1º de setembro de 1931, uma declaração condenando as atividades impulsivas dos extremistas. Para Camil Piñón, o importante *cenetista* que tinha organizado a enorme greve dos transportes de Barcelona em 1923, este era um manifesto contra os constantes e irracionais roubos, assassinatos e bombardeios praticados por "aqueles que pregavam a revolução cotidiana", que somente alcançaram o ódio comum.[59]

Em janeiro de 1932, uma primeira insurreição em massa começou em Alto Llobregat (Barcelona). Foi rapidamente derrotada, e cerca de 100 *cenetistas* foram deportados para a Guiné Equatorial, na África.[60] Durante todo o resto do ano, essa estratégia suicida de confrontação aberta com o Estado continuou de maneira ininterrupta. O caráter indisciplinado da CNT a condenou a fracassos custosos com um alto número de baixas. Nesse meio tempo, acusados de reformismo, muitos membros da antiga guarda foram alijados de seus postos, alguns até expulsos, enquanto outros deixaram a CNT para formar uma organização rival, os Sindicatos de Oposição (SSOO), com 80 mil membros, a maioria da Catalunha e de Valência. O próprio Pestaña fundou o Partido Sindicalista, e outros, como Piera, se juntaram à Ezquerra.[61] Em pouco mais de dois anos, a CNT tinha pago o preço de sua inconseqüência, perdendo cerca de 300 mil dos 800 mil membros que tinha no outono de 1931, dois terços deles de seu reduto catalão.[62]

Ao desencadear uma ofensiva total, a CNT e, em extensão menor, o PCE se tornaram a segunda parte do ataque pelo qual a República foi derrubada. Na verdade, a mídia de direita só podia estar satisfeita em anunciar que o novo regime presidia um novo reinado de anarquia. Simultaneamente, durante 1932, os partidos de direita travaram uma campanha para impedir a aprovação da reforma agrária e da autonomia catalã. Enquanto a imprensa ligada a eles descrevia essas medidas como ameaça à economia nacional e à pátria, os representantes conservadores usavam táticas de obstrução na Câmara, sugerindo emendas e complicadas questões técnicas em qualquer cláusula dos novos projetos de lei. Eles conseguiram atrasar a legislação enquanto aumentava a exasperação das classes trabalhadoras.

Ironicamente, o governo foi resgatado do frustrante impasse parlamentar por um *pronunciamento* abortado. Em 10 de agosto de 1932, o antigo chefe da Guarda Civil, general Sanjurjo, ainda magoado com a demissão após os eventos de Arnedo, se rebelou em Sevilha na busca de "retificar" o caráter extremamente revolucionário adotado pela República. Mal organizados, os conspiradores perderam nove homens em um desesperado levante em Madri e só tiveram êxito temporário na cidade andaluza. O papel de Lerroux durante esses eventos era ambíguo. O líder radical estivera em contato próximo com Sanjurjo antes do golpe e, mesmo então, em um discurso veemente realizado um mês antes da rebelião, parecia tentar justificar o levante. O ministério, contudo, preferiu evitar as investigações, temendo um efeito possivelmente devastador sobre a opinião pública.[63]

O impacto da rebelião foi o oposto ao planejado por Sanjurjo. Redobrou o entusiasmo republicano e acabou com a paralisação legislativa. A reforma agrária e o estatuto da Catalunha foram aprovados em setembro, com deputados de direita em desordem e com os radicais momentaneamente enfatizando seu compromisso reformista.[64] Em 30 de novembro, a Esquerra de Maciá teve uma vitória esmagadora nas primeiras eleições para o Parlamento catalão, e ele foi eleito presidente do governo catalão (Generalitat). No entanto, a reforma agrária estava longe de ser bem-sucedida. Ao mesmo tempo que não atendia às expectativas dos trabalhadores, ela apavorava os proprietários de terra (mesmo que a compensação fosse paga em valores do mercado). Após dois anos de esboços consecutivos, uma extraordinária complexidade e muitos dispositivos vagos marcaram a lei final. Ela claramente se dirigia ao sul da Espanha (onde mais de um terço da área de terra total e cerca de metade da área cultivada entraram em uma das categorias de terra expropriada), mas negligenciava medidas que poderiam conquistar pequenos proprietários e arrendatários.

O ministro da Agricultura, o radical socialista Marcelino Domingo, era um homem generoso, mas fraco, que sabia pouco sobre questões agrárias.[65] Como a maioria dos republicanos progressistas, ele se preocupava mais com a legislação política que com questões econômicas. Pior ainda era o fato de que a instituição criada para viabilizar a lei, o Instituto de Reforma Agrária (IRA), dispusesse somente de 50 milhões de pesetas (ou 1% do orçamento), não tendo portanto os recursos técnicos e financeiros para compensar os proprietários de terra e reinstalar os camponeses com condições mínimas de tornar seus lotes produtivos. Em um ano, das 60 mil famílias que deveriam ter recebido terras, somente 10% tinham sido beneficiadas. Todavia, para os proprietários de terra, essa era uma agressão contra o direito de propriedade, encorajando-os a esperar o melhor momento para reverter a reforma.[66]

O abortado golpe militar acabou sendo um marco na estratégia subseqüente da direita e ocasionou o fim da Acción Nacional,[67] a abrangente organização formada em abril de 1931. Monarquistas conservadores, relutantes em rejeitar o caminho das conspirações, estabeleceram seu próprio partido político, a Renovación Espanhola, sob a liderança do antigo ministro da ditadura José Calvo Sotelo. Era pequeno em número, mas tinha grande influência, pela riqueza de seus membros e suas ligações com interesses poderosos. O partido acreditava em meios violentos para destruir a República – como fizeram os carlistas, que na época organizavam milícias paramilitares (Requetés) em seu reduto navarrense.

Os monarquistas também financiaram a Falange, partido dirigido por José Antonio Primo de Rivera, filho do ditador, resultado da união entre vários pequenos grupos fascistas em fevereiro de 1934. Em contraposição, os elementos mais pragmáticos da direita viam o sucesso do governo como um produto direto do golpe de 1932, que tinha destruído da noite para o dia todas as suas realizações ao protelar a reforma por meses. Em vez disso, eles insistiam em uma estratégia "acidental", ou uma abordagem mais legalista, acreditando que formas de governo eram "acidentais" e que a questão essencial era o conteúdo socioeconômico do regime. O plano deles era entrar no jogo democrático, construir um partido de massa para ganhar as eleições e destruir a República a partir de dentro.

A colaboração com monarquistas mais radicais nunca parou. A divisão foi causada mais por uma diferença com relação a táticas que por uma grave incompatibilidade política. Liderados pelo secretário da CNCA, Jose María Gil Robles, os *accidentalistas* formaram (em fevereiro de 1933) um partido de massa católico, a Ceda ou Confederación Española de Derechas Autónomas, vasta coalizão de grupos católicos de direita cujo objetivo era ganhar poder ao mobilizar a Espanha católica e conservadora, e cujo slogan era a defesa da religião, da pátria, da lei, da ordem e da propriedade. A Ceda era uma força de massas de extrema direita que unia classes médias urbanas profissionais e pequenos proprietários de terra, fazendeiros e grandes latifundiários. Ela incluía tanto democratas-cristãos como radicais reacionários. Contudo, a aliança estreita com o Partido Agrário,[68] a dependência ideológica com relação à Igreja e o imenso apoio financeiro das associações agrárias mostravam que o partido tinha, de forma geral, uma inclinação reacionária. Além disso, a recusa da Ceda em declarar sua lealdade às atividades da República, sua retórica belicosa, cheia de admiração por Hitler e Mussolini, e sua uniforme e muitas vezes violenta ala jovem, as Juventudes de Ação Popular (JAP), fizeram com que sua declarada aceitação do processo democrático parecesse vazia.[69]

As reverberações do golpe de agosto de 1932 começavam a desaparecer, e o outro lado do movimento também foi contido.[70] Em janeiro de 1933, a FAI lançou seu segundo levante em massa, rapidamente sufocado em toda parte, exceto em Casas Viejas, uma remota aldeia de Cádiz, onde os rebeldes fizeram barricadas na casa do líder anarquista local e começaram a atirar na polícia. Finalmente foram derrotados e, junto com outros aldeões presos, colocados contra uma parede e assassinados, com o saldo final de 19 camponeses e três policiais mortos.[71]

MISSÃO IMPOSSÍVEL: UMA REPÚBLICA PARA OS REPUBLICANOS

Nada foi mais o mesmo depois de Casas Viejas. A repressão rural não era novidade na Andaluzia, porém dessa vez não fora perpetrada pela odiada Guarda Civil, mas pelo ataque da Guarda de Assalto.[72] Quando uma onda de protesto se espalhou pela nação, Lerroux, em um exercício de hipocrisia, juntou-se à Ceda para acusar o governo de representar um regime bárbaro que perseguia camponeses inocentes e arruinava a economia nacional. Ele também apelou a Alcalá Zamora para intervir no processo político, de modo a permitir a consolidação de uma República sob controle dos republicanos.[73]

O clima politicamente pesado coincidia com o recrudescimento da crise econômica. A queda da produtividade e o crescente desemprego, agravados pela falta de um sistema de seguridade social abrangente, tiveram efeitos devastadores sobre os setores de construção e mineração, e, acima de tudo, no campo, onde se registravam 72% dos desempregados.[74] Enquanto as autoridades locais, sufocadas com a ruina financeira, imploravam em vão ao governo por recursos, a CNT continuava sua campanha de greves violentas, enquanto os proprietários de terra ignoravam a legislação e recorriam a dispensas temporárias, em uma tentativa de fazer com que os trabalhadores passassem fome, e assim fossem derrotados. Afirmando estar na vanguarda de uma "cruzada" para liberar a Espanha rural da tirania do Psoe, a Confederación Española Patronal Agrícola, principal organização de proprietários de terra, exigiu liberdade para contratar e demitir trabalhadores braçais e o fim da Lei das Fronteiras Municipais. Em setembro, cerca de dez mil fazendeiros e proprietários de terra marcharam contra o governo pelas ruas de Madri.[75]

Em meio à crescente tensão social, a frustração começou a tomar conta do governo, em particular a facção liderada por Largo Caballero. Para eles, a República nem sempre fora uma finalidade, mas o meio de obter o poder sobre a máquina estatal. Até o momento, o Psoe era um reduto do novo regime no ministério e no Parlamento, e a UGT se esforçou para conter os soldados rasos, muitas vezes em confrontos violentos com comunistas e anarco-sindicalistas. Algumas de suas seções vitais – como a Federación Nacional de Trabajadores de la Tierra (FNTT) e os mineiros das Astúrias (Soma) – evitavam greves e recorriam à negociação e à legislação governamental. Mesmo quando a depressão econômica se aprofundou na indústria do carvão, com cortes de salários, demissões e encerramento de atividades, o Soma continuou a manifestar sua total confiança na República. Na verdade, a atividade de greve da UGT foi realizada principalmente com o objetivo de garantir o cumprimento da legislação republicana vigente e de contratos negociados nos comitês de arbitragem.[76] Depois de Casas Viejas, contudo, as acusações de crueldade contra trabalhadores pobres e a ofensiva cada vez maior dos empregadores começaram a causar efeito muito negativo. Os sentimentos confusos a respeito das instituições burguesas e da conveniência de permanecer no governo, o que restringiu a militância trabalhista, eram cada vez mais pronunciados. Essa radicalização resultou na expulsão, por partidos *caballeristas*, dos seguidores de Besteiro de sua posição hegemônica tanto no Psoe como na UGT.[77] A conduta cada vez mais revolucionária de Caballero também foi influenciada por invasões significativas, em Madri, da CNT no setor de construção, o maior empregador na capital, até então sólido reduto da UGT.[78] Além disso, a ascensão ininterrupta do fascismo na Europa e a crença de que a Ceda era sua variante espanhola encorajaram ainda mais o endurecimento da posição socialista.

Durante 1933, os *caballeristas*, de modo um tanto contraditório, demonstravam desilusão com sua experiência no governo, mas, ao mesmo tempo, eles não queriam perder seus cargos. Sentindo que os sacrifícios dos dois anos anteriores teriam sido em vão se perdessem poder, resolveram declarar sua identificação com a República, contanto que o regime apoiasse as reformas adotadas pelas Cortes Constituintes. No verão, Largo deixou claro que os socialistas queriam desfrutar do poder, se possível de forma constitucional; caso contrário, fariam isso por "outros meios".[79]

A radicalização de Largo era compatível com a pressão política em torno do governo. Em abril de 1933, eleições locais realizadas onde os resultados de 1931 haviam sido suspensos levaram à vitória da Ceda e dos radicais. Esses resultados nos "municípios corrompidos" de Navarra e de Castela Velha ainda poderiam ser considerados irrelevantes.[80] No entanto, três meses mais tarde, os radicais e a Ceda venceram de novo as eleições para o Tribunal de Garantias Constitucionais, cujos integrantes eram em grande parte eleitos pelas prefeituras. Para piorar, o PRRS (um partícipe essencial da coalizão governamental) se dividiu quando uma seção liderada pelo veemente Gordón Ordás repetiu os apelos de Lerroux por uma República não dominada pelos socialistas e se opôs a seu próprio líder – o ministro da Agricultura Marcelino Domingo.[81] Os radicais apresentaram uma moção de desconfiança. Embora o governo vencesse a eleição, a margem restrita deu a Alcalá Zamora a desculpa de dispensar a administração. Sua relação pessoal evidentemente deteriorada com Azaña e seu claro interesse em ter parte ativa no processo político levaram à nomeação de um ministério dominado pelos radicais, que Alcalá acreditava serem mais fáceis de influenciar.[82] Quando o novo governo, sem maioria na Câmara, foi derrubado por um voto, Alcalá convocou eleições gerais para novembro.

A lei eleitoral fora planejada para impedir a fragmentação e garantir o retorno dos governos fortes. Em uma votação bastante complexa, em dois turnos, a lista do partido recebeu a maioria dos votos em cada província, o que lhe garantiu 80% dos assentos; o partido que ficou em segundo lugar conseguiu 20%. O fato encorajou coalizões eleitorais, já que uma diferença relativamente pequena em votos significava grandes oscilações em termos de cadeiras. Contudo, embora deixassem espaço para alguns arranjos locais, os *caballeristas* rejeitaram qualquer coalizão nacional com seus antigos aliados. Suas frustrações com a República burguesa os levaram, dessa forma, a cometer um erro catastrófico.[83] O Psoe, com 1,6 milhão de votos, elegeu somente 58 deputados. Os republicanos progressistas perderam 37 cadeiras (somente a Esquerra catalã, com 19 assentos, teve êxito e, ainda assim, ficou em segundo lugar, depois de seu rival, a Lliga, com 24). Em contraposição, os partidos de direita se uniram e se engajaram em uma campanha bem financiada e agressiva, com técnicas de propaganda de inspiração nazista.[84] A Ceda e a oligarquia agrária (com respectivamente 115 e 36 deputados) se tornaram o maior grupo no Parlamento. A extrema direita tinha 53 assentos. Republicanos de centro e de direita elegeram cerca de 140 deputados (102 deles radicais). O partido de Lerroux não mostrou escrúpulos ao entrar em alianças táticas que, dependendo da região, incluíram a Ceda no segundo turno.[85]

O resultado da eleição de 1933 foi decisivo, marcando o esfacelamento dos ideais dos primeiros anos da República. Até Alcalá Zamora foi surpreendido pelo que descreveu como um Parlamento reacionário e confuso.[86] Apesar desse drástico realinhamento político, a Ceda, mesmo com o apoio da direita, não conseguiu maioria. Em dezembro, o impasse foi rompido quando se confirmou Lerroux como primeiro-ministro em um gabinete dominado pelos radicais com o apoio dos votos da Ceda no Parlamento.

Muitos radicais, como Martínez Barrios, o vice-líder do partido, eram políticos honestos. Outros, contudo, inclusive o círculo mais próximo do líder do partido e a seção de Barcelona, estavam imbuídos da tradicional visão de negócios sujos da política, na qual um emprego no Estado se tornava um meio de enriquecer por fraudes e vendas de contratos públicos. De fato, Lerroux, como político dinástico, logo se engajou na distribuição de favores pessoais e nomeações.[87] Moralmente suspeitos como eram alguns radicais, eles estavam longe de formar um grupo meramente reacionário.

Durante os primeiros meses no cargo, por exemplo, não tentaram desmontar as reformas da administração anterior. A Constituição afinal fora aceita e votada por eles. Ignorar a legislação que proibia a Igreja de fazer parte da educação escolar foi uma atitude sábia para aplacar a opinião pública católica e monarquista em termos de estratégia política. O orçamento da educação não foi reduzido, mas ampliado, e o do IRA permaneceu intocável. Mesmo o ritmo da realocação de camponeses para terras expropriadas alcançou uma média de 700 famílias por mês nos primeiros nove meses de mandato do novo governo – o dobro do atingido no ano anterior.[88]

Por outro lado, oficiais nos comitês de arbitragem não eram mais indicados pelo Ministério do Trabalho, mas vinham de profissões legais ou do serviço público. Esta mudança, embora abatesse a UGT, era uma tentativa de tornar essas corporações mais independentes, e não necessariamente um subterfúgio contra os interesses dos trabalhadores. Na verdade, muitas disputas antigas (como as greves da construção e dos garçons em Madri, respectivamente em novembro e dezembro de 1933) foram resolvidas a favor dos trabalhadores. O Patronal ficou impressionado quando o ministro do Trabalho, o radical José Estadella, apoiou o acordo e mandou prender empregadores recalcitrantes em março de 1934.[89]

As eleições de 1933 demonstraram, contudo, a impossibilidade de uma República governada somente pelos republicanos. Como na administração anterior, os republicanos enfrentaram a amarga verdade de que dependiam do apoio em massa de outro grupo, nesse caso a Ceda. Alguns interpretaram a tentativa que Lerroux fez de conseguir um acordo de trabalho com esse partido católico como uma nobre busca de envolvê-lo no regime.[90] No entanto, alguns acontecimentos dos dois anos seguintes revelaram a ingenuidade da estratégia. Enquanto Azaña continuou a ser um líder poderoso no cargo, o mesmo não se pode dizer sobre Lerroux. Um perspicaz Gil Robles conseguia constantemente vantagens sobre o antigo revolucionário inflamado que, aos 70 anos, já perdera o vigor. Tendo ajudado a moldar a ordem republicana, os socialistas permaneceram membros confiáveis da coalizão governamental anterior. Em contraposição, apesar de todas as suas declarações de disposição para trabalhar dentro do sistema, a Ceda nunca ocultou que seu objetivo era destruir todos os ideais primitivos consagrados na Constituição.

À mercê de seus votos parlamentares, os radicais eram meros peões em uma estratégia de longo prazo. Isso consistia no apoio inicial a ministérios radicais, por intermédio dos quais a Ceda planejava entrar no governo como parceira na coalizão governamental, até que, tendo obtido o monopólio do poder, estabeleceria um Estado autoritário corporativo.[91] Desse modo, a administração radical teve uma vida curta, constantemente barrada pela intransigência da Ceda. Ao promover a instabilidade política – 11 crises governamentais ocorreram em menos de dois anos –, os radicais se tornaram uma força desmoralizada e dividida, com um Lerroux desesperado, dependente da boa vontade da Ceda para manter o poder. Tratava-se de um jogo sutil, em que se fazia necessária a quantidade ideal de pressão para enfraquecer os radicais, mas sem destruir totalmente o processo político, levando a uma dissolução precoce do Parlamento e a novas eleições.

Muitos radicais expressaram seu desconforto em colaborar com um grupo político que se recusava abertamente a declarar sua participação na República. A eliminação desse setor liberal, liderado por Martínez Barrios (chefe da maçonaria da Espanha), era o objetivo principal da Ceda. Em fevereiro de 1934, Gil Robles declarou a impossibilidade de apoiar uma administração cujo ministro do Interior, Martínez Barrios, relutava em combater a subversão. Uma crise governamental resultou na queda de Barrios e de seu aliado, o ministro das Finanças, Antonio Lara.[92] Rafael Salazar Alonso, deputado linha-dura de Badajoz, ocupou o Ministério do Interior. Era o início do que Alcalá chamou de capitulação de Lerroux diante de táticas ameaçadoras.[93]

A Ceda exigiu então a anulação da parte anticlerical da legislação, o que incluía a restauração das contribuições estatais para o sacerdócio e, de forma mais reveladora, uma anistia completa para os insurgentes de agosto de 1932. O próprio Lerroux, cujo papel no evento não era nem um pouco claro, queria obedecer, mas enfrentou uma resistência austera tanto dos soldados rasos como de Alcalá. Nova crise governamental se sucedeu, levando ao estabelecimento de um gabinete (presidido pelo radical valenciano Ricardo Samper) que assinou a anistia. Em maio, Martínez Barrios abandonou o Partido Radical, passou para a oposição e criou seu próprio grupo independente (com mais 22 deputados), os democratas radicais. Ele se uniu à seção do PRRS liderada por Gordón Ordás, em setembro, para formar a União Republicana (UR).[94] Em poucos meses, os radicais perderam 25% de sua força tanto na Câmara como no país.

Os socialistas tinham alertado que a existência da República estaria em perigo se os radicais conseguissem permanecer no governo. Para eles, uma República desprovida de reformas sociais não merecia apoio.[95] Além disso, eventos internacionais fomentavam o medo de que os radicais servissem como cavalo-de-tróia para permitir que as forças reacionárias ganhassem acesso pela porta dos fundos à máquina estatal. Em fevereiro de 1934, o chanceler austríaco Engelbert Dollfuss, líder de um partido católico ideologicamente similar à Ceda, ensaiou um golpe e estabeleceu uma ditadura após a brutal "limpeza da Viena comunista". Em resposta, os *caballeristas* adotaram uma combinação de retórica revolucionária e reformismo prático. Largo Caballero, cada vez mais conhecido como "o Lênin espanhol" pela Juventude Socialista, estava ideologicamente a quilômetros de distância da Rússia revolucionária, e seu partido não apresentava semelhanças com os bolcheviques (nem a Espanha com a Rússia de 1917). Todas as seções dentro da UGT-Psoe concordaram que não seguiriam o caminho revolucionário da CNT.

Em dezembro de 1933, os socialistas rapidamente se recusaram a participar da terceira e de longe maior rebelião da CNT. Difundindo-se de Aragão para outras províncias, foi mais um exercício fútil na ginástica revolucionária, epítome do heroísmo espontâneo e da violência sem sentido que causou 75 mortes, centenas de prisões e deixou o movimento libertário severamente abalado.[96] Os socialistas, por sua vez, permaneceram distantes desses eventos e declararam que somente a inclusão da Ceda no governo os forçaria a abandonar a legalidade.[97] Pareciam confiantes de que suas ameaças revolucionárias seriam o suficiente para deter Lerroux, e, afinal, Alcalá, impedindo-os de dividir o poder com inimigos declarados da República.

O campo permaneceu o local dos maiores conflitos. A Espanha rural era implicitamente reconhecida como uma esfera de interesse primordial para a direita; as autoridades se fizeram cegas diante das violações da legislação existente. Com Salazar Alonso como ministro do Interior, a oligarquia rural estava confiante de que aquele era o momento de recuperar grande parte de suas terras perdidas e mais uma vez reduzir o campesinato à submissão. Os socialistas dos comitês de arbitragem foram demitidos e substituídos por representantes dos proprietários de terra, houve corte de salários, contratos de trabalho deixaram de ser cumpridos e disseram aos trabalhadores que, se estivessem famintos, deveriam "comer a República".[98] O crescente desespero sentido pela FNTT, liderada pelo *caballerista* Ricardo Zabalza, não foi surpresa. A última gota foi a revogação da Lei das Fronteiras Municipais em maio de 1934. Isso significava que, agora, na época da colheita, os fazendeiros poderiam importar mão-de-obra barata em detrimento dos trabalhadores locais.

A FNTT decidiu iniciar uma greve geral em junho, afetando 15 províncias do sul. Em um conflito tão crucial, o contraste entre os dois lados em combate era evidente. A UGT, dominada pelos *caballeristas*, não conseguiu apoiar seus pares na FNTT, revelando que seu radicalismo raramente ultrapassava a retórica. Salazar Alonso, por sua vez, estava determinado a infligir um golpe mortal ao poder socialista no campo. Ele declarou rapidamente a colheita como bem nacional e tratou a greve como ameaça à ordem pública, usando violência sem misericórdia para acabar com ela. Em terríveis choques com a polícia, 13 camponeses foram mortos. Centenas de militantes socialistas, inclusive conselheiros e até quatro deputados, foram presos, e sindicatos locais foram fechados. A situação mudava em favor da oligarquia rural, que começou a se sentir forte o suficiente para restaurar as relações de dependência que prevaleciam antes de 1931.[99]

Quase imediatamente depois, o centro da contenção passou para a Catalunha, último reduto da esquerda. Lá, em abril de 1934, a Generalitat controlada por Lluís Companys introduziu a Lei de Contratos Agrícolas, que deu aos *rabassaires* (vinhateiros arrendatários) o direito de comprar sua própria terra, uma vez que já a cultivassem há 18 anos.[100] A medida levou a Genralitat a entrar em conflito com o governo central a respeito da jurisdição legal, quando proprietários de terra catalães irados, apoiados pela Lliga, recorreram a Madri alegando inconstitucionalidade. Companys concordou em recuar, mas no verão simplesmente aprovou a lei, sob forma um pouco diferente. Um Samper inexperiente buscava o compromisso. A Ceda, contudo, tinha uma proposta diferente. Em 9 de setembro, ela organizou um comício em Covadonga (Astúrias). O local escolhido não poderia ser mais provocador. Covadonga era o lugar onde começara a lendária Reconquista. Em evento que lembrava as paradas fascistas, um belicoso Gil Robles, encorajado por correligionários que trajavam o uniforme verde da JAP e saudado como *Jefe* (chefe), fez um persuasivo discurso contra a República. Invocando paralelos com o passado legendário, ameaçou começar uma nova reconquista, desta vez contra comunistas, separatistas e maçons. Em 26 de setembro, Gil Robles retirou seu apoio ao governo e exigiu participação ministerial em qualquer nova administração. Em 1º de outubro, Samper renunciou.

VOLTANDO NO TEMPO

Apesar dos conselhos dados por republicanos moderados como Miguel Maura, em 4 de outubro de 1934, Alcalá aceitou a formação de um gabinete, controlado por Lerroux e com três ministros da Ceda (Rafael Aizpún na Justiça e, mais crucialmente, José Oriol y Anguera de Sojo no Trabalho e Manuel Giménez Fernández na Agricultura). Para os socialistas, chegara o temido momento que eles esperavam impedir com suas ameaças revolucionárias.[101] A divisão da Espanha em dois campos polarizados se tornou uma realidade perigosa. Certamente, com base em sua força parlamentar, a direita acidentalista reivindicava com justeza ser representada no governo. Sem sua colaboração, o processo legislativo não poderia progredir. Influentes setores dentro da Ceda, contudo, não escondiam sua admiração pelo fascismo, enquanto Gil Robles insistia na necessidade de realizar uma profunda revisão constitucional que alteraria de modo drástico a forma original da República. Além disso, temores socialistas em função dos eventos da época no continente eram compreensíveis. Exemplos de como Mussolini e Hitler aceitaram uma minoria de ministérios em coalizões governamentais e, a partir daí, destruíram com facilidade a democracia davam motivo para o medo generalizado de que a Espanha seguia o mesmo caminho. O exemplo austríaco era ainda mais recente e assustador.

Se as forças da direita tentaram "retificar" o curso tomado pela República em 1932, em 1934 foi a vez da esquerda. Aquela era a segunda vez que os socialistas lideravam uma insurreição de massa contra o Estado. Em ambas as ocasiões, a ação foi esmagada. Na verdade, apesar de toda a retórica inflamada dos meses anteriores, eles estavam menos preparados do que na primeira ocasião, em 1917. Uma revolução incitada por pelotões de militantes que existiam mais em teoria e que tinham apenas algumas poucas armas escondidas (a maioria delas já fora apreendida pela polícia) estava fadada ao fracasso total.[102] A lei marcial foi declarada, e deu-se liberdade ao Exército para sufocar a rebelião. *Cenetistas* ficaram afastados, alegando que essa era uma luta política que não os afetava.

Com a FNTT severamente destruída, somente alguns meses antes, o campo continuou relativamente calmo. Como as tropas logo recuperassem seu vigor, milhares de líderes de esquerda, inclusive Azaña e Caballero, se reuniram. O papel do "Lênin espanhol" nesses momentos tão cruciais foi revelador. Em suas próprias palavras, ele permaneceu em casa esperando a polícia prendê-lo, já que nada tinha a fazer diante do rumo dos acontecimentos.[103] Apesar dos combates e tiroteios em algumas capitais regionais, as cidades em pouco tempo estavam sob o controle das autoridades. Em Barcelona, Campanys proclamou um Estado catalão dentro de uma República Federal Espanhola, mas teve de se render em menos de 24 horas, quando o Exército começou a bombardear a Generalitat. Como em 1917, a revolução só teve êxito, e temporariamente, nas Astúrias, onde uma aliança de todos os grupos de esquerda, inclusive a CNT, foi estabelecida e cerca de 20 mil mineiros, organizados em colunas e armados de dinamite, resistiram por duas semanas.

Os acontecimentos asturianos prenunciaram a brutalidade da Guerra Civil. Com a decretação da lei marcial, o poder passou para as mãos de Diego Hidalgo, radical ministro da Guerra. Contudo, era o general Franco, nomeado consultor técnico do ministro da Guerra, quem estava realmente no comando e ordenou, pela primeira vez, o uso de tropas coloniais vindas da África no continente espanhol: tanto mercenários marroquinos sob o comando espanhol como a Legião Estrangeira foram mobilizados. Franco e o Exército da África ganharam fama com a operação e aumentaram seu status nos círculos da direita. Seu papel decisivo ao esmagar a revolução também encorajou sua própria missão messiânica latente de restaurar a verdadeira identidade espanhola a partir dos quartéis do Marrocos espanhol, que não estavam contaminados com a política metropolitana.[104]

Os revolucionários queimaram 58 igrejas, inclusive o Palácio do Bispo em Oviedo, e levaram reféns, entre eles empresários, direitistas e sacerdotes. Muitos deles, incluindo 31 padres, foram mortos. As tropas, por sua vez, recorreram à tortura e à execução de prisioneiros para romper a resistência de trabalhadores das Astúrias. Estes propuseram se render – mas somente se tivessem permissão para se entregar ao Exército regular, e não às tropas africanas.[105] O total de baixas resultantes dos acontecimentos de outubro foi de 1.335 mortos e 2.951 feridos, a maioria nas Astúrias.[106]

As conseqüências de outubro de 1934 pareciam justificar a estratégia legalista da Ceda e enterraram efetivamente a visão de uma República inclusiva governada por republicanos. Agora uma contra-revolução começava realmente. Cerca de 40 mil republicanos e socialistas padeciam nas prisões, e muitos outros tiveram de se esconder ou ir para o exterior. Uma *vendetta* especial foi empreendida contra líderes como Azaña, que, apesar da imunidade parlamentar, foi mantido preso até dezembro (quando a Suprema Corte o soltou por falta de provas de sua cumplicidade nos acontecimentos de outubro). A autonomia catalã foi suspensa, e a Generalitat substituída por um governador-general indicado por Madri. Por todo o país, empregadores tentaram se vingar dos anos anteriores. Houve inúmeras demissões, salários foram cortados, sindicatos dispersados e comitês de arbitragem suspensos.[107] A ordem tradicional também foi restaurada no campo, enquanto camponeses eram despejados, conselhos derrubados e substituídos por candidatos dos *caciques* locais. O relógio voltou no tempo para os piores dias da Monarquia.

No cenário político, *cedistas* e agricultores abusavam de sua força parlamentar para formar e demitir gabinetes, enfraquecendo ainda mais os radicais. Primeiro, os ministros Samper e Hidalgo (primeiro-ministro e ministro da Guerra na administração anterior) foram acusados de negligência ao permitir a insurreição e tiveram que partir. Depois foi a vez do ministro da Educação Filiberto Villalobos, considerado muito "anticlerical". Do mesmo modo, os limites do reformismo social da Ceda se tornaram evidentes quando seu próprio ministro da Agricultura, Manuel Giménez Fernández, democrata-cristão que exibia uma verdadeira preocupação com a conciliação no campo, passou a ser atacado por membros de seu próprio partido. Giménez acreditava ingenuamente que os apelos de um amigável ministro católico podiam tornar os proprietários de terra menos intransigentes. Acusado de ser "bolchevista conservador", sua legislação, que proibia despejos e favorecia fazendeiros arrendatários, foi criticada.[108] Cada vez mais preocupado com os níveis de repressão, Alcalá insistiu em reduzir 21 das 23 sentenças de morte relacionadas aos acontecimentos de outubro. A questão confirmava a tensão das relações entre Gil Robles, chefe do Estado, e Lerroux.[109]

O preço de manter a Ceda no controle foi uma nova reforma ministerial em maio de 1935. Ainda controlada por Lerroux, a Ceda, com cinco ministérios, surgiu pela primeira vez como o partido mais forte na coalizão governamental. Gil Robles se apoderou do crucial cargo de ministro da Guerra. Nessa posição, ele transformaria o Exército em reduto contra-revolucionário. Oficiais liberais foram expurgados e substituídos por *africanistas* e adeptos da linha-dura. O general Joaquín Fanjul, monarquista radical, se tornou seu subsecretário. Franco, por seu extraordinário papel em outubro, foi recompensado com a nomeação de chefe do Estado-Maior. Martín Baguenas, antigo chefe de polícia da Monarquia, se tornou o novo diretor de segurança, e *africanistas* como os generais Goded e Mola também foram promovidos para cargos essenciais.[110] Outra das façanhas de Gil Robles foi destruir um negativo da empresa cinematográfica Paramount (*Mulher Satânica*), filme com Marlene Dietrich e dirigido por Eric von Sternberg, que, em sua opinião, denegria a boa reputação do Exército espanhol.[111] Em paralelo, Giménez Fernández foi destituído de seu cargo e substituído pelo agrarista Nicasio Velayos, o qual logo introduziu a "Lei para reformar a reforma agrária", que significava o fim do que restava da legislação progressista.[112]

Repentinamente, contudo, no outono de 1935, a parceria Ceda-radicais entrou em crise quando uma série de escândalos financeiros envolvendo importantes membros do partido de Lerroux veio à tona. Com a conivência inicial da Ceda, os radicais tentaram encobrir o assunto, mas se depararam com a oposição de Alcalá, que, por razões de integridade moral ou em busca de vingança pessoal, relutou em fazer o mesmo. Lerroux e seus colegas mais próximos tiveram de deixar o cargo. Uma longa história de corrupção e pilhagem das caixas públicas começou a causar problemas para os radicais, minando seu prestígio.[113] Depois de dois anos no poder, o mais antigo partido republicano deixou um rastro de corrupção e nepotismo.

Essa reviravolta inesperada dos acontecimentos convenceu Gil Robles de que sua oportunidade chegara. No início de dezembro, a Ceda frustrou os planos econômicos de um novo governo de coalizão no qual ainda tinha a maior representação. A idéia era de que o presidente da República seria agora obrigado a confiar a Gil Robles o cargo de primeiro-ministro do novo gabinete que, então, se responsabilizaria por uma completa revisão constitucional. Para desgosto de Gil Robles, contudo, Alcalá optou por outra solução disponível: a dissolução do Parlamento e a nomeação de Manuel Portela Valladares, um de seus aliados políticos, para organizar novas eleições gerais. Gil Robles tinha desperdiçado sua chance de sucesso.

Quando Alcalá alegou que sua decisão fora causada pela impossibilidade – produzida pela composição da Câmara – de encontrar governos estáveis, o líder da Ceda mal pôde responder que tinha projetado aquela instabilidade para acelerar sua própria ascensão ao poder.[114] Desesperado, o líder da Ceda tentou persuadir Franco e outros colegas oficiais a preparar um golpe. A tentativa foi em vão, pois os generais não se sentiam preparados para agir. A Ceda via-se frustrada no estágio final de seu plano e agora tinha de empregar suas energias para travar uma nova campanha eleitoral.[115]

O INSTÁVEL CAMINHO PARA A GUERRA

Era extremamente irônico que, em tal momento crítico da vida da República, três ministros ex-monarquistas – Alcalá Zamora, Portela Valladares e Santiago Alba – ocupassem os cargos vitais de presidente da República, primeiro-ministro e porta-voz parlamentar. Com a Espanha dividida em dois campos políticos opostos, tornaram-se vãs as tentativas de criar uma força centrista. Ninguém se uniria a radicais desacreditados, agora sob a liderança de Alba. Com o apoio total de Alcalá, Portela recorreu a antigos métodos de patronagem e à nomeação de amigos de confiança para ocupar os governos civis a fim de garantir uma minoria de tamanho considerável no próximo Parlamento.[116] Mas a conspiração eleitoral não era mais possível na Espanha polarizada de 1936.

A campanha eleitoral produziu frenesi. Ambos os lados lutaram durante as eleições como se fosse uma questão de sobrevivência. Para a esquerda, sua causa representava a defesa da República de 1931 contra a ameaça do fascismo. Para a direita, era uma luta para sustentar valores tradicionais cristãos contra o perigo da desintegração revolucionária. No entanto, ao contrário de 1933, desta vez a direita foi menos bem-sucedida que a esquerda na construção de uma ampla coalizão eleitoral.

As tentativas da Ceda de criar uma enorme aliança anti-revolucionária não produziram resultados. O primeiro obstáculo foi sua intransigência com relação às esperanças do PVN de um governo autônomo basco. Isso significou o afastamento do PVN, embora ele fosse um partido profundamente católico. Inicialmente anti-republicano extremista (junto aos carlistas, o partido formava parte da minoria basco-navarrense no Parlamento), o PVN começou a adotar posição mais pragmática e democrata-cristã em 1934, apesar de ainda existirem setores reacionários imbuídos de ideologia racista de Arana. Em 1936, o PVN viu, no entanto, suas aspirações nacionalistas impulsionarem-no em direção a um acordo com seus tradicionais inimigos, os socialistas, embora permanecesse o partido confessional mais importante no País Basco.[117]

Enquanto isso, republicanos moderados como Miguel Maura não puderam adotar a mesma plataforma de outros componentes da direita que depositavam abertamente todas as suas esperanças em um golpe. Disputas internas entre monarquistas e *cedistas* a respeito das posições nas listas eleitorais atrapalhavam constantemente a unidade da direita, enquanto a Falange se recusava a aceitar as candidaturas distribuídas e, deste modo, foi isolada para as eleições, sem integrar a coalizão.[118]

A construção de uma ampla coalizão de esquerda, conhecida mais tarde como Frente Popular, foi tarefa árdua, realizada basicamente pelo moldável Manuel Azaña com o apoio de Indalecio Prieto.[119] Azaña confiava em seu histórico pessoal como homem que incorporava o espírito original da República. Com o carisma ampliado pelos meses que passara preso em 1934, o antigo primeiro-ministro começou em 1935 uma frenética campanha que chamou de "restabelecimento da República". Tendo controlado a fusão dos partidos republicanos de esquerda em abril de 1934,[120] viajou pelo país fazendo uma série de comícios ao ar livre que culminaram, em outubro de 1935, com uma imensa reunião em Comillas, no subúrbio de Madri. Diante de uma multidão de cerca de 400 mil pessoas, a maior já vista na história espanhola, Azaña traçou um programa abrangendo a anistia imediata para milhões de prisioneiros políticos de outubro de 1934 e o retorno da legislação reformista social de 1931, como base para uma aliança eleitoral. Em novembro, convidou formalmente os socialistas a se juntarem a ele.[121]

Contudo, os socialistas não estavam unidos em 1935. Com a facção *besteirista* em declínio aberto, a luta pelo controle do movimento socialista – a maior força política na Espanha – se dava entre os seguidores de Prieto e Largo Caballero.[122] Prieto sempre considerou um erro romper a aliança com os republicanos em 1933. Sua opinião se confirmou mais tarde, com o fracasso da revolução de outubro de 1934 e o violento período que se seguiu. Certo de que a única forma de reconquistar o poder era por meio de uma ampla coalizão eleitoral, estava ansioso em cooperar com Azaña. No entanto, deparou com a obstinada oposição de Largo. A experiência governamental de Largo foi marcada pela frustração após o período na prisão. Em 1935, os dois campos deram início à polêmica e a uma guerra cruel. Os *caballeristas* eram dominantes na UGT e na Juventude Socialista, e os *prietistas* controlavam o Psoe, de cujo cargo de presidente Caballero se demitiu em dezembro de 1935.

Eles também se achavam geograficamente divididos. As seções de Madri e do sul apoiavam Caballero. De modo irônico, as seções do norte, onde suas fileiras tiveram maior sucesso em outubro, eram os redutos de Prieto. Desse modo, os grupos do Norte foram rápidos em sustentar seu histórico passado, ao lembrar aos *caballeristas* que a própria retórica revolucionária deles nunca passara de mero exibicionismo e só serviria para entregar a República à Ceda.[123]

A posição intransigente de Largo era, paradoxalmente, difícil de sustentar, graças à terrível mudança de direção efetuada pelos comunistas. Com a onda fascista varrendo a Europa e uma tentativa de golpe em fevereiro de 1934 na França, o Partido Comunista Francês propôs uma aliança tática a seus colegas socialistas em junho de 1934, que, em outubro do mesmo ano, levou ao estabelecimento de um *vaste rassemblement populaire* que incluía forças burguesas liberais equivalentes aos republicanos da Espanha.[124] No verão de 1935, durante o VII Congresso do Comintern, foram oficialmente sancionadas amplas alianças nacionais das forças progressistas, as chamadas Frentes Populares. Com seu próprio sistema democrático à beira do colapso, a Espanha parecia o local perfeito para colocar a estratégia em prática. Mesmo que pequeno em número e força, o PCE se tornou um apaixonado defensor do pacto com Azaña e com a burguesia liberal.[125]

Na verdade, o objetivo principal dos comunistas era a unificação das forças marxistas no país, na expectativa de que suas pequenas mas disciplinadas fileiras dentro da organização assumissem o controle político da esquerda espanhola. A radicalização dos *caballeristas* deu-lhes ótima oportunidade. A juventude das duas organizações se fundiu na Juventude Socialista Unificada (JSU), e os comunistas dispersaram seu sindicato, a CGTU, para se unir à UGT. De modo irônico, eles ganhavam vantagem com a intransigência doutrinária dos *caballeristas*.

Jacques Duclos, agente do Comintern na França, viajou duas vezes à Espanha para persuadir o teimoso Largo sobre a necessidade de se unir à Frente Popular. Naquele momento, até os socialistas mais obstinados não podiam ignorar a impressão popular deixada por Azaña em Comillas.[126] Finalmente, os socialistas concordaram em entrar em negociação com os republicanos, com a garantia de que não teriam responsabilidade ministerial e de que os comunistas seriam incluídos em qualquer coalizão eleitoral. Os obstáculos de última hora foram removidos quando os republicanos aceitaram manter conversas bilaterais com os socialistas, que, por sua vez, foram designados para representar o restante das forças trabalhadoras. O manifesto conjunto da Frente Popular, apoiando os objetivos moderados dos republicanos, assim como a preponderância deles em listas eleitorais, foi aceito em 15 de janeiro de 1936 e assinado por uma ampla coalizão de grupos: republicanos de esquerda, socialistas, comunistas, o Partido Sindicalista de Angel Pestaña e o Poum (grupo de base catalã de dissidentes comunistas, não filiado ao Comintern). A coalizão também poderia contar com os votos da CNT-FAI, ansiosos para ver milhões de militantes seus livres da prisão.[127]

Os resultados eleitorais revelaram a divisão do país em termos de linhas políticas. A direita obteve 4.503.524 votos, consolidando seu apoio nas duas Castelas, Navarra e Galícia. A esquerda, com 4.654.116 votos, predominou no sul, na periferia e nas principais cidades industriais. Como resultado do sistema eleitoral, a apertada margem de vitória significou uma grande guinada em termos de assentos: a direita elegeu 132 representantes (88 da Ceda), e a Frente Popular conquistou 286 cadeiras (99 delas socialistas). Somente com 42 representantes, o centro político foi praticamente dizimado – os radicais só tinham quatro assentos.[128]

Até o último momento, Gil Robles tentou impedir o fato consumado. Ele convenceu alguns generais, inclusive Franco, de que a vitória da Frente Popular significava a anarquia. A partir de então, tentaram influenciar o primeiro-ministro a anular os resultados e decretar a lei marcial. No entanto, com essas táticas "intimidantes" só precipitaram a transferência de poder de Portela Valladares para Azaña. Finalmente, as esperanças da direita de frustrar o retorno da esquerda ao governo foram desapontadas pela posição do general Pozas, chefe da Guarda Civil, contrário a qualquer golpe e que até enviou suas forças para cercar todas as guarnições suspeitas.[129]

Aqueles que eram alvo do movimento reacionário após outubro de 1934 saudaram a vitória da Frente Popular com entusiasmo. Os catalães haviam tido sua autonomia suspensa, e os bascos, suas aspirações nacionalistas frustradas. Os trabalhadores contemplaram com horror o quase desaparecimento da legislação social, o corte de seus salários e o não-cumprimento de seus contratos de trabalho. Camponeses foram subjugados mais uma vez, sob as ordens dos *caciques*. Não poderia haver portanto um retorno à exaltação de 1931. Após as frustrações com as experiências dos meses anteriores, surgiu uma avalanche de exigências. Cidades foram paralisadas por uma onda de greves industriais, enquanto milhões de camponeses sem terra, incentivados por uma FNTT restaurada, começaram a ocupar propriedades (em particular na Extremadura). A Generalitat foi imediatamente restabelecida; começou a se preparar um estatuto basco; os comitês de arbitragem retornaram; trabalhadores demitidos por razões políticas recuperaram seus empregos e foram indenizados; e as ocupações da terra foram legitimadas *post hoc*. Entre março e julho de 1936, foram distribuídos mais territórios que em todos os anos anteriores da República.[130]

Em meio à comoção social de 1936, os comunistas mostraram-se particularmente críticos quanto à necessidade de contenção. Em seu novo papel de defensor de um regime burguês, o PCE tentou limitar a escala das tensões trabalhistas.[131] Em contrapartida, a CNT reafirmou seu compromisso de produzir uma sociedade libertária por meio da revolta. Embora longe de seu apogeu – que fora entre 1931 e 32 –, a CNT, com 559 mil integrantes, ainda constituía uma força impressionante. Sinais confusos eram emitidos desse setor. Em uma tentativa de recuperar o terreno perdido, a CNT foi envolvida em violentas disputas em locais como Madri e Málaga. Contudo, não havia a mesma resposta dos levantes de massa de épocas anteriores, e até locais como Barcelona e Saragoça viveram um período quase sem precedentes de paz social.[132]

Mais ameaçadora à estabilidade do país era a luta cruel que continuava a dividir os socialistas. Na verdade, durante esses meses cruciais, a maior organização da Frente Popular parecia inclinada à autodestruição. A hostilidade interna adquiria, por ocasiões, uma violência – se não uma loucura – sem precedentes. Em maio, Prieto, acompanhado pelos "heróis" da revolução asturiana, González Peña e Belarmino Tomás, fez um comício em Ecija (Sevilha), reduto *caballerista*, sendo bastante perturbado pela juventude socialista local. Em meio ao caos, os oradores fugiram em seus carros sob uma rajada de balas.[133]

Os defensores de Caballero também conseguiram frustrar uma iniciativa que poderia ter fornecido à Espanha um governo mais forte. Ela consistia em exigir o *impeachment* de Alcalá, cujas ações se opunham a todos os setores políticos, com o pretexto de que ele abusara de autoridade ao dissolver as Cortes duas vezes em um mesmo mandato.

O primeiro passo do plano, a ascensão de Azaña à presidência, foi rapidamente dado, mas a nomeação de Prieto como novo primeiro-ministro deparou com a total oposição dos *caballeristas* e foi abandonada.[134] O cargo de primeiro-ministro coube então ao galego Santiago Casares Quiroga, homem indeciso que estava tuberculoso e não era o líder indicado para defender a República no momento em que ela mais precisava, quando a existência de conspirações militares já não era mais segredo.

A obstrução de Caballero para impedir que o Psoe se juntasse ao governo pode ser atribuída às frustrações que muitos socialistas sentiram durante as experiências adquiridas de responsabilidade ministerial. Além do mais, conter as massas no sentido de consolidar a ordem burguesa pela segunda vez era uma missão difícil na atmosfera explosiva de 1936. Para Largo, os planos de Prieto eram tornar o Psoe lacaio de Azaña.[135] Os *caballeristas*, no entanto, obcecados pela vingança pessoal contra a executiva de seu próprio partido, ignoravam o perigo que representava o inimigo de direita. Em uma combinação de idealismo e ingenuidade, acreditavam que, em algum momento, acabariam chegando ao poder de forma pacífica. Apesar de toda sua retórica, eles nunca levaram em conta a possibilidade de uma tomada revolucionária de poder ou de uma aliança com a CNT. Pelo contrário, em exemplos práticos, como a greve dos pescadores em Málaga ou a crescente disputa em Madri (ambas em junho-julho de 1936), a tradicional posição conciliatória da UGT levou a confrontos com os *cenetistas* mais radicais que deixaram muitos mortos em ambos os lados e agravaram a sensação de caos geral.

Prieto argumentou que o país poderia suportar a convulsão de uma verdadeira revolução, mas não poderia resistir ao constante gotejar da desordem pública prolongada, com a deterioração da autoridade e da vitalidade econômica por ela acarretada.[136] A posição dos *caballeristas* envolvia o pior dos dois mundos. Sua retórica verbal teve o efeito de aterrorizar as classes médias e acelerar os preparativos de uma insurreição armada. Ao vetar a participação socialista no gabinete, contudo, eles impediram a formação de um governo forte que poderia ter evitado a rebelião armada.[137] O socialismo espanhol até então não conhecera esse grau de paralisia, quando duas lideranças rivais se anulavam efetivamente.

Ao mesmo tempo, com a tática legalista da Ceda destruída pelo resultado das eleições, na direita política a iniciativa passava para os defensores da violência. A Falange teve um aumento brusco na quantidade de seus integrantes como conseqüência do contínuo fluxo de militantes desiludidos da JAP, ala jovem da Ceda. A própria Ceda começou a exercer papel secundário, permitindo que a Renovación Española tomasse o controle da liderança política. Em 8 de março, vários *africanistas* importantes se reuniram na residência do malsucedido candidato da Ceda para o governo de Madri, o corretor de recursos públicos José Delgado, para organizar um golpe militar.[138]

Extremistas de ambos os lados conseguiram colocar o país em um turbilhão de violência após fevereiro de 1936. Atiradores de direita estabeleceram um domínio de terror, bombardeando e salpicando de balas as casas do advogado republicano Eduardo Ortega y Gasset e de Largo Caballero. O proeminente jurista socialista Luis Jiménez de Asúa escapou incólume de uma tentativa de assassinato, mas um dos policiais de sua escolta foi morto, assim como o magistrado que condenou um falangista a 25 anos de prisão.

Fanáticos de esquerda, por sua vez, assassinaram o ex-ministro Alfredo Martinez, e igrejas tornaram-se alvos de incêndios propositais. Também houve inúmeros incidentes de fúria popular que degeneraram em ataques contra centros políticos de direita.[139] No total, ocorreram 269 assassinatos políticos entre fevereiro e julho. O clima de caos beneficiou principalmente a direita. Sua poderosa mídia exagerava todo pequeno incidente para incitar o Exército a pôr fim àquele regime "ilegal". Os apelos eram repetidos por personalidades importantes da direita no Parlamento. Eles jamais consideravam a ligação entre a revolta social e os baixíssimos salários, fome, falta de terra e altos níveis de analfabetismo do povo. Também se esqueciam de mencionar em suas veementes declarações a violência que vinha de seus próprios correligionários.

O governo se mostrou incapaz de conter a conspiração militar, e a prisão de José Antonio e outros líderes falangistas não acabou com o ciclo de violência. Além disso, a idéia de enviar todos os generais suspeitos de conspirar contra o governo para postos distantes só funcionou a favor dos conspiradores, já que assim eles poderiam forjar uma nova rede rebelde por todo o país. Sanjurjo, de seu exílio em Portugal, era o visível chefe do movimento. O verdadeiro articulador na Espanha era o general Mola, enviado a Navarra – reduto carlista e, portanto, lugar ideal para recrutar uma massa popular de seguidores reacionários. A Unión Militar Española (UME), organização semiclandestina que afirmava contar com 3.500 oficiais, teve participação fundamental ao estabelecer células conspiradoras em todas as províncias. Todos os grupos políticos de direita estavam cientes dos preparativos do golpe e contribuíram com contatos, dinheiro e mão-de-obra para sua bem-sucedida realização.[140]

Em julho de 1936, todos no país, menos Casares, pareciam ter consciência da ameaça militar. Com uma confiança que beirava a insanidade, o primeiro-ministro continuava a considerar as preocupantes notícias como "boatos sem fundamento", e até disse a Prieto que seus alertas eram "acessos da menopausa".[141] Em 12 de julho, José Castillo, tenente da Guarda de Assalto, foi assassinado por uma brigada de direita. Antes, outros conhecidos oficiais de esquerda (como o capitão Carlos Faraudo, instrutor da milícia socialista) também haviam sido alvos do terror de direita. Apavorados com o último ultraje, e seguindo o tipo de retaliação olho por olho, os companheiros de Castillo decidiram vingá-lo assassinando um importante oficial de direita. Naquela noite, o líder monarquista Calvo Sotelo foi preso e depois assassinado.[142]

Dois dias depois, em uma Diputación Permanente (o órgão permanente de representantes que poderia ser convocado quando o Parlamento não estava em sessão) reunida às pressas, políticos de direita expressaram sua raiva. Gil Robles observou que o governo, embora não fosse culpado pela execução de Calvo, fora responsável por criar as circunstâncias que a tornaram possível.[143] Nunca antes um líder da oposição parlamentar fora seqüestrado e assassinado por integrantes da polícia. Ainda assim, apesar da justificada exasperação, os representantes de direita nunca desmentiram seu envolvimento com os preparativos militares. A morte de Calvo Sotelo, contudo, persuadiu os oficiais hesitantes a participar nos planos para o golpe que estava em andamento desde que a direita perdera seu debate político em uma votação democrática.

3

O REFLEXO DISTORCIDO

A dimensão internacional da Guerra Civil Espanhola

Nascemos em um país distante
Nossa alma está cheia de ódio
Mas nossa pátria ainda não está perdida
Hoje ela está diante de Madri...
Camaradas, protejam as muralhas
Pois a vida sem paz não é vida...[1]

UMA VIRADA DO DESTINO

Em momento algum os conspiradores militares previram o prolongado confronto que se tornaria a Guerra Civil Espanhola. Pelo contrário, eles presumiram que o levante teria sucesso em questão de dias. No entanto, ao contrário de outros países cujos regimes constitucionais foram derrubados praticamente sem luta, a República espanhola revidou, e seriam necessários três anos de terríveis combates antes de sua derrubada. A luta fratricida na Espanha teria imenso impacto em toda a Europa. De fato, o apelo internacional das facções em combate, assim como o grau de envolvimento externo no conflito, foi um fenômeno desconcertante que transformou os assuntos internos de um país em verdadeira guerra civil entre europeus.

Na tarde de 17 de julho, a insurreição militar teve início no Marrocos espanhol, onde, após alguns combates, as guarnições locais tomaram o controle da colônia. Naquela noite, o primeiro-ministro Casares Quiroga teria brincado com a imprensa: "Eles estão se erguendo contra mim? Bom, vou esperar deitado, então."[2] Seu senso de humor era tão ruim quanto o posicionamento de suas defesas contra a revolta. Nas 72 horas seguintes, a rebelião armada chegava ao continente.

Em 20 de julho, a Espanha estava efetivamente dividida em duas zonas bastante similares ao mapa eleitoral de fevereiro de 1936. Os rebeldes militares, conhecidos pela história como nacionalistas, mantiveram com firmeza, sob seu controle, as áreas tradicionalmente conservadoras e católicas de Galícia, Castela Velha e Navarra, todas as colônias, as ilhas Canárias e Baleares (com exceção de Minorca). Essas regiões, que cobriam aproximadamente um terço do país, votaram a favor dos partidos de direita nas eleições de fevereiro de 1936 e agora enfrentavam a insurreição com entusiasmo. Os nacionalistas também conseguiram conquistar alguns locais com uma forte presença de classes trabalhadoras, como Saragoça, Oviedo e uma pequena mas importante faixa na Andaluzia, que incluía Sevilha, Granada, Córdoba e Cádiz.

No resto do país, uma combinação de ação rápida, determinação dos sindicatos e lealdade das forças policiais (tanto a Guarda de Assalto quanto a Guarda Civil) e de muitos oficiais veteranos resultou na supressão do movimento aliciador. Esse território era o mais densamente povoado e urbanizado. Incluía as principais capitais (Madri, Barcelona e Valência), todas as importantes áreas industriais do norte e leste da Espanha, toda a costa mediterrânea ao sul, como Málaga, e todas as áreas rurais da Extremadura, Múrcia, Castela Nova e Andaluzia oriental. Além disso, a Força Aérea espanhola (embora pequena) e as enormes reservas de ouro do país permaneceram nas mãos do governo. O Exército da África, com a cruel Legião Estrangeira e os *Regulares* (tropas mouras nativas comandadas por oficiais espanhóis), a força militar profissional mais experiente da Espanha, estava paralisado pelo problema do transporte no Estreito de Gibraltar depois que navegadores leais à República rebelaram-se contra seus oficiais e assumiram o controle da frota.

Com base nessa correlação de forças, parece razoável especular que a insurreição deveria ser suprimida em tempo relativamente curto. No entanto, como ambos os lados não tinham armas modernas e nenhuma indústria de armamentos importante, eles rapidamente procuraram apoio diplomático e militar no exterior. A reação contrastante dos outros países aos apelos da Espanha se mostrou decisiva. Um golpe de Estado desastroso logo degenerou numa guerra civil. A Espanha, por sua vez, se transformou no reflexo distorcido no qual a Europa contemplava uma imagem exagerada de todas as tensões, paixões e energias dessa era turbulenta.[3]

As esperanças republicanas de conseguir rapidamente apoio no explosivo conflito estavam depositadas nas democracias ocidentais, em particular no governo seu irmão da Frente Popular, na França. Em 20 de julho, José Giral, o novo primeiro-ministro da República, em tom confiante, solicitou ajuda ao governo francês, o que incluía o pedido de 20 aeronaves Potez. Não havia dúvida sobre a legalidade do apelo, já que, segundo o direito internacional, um governo tem o direito de comprar armas quando confrontado com uma rebelião. Além disso, um acordo comercial franco-espanhol, assinado no final de 1935, providenciou a aquisição de armas na França até a quantia de 20 milhões de francos. Como os republicanos espanhóis esperavam, a reação do primeiro-ministro francês, o socialista Léon Blum, foi completamente favorável. Depois da aprovação de importantes ministros franceses (os radicais Yvon Delbos no Ministério das Relações Exteriores, Edouard Daladier na Defesa e Pierre Cot na Aviação), algumas medidas foram tomadas para organizar a entrega das armas.[4] A decisão não foi apenas resultado de solidariedade ideológica, mas a França também tinha interesse de manter um governo amigável ao sul de sua fronteira.[5] Porém, uma combinação de pressões internas e externas mudaria a posição francesa, que, a princípio, parecia ser a mais coerente.

Em 23 de julho, Blum e Delbos viajaram em missão de rotina para Londres. Lá, não tiveram dúvida quanto à hostilidade existente em círculos do governo britânico com relação ao possível envolvimento da França na luta espanhola. Prova disso foram o apelo pessoal de Anthony Eden, ministro britânico das Relações Exteriores, a Blum para ser extremamente cauteloso em suas relações com a Espanha e as alusões de que a Grã-Bretanha não seria arrastada para a guerra por causa de acontecimentos na península.[6] Um dia depois, os líderes franceses enfrentaram uma desagradável recepção quando voltaram para casa. Durante sua ausência, a traição do adido militar espanhol Antonio Barroso e o posterior vazamento de informações para a imprensa a respeito dos planos de enviar armas para a Espanha transformaram o que de início parecia uma operação legal em disputa doméstica.

Nesse período entreguerras, a França estava arrasada pela polarização política e a rebelião social. Em fevereiro de 1934, a República francesa foi atingida por escândalos financeiros envolvendo as elites políticas, e por pouco se evitou um golpe de direita. Como na Espanha, com o país dividido em dois grandes blocos, uma coalizão da Frente Popular entre comunistas, socialistas e radicais derrotou uma aliança de forças de direita na primavera de 1936. A vitória foi rapidamente seguida pela ampliação da militância industrial e rumores de conspiração. Notícias de intervenção na Espanha deram à mídia de direita, claramente favorável aos insurgentes republicanos, a munição necessária para armar uma devastadora campanha contra o envolvimento em uma aventura estrangeira. O governo foi chamado de traiçoeiro e inepto para ocupar o poder. O próprio Blum, judeu socialista, suscitou um ódio especial entre os círculos de direita.[7] Para eles, a Terceira República parecia estar em "mãos inimigas". O slogan "Melhor Hitler que Blum" resumia os sentimentos que finalmente levaram a Vichy e à colaboração com a Alemanha. Além disso, a raiva inata contra o bolchevismo permeava o oficialato francês. Muitos deles suspeitavam da Frente Popular, que incluía socialistas e comunistas, e viam com simpatia a insurreição de seus colegas espanhóis. Achavam-se portanto confusos com a idéia de a França fornecer armas para o governo espanhol e planejavam no mínimo atrasar ou obstruir a entrega.[8]

Com o país polarizado em relação ao problema espanhol, importantes integrantes do Partido Radical francês (inclusive o presidente da República Albert Lebrun, o porta-voz da Assembléia Nacional Edouard Herriot e o presidente do Senado Jules Jeanneney) se pronunciaram veementemente contra o envio de ajuda militar à República. Eles argumentavam que tal iniciativa poderia levar à deflagração de uma guerra generalizada no continente ou, no mínimo, à extensão do conflito espanhol para a França. Após uma turbulenta reunião de gabinete em 25 de julho, Blum precisou defrontar-se com a oposição da maioria de seus aliados radicais. Somente Jean Zay, ministro da Educação, e Pierre Cot, do Partido Radical, foram leais à República espanhola. A visão do tradicionalmente conservador Quai d'Orsay (Ministério das Relações Exteriores francês), expressada por Delbos, foi crucial para decidir a situação. Nenhuma medida, insistiam, deveria ser tomada de modo a arriscar a aliança vital com a Grã-Bretanha. Os carregamentos de navio do governo foram imediatamente suspensos. No entanto, o setor privado não foi afetado, e Cot aparentemente já organizara a venda de algumas armas ao México, país amigo da República espanhola, que então as entregaria a Madri,[9] o que não foi suficiente para salvar a República. Anos mais tarde, Cot ressaltaria a importância da mudança de direção francesa: "Não tenho dúvida de que, se pudéssemos ter enviado uma grande ajuda à Espanha, poderíamos ter cortado a rebelião pela raiz."[10]

O governo britânico não foi tomado de surpresa pela rebelião militar.[11] Mas, ao contrário da administração francesa, os círculos do governo britânico simpatizavam bastante com os rebeldes. Em função de sua classe e educação, rejeitavam naturalmente o que uma República de esquerda representava e aprovavam os objetivos anti-revolucionários da insurreição.[12] O governo nacional liderado pelo conservador Stanley Baldwin e o corpo diplomático – um clube quase exclusivo da aristocracia e dos altos escalões da burguesia educada em Oxford e Cambridge – estavam impregnados de preconceitos contra o bolchevismo.

A assinatura de um tratado de amizade entre a França e a União Soviética em maio de 1935, por exemplo, foi vista com consternação em Londres. As vitórias da Frente Popular na Espanha e na França, em 1936, foram ainda mais desencorajadoras. O embaixador em Madri, o anti-republicano sir Henry Chilton, sempre enfatizava as similaridades entre a Espanha republicana e o governo Kerenski na Rússia de 1917. Sinais de alerta começaram a soar à medida que uma seqüência de greves paralisou a França sob o governo de um primeiro-ministro socialista. Além disso, uma consciência da posição econômica e militar cada vez mais debilitada do Império Britânico levou a um apoio sincero à estratégia de apaziguamento. Essa política buscou evitar confrontos com os ditadores fascistas e estabelecer uma acomodação de suas ambições revisionistas por meio da negociação diplomática. Conseqüentemente, a deflagração da guerra na Espanha, com seu potencial de criar divisões no continente de acordo com linhas ideológicas, constituía uma ameaça ao apaziguamento.

Desde os primeiros dias, relatórios diplomáticos e de inteligência confirmaram os sentimentos anti-republicanos já dominantes no governo britânico. De fato, as atrocidades cometidas de ambos os lados foram interpretadas de modo muito diferente. Enquanto, na zona republicana, eram retratadas como o produto da multidão desorganizada, nas áreas nacionalistas eram descritas como restauradoras da lei e da ordem.[13] Além disso, a Grã-Bretanha era a parceira comercial mais importante da Espanha (representando 25% das exportações espanholas e 10% de suas importações) e controlava cerca de 40% do investimento estrangeiro total no país (equivalente a 13,3% dos investimentos da Grã-Bretanha na Europa). Esse capital estava concentrado principalmente nas indústrias de ferro e pirita, seguidas pelo setor elétrico, empresas de utilidade pública, frutas cítricas e xerez.[14]

Os círculos econômicos dirigentes ingleses naturalmente estavam inclinados em favor da vitória de uma rebelião de direita, por medo de que seus grandes investimentos pudessem ser confiscados pelos sindicatos leais à República. Em conseqüência, o governo britânico concluiu que, na Espanha, o Exército combatia um regime soviético em potencial sob a proteção de um governo inativo indigno de apoio tanto direto como indireto. O general Franco era visto como o bom oficial, prudente e conservador, que interveio na política somente para combater o espectro da revolução social. Sua vitória levaria ao estabelecimento de uma "ditadura liberal" bastante favorável aos interesses do Reino Unido.[15]

O cerne do problema para a diplomacia britânica era que a legitimidade formal estava no mesmo campo da temida revolução social, enquanto a contra-revolução permanecia formalmente ilegítima.[16] Por conseguinte, como a intervenção direta a favor da rebelião era impensável, o governo britânico declarou, e manteve para o público interno, uma neutralidade escrupulosa. Entretanto, o embargo imposto ao envio de armas reduziu ao mesmo nível o governo legalmente reconhecido, que manteve a capacidade legal única de importar equipamento militar, e os insurgentes. A posição escondia a hostilidade real da Grã-Bretanha com relação a uma República que, nas palavras de Eden, "deveríamos evitar abastecer por um meio ou outro".[17] Em 22 de julho, a administração britânica aceitou as solicitações de Franco de recusar à Marinha republicana combustível e provisões nos portos de Gibraltar e Tânger.[18] Dois dias antes, os sentimentos anti-revolucionários que determinaram a formulação da política britânica foram resumidos no memorando do secretário de governo, sir Maurice Hankey: "Com a França e a Espanha ameaçadas pelo bolchevismo, não é inconcebível que logo tenhamos de dividir nossa sorte com a Itália e a Alemanha."[19]

Essa posição, envolvendo um sério alerta à França, tornou-se bastante evidente quando, no dia 26 de julho, Baldwin instruiu Eden: "Por motivo algum, francês ou seja lá o que for, você deve nos fazer entrar na luta ao lado dos russos!"[20] A República foi atingida por um sério golpe quando, em 13 de agosto, o acordo de pagamento entre Espanha e Inglaterra foi suspenso, e o comércio entrou em declínio. Essa medida serviu para bloquear a distribuição em Londres de uma quantidade considerável de libras esterlinas obtidas por meio de exportações espanholas para a Grã-Bretanha. Uma transação financeira da República, feita pelo banco Barclays, para comprar armas nos Estados Unidos também foi impedida, enquanto foi autorizada operação simultânea realizada pelos rebeldes por intermédio do banco de Westminster.[21]

Enquanto a República caía no ostracismo na arena internacional, os nacionalistas tiveram resposta totalmente diferente. Desde o início, por exemplo, podiam contar com o apoio declarado de Portugal. Recebendo a aprovação da ditadura de António de Oliveira Salazar, o chefe simbólico da rebelião, general Sanjurjo, e outros 15 mil monarquistas proeminentes estabeleceram seus postos de comando da conspiração naquele país. Além disso, durante as primeiras semanas da guerra, a proximidade de Portugal em relação ao campo de batalha foi de valor inestimável. O país se tornou o canal perfeito pelo qual a ajuda externa poderia ser dada e serviu também para ligar zonas nacionalistas divididas.

No início de agosto de 1936, o irmão de Franco, Nicolas, se estabeleceu em Lisboa (onde logo recebeu a companhia de Gil Robles) para conseguir provisões e organizar a propaganda e a assistência econômica. Portugal também providenciou o recrutamento de cerca de dez mil "voluntários" portugueses (os *viriatos*) para lutar com os nacionalistas.[22] Acreditando que uma vitória comunista na Espanha teria impacto devastador sobre a estabilidade de seu próprio regime, Salazar se identificou completamente com a causa dos insurgentes espanhóis e exerceu papel diplomático fundamental ao agir praticamente como porta-voz internacional da Espanha nacionalista. No entanto, a assistência militar concreta que Salazar podia oferecer era mínima. A Alemanha e a Itália deram contribuições bem mais importantes.

Antes de julho de 1936, os nazistas não revelaram zelo algum com relação ao desenvolvimento político da Espanha. Os interesses econômicos da Alemanha no país eram bem modestos, com um capital de investimento relativamente pequeno e uma queda brusca no comércio entre as nações na década de 1930.[23] Com planos expansionistas concentrados no Leste europeu, a Espanha era uma terra distante que Hitler sequer tinha citado em qualquer contexto relevante em *Mein Kampf*. Por conseguinte, o Ministério de Relações Exteriores alemão, receando complicações internacionais, recusou imediatamente os primeiros pedidos de ajuda do general Mola.[24] Porém, nessa encruzilhada vital, com a insurreição em dificuldades, uma combinação de sorte e perspicácia mudaria o destino do campo nacionalista.

Johannes Bernhardt, residente alemão em Marrocos e membro da Auslandorganisation (AO), organização nazista no exterior, ofereceu seus serviços ao general Franco, que, mostrando notável visão de longo prazo, usou a oportunidade para contornar a rede burocrática e assim apelar diretamente para Hitler. Bernhardt e seu superior imediato, Adolf Langenheim, concordaram em ir à Alemanha em 23 de julho, em um avião confiscado da Lufthansa. Eles viajaram com o capitão Francisco Arraza Monasterio, nomeado chefe do Estado-Maior das Forças Aéreas não existentes na África, com a missão de entregar uma carta pessoal a Hitler pedindo assistência militar. Não era fácil, contudo, ter acesso direto ao *Führer*, sempre cercado por um círculo de cortesãos que lutavam entre si por seus favores. Portanto, seria preciso uma série de acontecimentos fortuitos que favorecessem a causa dos rebeldes espanhóis.

Chegando a Berlim em 25 de julho, a missão Bernhardt logo se encontrou com Friedhelm Burbach, antigo chefe da AO na Espanha, que acompanhou os recém-chegados ao encontro com Ernst Bohle, chefe da organização nazista. A missão quase fracassou quando o Ministério das Relações Exteriores alemão afirmou que o país deveria evitar se intrometer em questões internas de outro país, o que só poderia levar a um escândalo internacional. Ainda assim, Burbach convenceu Bohle a usar os serviços de Alfred Hess, na época o segundo no comando de Bohle, para facilitar um encontro com seu irmão e vice-líder do partido, Rudolf Hess. Tendo compreendido a natureza crucial da missão vinda de Marrocos, Hess telefonou para Hitler, de férias em Bayreuth (Bavária), para o Festival de Wagner, que concordou em receber os emissários de Franco e Burbach na mesma noite. Uma vez em Bayreuth, eles tiveram de esperar até Hitler voltar da ópera. Depois de quase três horas de um quase monólogo do ditador alemão, este se convenceu da necessidade do apoio à insurreição.[25]

Após convocar Werner von Blomberg e Hermann Göring, respectivamente chefes do Exército e da Luftwaffe, e sem dúvida ainda sob a influência da música de Wagner, Hitler iniciou a "Operação Fogo Mágico". Durante os dias seguintes, dez aviões de transporte Junker 52 voaram da Alemanha para Marrocos a fim de iniciar a decisiva ponte-aérea das tropas africanas rumo à Espanha. Enquanto isso, na noite de 31 de julho, um navio alemão, o *Usaramo*, partiu de Hamburgo carregado com dez Junker 52, seis aviões de guerra Heinkel 51, armas antiaéreas, bombas e munição, assim como 85 pilotos e técnicos. No dia 13 de agosto, o *Kamerun* partiu, levando 300 toneladas de combustível, seguido no dia seguinte pelo *Wigbert*, carregando seis Heinkel 51, dois Junkers, 960 bombas de 50kg, dez mil bombas de 10kg e 150 mil balas de metralhadora. Todos estes navios se dirigiram a Lisboa, de onde Salazar autorizou as entregas.[26]

Considerações estratégicas foram fundamentais na decisão de Hitler. Depois de ouvir os emissários de Franco e analisar a situação militar, o líder alemão concluiu que apostar em uma rápida vitória nacionalista representava pouco risco, que valia a pena correr. Por uma pequena contribuição, a recompensa a ser colhida era enorme, ou seja, a drástica alteração do equilíbrio de forças continental, com a criação de um Estado amistoso adjacente ao inimigo continental da Alemanha, a França, que então ficaria cercada por vizinhos potencialmente hostis.[27] A intervenção nazista foi consistente com a política geral cada vez mais agressiva da Alemanha, forçando e rompendo as condições do Tratado de Versalhes. Como conseqüência, o país se retirou da Liga das Nações em outubro de 1933, em 1935 reincorporou de Saar, reintroduziu o serviço militar compulsório, estabeleceu a Luftwaffe e reocupou a Renânia em 1936.

Apesar disso, a Alemanha ainda não estava preparada para um confronto armado, e Hitler também não desejava que a Espanha fosse a causa de um conflito militar de maiores proporções. Portanto, a interferência alemã nos assuntos espanhóis se devia à expectativa de produzir uma rápida vitória nacionalista e era completamente secreta.[28] Se isso falhasse, Hitler julgava poder neutralizar a oposição, aproveitando-se da questão anticomunista e alegar que só ajudava os rebeldes a resgatar a Espanha do bolchevismo. Com a progressão da guerra, outras considerações econômicas e logísticas se tornaram importantes. As matérias-primas da Espanha eram uma bênção para a Alemanha, voltada para o rearmamento. Além disso, a guerra espanhola era um teste perfeito para homens e equipamentos, assim como uma oportunidade ideal de avaliar os limites da determinação e da tolerância dos Aliados. Também proporcionava a ocasião para Hitler incitar uma confusão no Leste europeu enquanto planejava sua expansão nesse sentido.[29]

Em contraposição a Berlim, em 1936, Roma era a capital mais bem informada sobre o golpe iminente. O contato entre conspiradores espanhóis e líderes fascistas datava de longo tempo. Para os sonhos expansionistas de Mussolini no oeste do Mediterrâneo, era importante ter uma Espanha amistosa. Depois de um período de excelentes relações com Primo de Rivera, o estabelecimento de uma República pró-francesa foi mal recebido. Em conseqüência, a Itália apoiou todas as atividades anti-republicanas na Espanha. Os conspiradores militares de 1932 se encontraram, por exemplo, com o ministro da Aeronáutica, Marshall Italo Balbo, que lhes prometeu armas. Em março de 1934, Mussolini recebeu uma delegação de monarquistas e carlistas que obtiveram dinheiro e instalações de treinamento. Desde junho de 1935, José Antonio, líder da Falange, também recebeu uma contribuição mensal de 50 mil liras. Paradoxalmente, contudo, o levante militar de 1936 coincidiu com a perda do interesse italiano nas questões espanholas. Após quase um ano de conflitos, a Itália surgiu vitoriosa de uma conquista colonial na Abissínia. No momento, militar e economicamente enfraquecida e diplomaticamente isolada, relutava em se envolver tão cedo em novo empreendimento. Portanto, nos meses anteriores ao golpe, as solicitações dos insurgentes por assistência foram rejeitadas.[30]

Apesar disso, com seus planos de tomar o poder em situação complicada, os nacionalistas se voltaram para a Itália, a fim de obter ajuda militar. Em um esforço de garantir a assistência de Mussolini, em 19 de julho, Franco enviou o jornalista Luis Bolín à Itália. Ao mesmo tempo, o general recrutou o apoio do cônsul italiano em Tânger (Pier Filippo del Rossi del Lion Nero) e do adido militar em Tetuán (Giuseppe Luccardi). Ambos aprovaram um pedido de ajuda militar no qual Franco enfatizava sua promessa de reproduzir o fascismo italiano na Espanha. Em 21 de julho, Bolín chegou a Roma, onde obteve uma carta de apresentação do rei exilado Afonso XIII. Então se encontrou com o conde Ciano (ministro das Relações Exteriores da Itália e genro de Mussolini), que, embora aparentemente disposto a ajudar, também deixou claro que a decisão não era sua.

Até 25 de julho, a reação negativa italiana permaneceu firme. Mas tudo mudou dramaticamente nas 72 horas seguintes. A maioria dos estudiosos defende que a mudança de direção de Mussolini foi produto de dois acontecimentos: em primeiro lugar, a chegada em 25 de julho de uma segunda delegação, enviada dessa vez pelo general Mola, incluindo o líder monarquista Goicoechea, que, tendo estado presente nas negociações de 1934, poderia confirmar a seriedade da revolta militar; em segundo, a crença de que a França, rival da Itália no Mediterrâneo, estava prestes a intervir a favor da República.[31]

Acima de tudo, entretanto, a decisão da Itália de se envolver na Espanha foi resultado de um cuidadoso exercício de oportunismo político. O ego do *Duce* sem dúvida sentiu-se lisonjeado ao receber tantos apelos de ajuda, e ele estava naturalmente ávido para colaborar com o estabelecimento de um potencial aliado no Mediterrâneo. Mas a decisão final de Mussolini surgiu como resultado de um complexo e nada espontâneo processo baseado na avaliação de diferentes fontes de informação. Entre 25 e 27 de julho, o *Duce* recebeu um número considerável de relatórios diplomáticos e de inteligência que o levaram a concluir que, ao apoiar a rebelião, ele teria vitória certa. Sabendo da hostilidade britânica com relação ao governo espanhol, inclusive sua oposição ao envolvimento francês, tinha boa razão para deduzir que a Grã-Bretanha não se oporia à intervenção cuidadosa a favor dos insurgentes. Nessa época, Mussolini também já estava ciente de que o dividido gabinete francês retirara seu apoio militar aberto, deixando a República mal equipada. Não está claro se ele sabia da recente decisão de Hitler de enviar ajuda, mas uma ponderação adicional era a notícia vinda da União Soviética, indicando que o Kremlin estava profundamente desconcertado pela situação e mostrava intenção de interferir.

Depois que obteve a confirmação dos diplomatas italianos em Marrocos de que – uma vez que as tropas africanas estivessem na península – a guerra estaria terminada em questão de semanas, Mussolini se convenceu de que fornecer secretamente uma pequena quantidade de equipamento seria um risco limitado em relação às recompensas que poderia obter. Em 27 de julho, Ciano informou a Bolín sobre os acordos firmados para cumprir o pedido de Franco. Dois dias mais tarde, os italianos despacharam uma dúzia de aviões bombardeiros e de transportes Savoia-Marchetti S-81, seguidos de 12 aviões de guerra Fiat C.R.-32 para o Marrocos espanhol, além do navio de carga *Emilio Morandi* transportando munição. As tripulações se juntariam à Legião Estrangeira espanhola para dar-lhe proteção.[32] Depois, em 7 de agosto, Roma enviou mais 27 aviões de combate, cinco tanques, 40 metralhadoras e 12 armas antiaéreas, assim como munição, bombas, combustível e lubrificantes de aviação.[33]

Quando, em 30 de julho, um dos 12 aviões italianos Savoia-Marchetti caiu no mar e dois outros fizeram um pouso de emergência em território francês no norte da África, a discrição que envolvia a intervenção fascista fracassou. A investigação que os franceses fizeram do acidente não deixou dúvida sobre a conspiração entre o governo italiano e os rebeldes.[34] Blum ficou furioso e sentiu que a França deveria ficar livre para ajudar a República. Mesmo assim, mais uma vez a questão espanhola deixou o governo francês dividido. Em meio à opinião pública polarizada, uma intempestiva reunião de gabinete em Paris, em 1º de agosto, revelou os temores de vários ministros de que a intervenção francesa pudesse conduzir a uma guerra generalizada no continente. Ciente do possível isolamento da França, graças à posição britânica, o apelo do Ministério das Relações Exteriores por cautela prevaleceu. Instruído por Alexis Léger, secretário-geral no Quai d'Orsay, o governo francês decidiu recorrer a todas as grandes potências para que se abstivessem de intervir na Espanha. A proposta, no entanto, era condicional, à medida que os franceses ainda tinham a intenção de fornecer armas, a não ser que a Itália interrompesse seus carregamentos.[35]

Nos dias seguintes, a atitude da Grã-Bretanha garantiu que até essa arrefecida posição fosse abandonada. De fato, a posição de Londres relativa à intervenção italiana ou francesa não poderia ter sido mais crucial. Relatórios de diplomatas italianos para Mussolini sobre a simpatia de personalidades importantes, como David Margesson, líder conservador na Câmara dos Comuns, e outros antigos membros tories do Carlton Club com relação aos insurgentes espanhóis confirmaram a crença do *Duce* de que sua aventura na Espanha não enfrentaria sério desafio por parte de Londres.[36] Enquanto isso, com um país e um ministério divididos, Blum sofria, do outro lado do Canal da Mancha, uma pressão cada vez maior para nada fazer. Em 30 de julho, Jules Moch, chefe do secretariado geral do primeiro-ministro francês, visitou Londres, onde tomou conhecimento da hostilidade dos líderes britânicos em relação à República espanhola.[37] Em 31 de julho, Winston Churchill escreveu a Charles Corbin, embaixador francês em Londres, informando que a maioria do Partido Conservador simpatizava com a causa dos rebeldes espanhóis. Estava certo de que, se os fascistas e a

França enviassem aeronaves para a Espanha, as classes governantes britânicas ficariam do lado da Itália e da Alemanha.[38] Apesar disso, Blum insistiu em despachar o almirante Darlan, chefe do Comando Geral da Marinha francesa, para a Inglaterra, em 5 de agosto, a fim de se encontrar com seu colega, o almirante Chatfield. A idéia era convencer o governo britânico, por meio do almirantado, das terríveis conseqüências para seus interesses imperiais de uma vitória rebelde ajudada pelos fascistas na Espanha. A missão foi um fracasso. Chatfield insistiu que Franco era um bom patriota espanhol que sabia como se defender de invasões alemãs e italianas.[39]

A atitude britânica deixou os líderes franceses desorientados, e a República espanhola isolada e desarmada. Em 6 de agosto, o socialista espanhol Jiménez de Asúa soube pelo socialista Vincent Auriol, ministro das Finanças francês, que, "por causa dos ingleses", uma entrega de armas em Bordeaux teria de ser suspensa. De acordo com Asúa, ele encontrou Blum na manhã seguinte, e este, com os olhos cheios de lágrimas, disse-lhe que Baldwin contatara diretamente o presidente francês Lebrun para alertá-lo de que sabia da venda de armas para a República, e que, se isso levasse à guerra com a Alemanha ou a Itália, a França estaria sozinha. Blum quase se demitiu, porém foi convencido pelos diplomatas espanhóis em Paris a permanecer.[40]

Se ainda restavam dúvidas sobre a posição britânica, elas foram dissipadas quando, no dia seguinte (7 de agosto), sir George Clerk, o embaixador britânico na França, fez uma visita a Delbos para esclarecer sua visão "pessoal" de que o compromisso francês com a República espanhola arriscaria a cooperação estreita entre Londres e Paris. O efeito disso sobre o ministro das Relações Exteriores francês e outros integrantes do governo foi imenso.[41] Diante da ruptura potencial da Entente com a Grã-Bretanha, e mesmo do colapso da Frente Popular na França, Delbos saiu vencedor em uma turbulenta reunião de gabinete em 8 de agosto. No dia seguinte, a França proibiu a exportação de equipamentos militares para a Espanha, inclusive transações particulares, implementando de forma unilateral a política de não-intervenção.[42] Contudo, com a conivência de Blum, Cot já tinha assegurado o envio para a Espanha de 13 aviões de guerra Dewoitine e seis bombardeadores Potez, que tinham sido construídos originalmente para a Lituânia (embora eles não estivessem armados). Recém-chegado de Madri e ciente do papel crucial do combate aéreo, o romancista André Malraux foi encarregado da operação. Enquanto estava na França, Malraux também reuniu um esquadrão (a *Escuadra España*) com cerca de 40 pilotos e técnicos, a maioria deles mercenários e aventureiros.[43]

A GRANDE CHARADA

Segundo Blum, a "não-intervenção foi principalmente uma tentativa de impedir os outros de fazer o que somos incapazes de realizar".[44] Apesar disso, ele pensou que, no momento, a criação de um embargo de venda de armas para ambos os lados oferecia à República boa chance de derrotar a insurreição.[45] Esse raciocínio, que estava na verdade ligado a seu desejo, revelou-se na prática o início de uma retirada destinada ao fracasso que não só confirmou o papel dominante da Grã-Bretanha na aliança ocidental,[46] como também selou o destino da República espanhola. De acordo com o socialista Julio Alvarez del Vayo, ministro das Relações Exteriores espanhol, a partir dessa época o Quai d'Orsay, pelo menos em relação à Espanha, tornou-se uma ramificação do Ministério das Relações Exteriores britânico.[47]

De início, Londres só adotou a idéia de um Acordo de Não-Intervenção (NIA, da sigla em inglês) com relutância, como forma de apoiar o Quai d'Orsay em suas batalhas com os intervencionistas no interior do gabinete francês.[48] No entanto, uma vez adotada, a não-intervenção se tornou a base da diplomacia britânica relativa ao conflito espanhol. Esforços anglo-franceses conjuntos logo deram resultado depois que 27 nações européias, inclusive todas as grandes potências, aderiram ao acordo no final de agosto. Os Estados Unidos, embora não formalmente incluídos, apresentaram um embargo moral de armas a ambos os partidos espanhóis em agosto de 1936, formalizado mais tarde na Lei de Embargo Espanhol e na Lei de Neutralidade, respectivamente de janeiro e de maio de 1937.[49]

Para estudar a questão, um comitê de trabalho se reunia no magnífico salão Locarno do Ministério das Relações Exteriores. Comandados pelo conde de Plymouth, um dos maiores proprietários de terra da Grã-Bretanha e subsecretário parlamentar do Ministério das Relações Exteriores, os embaixadores sediados na Grã-Bretanha se tornaram representantes de suas nações. Com sua imagem de aristocrata autoconfiante, Plymouth era o presidente perfeito de um comitê cuja tarefa principal era fazer pouco enquanto fingia fazer muito.[50] O primeiro encontro ocorreu em 9 de setembro.

Por trás de toda a formalidade, o NIA se revelou uma das farsas diplomáticas mais estarrecedoras já perpetradas na Europa: uma grande charada na qual escárnio e hipocrisia se tornaram arte. Era acima de tudo um exercício de poder sobre a opinião pública, uma cortina de fumaça por trás da qual, em um grau maior ou menor, todas as potências intervieram na Espanha. No lugar de um tratado no sentido formal, fez-se uma série de acordos unilaterais de base muito instável para obter o sucesso. O esquema para garantir a aquiescência tinha muitos subterfúgios: o comitê não detinha poder de ação e só podia ouvir acusações de seus próprios membros, deixando de fora partidos espanhóis e relatos de jornalistas ou cidadãos independentes. Além disso, o NIC não tinha meios de verificar acusações localmente. Muitas vezes, quando a imprensa internacional estava repleta de relatos sobre armamentos despejados na Espanha, o comitê dedicava seu tempo à discussão de questões triviais. Em outras ocasiões, toda a questão se rebaixava a paródias teatrais, com negativas absolutas seguidas por contra-acusações e disputas insignificantes. Os procedimentos exigiam respostas escritas a acusações específicas, um processo prolongado, já que as acusações continuavam a ser remetidas de um lado para o outro entre o comitê e as nações envolvidas. Desse modo, longe de facilitar a apresentação de queixas, o NIC na verdade as desencorajava.[51] O embaixador russo Ivan Maiskii descreveu de modo pejorativo o NIC como a esposa japonesa ideal, que nada vê, nada ouve e nada diz.[52]

A flagrante ineficiência do NIA era, em grande medida, conseqüência de ele ser na realidade uma trapaça, um instrumento da diplomacia britânica cujos objetivos não eram os retratados pela propaganda oficial, isto é, a prevenção da participação estrangeira na guerra. Na verdade, baseado em uma suposição inicial de que o conflito seria breve, o Acordo de Não-Intervenção era o instrumento ideal para ganhar tempo de modo a assegurar o fim da República. À proporção que o conflito se arrastava, o NIA continuava a funcionar para garantir o confinamento da disputa espanhola, mas, ao mesmo tempo, formalizava a anomalia legal de colocar em condição de igualdade um governo eleito democraticamente e um golpe militar rebelde. Impedia os franceses de ajudar a Frente Popular pronta a atacar, evitando o que o subsecretário no Ministério das Relações Exteriores, sir Orme Garton Sargent, observou: "Por bem ou por mal a França se tornaria bolchevique sob a influência da Guerra Civil Espanhola."[53] Isso eliminou um possível confronto com as potências fascistas e o pesadelo (para muitos conservadores) da Grã-Bretanha de ter de se aliar à União Soviética. Finalmente, o NIA era a fachada perfeita para esconder a hostilidade com relação à República, mantendo uma aparência de neutralidade impecável diante da opinião pública nacional.[54]

A fraude em torno da questão do NIA foi percebida pelas potências fascistas.[55] Joachim Ribbentrop, futuro ministro nazista das Relações Exteriores e na época embaixador alemão em Londres, observou que um nome melhor para o NIC teria sido "comitê de intervenção".[56] Em Londres, as delegações portuguesa, alemã e italiana colaboraram para manter a charada. Enquanto isso, à medida que alemães e italianos continuavam desembaraçados na ajuda aos nacionalistas, a arena de batalha espanhola reuniu Alemanha e Itália, até há pouco bastante hostis pelas ambições conflitantes relativas à Áustria.[57] Em 4 de agosto, um encontro secreto em Bolzano, entre os chefes dos serviços de inteligência alemão e italiano, respectivamente almirante Wilhelm Canaris e general Mario Roatta, deu início a um conluio entre as duas ditaduras.[58] A partir de então, reuniões de alta cúpula continuaram a ocorrer sob o pretexto de combater em conjunto o "perigo bolchevique" na Espanha. Na realidade, os ditadores concordaram em reconhecer e apoiar uns aos outros em suas respectivas esferas de influência. Em 1º de novembro, Mussolini se referiu pela primeira vez ao "Eixo Roma-Berlim" para descrever o crescente entendimento dos dois regimes. Os italianos só poderiam ficar satisfeitos com o fato de a Alemanha ter concordado em colaborar com sua cruzada comum antibolchevique na Espanha e também de ter confirmado que a Itália era o principal parceiro no empreendimento, já que o Mediterrâneo era sua área de controle.[59]

A ajuda fascista, em conjunto com o consentimento britânico e a paralisia francesa, alterou drasticamente o curso da Guerra Civil. O desespero nacionalista, expresso na confidência de Mola a seu secretário, em 29 de julho, confessando que cogitava o suicídio, foi repentinamente transformado pela possibilidade de rápida vitória.[60] No início de agosto, estava a caminho a primeira ponte-aérea de tropas bem-sucedida no conflito armado moderno. Sob a proteção de aviões italianos e alemães, que garantiam o controle aéreo, no início de agosto milhões de soldados de elite do Exército da África iniciaram seu inexorável avanço em direção a Madri, deixando atrás de si um incrível rastro de sangue, desolação e carnificina. A ofensiva seguiu para sudoeste, cortando caminho pelo campo, na Andaluzia e na Extremadura, para se aproximar de Portugal, principal via de mercadorias e armas. As milícias republicanas, mal armadas e inexperientes, não eram obstáculo para eles no campo aberto e foram massacradas ou forçadas a se retirar.

Até 10 de agosto, o Exército da África acabara com o controle republicano no sul da Extremadura, permitindo, pela primeira vez, que as duas metades da Espanha nacionalista se juntassem. Quatro dias depois, após combates violentos, caiu Badajoz, principal cidade no caminho rumo à capital. Milhares de defensores republicanos foram reunidos na arena dos touros e executados. No dia 3 de setembro, conquistou-se Talavera, a última cidade importante antes de Madri. Em um mês, o Exército da África realizara uma campanha bem-sucedida de 483km. Também no início de setembro, forças nacionalistas na frente norte conquistaram Irún, isolando os bascos da fronteira com a França. Logo depois, San Sebastián também caiu.

Com o desgaste de semanas de implacáveis avanços e enfrentando uma resistência cada vez mais obstinada, a ofensiva nacionalista começava agora a desacelerar. Mais uma vez, apelaram para as potências fascistas no sentido de aumentar a ajuda para o que prometia ser o impulso final da guerra. A reação positiva, que foi além do apoio inicial ao resgate de Franco em Marrocos, significava que os ditadores se comprometiam até o término da aventura espanhola. A partir do final de agosto, as missões militares alemã e italiana começaram a aconselhar os nacionalistas. Em 28 de agosto, Hitler autorizou sua Força Aérea a se engajar em missões de combate e bombardeio. No final de setembro, ciente da inutilidade do NIC, a intervenção alemã foi ampliada com a Operação Otto: fornecimento de 15 aviões de guerra adicionais, 24 tanques, equipamento de rádio e a conversão de aeronaves de transporte em bombardeiros.[61]

O compromisso italiano foi ainda mais substancial, incluindo milhares de granadas de mão, armas pequenas, cartuchos de metralhadoras e aviões adicionais que fizeram com que o número total de aviões chegasse a 68. Os aviões italianos tiveram papel vital ao impedir a tentativa de conquista de Maiorca por parte de uma força expedicionária catalã. Nessa questão, as tropas nacionalistas locais foram reunidas por um número pequeno de italianos liderados por um oficial da milícia fascista, Arconovaldo Bonaccorsi (conhecido como *conte* Rossi), que mais tarde governou a ilha por alguns meses como se fosse seu feudo.[62]

No final de setembro, as colunas nacionalistas fizeram um desvio temporário para ajudar a guarnição cercada na fortaleza militar Alcázar, em Toledo. Em outubro, enquanto a ofensiva para tomar o controle de Madri começava de fato, os ditadores fascistas aguardavam a queda da capital para reconhecer o governo nacionalista. Os britânicos não ficaram muito atrás. O embaixador Chilton, que fora instruído a permanecer na cidade francesa fronteiriça de Hendaye, também deu total reconhecimento diplomático aos nacionalistas em função da queda da capital. A relutância francesa de fazer o mesmo foi considerada pura insensatez.[63] A guerra parecia chegar ao fim.

A VERDUN ESPANHOLA

No outono de 1936, o destino da República parecia não ter esperanças. Com exceção de alguns aviões contrabandeados da França e de armas adquiridas no mercado negro, o regime mexicano anticlerical liderado pelo presidente Lázaro Cárdenas era a única fonte internacional de assistência ao governo espanhol. A identificação dos herdeiros da revolução mexicana com os ideais progressistas da República espanhola resultou no apoio genuíno do país latino-americano durante todo o conflito. Dessa forma, o México vendia armas e munição para a República quando todos os outros países negavam ajuda ao governo legítimo da Espanha. Além disso, o México era uma fachada para comprar armas de países do Terceiro Mundo (reenviadas então para a Espanha), ainda enviava combustível, alimentos e roupas e representava interesses diplomáticos republicanos em várias nações onde seus funcionários do Ministério das Relações Exteriores tinham desertado e passado para o lado dos rebeldes.[64] Apesar disso, a distância geográfica e a escassez de recursos atrapalhavam a capacidade que o México tinha de assumir papel mais relevante. Não obstante, se a intervenção estrangeira foi vital ao mudar o curso da guerra a favor dos nacionalistas durante as primeiras semanas, ela também chegou em um momento crucial para resgatar a República de suas muitas dificuldades.

Governos e diplomatas não foram os únicos absorvidos pela tragédia espanhola. A atmosfera volátil dos anos 1930, marcada pela depressão econômica e pela polarização política, assegurou que, nas ruas, dentro das famílias e nos ambientes de trabalho, a Guerra Civil Espanhola se tornasse o principal assunto de debate e discussão. Por todo o mundo, filmagens e editoriais da imprensa diária mostravam a realidade de um pesadelo que consumia um país atormentado. Para a opinião conservadora e católica, os nacionalistas defendiam os valores de uma civilização cristã ameaçada pelo comunismo e pela anarquia. Nos círculos liberal e trabalhista, a República constituía a última chance de defesa da liberdade antes do inexorável avanço da reação política por todo o continente. Além do mais, a consciência do envolvimento alemão e italiano reforçou o apelo romântico de uma República sitiada pelas forças internacionais do fascismo.

Organizações e sindicatos de esquerda promoveram enormes comícios, exigindo o direito da República espanhola de comprar livremente armas para sua defesa. Mas os líderes políticos ignoraram os apelos de "Armas pela Espanha". Apesar disso, enquanto os governos se escondiam por trás da fachada da não-intervenção, comitês de ajuda começaram a se formar nas cidades e vilas das nações democráticas, recolhendo dinheiro, remédios e roupas para ajudar o sitiado povo espanhol. Enfermeiras, médicos, motoristas de ambulância e outros se ofereciam como voluntários para viajar à Espanha.[65]

Um pequeno número de estrangeiros tomou parte no combate desde o início. Muitos eram refugiados exilados, sobretudo anarquistas alemães, ou tinham viajado para participar da Olimpíada dos Trabalhadores, programada para começar em Barcelona, em 19 de julho, como alternativa aos Jogos Olímpicos de Berlim. Pequenos grupos de voluntários estrangeiros, a maioria judeus poloneses, italianos e franceses, começaram também a cruzar os Pireneus para se juntar às milícias na Catalunha ou em Aragão. Tanto o Partido Comunista francês como a CGT, o maior sindicato Francês, estavam engajados em ajudar a República de todos as formas disponíveis.[66] Além disso, um grande número de intelectuais, escritores e artistas chegava ao país para expressar sua solidariedade à causa republicana. Escritores como Ernest Hemingway, George Orwell, André Malraux, John dos Passos e muitos outros imortalizaram a catástrofe humana com suas obras. Essa luta épica também permeou o mundo do cinema, assegurando o caráter romântico e lendário da guerra. Importantes roteiristas, atores e diretores em Hollywood expressaram seu compromisso participando de inúmeras festas pró-republicanos destinadas a arrecadar recursos ou retratando a luta espanhola nas telas. Um dos partidários de Hollywood mais fotogênicos, Errol Flynn, chegou a Barcelona em março de 1937 para entregar uma carta de apoio ao governo, além de um cheque de um milhão e meio de dólares para a compra de remédios e alimentos.[67]

Demonstrações populares de solidariedade entre europeus e norte-americanos com relação à República preparada para a batalha contrastavam totalmente com a extrema cautela demonstrada pelos líderes da União Soviética durante as primeiras semanas do conflito. Certamente as prioridades de Stálin estavam na consolidação do "socialismo em um país", e não em aventuras externas. Além do mais, quando a guerra espanhola irrompeu, o pensamento do ditador soviético estava concentrado nos primeiros julgamentos-espetáculos em Moscou que anunciavam o início dos grandes expurgos. Mesmo assim, a crescente ameaça do fascismo no continente não podia ser ignorada. De fato, desde 1934 a política externa russa buscava alcançar um entendimento com as potências ocidentais, o que se baseava no medo comum do expansionismo alemão. Descartando o uso de slogans sectários da luta de classes e da revolução mundial, o apoio às Frentes Populares, pelo qual diversos partidos comunistas se tornaram parceiros da burguesia liberal contra o perigo fascista, fazia parte dessa estratégia.

A Guerra Civil Espanhola apresentava, desse modo, um dilema para Stálin. Ele não poderia consentir na destruição da Frente Popular Espanhola e na subseqüente emergência de outro Estado fascista que representaria, além do mais, o isolamento de seu aliado, a França. No entanto, uma vitória republicana que levasse a uma revolução social na Espanha poderia incentivar os Aliados a se unirem à Alemanha contra a União Soviética. Portanto, um apelo precoce que o primeiro-ministro espanhol fez à União Soviética, tendo como intermediário o embaixador russo na França, em 25 de julho, não foi atendido.[68] O Kremlin adotou de início uma posição de compaixão platônica com os republicanos, uma política restrita à cruel denúncia da agressão fascista e o recolhimento de alimentos e dinheiro por parte do movimento sindicalista soviético oficial.[69] Por isso, o NIA foi recebido por Stálin a princípio com alívio, como o melhor meio de manter o conflito localizado e, esperava ele, de cortar suprimentos estrangeiros para os nacionalistas. Essa posição moderada foi apoiada pelo otimismo de fontes do Comintern na Espanha, de que a insurreição fora contida e poderia ser sufocada.[70] Mas o contínuo escárnio do NIA, promovido pela Alemanha e pela Itália, pesando na balança militar a favor dos nacionalistas, obrigou a União Soviética a agir.

Em 7 de outubro, a delegação soviética no NIC declarou que, se as violações do NIA não cessassem imediatamente, a União Soviética se consideraria livre de suas obrigações.[71] Nesse momento, contudo, sem considerar se a reivindicação era justa ou não, a posição do Kremlin já não tinha mais volta. No final de agosto, restabeleceram-se relações diplomáticas entre a Espanha e a União Soviética, rompidas desde 1917. Marcel Rosenberg e Vladímir Antonov-Ovseenko (respectivamente embaixador em Madri e cônsul em Barcelona) controlavam grandes subdivisões diplomáticas que – o que era mais importante – incluíam número significativo de conselheiros militares. O professor de medicina socialista Marcelino Pascua, por sua vez, se tornou embaixador em Moscou.[72] Em setembro a cautela foi finalmente superada. A pátria do socialismo não poderia mais permanecer apartada dos acontecimentos na Espanha para não perder a popularidade entre as classes trabalhadoras da Europa. Garantir a sobrevivência da República (embora uma República em que o fervor revolucionário precisasse ficar restrito) passou a ser central na intenção russa de transformar a estratégia das Frentes Populares nacionais em uma aliança entre as democracias ocidentais e a União Soviética contra a agressão nazista.[73]

Em 14 de setembro, Stálin concordou em fornecer equipamento militar. Dois dias depois, a chamada "Seção X" foi criada para coordenar essa operação sob sigilo total e a supervisão da polícia secreta soviética, a NKVD. Em 4 de outubro, a primeira entrega de armas pequenas chegou a bordo do navio-tanque *Campeche*, que deixara Odessa em 26 de setembro e iniciou o fornecimento intermitente, embora constante, de equipamento soviético. Em 15 de outubro, o primeiro carregamento de grande escala soviético chegou à Espanha quando o *Komsomol* aportou em Cartagena. Entre os equipamentos mais importantes recebidos durante as semanas seguintes estavam tanques T-26, aeronaves modernas como a Polikarpov I-15 (conhecida como *Chato* ou "nariz chato"), aviões de caça Polikarpov I-16 (*Mosca*) e bombardeiros Tupolev SB-2.[74] Mas quando os abastecimentos russos começaram a chegar, em outubro, italianos e alemães já vinham fornecendo há dois meses aeronaves, todos os tipos de armamentos e destinando funcionários especializados aos nacionalistas.

As entregas soviéticas coincidiram com a decisão de organizar o envio de voluntários estrangeiros. Em 18 de setembro, um encontro secreto da liderança do Comintern em Moscou se tornou a reunião inicial para o recrutamento das chamadas Brigadas Internacionais.[75] Os partidos comunistas eram instruídos a organizar o alistamento e o transporte de indivíduos. Por razões geográficas e graças à sua influência sobre o PCE, o Partido Comunista Francês assumiu um papel crucial. André Marty, francês catalão e membro do secretariado do Comintern, com um histórico revolucionário iniciado no motim dos marujos franceses pró-soviéticos em Odessa, em abril de 1919, era o homem no comando. A segunda autoridade era o italiano comunista Luigi Longo.

As Brigadas Internacionais, contudo, não eram exclusividade dos comunistas. Elas buscavam atrair qualquer pessoa, independentemente de suas inclinações políticas, disposta a combater o fascismo. Na verdade, o questionário de alistamento não tinha o objetivo de confirmar a inclinação comunista dos candidatos, mas de descobrir suas habilidades militares e evitar a admissão de provocadores.

Uma República sitiada que resistia a uma insurreição militar apoiada pela Itália e pela Alemanha foi um apelo atraente para a convocação das Brigadas Internacionais. Seu sucesso em atrair um número assombroso de voluntários de todo o mundo para o moderno conflito armado europeu foi incomparável. Os intelectuais estiveram representados de modo significativo, mas a maioria esmagadora de voluntários era proveniente das classes operárias. Para eles, a Espanha constituía a batalha final contra a aparentemente triunfante marcha de reação na Europa. Um dos voluntários, o veterano e líder socialista Pietro Nenni, observou que, como os gregos de outrora, a participação dos brigadistas na guerra dos outros era uma luta nobre destinada a provar a validade da causa em sua própria pátria. Para muitos exilados políticos, retomar em solo estrangeiro a guerra que tinham perdido em casa proporcionava a esperança de que uma derrota do fascismo na Espanha acelerasse seu fim em seus países.[76] Realmente, o conflito espanhol parecia fornecer a chance para um único indivíduo assumir uma posição positiva. Jason Gurney, escultor de Chelsea que se uniu às Brigadas Internacionais, escreveu:

> Ou vocês se opunham ao crescimento do fascismo e o combatiam, ou consentiam seus crimes e se tornavam culpados por permitir seu crescimento. Para mim, era uma guerra de princípios, e princípios não têm fronteiras nacionais. Ao lutarmos contra o fascismo na Espanha, estaríamos combatendo o fascismo em nosso próprio país e em todos os outros.[77]

Um governo espanhol relutante, com maior capacidade de obter armas do que um efetivo estrangeiro, não sancionou a criação das Brigadas Internacionais até 22 de outubro. Mesmo assim, com bastante improviso e quase nenhum sigilo, os mecanismos para a organização de combatentes estrangeiros já estavam em atividade. Voluntários se encontravam em Paris e eram reconhecidos com facilidade na Gare du Nord e na Gare d'Orsay por motoristas de táxi simpatizantes e levados em seguida para o ponto de encontro, a Maison des Syndicats (a sede da CGT). Foram então transportados para a Espanha por terra (cruzando a fronteira, raramente importunados por funcionários da alfândega até fevereiro de 1937, quando a França, obedecendo ao NIC, introduziu uma proibição formal contra os voluntários) e congregando-se na antiga fortaleza medieval de Figueras (Girona); ou por mar de Marselha a Alicante. O destino final era Albacete, pequena cidade a cerca de 100km de Valência em direção ao interior, campo de treinamento e sede das Brigadas Internacionais. Os dois primeiros contingentes de voluntários chegaram lá quase simultaneamente, em 13 de outubro: um grupo de 700 homens vindos de Figueras, seguido de perto por mais 800 homens vindos de Alicante.[78]

No início de outubro, todos deram como certa a queda de Madri e o fim da guerra. À medida que as colunas nacionalistas continuavam a avançar, o general Mola gabava-se de que estaria no Café Molinero, na Gran Via de Madri, até 12 de outubro, aniversário do Día de la Raza (a descoberta da América por Colombo[79]). Uma mesa foi reservada em seu nome, mas ele nunca chegou. Durante semanas, a atenção mundial se concentrou no ataque contra Madri. Em outubro, o avanço lento mas constante dos nacionalistas em direção a seu objetivo parecia irrefreável. Bombardeada de forma implacável por aeroplanos e artilharia pesada, Madri sentiu de antemão o que aguardava outras capitais européias em um período de poucos anos. A situação era tão desesperadora que até o governo liderado pelo socialista Largo Caballero desde setembro abandonou a cidade em 6 de novembro em troca da segurança de Valência, deixando para atrás a Junta de Defensa chefiada pelo general José Miaja e formada por representantes de todas as forças políticas. Talentoso chefe-de-gabinete de Miaja e antigo professor de estratégia militar na Academia de Infantaria, o coronel Vicente Rojo estava encarregado de organizar a resistência armada.

No dia seguinte, a Rádio Lisboa anunciou a vitoriosa entrada do Exército de Franco em Madri. Não era verdade. Contrariando o que se esperava, as tropas insurgentes foram mantidas nos portões. Elas não combatiam mais milícias locais desorganizadas, mas toda uma cidade mobilizada no esforço de guerra. Dolores Ibarruri, famosa heroína comunista conhecida como La Pasionaria, gritava o lema "*No Pasarán*!" ("Não passarão!"), o famoso slogan francês da Primeira Guerra Mundial, que logo seria repetido por André Marty e pelo jornal comunista *El Mundo Obrero*, em sua saudação de Madri como a "Verdun da democracia".[80]

A partir do final de outubro, o general Franco ordenou pesados ataques frontais sob o comando de seu colega *africanista*, o general Varela. Foi um erro estratégico que levou a um massacre ainda maior e também inutilizou a mobilidade superior e a qualidade de suas tropas. Ele não considerou o corajoso entusiasmo do povo armado e superestimou o valor de combate das tropas mercenárias. O terreno favorecia os defensores, na medida em que o Exército da África, até o momento invencível em campo aberto, não estava habituado a barricadas e lutas de rua.[81] Além disso, a oportuna chegada da ajuda externa representou um marco. O navio espanhol *Magallanes* chegou a Cartagena com um carregamento de 20 mil rifles Remington e 20 milhões de cartuchos de 7mm vindos de Veracruz (México).[82] Em seguida vieram as armas soviéticas e as Brigadas Internacionais. Os aviões e tanques russos fizeram face ao armamento alemão e acabaram com o comando nacionalista aéreo. Pela primeira vez, multidões entusiasmadas olhavam para o céu enquanto aeronaves soviéticas travavam combate com italianos e alemães.

Em 7 de novembro, tropas mouriscas penetraram as defesas da República por meio da Casa de Campo, a enorme floresta na fronteira ocidental de Madri, mas não alcançaram o centro da cidade. Na manhã seguinte, Varela lançou seu poderoso ataque. Os quatro primeiros batalhões de voluntários estrangeiros se juntaram rapidamente à 11ª Brigada Internacional e correram para a frente de batalha. Embora composta somente por cerca de dois mil homens, sua presença foi um incentivo formidável para o moral popular. Essa força insuficiente, que constituía apenas 5% de todo o Exército Republicano, não pôde decidir o resultado no campo de batalha, mas teve imenso impacto psicológico. Quando marchou pelas principais ruas de Madri, foi recebida com gritos de "Viva os russos!". Na verdade, eles não eram russos, mas (de modo irônico) alemães, o que pouco importava para uma cidade sitiada que percebia não estar mais sozinha naquela situação.[83]

Até 13 de novembro, uma segunda brigada, a 12ª, com cerca de 1.500 voluntários estrangeiros, tomou parte no contra-ataque da fronteira sul da cidade para impedir as tentativas nacionalistas de cortar as linhas de comunicação de Madri. Nesse dia, uma coluna de anarquistas catalães, liderada pelo lendário Buenaventura Durruti, chegou a Madri. Dois dias depois, as tropas de Varela lançaram uma nova ofensiva de suas posições na Casa de Campo, cruzando o rio Manzanares em direção à Cidade Universitária. Seguiram-se dias de combate corpo a corpo em todos os andares e salas de conferências da universidade. As perdas foram enormes em ambos os campos, mas a ofensiva nacionalista parou gradualmente. Durruti caiu morto, provavelmente pelo disparo acidental de sua própria arma. Em 23 de novembro, em um terrível encontro, Franco suspendeu o ataque frontal. Madri resistira à poderosa investida e garantira a continuidade da guerra.[84] A cidade, contudo, permaneceu sitiada, e a população teve de suportar constantes bombardeios aéreos e de artilharia. Uma horrível sensação de medo e impotência foi relatada por um dos correspondentes estrangeiros:

> Raios de luzes cruzavam e ficavam parados. Perto de mim, um grito: Lá estão eles! Sim, lá estão eles, cinco aeronaves aprisionadas nos ângulos de luz de 20 refletores republicanos. ... Uma série de explosões, os fascistas lançaram suas primeiras bombas. A artilharia antiaérea republicana começou o tiroteio com um zunido e chamas formando múltiplos pontos, seguidos pelo nítido som de granadas estourando. ... O espetáculo dura dez minutos; e depois só restam o silêncio e a escuridão, por fim. Por fim? Quarenta casas destruídas, 28 homens, mulheres e crianças mortos, 84 feridos. Objetivo militar? As casas eram habitadas por cidadãos inofensivos, não fabricantes de munições. ... A vida e a morte andam próximas na Espanha.[85]

A GUERRA CIVIL EUROPÉIA

Com uma carência de efetivo e enfrentando agora um inimigo mais bem equipado, desapareceram as esperanças nacionalistas de conquistar rapidamente a capital e concluir a guerra. De fato, o impasse em Madri foi um sério golpe para eles. Com suas tropas de elite paralisadas e incapacitadas gravemente pelas baixas, os insurgentes chegaram a contemplar a derrota.[86] Até o momento, sua força superior estava nas linhas de frente, com a habilidade do Exército da África em derrubar seus desorganizados oponentes antes que pudessem resistir. Em grande medida, a ajuda vital mas relativamente pequena recebida do Eixo deveria ter garantido esse resultado. No entanto, a defesa bem-sucedida da capital espanhola deu um fim repentino a esse plano.

Durante os meses seguintes, o enorme aumento na ajuda externa para esses lados transformou a questão espanhola em verdadeira guerra civil européia, em que tropas do mesmo país se encontraram muitas vezes lutando em campos diferentes, o que ocorria enquanto os diplomatas no NIC trocavam acusações e negavam a terrível realidade. O próprio Blum, ciente da impotência do NIC, foi conivente com o contrabando de armamentos na fronteira dos Pireneus, a chamada *Non-Intervention Rêlâchée* (não-intervenção distendida).[87] De fato, o governo francês apresentava um quadro paradoxal, já que parte do governo buscava romper o embargo de armas que outros ministros se empenhavam em cumprir. Assim, Jules Moch colaborou com Jean

Moulin, o futuro herói da resistência (assistente do entusiasmado pró-republicano Cot) e com Gaston Cousin, o chefe da alfândega (escolhido a dedo para esse trabalho pelo ministro das Finanças Auriol), para supervisionar o transporte de equipamentos pela fronteira.[88] Quando Blum se demitiu, em junho de 1937, concordou em trabalhar como vice-premier no novo governo do radical Camille Chautemps, contanto que os acordos continuassem em andamento.[89] No entanto, apesar de todos os esforços, somente algumas armas foram contrabandeadas, e o esforço de guerra republicano continuou a depender sobretudo da chegada de navios mercantes carregados de equipamento militar soviético. O fluxo de voluntários estrangeiros não foi abalado, chegando a um ápice de cerca de 800 por semana durante os primeiros meses de 1937.

Em função dessas novas circunstâncias, Franco pediu mais uma vez ajuda a seus amigos alemães e italianos, que, como no verão de 1936, deram uma resposta positiva crucial. Cientes da ineficácia do NIC, a Alemanha e a Itália abandonaram a prudência anterior, reconhecendo oficialmente os insurgentes como o governo legítimo da Espanha em 18 de novembro de 1936 e comprometendo forças suficientes para garantir uma vitória nacionalista definitiva. Os ditadores tinham traçado um caminho sem volta, na medida em que o prestígio deles estava agora irrevogavelmente ligado ao destino de Franco.

Hitler já concordara, no final de outubro, em despachar reforços significativos para impedir a ajuda soviética.[90] Eles consistiam em um esquadrão permanente de cerca de cinco mil tropas alemãs e 140 aeronaves, a chamada Legião Condor, a melhor força aérea do período. Subordinada ao comando espanhol, mas liderada no campo por comandantes alemães, ela incluía armas antiaéreas, tanques, bombardeiros e os esquadrões de caça mais modernos do arsenal nazista. Em novembro, os primeiros reforços começaram a atuar no teatro de operações de Madri. Eles seriam essenciais na superioridade aérea decisiva e no treinamento de muitos dos oficiais. Suas atividades também permitiram à Alemanha testar sua devastadora máquina de guerra, pronta para a eclosão de um conflito maior na Europa. Mas em 1936 Hitler ainda não estava preparado para assustar os Aliados com seu envolvimento excessivo. Deste modo, ficou satisfeito em deixar a Itália assumir o esforço militar na Espanha.[91]

Em 28 de novembro de 1936 a Itália fascista assinou um acordo secreto com a Espanha nacionalista, confirmando sua solidariedade na luta comum contra o comunismo e a colaboração no Mediterrâneo. Cada lado prometeu ao outro uma atitude de neutralidade benevolente se um deles entrasse em guerra.[92] No início de dezembro, Mussolini, em uma reunião com representantes das Forças Armadas na qual o almirante Canaris estava presente, anunciou sua decisão de aumentar expressivamente a ajuda à Espanha nacionalista.[93] Em 18 de dezembro, os primeiros três mil integrantes do chamado Corpo di Truppe Volontarie (CTV) deixaram a Itália. Até março de 1937, quase 50 mil soldados italianos lutavam na Espanha; estavam organizados em divisões mecanizadas, com um contingente permanente de 300 aeronaves (La Aviazione Legionaria). A atividade naval da Itália também cresceu de forma constante, com 13 cruzadores e 22 destróieres, que faziam a escolta de navios mercantes. Em duas ocasiões, navios italianos realizaram bombardeios no litoral, e 42 submarinos estavam ativos longe da costa espanhola, atacando as naves republicanas.[94]

Franco, no entanto, não ficou de todo satisfeito. Novas tropas e, acima de tudo, equipamentos militares vitais para manter o esforço de guerra nacionalista eram certamente bem-vindos. Ainda assim, ele precisava aceitar o caráter autônomo das forças italianas, que tinham suas próprias companhias e oficiais, e estavam sob o comando do general Mario Roatta. Impaciente com o lento progresso da guerra, Mussolini queria garantir uma vitória rápida, a qualquer custo, ao buscar uma estratégia mais vigorosa que pareceria inacreditável para os generais nacionalistas. Além disso, o *Duce* sentiu que era necessária uma ação decisiva nesse estágio, antes que o NIC introduzisse medidas significativas contra o envolvimento externo na Espanha.[95]

Após a Batalha de Madri, um aumento significativo de armamentos e efetivos transformou antigos confrontos localizados, com forças pequenas e mal armadas, em choques militares muito maiores, nos quais aviões, artilharia e tanques assumiram papel importante. Depois de suspender a ofensiva contra a capital, os nacionalistas tentaram cercar e arrasar o Exército Republicano durante os três meses seguintes. Na metade de dezembro, uma nova operação começou a nordeste de Madri, na direção da estrada de La Coruña. Ela coincidiu com outro avanço nacionalista no sul, perto de Córdoba. Representavam os primeiros confrontos importantes em campo aberto com a participação de contingentes significativos e armamentos estrangeiros em ambos os lados. Mas os nacionalistas só conseguiram tomar alguns quilômetros de terra e não puseram fim ao impasse militar. Os poetas ingleses Ralph Fox e John Cornford foram algumas das vítimas na frente sul.[96]

A ofensiva nacionalista seguinte foi ainda mais impetuosa, no sudeste da capital, destinada a assolar o vale do rio Jarama e cortar o caminho vital para Valência. O ataque começou em 6 de fevereiro de 1937. Nos primeiros dias, as tropas rebeldes conseguiram cruzar o rio, mas logo uma resistência republicana mais firme reduziu seu avanço. Cerca de 40 mil combatentes se reuniram nos dois campos, reforçados com tanques, aviões e artilharia, e travaram então uma batalha brutal. Apoiados pela Legião Condor, mouriscos e legionários conduziram a arremetida nacionalista, enquanto a República mobilizou suas melhores unidades (inclusive as já experientes em combate 11ª e 12ª Brigadas Internacionais, a 14ª, dominada pelos franceses, e a recém-formada 15ª, que unia os batalhões britânicos e o norte-americano Lincoln). O número de vítimas dos dois lados foi terrível: cerca de 45 mil baixas (25 mil republicanos e 20 mil nacionalistas).

Os voluntários britânicos e norte-americanos foram derrotados de modo muito violento, ao resistirem em um declive que ficou conhecido como Suicide Hill (Colina do Suicídio). Dos 550 membros do batalhão britânico, quase 400 morreram nos dois primeiros dias de combate. Os Lincoln perderam 127 homens, e mais de 200 ficaram feridos, inclusive o comandante Hale Merriman, em sua primeira grande ação, o bravo contra-ataque em 27 de fevereiro. Os brigadistas nunca se esqueceriam de seus feitos heróicos, dos companheiros mortos, e comemoraram a batalha de Jarama com a música de tom lamurioso "Red River Valley".[97] Jason Gurney escreveu:

> O efeito daquele feroz agrupamento moreno [os mouriscos] surgindo de repente tão perto era bem desmoralizante. ... Era uma terrível oposição a ser enfrentada por uma turma de homens criados na cidade sem experiência alguma de guerra, nenhuma idéia de como conseguir proteção em uma encosta aberta, nenhuma competência como atiradores. Ficávamos assustados pelo mero barulho da batalha e pelo número de baixas. ... Só mais tarde me dei conta do

horror de ver amigos e companheiros próximos sendo assassinados e feridos. Era tudo muito fantástico para uma apreensão imediata, como num pesadelo.[98]

A República pagou um preço alto, porém poderia considerar Jarama uma vitória moral, por ter impedido os nacionalistas de chegar à estrada de Valência e ter resistido pela primeira vez em uma grande batalha em campo aberto.[99]

Embora a última ofensiva tivesse sido detida, os planos nacionalistas de conquistar Madri e acabar com a guerra permaneceram inalterados. Um novo ataque teve início em 8 de março, em direção a Guadalajara, a nordeste da capital. O objetivo era formar um movimento de estratégia em forma de pinça com as forças nacionalistas em Jarama e cercar Madri. As unidades CTV italianas estavam no centro da operação. Responsáveis por um constante aumento no efetivo e em armamentos, os italianos já haviam desempenhado papel crucial na conquista da importante cidade portuária de Málaga, no início de fevereiro. Cercada pelos três lados, com pouco equipamento estrangeiro e o abastecimento interrompido pela inundação das estradas, Málaga não conseguiria resistir ao ataque final iniciado com determinação em 3 de fevereiro. Mais de dez mil soldados italianos participaram, colaborando com o Exército Nacionalista do Sul. A estratégia italiana de *guerra celere*, ou "guerra rápida", baseada em um poderoso ataque de tanques e caminhões blindados com cobertura da Força Aérea, ultrapassou com facilidade as linhas republicanas.[100] Um cenário terrível se seguiu à queda da cidade, em 8 de fevereiro, quando multidões de refugiados tentavam escapar ao mesmo tempo que eram metralhados pela força aérea.

Extremamente confiante com seu sucesso em Málaga, o CTV tentou então repetir a *guerra celere* na Espanha central. Mussolini tinha esperança de que a nova ofensiva levasse à queda de Madri e, em conseqüência, à espetacular conclusão de sua aventura espanhola. Em 8 de março, cerca de 35 mil italianos apoiados por dez mil espanhóis começaram sua investida em direção a Guadalajara, mas, após três dias de avanços constantes, o mau tempo começou a atrapalhar a operação, e a ofensiva perdeu sua força. As colunas motorizadas ficaram atoladas em estradas escorregadias e lamacentas, enquanto a neblina reteve os aviões. Roatta argumentaria que a liderança nacionalista sabotou sua operação. Evidentemente, Franco não poderia ficar totalmente entusiasmado com a conclusão da guerra por cortesia de uma assombrosa vitória italiana.[101] Na verdade, os nacionalistas não conseguiram renovar sua ofensiva do outro lado da estratégia de pinça, a frente de Jarama. Desse modo, os republicanos poderiam concentrar suas reservas em Guadalajara e lançar um poderoso contra-ataque apoiado por aviões e tanques soviéticos.

Uma guerra civil dentro da Guerra Civil surgiu quando a força expedicionária italiana entrou em choque com voluntários italianos do Batalhão Garibaldi. O moral já baixo da CTV foi fatalmente destruído quando os brigadistas italianos recorreram a megafones para pedir a seus conterrâneos que desistissem. Até 18 de março, a ofensiva terminou com a retirada da CTV.[102] Depois do contratempo em Guadalajara, os nacionalistas tiveram de desistir do plano de conquistar Madri. No entanto, com o prestígio agora em risco, o vanglorioso *Duce* se comprometeu ainda mais com a aventura espanhola. Ele teve de reconhecer que ela levaria mais tempo e seria mais cara que o previsto. A partir de então, Franco dominaria a cena, com os italianos efetivamente sob o comando nacionalista.[103]

A CONTAGEM FINAL

A resposta internacional das chancelarias européias aos apelos de ambos os campos combatentes se mostrou crucial na determinação do curso e do resultado do conflito.[104] A assistência militar fornecida pelas ditaduras fascistas resgatou um golpe militar fracassado do potencial esquecimento e permitiu em seguida que os nacionalistas tomassem a iniciativa, conquistando grandes parcelas do território em sua bem-sucedida marcha para Madri. A presença de equipamento soviético e a chegada de voluntários estrangeiros foram essenciais para salvar a capital e prolongar a guerra. O subseqüente aumento significativo na ajuda recebida por ambos os lados resultou na intensificação do combate e produziu um impasse militar até a primavera de 1937, impasse que, no entanto, não durou muito.

A incapacidade cada vez maior – se não a relutância – do NIC em controlar o envolvimento de alguns de seus integrantes com o conflito na Espanha selou o destino da República. Encorajados pelo que viam como uma fraqueza das democracias ocidentais, os ditadores decidiram tentar a sorte com os nacionalistas. A ajuda concedida aos republicanos nunca poderia se equiparar à assistência recebida pelos nacionalistas. Como Alvarez del Vayo escreveu:

> A não-intervenção era uma farsa monstruosa e deliberada e a principal causa do colapso da República. ... Seria difícil conceber violação maior dos direitos de um Estado soberano que o plano da NI. Ele colocava o governo republicano em pé de igualdade com os generais rebeldes. ... Mas a República não se recusou a cooperar. Não queríamos o impossível. Não exigimos uma assistência armada. Só pedimos um acordo estrito com a política da NI a que a Grã-Bretanha e a França nos submeteram. ... Mas, enquanto Eden declarava na Câmara dos Comuns que a Espanha deveria ser deixada para os espanhóis, as divisões italianas e os "técnicos" alemães avançavam em território espanhol e, nos portos rebeldes, o equipamento de guerra de Hamburgo e Gênova era descarregado de dia e de noite.[105]

De fato, o embargo imposto pelo NIC, posteriormente não colocado em vigência, deixou a República em clara desvantagem. Enquanto os nacionalistas não viam dificuldades em receber armas das ditaduras européias, o governo da Espanha, eleito de forma legítima, encontrou os mercados de armas internacionais fechados e foi forçado a recorrer ao mercado negro. As reservas de ouro mantidas em cofres do Banco da Espanha, o maior trunfo da República, tiveram então de ser enviadas para o exterior e vendidas, a fim de financiar o esforço de guerra. Sem seu ouro, a República estaria condenada. Durante os primeiros meses do conflito, com o conhecimento do gabinete de Blum, o Banco da França adquiriu pelo menos 26,5% das reservas totais de ouro, e a embaixada espanhola na França não foi importunada por ser o centro de uma grande operação de compra de armas em segredo.

Em outubro de 1936, diante de uma situação desesperadora no campo de batalha, o governo republicano decidiu enviar a carga do ouro remanescente de Cartagena (onde estava depois de ter sido retirado de Madri com segurança) para a União Soviética. Durante o mês de novembro, chegaram a Odessa 460 carregamentos de ouro, representando cinco toneladas (ou cerca de 518 milhões de dólares). A chegada iminente de uma ajuda significativa da Rússia, somada às dificuldades com os bancos ocidentais, que atrasavam as transferências de recursos para que agentes e diplomatas da República comprassem material de guerra, convenceu os líderes republicanos a fazer essa tentativa. A moeda equivalente ao ouro, vendida ao Banco Estatal da URSS – que não tinha como objetivo o pagamento dos fornecimentos soviéticos –, foi transferida para o Banque Commerciale de l'Europe du Nord, um banco soviético em Paris, e usada para financiar operações internacionais de aquisição de armas.[106]

Em contrapartida, os nacionalistas obtiveram suas provisões a crédito. Eles contavam com entregas de petróleo das principais empresas anglo-americanas: Texaco, Shell, Standard Oil e Atlantic Refining Oil. Sem elas, suas campanhas teriam cessado em questão de dias.[107] À medida que a guerra se prolongava, a elevada dívida com as potências fascistas continuava a aumentar. No total, Hitler gastaria 215 milhões de dólares na aventura espanhola, enquanto Mussolini teria um gasto de 354 milhões.[108] A maioria seria restituída mediante acordos comerciais na forma de matéria-prima. Nesse aspecto, a ajuda italiana foi extremamente generosa, ao passo que a Alemanha buscava tirar vantagem para garantir uma satisfação econômica vital.

Duas empresas – a Hisma, na ponta espanhola, e a Rowak, como sua equivalente alemã, criadas respectivamente em julho e outubro de 1936 – monopolizaram toda a relação comercial entre os dois países. Esse acordo garantiu uma penetração sem precedentes da influência alemã na economia espanhola. Matérias-primas cruciais (pirita, ferro, cobre, zinco, estanho e níquel) foram adquiridas e distribuídas entre empresas alemães, à medida que o programa de rearmamento de Hitler tinha êxito. Göring, líder nazista nomeado com a incumbência de preparar a economia para a guerra no Plano Quatrienal, ficou por fim encarregado da operação. A predominância econômica crescente da Alemanha na Espanha nacionalista foi então confirmada com a assinatura dos protocolos de julho de 1937, não só assegurando o constante fornecimento de matéria-prima como forma de garantia e o pagamento parcial da dívida, como também concedendo à Alemanha a autorização de comprar direitos de mineração no território espanhol.[109]

Sem uma indústria de armas substancial, os dois lados em conflito tornavam-se muito dependentes do apoio militar estrangeiro para manter seu esforço de guerra. Em conseqüência, a grande diferença entre quantidade, qualidade e regularidade da ajuda internacional foi básica para explicar o resultado final da guerra. A República contava principalmente com provisões soviéticas e com o fluxo, menos confiável, de contrabando e do mercado negro. Desse modo, uma variedade de armas vinha de países como México, Tchecoslováquia, Polônia e Estônia. Navios mercantes carregados de equipamento militar deixaram a Rússia para fazer entregas nos portos espanhóis, em 52 viagens, de 623 aeronaves, 331 tanques, 60 carros blindados, 302 canhões, 64 armas antiaéreas, 427 armas antitanque, 15.008 metralhadoras e 379.645 rifles. A França era a segunda principal fornecedora de aviões, tendo contrabandeado 237 aeronaves para a Espanha. No entanto, somente 69 dos aviões eram militares e a maioria não estava armada.[110]

Os nacionalistas obtiveram seu armamento sobretudo das potências do Eixo. A Itália estava em guerra total com a República. Sua contribuição incluiu 759 aeronaves, 1.808 canhões, 3.436 metralhadoras, 157 tanques, 7.400 veículos motorizados, 1.426 morteiros, 7,7 milhões de cápsulas e 320 milhões de cartuchos de armas menores. A Alemanha enviou 737 canhões, 3.026 metralhadoras e 207.306 rifles. Além disso, a Legião Condor consistia em armas antiaéreas, 111 tanques Panzer e 708 aviões que incluíam os bombardeiros e aviões de combate mais modernos do arsenal alemão, tal como o Junker 87B "*Stuka*" e o Messerschmitt 109. Hitler, anos depois, comentaria com escárnio como os nacionalistas se referiram a uma intervenção divina quando deveriam ter percebido que eram as bombas da Legião Condor, lançadas dos céus, que haviam decidido a questão. Segundo ele, "Franco deveria erguer um monumento à glória do Junker 52, já que sua vitória foi graças a este avião".[111]

Em termos de efetivo, a disparidade também foi drasticamente favorável aos nacionalistas. Cerca de 35 mil voluntários de 54 países diferentes se uniram às Brigadas Internacionais. Além disso, cerca de 2.100 conselheiros militares, pilotos, técnicos e agentes secretos da União Soviética serviram na Espanha. Supostamente, Stálin, sem oportunidade de envolver a URSS em uma guerra geral, instruiu seus oficiais a ficarem fora do alcance da artilharia.[112] Oitenta mil italianos da CTV, cerca de 19 mil alemães na Legião Condor, os 10 mil *viriatos* portugueses e cerca de 70 mil mouriscos lutaram com os exércitos de Franco.

Para não levantar novas objeções no NIC, os ditadores fascistas camuflaram suas tropas como voluntários que combatiam o "bolchevismo". Mas, como os líderes italianos e a imprensa não paravam de se vangloriar dos feitos de seus cidadãos, todos sabiam da falsidade da desculpa. O número de voluntários autênticos a se unirem ao campo nacionalista era bem pequeno, uma mistura que contava com cerca de 15 monarquistas, fascistas e católicos de diferentes países. Entre eles estavam 600 irlandeses camisas azuis liderados por Eoin O'Duffy, algumas centenas de monarquistas franceses, mais de 100 russos brancos refugiados políticos e um pequeno número de ingleses e fascistas romenos. Em sua maioria, serviram na Legião Estrangeira Espanhola e não tiveram papel significativo no campo de batalha.[113] As tropas provenientes da Alemanha eram formadas por soldados profissionais, reabastecidas e equipadas constantemente com o melhor material militar disponível. Os mouros, juntamente com a Legião Estrangeira, constituíam as unidades de elite nacionalistas e eram mercenários que se uniram ao Exército de Franco para escapar da miséria.[114] No caso da Itália, 43% de seus soldados na Espanha faziam parte do Exército regular, alguns até eram importantes generais e oficiais do Alto Comando. Outros eram membros da milícia camisas negras, ou camisas pretas. A decepção serviu em alguns casos para atrair voluntários. Mas a maioria era fascista por convicção ou fora atraída por altos pagamentos, já que grande percentagem deles vinha de regiões do sul da Itália, que vivia naquele momento uma fase de depressão econômica.[115]

Em contraposição, as Brigadas Internacionais eram compostas por civis, que precisavam ser armados, treinados e alimentados por uma República sitiada. A acusação de que "o Exército do Comintern" era uma força profissional de comunistas fanáticos e profissionais revolucionários não é comprovada pela realidade. De fato, alguns deles poderiam ser aventureiros, mas a maioria era formada por idealistas e civis praticamente sem conhecimento algum de combate militar. Além disso, não eram mercenários, mas recebiam a insignificante quantia de dez pesetas por dia, o mesmo que qualquer soldado espanhol.[116]

Robert Hale Merriman, economista estudioso de questões agrárias e professor na Universidade da Califórnia que comandava o Batalhão Lincoln, chamava as Brigadas Internacionais de "Guerra Pura", porque os voluntários estavam ali por pura automotivação, não porque tivessem sido forçados ou pagos para lutar.[117] Ao contrário dos italianos ou alemães, munidos do melhor armamento disponível, os integrantes das Brigadas lutavam com rifles emperrados e armas obsoletas, como se pode ler em seus relatos. A bravura deles em combate significava que, em quase todas as grandes batalhas, geralmente estavam nos locais mais perigosos, assumindo o papel das tropas de choque da República. Eles receberam status oficial em setembro de 1937 e se tornaram a contraparte da Legião Estrangeira Nacionalista. No entanto, até aquele momento, o alto número de baixas fez com que as Brigadas Internacionais passassem a ser formadas por muitos voluntários espanhóis.

A maioria dos oficiais e comissários políticos era comunista, e o Comintern controlava os canais de recrutamento e mobilização. Mas as Brigadas Internacionais nunca tomaram parte em nenhuma das rixas internas ao campo republicano. A promoção ocorria em função do mérito no campo de batalha, e não de lealdades ideológicas. Não houve tentativas de persuadir os combatentes a aderir ao Partido Comunista. Pelo contrário, o pluralismo político foi encorajado para demonstrar que os membros das Brigadas eram exemplos vivos do Exército da Frente Popular.[118]

Finalmente, ao contrário da confiabilidade das rotas de fornecimento do campo nacionalista, que eram protegidas por tropas alemães e italianas, a longa distância entre a União Soviética e a Espanha dificultava e atrasava as entregas. O abastecimento vindo do sul da Rússia se tornou ainda mais arriscado quando aviões e submarinos italianos intervieram com vigor, atacando e afundando vários navios que carregavam provisões militares ou de alimentos vitais para a República através do Mediterrâneo. Depois que afundaram o *Komsomol*, em dezembro de 1936, a já pequena frota mercantil russa começou a reduzir suas atividades, deixando o transporte de mercadorias sobretudo nas mãos dos republicanos ou de barcos neutros. Finalmente, como a rota mediterrânea se tornou muito perigosa, as armas russas tiveram de ser despachadas de Murmansk para portos franceses do Atlântico e, em seguida, contrabandeadas para a Espanha através da fronteira.

Além disso, ao contrário dos nacionalistas, que sempre podiam obter suas provisões de imediato e quando solicitassem, o embargo diplomático obrigou a República a cooperar no mercado negro de armas. Para piorar, muitas dessas atividades foram sabotadas ou denunciadas pelo corpo diplomático espanhol, que, em sua maioria, desertou para o lado dos rebeldes.[119] Em conseqüência, aquisições de fontes tão diversas resultaram em entregas irregulares, com tipos de armamentos diferentes ou mesmo incompatíveis as provisões, os acessórios e os caros equipamentos obsoletos provenientes de traficantes particulares de armas. Na verdade, apesar da abundância de ouro, os agentes responsáveis pelas compras deparavam com uma série de intrigas e fraudes, e foram forçados a subornar intermediários e aventureiros, além de pagar preços inflacionados por equipamentos inúteis onde quer que fossem.

A Polônia, a segunda maior fornecedora de armas para a República, vendeu 100 mil rifles, 180 milhões de cartuchos, 11.123 metralhadoras leves e 294 peças de artilharia, mas nem todas as armas foram entregues, e as que conseguiram chegar estavam em péssimo estado. Até a União Soviética participou dessa prática fraudulenta. Com exceção da excelente qualidade de aviões e tanques, e 150 metralhadoras leves Degtyarev, as outras armas eram obsoletas, algumas datavam do século XIX. Além disso, como burlavam as taxas de câmbio, os russos cobraram 25% a mais que o preço normal pelas armas. Considerando o crédito e os empréstimos que nunca foram restituídos, Stálin, contudo, não obteve qualquer ganho econômico com a Guerra Civil Espanhola.[120]

A conclusão possível, considerando-se essa análise comparativa da decisiva ajuda internacional recebida pelos dois campos em choque, na verdade, é como foi extraordinário a República, diante de tal adversidade, continuar lutando por tanto tempo, como aconteceu.

4

APOCALIPSE NA ESPANHA DE 1936

Meu caro Magnin, somos ... envenenados por dois ou três mitos bastante perigosos. Primeiro, o francês: O Povo ... protagonizou a Revolução Francesa. ... No entanto, a partir do fato de que 100 forcados podem derrotar 20 mosquetes, não se pode deduzir que dez armas de caça possam derrotar um avião. A Revolução Russa complicou tudo ainda mais. ... Os czaristas não tinham aviões nem tanques, e os revolucionários tinham suas barricadas. ... A Espanha está hoje repleta de barricadas contra a aviação de Franco. ... Nas janelas, Magnin, ouvimos o apocalipse da fraternidade. ... É uma das coisas mais impressionantes no mundo, e não é vista com freqüência, mas teve de ser transformada na dor da morte. ... O perigo é que todos carreguem dentro de si um apocalipse, ... e na guerra isso leva a uma determinada derrota, já que o apocalipse não tem futuro. ... Nossa modesta tarefa, Magnin, é organizar o apocalipse.[1]

A SUTIL ARTE DA CONSPIRAÇÃO

O primeiro de muitos mitos em torno da Guerra Civil Espanhola foi fabricado mesmo antes da insurreição militar: a idéia de que os generais tinham de impedir uma iminente trama comunista. Quatro documentos secretos descobertos de forma milagrosa na primavera de 1936, curiosamente chamados por seus autores supostamente revolucionários de "o movimento subversivo", revelaram as maquinações de Moscou e de seus aliados na Espanha. De acordo com esses documentos, o Comintern e os agentes soviéticos tinham organizado, em conluio com a ala esquerdista francesa e espanhola, um golpe que aconteceria entre 11 de maio e 29 de junho de 1936. Contando com uma milícia de ataque armado e com a chamada "milícia de resistência" respectivamente de 150 mil e 100 mil homens, de acordo com essas fontes, os revolucionários planejavam derrubar o governo da Frente Popular em vigor e substituí-lo por outro, presidido por Largo Caballero.[2]

Depois de examinados, esses documentos parecem não passar de uma compilação de fatos absurdos em conflito claro com o cenário político nacional e internacional.[3] Ao mesmo tempo que Moscou buscava uma reaproximação com as potências ocidentais e o Comintern adotava a estratégia da Frente Popular, supostamente se tramava um golpe revolucionário contra esse mesmo governo na Espanha. A parte espanhola na conspiração era inverossímil e beirava até o absurdo: contaria com os esforços de aliados improváveis e de forças que eles poderiam preparar para o ataque. Desse modo, os comunistas espanhóis colaboravam com as facções socialistas rivais, dissidentes anarco-sindicalistas (como Angel Pestaña) e importantes membros da FAI (como García Oliver) para levar

Largo Caballero ao poder. A fim de realizar a tarefa, os revolucionários tinham a sua disposição mil milícias treinadas e bem armadas.

Os documentos nem mesmo eram secretos. Em maio, eles foram publicados e ridicularizados no *Claridad*, porta-voz de Largo em Madri.[4] No entanto, muitos círculos de direita acreditaram nesse fantástico subterfúgio. Para eles, todas as alas espanholas de esquerda, independentemente de ideologias e estratégias, eram apenas "comunistas". Com mensagens apocalípticas constantemente publicadas pela imprensa de direita, era fácil dar a idéia de que esses homens trabalhavam juntos, sob o comando de Largo, para construir uma Espanha soviética. Portanto, os documentos representavam uma arma bastante valiosa. Eles foram produzidos na primavera de 1936 como mecanismo de conflito psicológico para influenciar a casta militar e a receosa burguesia e prepará-los para aceitar um golpe contra-revolucionário.[5]

Por trás da fachada de liderar um ataque contra a "ameaça vermelha", os insurgentes não só mobilizaram seus assustados eleitores como também alteraram a realidade.[6] Com a lei marcial decretada, os defensores da legalidade republicana foram acusados de rebelião. Os oficiais conspiradores não eram mais traidores do regime ao qual juraram lealdade, mas cavalheiros de um movimento patriota para salvar o país. A falácia foi difundida por apologistas estrangeiros e, após 1939, perpetuada pela máquina de propaganda da nova ordem. Desse modo, as crianças aprenderiam na escola que o país nunca passara pela cruel experiência de uma guerra civil, mas que, após uma épica e gloriosa cruzada, a Espanha foi libertada da opressão demoníaca de hereges, comunistas e separatistas – todos presentes na folha de pagamento de Moscou.

A tese da conspiração comunista foi uma terrível maquinação. Apesar de toda a retórica revolucionária, em 1936 a facção socialista liderada por Largo nunca tramou um levante contra o governo. Mesmo os anarco-sindicalistas, depois de terem pago alto preço por sua "ginástica revolucionária" dos anos anteriores, pareciam ter abandonado o caminho da insurreição. Os comunistas não só eram poucos em número, mas tinham abrandado sua estratégia radical, passando a adotar uma tendência moderada. A única característica que permanecia na esquerda espanhola eram suas profundas divisões. Nenhuma das facções possuía milhares de tropas de choque bem treinadas e armadas.

Na verdade, era exatamente a falta de armas que afligia os defensores da República desde os primeiros dias da revolta militar.

A distorção óbvia da realidade prejudicou a causa republicana porque amplos setores da opinião pública, com medo da "ameaça comunista", passaram a acreditar nessas mentiras. Mesmo assim, o propósito nobre alegado pelos militares, de serem forçados a restaurar a ordem pública colocada em risco, era uma falácia. A violência da primavera de 1936 foi menor que a do período de 1919-23, durante a Monarquia da Restauração. Além disso, não foram só os grupos de esquerda que se engajaram em atividades de terror: pelotões de direita estavam por trás de muitas das atrocidades. O assassinato simbólico de Calvo Sotelo foi, no máximo, uma desculpa para justificar o levante, mas definitivamente não foi sua causa. Na época de sua morte, o *Dragon Rapide*, avião seqüestrado pelos agentes da insurreição em Londres para levar o general Franco a Marrocos, já tinha pousado em Casablanca.[7]

De fato, existia somente uma conspiração em 1936, a composta por integrantes das Forças Armadas. O chamado "movimento nacional glorioso" não buscava impedir uma tomada de poder revolucionária, mas restaurar o domínio político e social das classes governantes tradicionais.[8] O golpe foi planejado com cuidado, após a derrota eleitoral da direita em fevereiro de 1936, para impedir o novo governo de introduzir reformas sociais e econômicas de longo alcance. Como o caminho legalista estava impedido pelo fiasco eleitoral da Ceda, a única alternativa era destruir a democracia pela força.

A MORTE DA "TERCEIRA ESPANHA"

Seria um erro examinar o fatídico julho de 1936 simplesmente como o momento em que um país polarizado decidiu acertar suas diferenças por meios militares. Apesar dos níveis inegáveis de radicalismo vigentes na Espanha dos anos 1930, uma grande maioria de espanhóis esperava que as questões de discórdia enfrentadas pelo país pudessem ser resolvidas de forma pacífica. Na verdade, apesar das divisões políticas, somente uma minoria endurecida estava preparada para impor sua opinião com sangue e fogo. Uma grande multidão, que pode ser definida como "Terceira Espanha", muitas vezes ignorada pela sua passividade, foi arrastada para a guerra por medo ou repugnância.[9] Para grande parte dessas pessoas, a adesão a um lado ou a outro na guerra dependia principalmente da geografia.

Com sua insurreição, contudo, os oficiais rebeldes permitiram a eclosão de ódios sociais inatos e antagonismos políticos que se haviam acumulado durante gerações. Assim que o primeiro sangue foi derramado nas ruas, extremistas e radicais de ambos os lados foram catapultados para a vanguarda. Antigos ressentimentos aproveitaram a oportunidade de uma solução violenta. A Espanha entrou em uma longa e obscura era de morte e sectarismo partidário. A tragédia do país não terminaria com os três anos de sangue fratricida derramado nos campos de batalha. *Post-bellum*, os vencedores liderados pelo general Franco perpetuaram a atmosfera da Guerra Civil, desfrutaram do espólio da vitória e passaram a reescrever a história. A outra metade do país enfrentaria décadas de exílio, repressão e silêncio. Só 40 anos depois, a Terceira Espanha, do diálogo e do compromisso, teria chance de ser ouvida novamente.

A SORTE ESTÁ LANÇADA!

Em nenhum momento os insurgentes imaginaram uma guerra civil prolongada. Na verdade, estavam confiantes de que, num país com firme tradição de *pronunciamientos* militares, sua rebelião levaria a uma tomada de poder relativamente rápida. O papel passivo inicialmente atribuído ao crucial Exército da África pelo general Mola, diretor da rebelião, em suas instruções secretas de maio de 1936, ilustra a confiança da hierarquia nacionalista.[10] O nível da corajosa resistência popular foi um choque para eles. No entanto, uma bem-sucedida oposição ao golpe teria sido impossível se um Exército unido estivesse preparado para romper a legalidade constitucional. De fato, enquanto a maioria dos coronéis e oficiais apoiava o levante, a maior parte dos majores-generais e brigadeiros-generais permaneceu leal ao governo. O general Miguel Cabanellas foi o único major-general em comando ativo no país que se revoltou. O significativo apoio militar à República, em particular entre os oficiais jovens, foi essencial para evitar uma completa derrota, mas não o suficiente para garantir a vitória.[11]

À medida que notícias da rebelião em Marrocos começaram a chegar no continente, somente as autoridades pareciam insensíveis em relação aos eventos prestes a explodir. Mas, pela relutância oficial em agir com vigor, a revolta pretoriana não foi suprimida desde o início. No entanto, políticos burgueses e intelectuais das classes governantes republicanas tinham medo das conseqüências desconhecidas de armar o povo para subjugar a rebelião, já que eles mesmos faziam parte dela.[12] Despreparados para se transformarem da noite para o dia em jacobinos agitadores mobilizando o populacho na defesa do regime, foram simplesmente sufocados e arrastados pelo drama que se desenrolava.

O presidente republicano Manuel Azaña incorporou perfeitamente a imagem de um intelectual frio e brilhante que perdia o mando quando confrontado com uma guerra iminente entre espanhóis. Ciente dos horrores e da destruição que tinha pela frente, ele permaneceu em seu posto, mas quase se retirou da vida pública, com exceção das vãs tentativas de negociar a paz. Moralmente enfraquecido e politicamente marginalizado, dedicava seu tempo a expressar desespero e pessimismo em trabalhos literários como *La vereda de Benicarló* (1939). Para ele, não poderia existir vencedor algum naquela cruel luta fratricida.[13]

O infeliz Casares Quiroga também se recusou, durante a noite de 17 de julho, a acreditar na seriedade da ameaça militar. Na manhã seguinte, sucumbiu ao pânico quando despertou para uma realidade de guarnições revoltadas e pessoas exigindo armas. De acordo com Julián Zugazagoitia, editor do jornal *El Socialista* e futuro ministro do Interior, o gabinete parecia um hospício, e o mais insano de todos era o primeiro-ministro, que não comia, não dormia e uivava como se estivesse possuído.[14] Em meio à confusão geral, Madri viu três governos se sucederem em um dia. Um moderado, o ex-radical Diego Martínez Barrios, sobrepôs-se a Quiroga com o objetivo de fazer um esforço de última hora para evitar a guerra, negociando com os rebeldes. No entanto, suas esperanças foram rapidamente frustradas.

Enquanto Mola recusou por telefone as ofertas de Barrios de um compromisso político, multidões radicais protestavam contra a traição nas ruas de Madri. O primeiro-ministro seguinte, um republicano de esquerda, José Giral, íntimo do presidente Azaña, assumiu finalmente a decisão de armar a população.[15] Até então, contudo, o Estado republicano tinha praticamente parado de funcionar. O governo não possuía qualquer controle real e não sabia o que acontecia pela Espanha. Os republicanos viam-se paralisados entre o medo dos militares e o conhecimento de que as milícias dos trabalhadores, ao fornecerem a defesa definitiva do regime, representavam uma ameaça a suas formas preferidas de ordem política e social.

SETE DIAS QUE ABALARAM A ESPANHA

Por mais de uma semana, não havia fronteiras claras entre os dois campos. Nas regiões do norte e do centro, católicas e conservadoras (Galícia, Leão, Navarra e Castela Velha), o golpe seguiu de acordo com o planejado, encontrou pouca resistência e foi até comemorado por grande parte da população. Surgiu uma miríade de forças paramilitares de direita. Elas colaboravam com as tropas regulares para assegurar as operações iniciais e de retaguarda em direção às cidades vizinhas. Camisas azuis da Falange e boinas vermelhas dos *requetés* (milícias armadas) representavam as cores dominantes naquela que ficou presunçosamente conhecida como España Nacional.[16] As cidades castelhanas, em particular Valladolid, viram um aumento no número de jovens militantes falangistas. A Navarra católica – a Vendéia espanhola – viveu como nenhuma outra região uma atmosfera de carnaval. Nesse reduto da contra-revolução, histórias nostálgicas de batalhas passadas na defesa de reivindicações da dinastia carlista tinham circulado durante gerações. Agora, milhões de jovens usavam suas roupas de domingo, crucifixos, se apoderavam de boinas vermelhas e rifles carregados por seus antepassados e se filiavam às milícias armadas. Em alguns casos, isso incluía três gerações da mesma família, e alguns pequenos povoados de Navarra quase não tinham mais homens. Sob o slogan "Vida longa ao Cristo Rei!", eles acreditavam participar de uma gloriosa campanha para salvar a pátria do separatismo e do comunismo. Havia até inúmeros padres que portavam rifles enquanto ouviam confissões e davam comunhão a vários jovens.[17]

O espetáculo foi muito diferente no resto do país. Como descrito de forma tão vívida por Malraux na abertura de seu romance *A esperança*, sindicalistas e militantes da Frente Popular em Madri logo descobriram, por telefone ou rádio, o progresso do levante militar e atacaram seus centros locais ou regionais pedindo armas.[18] Ao contrário das absurdas afirmações feitas nos documentos de conspiração, partidos e sindicatos de esquerda não tinham armas para distribuir a seus inquietos integrantes. Até quando o governo finalmente concordou em distribuí-las, essa não foi uma tarefa fácil, porque a maioria das armas de fogo estava nas mãos das forças de segurança ou em depósitos nos quartéis militares. Desse modo, a lealdade dos quartéis ao regime se provou essencial. Em meio ao caos reinante nesses primeiros dias cruciais, a determinação civil e a bravura assumiram papel muito importante. Mas em nenhuma cidade grande o povo poderia vencer sozinho a revolta. Desarmada, desorganizada e isolada, a população não estava em posição de realizar mais que uma desesperada resistência.[19]

A cidade de Barcelona sofreu o conflito de rua mais brutal. Colunas rebeldes, reforçadas por voluntários falangistas, começaram a avançar a partir de suas guarnições em direção ao centro para se reunirem na praça da Catalunha. Contudo, a construção de barricadas bloqueou o caminho, enquanto conflitos com membros da CNT (que tinham conseguido atacar na noite anterior um depósito de armas) e outros militantes de esquerda que lutavam em conjunto com a polícia catalã local (*mossos de esquadra*) e as Guardas de Assalto atrapalhavam o avanço deles e minavam seu objetivo. Após muitas hesitações, a Generalitat optou por armar o povo. A situação finalmente se inverteu quando a Guarda Civil se colocou do lado da República. Ombro a ombro, antigos inimigos – polícia e trabalhadores – cercaram prédios tomados pelos insurgentes. Assim que os trabalhadores começaram a apreender a artilharia pesada e a Força Aérea legalista entrou em ação, os soldados abandonaram seus desmoralizados oficiais, que por sua vez começaram a se render. Uma vez preso, o comadante-em-chefe general Goded – que fugira naquela manhã das ilhas Baleares para liderar um golpe – concordou com a Generalitat em transmitir uma declaração admitindo a derrota e convocando seus defensores para depor suas armas. Entretanto, a fúria em massa de algumas guarnições resultou em muitas baixas.[20]

Ciente de que grande número de militares e unidades da polícia era leal à República, os militares sediciosos em Madri, ao contrário dos que estavam na capital catalã, decidiram se fortificar em uma série de guarnições na esperança de receber socorro externo imediato. O líder local da conspiração, general Joaquín Fanjul, simpatizantes e alguns falangistas aguardaram o momento propício no quartel La Montaña, nos arredores da cidade. Logo foram acossados por civis, por tropas de ataque e pela Guarda Civil. No forte estavam guardados os ferrolhos dos rifles antes distribuídos pelas autoridades. Em 20 de julho, os agressores que assaltaram a fortificação ganharam o dia com o uso da artilharia pesada e ataques aéreos. A queda de La Montaña foi seguida pela rendição de outras guarnições militares.[21]

A rebelião também fracassou completamente em outras importantes cidades. No País Basco, Vitória caiu nas mãos de insurgentes, mas nas maiores capitais, Bilbao e San Sebastián, forças governamentais assumiram o controle com relativa facilidade. A hesitação também atrapalhou as atividades dos rebeldes em Valência, onde dias tensos de espera se prolongaram até o final do mês, quando a guarnição foi capturada sem resistência. O resultado foi muito diferente em alguns redutos supostamente de classes trabalhadoras: Oviedo, um baluarte socialista, Saragoça, segunda capital da CNT depois de Barcelona, e Sevilha, com muitos adeptos comunistas e anarco-sindicalistas, foram conquistadas com a astúcia e a audácia nacionalista. Ali, os três líderes da conspiração, Aranda, Cabanellas e Queipo de Llano, eram oficias de origem republicana. Desse modo, para eles foi relativamente fácil proclamar sua lealdade e em seguida atacar de surpresa. Aranda, por exemplo, esperou até que um comboio de cinco mil mineradores armados deixasse Oviedo em direção a Madri antes de mostrar suas verdadeiras intenções. Todos declararam rapidamente a lei marcial e conseguiram o apoio da maior parte da polícia e das forças da Guarda Civil.

A bem-sucedida rebelião se espalhou então para as capitais provinciais vizinhas em Aragão e na Andaluzia. Em todos os lugares as autoridades locais foram surpreendidas. A luta se tornou uma questão unilateral, na medida em que a escassez de efetivo dos insurgentes foi compensada por uma artilharia pesada. Mal armados, somente com alguns rifles de caça e pistolas, defensores do governo foram confrontados com canhões e metralhadoras; tentativas não coordenadas que os trabalhadores fizeram para declarar uma greve geral e tomar importantes construções foram afogadas em sangue.[22]

Com as ruas e praças de muitas cidades cheias de cadáveres, a próxima medida era conquistar o campo. Milícias de voluntários da Catalunha e de Valência marcharam a partir das capitais para consolidar a conquista das áreas rurais. Dali foram para Aragão, com o objetivo de retomar as três capitais provinciais (Saragoça, Huesca e Teruel) e organizaram até uma expedição malsucedida às ilhas Baleares.[23] As forças vindas de Madri conquistaram para a República as províncias vizinhas de Guadalajara, Cuenca, Ciudad Real, Albacete, Badajoz e Toledo. Por sua vez, tropas nacionalistas sob o comando do general Mola avançaram do norte para Madri. Mas, nas importantes passagens pelas montanhas de Somosierra e Guadarrama, foram confrontadas por forças despachadas da capital. Exaustos, os nacionalistas tiveram de contar com milhares de voluntários falangistas e carlistas para reforçar as linhas defensivas em Aragão e no País Basco.[24] No sul rural, as principais cidades urbanas (Sevilha, Córdoba, Granada, Huelva e Cádiz) tomadas por Queipo e outros oficiais eram pequenas ilhas nacionalistas em um mar republicano bastante hostil. Por conseguinte, era comum que cidades e aldeias mudassem de mãos por várias vezes em poucos dias, à medida que camponeses mal armados com forcados de madeira, enxadas e foices eram derrotados por expedições militares, mas sempre retornavam, uma vez que as tropas prosseguiam seu caminho. A resistência popular, contudo, foi finalmente derrotada com a chegada do Exército da África, cortesia dos ditadores fascistas.[25]

A DEFLAGRAÇÃO DO APOCALIPSE

Embora acima de tudo um conflito social e de classes, a Guerra Civil Espanhola também englobou uma variedade de questões cruciais que dividiram o país por gerações e afetaram ambos os lados em combate. Aquela não era somente uma questão de direita *versus* esquerda ou de conservadores combatendo comunistas, mas uma luta quase hobbesiana de todos contra todos, com significados diferentes para os participantes, uma guerra de republicanos contra monarquistas, centralistas contra separatistas ou regionalistas, católicos contra anticlericais, modernizadores contra tradicionalistas, autoritários contra democratas, industrialistas contra proletários, camponeses contra proprietários de terra, fazendeiros contra trabalhadores, cidades contra aldeias. Essa terrível disputa despertou não só os instintos mais elementares, mas serviu como prévia dos avanços tecnológicos do conflito armado moderno: batalhas de grande escala com tanques e aviões, e cidades sob terríveis bombardeios.

A conseqüência imediata do fracasso da insurreição militar foi a difusão do caos e da confusão por todo o país. Não existiam duas Espanhas, mas duas mil.[26] Em vez de um confronto entre dois campos definidos, a guerra foi uma combinação bastante complexa de choques armados locais bárbaros e discrepantes. O Estado e seu controle sobre a administração pública da nação entraram simplesmente em colapso sob o impacto da revolução e da reação a ela.[27] Na verdade, uma Espanha nacionalista ou republicana era algo que dificilmente existia além dos relatos de jornalistas e diplomatas estrangeiros.

Confiantes em sua vitória, os nacionalistas não tinham um programa ideológico adequado para unificar seus defensores. A maioria dos generais, nesse estágio, parecia preferir algum tipo de restauração monárquica, mas outros queriam uma República "retificada". Até Mola se referiu ao estabelecimento de uma ditadura republicana.[28] Além disso, os nacionalistas logo ficaram sem uma clara liderança executiva. Em 20 de julho, o líder nominal do golpe, general Sanjurjo, morreu em um acidente de avião em Portugal antes de conseguir se unir a seus companheiros conspiradores. Dois outros importantes generais rebeldes, Goded e Fanjul, foram executados respectivamente em Barcelona e Madri. Os nacionalistas também ficaram privados de comando na frente política. Gil Robles ficou desacreditado após a derrota eleitoral de 1936. Calvo Sotelo, o mais proeminente monarquista, foi assassinado poucos dias antes da rebelião. Por fim, José Antonio, o líder falangista, estava na prisão em Alicante e seria executado em novembro. O campo rebelde parecia uma combinação variada de diferentes senhores da guerra, separados geograficamente e auxiliados em suas tentativas locais por grupos de milícias paramilitares contrastantes. Com mais de 65 mil militantes, esses voluntários de direita equivaliam, em outubro de 1936, a mais de um terço do total do efetivo nacionalista.[29]

A primeira medida tomada em direção a um comando unificado foi a nomeação, em 23 de julho, de uma Junta da Defesa Nacional em Burgos, sob a presidência de Miguel Cabanellas, o mais importante dos antigos comandantes militares. Suas ligações passadas com os maçons e o Partido Radical foram bastante úteis para ele: as autoridades locais acreditavam que era leal à República e lhe deram autorização para tomar a importante cidade de Saragoça quando estivesse pronto para agir. Por outro lado, essa bagagem política não lhe ajudou muito a obter credibilidade e apoio na entusiasmada atmosfera da Espanha nacionalista.

A Junta de Defesa Nacional estendeu a lei marcial por toda a Espanha, ordenou a censura da imprensa e o confisco de veículos. Sua declaração para a nação, em 24 de julho, foi extremamente vaga, mera reprodução de clichês reacionários com ênfase na luta contra o comunismo e o separatismo, pela propriedade e a ordem social. A bandeira real foi restabelecida em 29 de agosto, e os crucifixos foram reintroduzidos nas escolas. No entanto, embora a Espanha nacionalista tenha permanecido sob absoluto controle militar, ela já estava marcada pelo policentrismo, a confusão ideológica e a falta de comando militar unificado. Enquanto generais como Queipo e Franco se revoltavam com gritos de "*Viva la República*!", no norte conservador, outros chefes militares não escondiam suas tendências monarquistas e católicas. Além disso, muitos jovens oficiais foram atraídos para a Falange, enquanto o general Queipo de Llano, em Sevilha, governava sua área como um feudo. Em partes do norte, os carlistas (com a conivência do general Mola) consolidavam seu próprio Estado remanescente, enquanto Franco era o indiscutível líder do destacadíssimo Exército da África. Encarregada de todos, a Junta permaneceu um órgão provisório sem poder.[30]

O localismo, a atomização e a dispersão da autoridade também enfraqueceram a Espanha republicana. Multiplicavam-se soluções locais para a vida cotidiana em todos os lugares nos quais a insurreição fracassou: do transporte, comunicações e fornecimento de água à formação de cooperativas para o fornecimento de alimentos, oficinas, restaurantes etc.[31] Na verdade, o grande paradoxo da insurreição foi ter precipitado o próprio processo revolucionário que o Exército afirmava prevenir, produzindo conseqüentemente o colapso do Estado republicano.[32] O importante socialista Zugazagoitia escreveu:

> Madri estava em um caos total. A ordem pública foi pulverizada; ela residia nas ruas entre todos os cidadãos incorporados na luta contra o fascismo que a usaram como foi conveniente. ... O governo não tinha controle algum. Suas hesitações anteriores contribuíram em grande parte para a exaltação popular que iria adquirir proporções dramáticas e nos infligir um considerável dano moral.[33]

Com o povo armado, a autoridade do governo central quase não ia além dos gabinetes ministeriais. Ela foi desafiada formalmente por governos alternativos. A Generalitat da Catalunha usou a oportunidade para aumentar seus poderes jurídicos. Geograficamente distante e separada do território republicano por áreas controladas pelos rebeldes, a lealdade nacionalista basca ajudou a garantir para a República as duas províncias de Biscaia e Guipúzcoa, mas as tensões com outros grupos de esquerda continuaram. As milícias anarco-sindicalistas em avanço em Aragão estabeleceram ali um conselho independente (apesar de não oficial). Nas Astúrias existiam duas fontes de poder rivais, o Comitê Provinciano da Frente Popular, em Sama de Langreo, e o Conselho de Guerra, em Gijón, o primeiro dominado pelos socialistas e o segundo pela CNT. Também existiam conselhos locais autônomos em Málaga, Valência e Múrcia.[34]

A fragmentação de poder foi a conseqüência lógica da realidade no local, a separação física (total em casos como as Astúrias e o País Basco), a distância da frente e a extensão da consciência regional.[35] A tradicional máquina de Estado foi suprimida pela onda revolucionária que se seguiu à derrota da rebelião em grandes partes do país. O número de ativistas nas ruas era superior e estava mais bem armado que as forças da ordem pública. O Exército, como órgão permanente, se dissolvera. Diante de uma rebelião militar, o governo decretou a desmobilização dos soldados em regimentos cujos comandantes tinham se revoltado. Como conseqüência, a maioria dos recrutas abandonou suas companhias, retornou para casa ou se uniu às várias milícias. Os oficiais leais ficaram desacreditados e quase sem tropa regular para comandar.[36]

Madri e as outras regiões trabalhavam muitas vezes com objetivos conflitantes e também concebiam a resistência militar em termos locais, e não como um esforço geral de guerra. O governo central e seus representantes nas províncias foram ignorados e desrespeitados por um grande número de comitês populares, juntas e outros órgãos constituídos de acordo com a balança de poder local. Os sindicatos passaram a controlar grande parte de indústria, comércio e serviços públicos. Tanto a UGT como a CNT coletivizaram significativas extensões de terra. Em muitos casos, os camponeses reagiam com entusiasmo. No entanto, em locais como Valência e, acima de tudo, Aragão, os anarquistas tiveram de impor uma coletivização em grande escala contra a resistência de amplos setores de pequenos e médios proprietários de terra.[37] As milícias de trabalhadores passaram a controlar o restabelecimento da ordem nas ruas e organizaram operações militares contra áreas de domínio nacionalista. Naturalmente isso estava longe de ser um processo uniforme. O colapso das estruturas políticas e sociais anteriores à guerra foi muito menos geral onde os socialistas eram mais fortes do que onde os anarquistas dominavam (na Catalunha, em Aragão e algumas partes da Andaluzia). No País Basco, o PVN, socialmente conservador, certamente garantiu mudanças estruturais mínimas.[38]

De modo irônico, a existência de outras fontes de poder nunca constituiu um desafio real para o governo burguês em Madri. No final de dezembro de 1936, George Orwell, um dos muitos estrangeiros atraídos para a Espanha pelo apocalipse prestes a ocorrer, fez um relato sobre Barcelona no qual a triunfante revolução estava em andamento:

> Foi a primeira vez que estive em uma cidade onde a classe trabalhadora estava no comando. Quase toda construção de qualquer tamanho tinha sido tomada pelos trabalhadores e foi adornada com as bandeiras vermelhas dos comunistas ou as vermelhas e pretas dos anarquistas. O martelo e a foice e as iniciais dos partidos revolucionários estavam rabiscados em todos os muros. Quase todas as igrejas foram destruídas e suas imagens queimadas. ...Ninguém dizia *señor*, *don* ou mesmo *usted*; todos se chamavam de *camarada* e *tú*, e diziam *salud* em vez de *buenos días*. ...Pôsteres revolucionários estavam em toda parte, flamejantes nas paredes, ...alto-falantes anunciavam metas revolucionárias. ... A aparência [de Barcelona] era a de uma cidade na qual as classes ricas tinham praticamente deixado de existir. Com exceção de um pequeno número de mulheres e estrangeiros, não havia pessoas "bem vestidas". Praticamente todos usavam roupas toscas de operário, macacões azuis ou alguma variação do uniforme da milícia.[39]

O mesmo padrão de entusiasmo revolucionário podia ser visto na maior parte da Espanha republicana, inclusive Madri. As mulheres conquistaram um papel revolucionário sem precedentes em uma sociedade dominada até então por homens. Algumas até se uniram às milícias para lutar na frente de batalha. Muitas cuidavam dos feridos ou dos filhos dos combatentes, organizavam refeições coletivas e assumiam uma variedade de tarefas e trabalhos agora vagos. Os caminhões estavam repletos de membros da milícia que brandiam seus rifles. Carros confiscados foram pintados com pichações dos diferentes sindicatos ou partidos. Igrejas foram queimadas ou ocupadas. As prisões foram esvaziadas, e os arquivos de tribunal destruídos. Em toda parte as pessoas saudavam umas às outras com um aperto de mão. Locais que abrigavam importantes personalidades de direita ou seus quartéis-generais políticos foram tomados ou saqueados. Havia uma atmosfera de poder revolucionário.[40]

No entanto, esta não era a Rússia de 1917, onde a Revolução de Fevereiro iniciou um período de instabilidade marcado pela rivalidade entre o governo provisório e os soviéticos. A Espanha não tinha um partido bolchevique buscando liderar e unificar a força revolucionária do conselho dos trabalhadores para derrubar a democracia liberal e impor a ditadura do proletariado. Os centros de poder legítimos e os comitês revolucionários *ad hoc*, em vez de competir, juntaram suas prerrogativas para enfraquecer um ao outro.[41] No verão de 1936 a destruição do Estado central e o crescimento paralelo da influência sindicalista determinaram o campo de ação e os limites da revolução. Com o vazio de poder, organizações de trabalhadores tomaram o controle, mas sem seguir um plano organizado.[42] E logo adquiriram um imenso poder na direção da economia e na defesa da ordem pública, sem qualquer controle aparente de sua competência para tomar o poder e para a coletivização ou o patrulhamento de ruas. Ainda assim, eles foram incapazes de construir uma fonte de autoridade revolucionária centralizadora. A dispersão do novo poder dos trabalhadores explica por que a Espanha passou por uma profunda revolução social durante esses meses e ainda assim permaneceu tão vulnerável no plano político.[43]

Desse modo, embora tenha sido bastante atingida, a legitimidade do Estado republicano nunca esteve em disputa. Os comunistas permaneceram defensores sinceros da aliança de classes incorporada pela Frente Popular. As duas organizações trabalhadoras dominantes – UGT-Psoe e CNT – viram suas tensões internas de antes da guerra aumentar. No interior do movimento socialista, a antiga guarda, mais bem representada por Julián Besteiro, rapidamente descambou para a impotência e o fatalismo, enquanto os seguidores de Prieto continuavam sua ativa colaboração com os republicanos. A esquerda, liderada por Largo, apesar de toda a retórica radical, nem considerou a hipótese de tirar vantagem da situação para tomar o controle da República.[44]

Na verdade, a liderança da CNT estava mais desnorteada do que a dos socialistas. Os anarquistas radicais da FAI não tinham estratégia alguma para exercer o poder político.[45] O importante *cenetista* Camil Piñon expressou claramente a situação na qual os libertários se encontravam: "A FAI obteve uma enorme vitória revolucionária e em seguida não soube o que fazer. ...Os socialistas assumiriam posições essenciais. Nós, com o purismo e o radicalismo que nos impediram no passado de assumir medidas construtivas, teríamos de continuar a viajar com bilhetes de segunda classe."[46]

Até em Barcelona, onde as forças armadas anarco-sindicalistas estavam no auge do poder, o utopismo revolucionário deparou com a realidade política. Em 20 de julho, o encontro histórico dos líderes da FAI com o presidente da Generalitat revelou a confusão. Ainda cobertos com a poeira da batalha, os líderes anarquistas foram persuadidos por Companys, habilidoso político, com um misto de bajulação e diplomacia. Ele e toda a Generalitat poderiam ter sido afastados pela onda revolucionária. Ainda assim, recebeu permissão para permanecer no cargo. No dia seguinte, em um encontro organizado pela federação local da CNT, a colaboração, e não a revolução, assumiu o controle. Joan García Oliver se viu isolado até entre seus colegas mais próximos em um dos grupos de ação mais ousados da FAI, o Nosotros:

> Acredito que o grupo Nosotros deveria liderar a organização para o nosso objetivo final. ... Tirar vantagem da concentração de forças para prosseguir com o ataque contra os principais centros do governo, contra a Generalitat e contra a Prefeitura.
>
> Durruti falou: "Os argumentos de García Oliver são magníficos ... mas, na minha opinião, este não é o momento certo. Primeiro, devemos libertar Saragoça."
>
> Mesmo Durruti virou as costas. Nenhum dos presentes deixou de notar que estamos evitando tomar a marcha do destino em nossas mãos. ...Eles encontraram um subterfúgio, Saragoça, para evitar dizer "não" abertamente à revolução.[47]

Do dia para a noite, o abismo entre os princípios ideológicos definitivos e o duro realismo imposto pela guerra desgastou as fundações da fé anarquista, construídas durante os anos de perseguição e clandestinidade. Tendo perdido seus redutos na Andaluzia e em Aragão, eles podiam impor sua vontade na Catalunha e talvez em Valência, mas somente com a criação de uma ditadura – algo que era um anátema para o credo libertário e que abriria, além disso, uma divisão interna na República espanhola, acelerando assim a derrota na Guerra Civil.[48]

Em um plano mais estrutural, os anarco-sindicalistas, que não haviam conseguido estabelecer federações industriais, careciam de um organismo central que pudesse ter articulado e implementado qualquer iniciativa revolucionária em todo o país. A CNT permaneceu uma organização livre de organismos regionais. Confrontados com uma situação militar rígida, os antigos conceitos românticos de protesto e luta mostravam-se supérfluos. Sua hegemonia temporária, pelo menos na Catalunha, foi sacrificada. Alguns, como Durruti, partiram para a frente de batalha. Os que ficaram optaram pela colaboração. Primeiro, eles permitiram que a Generalitat permanecesse no poder, em conjunto com um órgão chamado Comitê das Milícias Antifascistas, no qual todas as forças republicanas estavam representadas. Dois meses mais tarde, eles concordaram em dissolver este Comitê e até em ingressar nas administrações catalã e espanhola.[49]

O TERROR DESENCADEADO

À medida que a luta principal passava da disputa pelo controle das cidades e povoados e entrava na frente de batalha, os horrores de um conflito fratricida se tornaram realidade evidente. Não apenas o sangue de irmãos era derramado nos campos de batalha, mas o terror também se espalhava para a retaguarda de ambas as zonas. O poder real, incluindo o de vida e morte sobre a cidadania, estava com os grupos que tinham conquistado as ruas. Nos dois lados, havia sectários e extremistas ávidos para resolver antigas disputas e eliminar seus adversários.

As primeiras vítimas foram os militares. Os generais rebeldes declararam rapidamente a lei marcial, tomando efetivamente o poder total em suas próprias mãos. Os colegas oficiais que se opunham a eles, ou que até hesitavam em tomar partido, foram acusados de rebelião, presos e executados de forma sumária. Na eliminação de inimigos dentro do corpo do Exército, os nacionalistas contavam com uma clara vantagem em relação aos republicanos. Sabendo quem eram seus companheiros, eles podiam atacar à vontade os elementos militares marcados por sua inclinação democrata ou relutância em romper o juramento de lealdade ao governo legítimo. O expurgo brutal das Forças Armadas sob a nova ordem não fez distinções entre postos ou mesmo amizades antigas. Generais como Manuel Romerales e Domingo Batet, respectivamente comandantes de Ceuta e Burgos, não podiam ser acusados de inclinações esquerdistas. Eram apenas oficiais disciplinados que se recusaram a apoiar a insurreição. Pagaram com suas vidas por isso. Destino similar tiveram outros, como Miguel Campíns (governador militar de Granada e antigo assistente de Franco na Academia Militar de Saragoça) e até mesmo o primo de Franco, Ricardo de la Puente Baamonde, que ilustravam a cruel determinação dos insurgentes. O Rubicão já fora ultrapassado e não havia mais volta.[50]

Na Espanha republicana, os oficiais envolvidos no golpe abortado foram rapidamente presos e em alguns casos linchados. O maior banho de sangue ocorreu no quartel de La Montaña, onde as multidões, enfurecidas após serem alvejadas por tiros enquanto andavam sob o chamariz de bandeiras brancas, atacaram os defensores, deixando o pátio coberto de cadáveres.[51] Os principais conspiradores em Madri e Barcelona, respectivamente generais Fanjul e Goded, passaram pela corte marcial e foram executados como muitos outros. A terrível traição de supostos legalistas como Queipo de Llano ou Aranda, seguida por atos de sabotagem, aumentou as chamas da suspeita. Temores de que grandes números de militares estivessem somente esperando a chance para desertar ou que agissem como espiões levaram a um expurgo total de muitos corpos do Exército. Muitos foram presos ou assassinados. A caça às bruxas oficial, como um todo, acabou impedindo seriamente o esforço de guerra. Nas primeiras semanas cruciais, a desconfiança e o empedernido antimilitarismo da esquerda resultaram na perda de serviços técnicos de muitos especialistas militares e na promoção de oficiais com base não em mérito, mas em ligações políticas. De certa forma, um Exército permanente deixou de existir.

O terror não se espalhou apenas nas Forças Armadas. Cadáveres começaram a aparecer em locais abandonados e próximos a cemitérios. À medida que a violência aumentava, palavras inocentes como *paseo* (passeio) e *saca* (retirada, mas nesse caso a execução extrajudicial de presidiários) adquiriram terríveis conotações e passaram a fazer parte do linguajar comum. Classe social, profissão, amizades ou opiniões passadas poderiam marcar qualquer um.

Na Espanha nacionalista, membros de partidos da Frente Popular, militantes sindicalistas e qualquer um com tendências esquerdistas ou simplesmente considerado "comunista" eram presos e executados sem qualquer simulação de justiça formal. Não foram dizimados só as classes políticas e o movimento trabalhista; intelectuais, burocratas e todos os associados à difusão de princípios prejudiciais à República foram massacrados. Suas mortes não só serviram como punição exemplar, mas também como uma tentativa de erradicar seu modelo de sociedade. Nesse contexto, professores que ousaram desafiar a importância da educação católica e serviram como os principais condutores de princípios democratas se tornaram alvos particulares. O expurgo adquiriu proporções mais trágicas nas áreas rurais, onde antigas disputas familiares, conflitos de classe e relações pessoais, associados à ameaça aos interesses particulares representada pelas reformas trabalhistas, alimentaram a sede de vingança.[52]

Um por um, indivíduos de direita, proprietários de terra, *caciques* e empregadores foram caçados na Espanha republicana. A Igreja Católica tornou-se objeto privilegiado do ódio popular. Como "intelectuais orgânicos" das elites governantes,[53] os membros do clero foram identificados como o baluarte cultural do *status quo*. A Igreja era um inimigo de classe por historicamente abandonar o evangelho da pobreza e da irmandade para acumular riqueza, abençoar a evidente opressão social e exigir a aceitação popular do domínio natural das classes governantes. Além disso, com sua hostilidade às reformas e a perda de privilégios durante a Segunda República, ela se tornou o sustentáculo ideológico da contra-revolução.[54] Desde o início, com exceção do País Basco, construções e símbolos religiosos se tornaram alvos da fúria da multidão. Igrejas, mosteiros e conventos foram pilhados, saqueados e queimados, ou transformados em lojas, hospitais, cantinas públicas e até em salões de baile. Um total de 6.844 membros do clero (incluindo 13 bispos) foram mortos, mais de um terço deles na Catalunha. Os padres foram os primeiros caçados pelas milícias na maioria das aldeias, antes mesmo dos latifundiários e dos *caciques*. O caso de Mosén Josep Puig, padre de uma pequena paróquia catalã, é ilustrativo. Querido em sua comunidade, um dia, cinco homens de uma cidade vizinha foram a seu gabinete e disseram que estavam lá para matá-lo. Quando ele perguntou o motivo, responderam que simplesmente porque era padre.[55]

Para os nacionalistas, a execução de trabalhadores significava a restauração da ordem; para os republicanos, o massacre de padres promovia a revolução.[56] No entanto, embora o sangue fosse derramado em grandes quantidades de ambos os lados, havia uma diferença essencial entre o terror republicano e o nacionalista. Nas áreas onde a insurreição fracassou, a subseqüente orgia de saques e assassinatos foi basicamente o produto da impotência das autoridades republicanas centrais. Na Espanha rebelde, líderes militares poderiam ter reprimido a ação de justiceiros a qualquer momento. Mas não conseguiram fazer isso porque o terror nacionalista era uma política fria, metódica e calculada.

Com o poder do governo de Madri despedaçado, a sangria foi em grande medida espontânea, já que as multidões populares descontavam sua fúria em instituições e classes associadas aos anos de opressão e injustiça. O terror vindo de baixo levou algumas vezes à execução de prisioneiros, as chamadas *sacas,* e a assassinatos de condenados de direita (normalmente como represália a ataques aéreos devastadores ou notícias de violência em outra zona). Todos os tipos de criminosos tiraram vantagem da situação para roubar, matar e se vingar de seus inimigos.[57]

O grupo da Frente Popular, porém, poderia alegar inocência nessa orgia da desordem realizada pelos chamados *incontrolados*. Em 22 de julho, por exemplo, o líder da FAI García Oliver encerrou um entusiasmado discurso no rádio encorajando anarquistas a cumprir sua obrigação: "Não esperem que eu termine minhas palavras. Deixem suas casas, queimem, destruam e acabem com o fascismo", implorou.[58] De fato, a CNT e a FAI tiveram um papel proeminente ao perseguir e capturar inimigos de classe nas cidades, e seus comitês locais e colunas armadas deixaram um rastro de sangue, primeiro em Lleida e depois na sua trilha rumo a Aragão. A filosofia libertária da espontaneidade de massa tornava impossível desaprovar os maiores setores do lumpemproletariado, que agora surgiam de repente e sobrepujavam a CNT e a FAI.[59] Algumas milícias anarquistas, tais como a Columna de Hierro, foram formadas em grande medida por prisioneiros libertados da penitenciária de San Miguel de los Reyes, em Valência, mas também possuíam muitos indivíduos de direita e agentes provocadores. A facilidade com que inúmeros indivíduos de direita ou de esquerda capturados buscavam a salvação ao se unir a bandos anarquistas ou falangistas foi substituída pelo termo "failange".[60]

Ainda assim, o terror do verão de 1936 não ficou limitado aos anarquistas: todos os partidos e sindicatos da Frente Popular também participaram. Com exceção dos criminosos recém-chegados que se uniram para agir sob a cobertura da participação política, todos os grupos da Frente Popular tinham muitos *exaltés* convencidos de que a liquidação física de inimigos de classe e parasitas burgueses era inerente ao sucesso da revolução. Era necessário para a "saúde pública" limpar todos aqueles vistos como exploradores. Como conseqüência, por toda a Espanha republicana, milhões de cidadãos ligados a partidos de direita ou à exploração social foram presos e levados para prisões improvisadas (*checas*), onde eram julgados sumariamente, soltos de imediato ou davam seu *paseo* final.[61]

Igrejas em chamas, prisões noturnas, carros confiscados e caminhões abarrotados de bandos armados eram cenas típicas da capital, Madri, onde a CNT-FAI não era a organização dominante e, durante os três primeiros meses de guerra, uma média de 66 assassinatos acontecia todo dia. A maioria dos cadáveres era abandonada na enorme Casa de Campo nos arredores da cidade.[62] O socialista Arturo Barea (que durante a maior parte de 1937 era a – desconhecida – voz de Madri em seu programa de rádio diário) escreveu que alguns dos membros da milícia socialista se vangloriavam de "vender bilhetes para o outro mundo na Casa de Campo".[63]

O terror comunista era acima de tudo um produto da paixão, da vingança e um sentimento profundo de desfazer erros históricos. Não era só externo, mas também causado pelo estado de sítio no qual a República se encontrava. Como Barea observou, diante de uma perseguição e de um caos total, o governo estava impotente.[64] Os assassinatos nunca foram perdoados, muito menos encorajados, pela grande maioria dos líderes das classes governantes, dos partidos ou dos sindicatos.

Pelo contrário, desde o início eles lutaram para acabar com o sistema indiscriminado de justiça popular. O líder da CNT e futuro ministro Joan Peiró, o socialista Indalecio Prieto e a comunista Dolores Ibarruri estavam entre as muitas vozes influentes que se manifestavam contra a violência. Outros, como o futuro primeiro-ministro, o socialista Juan Negrín, arriscaram até suas vidas liderando patrulhas noturnas que salvaram pessoas da morte. O jornal *El Socialista* e mesmo o *Solidaridad Obrera* também condenaram a desordem sem sentido, enquanto a Generalitat da Catalunha facilitou salvo-condutos e ajudou muitos outros em perigo (como o cardeal Francesc Vidal i Barraquer e os bispos de Tortosa e Girona) a fugir para o exterior.[65] Em Madri, o governo até permitiu que mais de dez mil refugiados de direita buscassem asilo em embaixadas estrangeiras ou em apartamentos particulares com status diplomático sob bandeira estrangeira.[66]

Com a reconstrução gradual do Estado republicano, o terror diminuiu de modo proporcional e permaneceu sob controle até o final de 1936. De modo lento, porém constante, canais tradicionais de ordem e justiça foram estabelecidos. Após as *sacas* de 22 e 23 de agosto na capital, nas quais mais de 30 extremistas de direita foram mortos, o governo estabeleceu tribunais populares, formados por jurados e presididos por juízes de carreira, para lidar com crimes de traição e sedição a fim de impedir as determinações das massas.[67] O anarquista García Oliver, embora provocador nos primeiros dias da guerra, como ministro da Justiça, teve papel crucial na contenção da violência descontrolada até então.[68] Apesar desses esforços, contudo, em uma das piores tragédias da República, em novembro e dezembro de 1936, mais de 2.400 condenados foram executados por seus próprios guardas nos povoados de Torrejón de Ardoz e Paracuellos del Jarama, nos arredores da capital. Quando o anarquista Melchor Rodríguez foi indicado para organizar o sistema penitenciário, ele acabou com os terríveis massacres de prisioneiros de direita expulsos de Madri à medida que a luta explodia na cidade.[69]

Enquanto os líderes republicanos detestavam o terror e procuravam eliminá-lo, para a hierarquia nacionalista o terror era um instrumento vital para seu sucesso e consolidação.[70] Antes do golpe, o general Mola ordenou o uso da violência extrema para destruir qualquer resistência possível e alertou que hesitações somente poderiam levar ao fracasso.[71]

A partir da insurreição, começou a matança geral. A aberração surreal e cruel da justiça cerceada pela declaração da lei marcial forneceu aos insurgentes o pretexto para um ataque total, liquidando todos os que discordassem da nova ordem – por mais incrível que pareça – pelo crime de rebelião.[72]

Ao contrário do terror intenso e espontâneo da República, o realizado pelos insurgentes era frio e calculado.[73] A repressão era uma parte intrínseca do ethos e da estratégia nacionalistas. Os oficiais rebeldes, a maioria deles *africanistas*, conduziram a guerra como se ela fosse uma luta colonial, com a população hostil da Espanha no papel de nativos ignorantes e ateus. O culto da violência e o profundo desprezo pelos direitos humanos e pelos valores liberais que esses oficiais haviam forjado nos cruéis campos de batalha marroquinos agora eram levados para o continente.[74] Realmente, havia muito pouca espontaneidade com relação ao banho de sangue. Certamente imperavam casos de atividades descontroladas de grupos paramilitares. No entanto, a hierarquia militar não só fechou os olhos para esses atos como encorajou um grande número de forças da milícia a serem cúmplices nessa tarefa. A repressão desde o início era o resultado lógico de um deliberado plano de vingança e liquidação que tinha como objetivo erradicar o ciclo de reformas iniciado em 1931.[75]

O terror nacionalista teve um componente social definitivo. A repressão em massa era o instrumento perfeito para aterrorizar os operários e obrigá-los a consentir na *limpieza* (limpeza) necessária para livrar o país de ateus, separatistas e comunistas. Esses grupos incorporavam a "anti-Espanha", que precisava ser purificada e destruída. A violência estava a serviço de um projeto fundamentalmente reacionário cujo objetivo era restabelecer a ordem social tradicional.[76] Execuções constantes e massacres generalizados se tornaram a fundação de um novo Estado expurgado de todos os elementos discordantes.[77]

Os massacres continuaram durante semanas – até em províncias como Pamplona ou Burgos, onde organizações de esquerda tinham poucos seguidores. Qualquer um poderia ser morto por pensar diferente.[78] Os esquadrões de direita no sul rural, onde os assassinatos atingiram níveis próximos aos de um genocídio, foram simplesmente instrumentos de poderes particulares.[79] Apesar de não ser oficial, o Exército do Sul era de proprietários de terra locais e dos *caciques*. Atrocidades brutais foram realizadas não só para defender suas terras, mas para afirmar seu lugar legítimo na sociedade. Uma piada de mau gosto da época dizia que os trabalhadores rurais tinham finalmente conseguido sua "reforma agrária" sob a forma de um palmo de terra para serem enterrados.[80]

Cientes de sua deficiência em número, os nacionalistas buscaram desde o início paralisar os operários por meio do pânico com brutais incursões realizadas nas cidades da Andaluzia sob seu controle. Mas foi com a chegada do Exército da África que a repressão em grande escala começou. O terror que fez parte de seus avanços foi uma das maiores armas de Franco no caminho em direção a Madri.[81] Oficiais da colônia tinham aprendido havia muito o valor da "limpeza" sistemática como meio de garantir a ordem. Desse modo, um processo de extermínio seletivo e de tortura acompanhou a "liberação" dos povoados. Cadáveres não enterrados eram deixados à vista durante dias como um alerta aos sobreviventes. Os mouros com sede de sangue foram muitas vezes usados como tropas de vanguarda. O saque, a pilhagem e a mutilação dos inimigos no território conquistado tinham a intenção de assegurar que os sobreviventes fossem dominados pelo medo e se tornasseam submissos. De fato, a notícia do avanço dos mouros foi suficiente algumas vezes para que as milícias mal armadas e treinadas fugissem em pânico.[82]

Lembranças da conquista de Badajoz, o primeiro local onde o Exército da África encontrou resistência significativa, permaneceriam durante gerações. Lá, cerca de quatro mil prisioneiros capturados foram levados para a arena de touros para serem metralhados. Alguns correspondentes estrangeiros (como o português Mario Neves, os norte-americanos John T. Whitaker e Jay Allen e o fotógrafo francês René Brut) estavam entre as primeiras testemunhas a relatar o espetáculo infernal: eles registraram o cheiro da morte, as pilhas de corpos e os muros cobertos de sangue.[83]

Ao contrário da zona republicana, onde o restabelecimento do poder estatal controlou aos poucos a violência popular, na Espanha nacionalista o terror intenso só permitiu – e de forma bem lenta – a repressão institucionalizada pelo uso de cortes marciais que eram pouco mais que paródias para legitimar o massacre endêmico. Dificilmente uma figura importante do campo nacionalista se levantava contra a orgia de sangue. Mesmo dentro da Igreja Católica, os apelos de Marcelino Olaechea, bispo de Pamplona, pelo término dos assassinatos representava uma exceção, e de qualquer forma foram ignorados. A hierarquia religiosa não buscou mitigar a violência, mas deu a ela total apoio. Era o momento de derrotar os inimigos hereges e aproveitar os benefícios da nova ordem.[84]

Os comandantes militares encorajaram a repressão generalizada. Mola comentou que, se seu pai estivesse do outro lado, não hesitaria em matá-lo. Queipo de Llano, enquanto isso, conquistou a sinistra reputação de "general do rádio". Em suas transmissões diárias de Sevilha, ele insultava e debochava da virilidade sexual dos líderes republicanos, enquanto se vangloriava dos brutais atos de seus homens, os "verdadeiros" espanhóis machos e durões.[85] De forma similar, o coronel Juan Yagüe, encarregado do avanço do Exército da África em direção a Madri, justificou para o jornalista norte-americano Jay Allen o massacre de Badajoz: "É claro que atiramos neles. O que você esperava? Eu teria de levar quatro mil comunistas comigo enquanto minha coluna avançava, correndo contra o tempo? Eu deveria deixá-los livres na minha retaguarda para tornar Badajoz comunista de novo?"[86]

A diferente resposta dos líderes dos dois campos ao terror foi impressionante. Do mesmo modo, havia um abismo na percepção da guerra pelos chefes dos dois Estados rivais, Azaña e Franco. O presidente republicano chorou quando soube da *saca* da prisão de Madri, em agosto de 1936, que matou 30 membros do alto escalão da direita. Ficou apavorado com uma violência que nunca pôde entender e que repudiava.[87] A sensação de desespero e horror ainda estava presente em seu discurso em Barcelona no segundo aniversário da eclosão da guerra:

> E quando a tocha passar para outras mãos, para outros homens, para outras gerações, que eles se lembrem – se algum dia seu sangue ferver com raiva e uma vez mais o temperamento espanhol se enfurecer com a intolerância, com o ódio e com o apetite pela destruição – e pensem sobre os mortos e ouçam o aviso deles: a lição daqueles homens que caíram de forma corajosa em batalha, lutando generosamente por um ideal grandioso, e que agora, envoltos no abraço da mãe terra, não têm mais ódio nem ressentimento, e que nos enviam

> ... a mensagem da pátria eterna que diz a todos os seus filhos: paz, piedade e perdão.[88]

Enquanto, para Azaña, uma única morte era uma aberração, Franco, em uma combinação caracteristicamente messiânica de rígida determinação e crueldade, disse ao repórter Jay Allen que tinha iniciado a redenção da Espanha através do sangue, sem consideração pelo custo humano.[89] O líder nacionalista encarnava a justiça cruel e implacável de um *africanista*. Sua mensagem era não existir espaço para "a paz, a piedade e o perdão". Ele começou a guerra dando instruções para não ser incomodado enquanto seu primo era executado e terminou-a assinando milhões de penas de morte enquanto tomava o café da tarde. Em um doentio jogo de palavras, os assessores de Franco comentariam que, toda vez que o general escrevia a palavra *enterado* ("ciente") no arquivo de um prisioneiro, na verdade queria dizer *enterrado* ("enterrado").[90]

A ORGANIZAÇÃO REPUBLICANA DO APOCALIPSE[91]

Com a iminência da batalha pela posse da capital, a inexorável marcha da guerra tornou imperativo para republicanos e nacionalistas controlarem, centralizarem e mobilizarem todo o material e os recursos humanos disponíveis. Era evidente que nem toda a administração geral republicana nem a Junta da Defesa Nacional liderada por Cabanellas poderiam assumir efetivamente essa tarefa crucial. O governo em Madri ficou impotente diante da constelação de forças revolucionárias desencadeada em julho e lutava para interromper a onda de violência aleatória, enquanto a Junta em Burgos dificilmente tinha qualquer influência sobre os comandantes no campo.[92] Desse modo, após processos paralelos, tanto Francisco Largo Caballero como o general Francisco Franco foram alçados ao poder em setembro de 1936. Eles pareciam ser os líderes do momento; as duas personalidades fundamentais mais adequadas para reunir forças diferentes de seus respectivos campos e assim conquistar a vitória no campo de batalha.

Aos 68 anos, Largo Caballero teve uma longa e distinta carreira dedicada ao movimento socialista, tanto na política local de sua Madri como no plano nacional. Após trabalhar como ministro do Trabalho, ele passou a criticar cada vez mais a Segunda República. Comandou a ala esquerda de seu partido e recomendou a obediência à poderosa UGT. Até o verão de 1936, Largo foi o indiscutível chefe da capital. Com base na força de sua imagem revolucionária, ele parecia ser o líder que poderia canalizar a euforia por um esforço unido de guerra. Em conseqüência, em 4 de setembro, em meio ao entusiasmo popular, ele se tornou primeiro-ministro e conservou em suas mãos o Ministério da Defesa em um novo governo, o chamado "governo da Vitória", que contava com seis socialistas, dois republicanos, um catalão, um nacionalista basco e dois comunistas. No início de novembro, dois membros da CNT – Joan Peiró (Indústria) e Juan López (Comércio) – e dois da FAI – Joan García Oliver (Justiça) e Federica Montseny (Saúde) – também se tornaram ministros.[93]

Embora saudado, como vimos, pela Juventude Socialista como o "Lênin espanhol", Largo não era um bolchevique. Como muitos de seus rivais no Psoe previram, sua retórica extremamente radical dos meses anteriores não fora causada por uma conversão súbita aos princípios revolucionários, mas pela antiga tradição socialista de aplicar pressão para alcançar concessões.[94] Acima de tudo, Largo era um militante sindicalista cuja principal preocupação era a hegemonia da UGT e a solidez dessa organização. Como demonstrou em outubro de 1934, para ele o maximalismo verbal era uma coisa, mas o sacrifício de uma vida toda de trabalho pelo bem dos princípios revolucionários era outra. O reformismo inveterado que permeava a ala esquerda dos socialistas em geral impedia a tradução de qualquer resolução revolucionária do plano teórico para o prático.[95]

O governo, controlado por Largo, refletia a situação no local. O equilíbrio entre representantes dos partidos políticos tradicionais e os dois sindicatos era um indício da crescente influência e do poder adquiridos tanto pela UGT quanto pela CNT. Antes de mais nada era um gabinete de unidade, cujo principal objetivo era restaurar a democracia burguesa, e não destruí-la.[96]

Retratar a reconstrução do Estado republicano como apenas uma conseqüência da atitude reformista de Largo seria, contudo, equivocado. O enfoque na dicotomia entre aqueles que davam prioridade ao esforço de guerra e os que pressionavam por uma revolução social maior perde a essência do debate. Até setembro de 1936, o irresistível avanço das tropas profissionais de Franco, bem abastecidas pelos ditadores fascistas, já tinha resolvido a questão a seu favor. Os nacionalistas forçaram uma guerra total, e a República simplesmente teve de revidar nesses termos. A insurreição militar despertou certamente um processo social revolucionário na Espanha republicana, e as transferências de controle das indústrias, as coletivizações agrárias e as milícias armadas eram as manifestações mais evidentes disso. No entanto, mesmo durante as primeiras semanas em que os trabalhadores tinham um poder incontestado, os limites da revolução eram óbvios. Sindicatos e partidos políticos não orientavam, mas seguiam a liderança da população.[97] Com a autoridade real fragmentada em grupos locais, não havia força – nem os anarcosindicalistas, nem os socialistas e certamente nem os comunistas – que tivesse a intenção de usar a euforia revolucionária para tomar o poder. Pelo contrário, todos permitiram, inicialmente, a sobrevivência da República democrata burguesa, e, mais tarde, o amargor da derrota e da retirada fez com que percebessem que a principal prioridade deveria ter sido travar uma guerra efetiva.[98]

No final de agosto, todos no campo republicano estavam cientes de que a situação militar se tornava desesperadora. A vantagem inicial em termos de recursos materiais e efetivo logo foi perdida para a caótica fragmentação do poder, a ausência de uma estratégia militar única e a resistência centrada em termos meramente locais.[99] As milícias de trabalhadores, mal armadas e mal disciplinadas, embora vitais para derrotar a insurreição nos conflitos de rua, tiveram desempenho precário na batalha aberta. Apesar de sua superioridade esmagadora em quantidade, as colunas catalães em avanço para Aragão não chegaram a mais de 20km de seu objetivo, Saragoça, diante de linhas rebeldes que, embora pequenas, eram crucialmente defendidas por tropas organizadas e lideradas por oficiais veteranos. Havia mais homens que armas, mais feridos que ambulâncias, mais escassez que suprimentos.

A principal razão para o fracasso republicano, contudo, foi a falta de qualquer ofensiva coordenada. Sem comandantes experientes, o governo deixou decisões cruciais serem casualmente improvisadas, e rivalidades políticas muitas vezes significavam que, enquanto uma coluna lutava, outras assistiam, ou votavam e tomavam uma resolução própria de um ataque.[100] Mesmo que as milícias interrompessem temporariamente o avanço nacionalista nas passagens montanhosas ao norte da capital, sua falta de disciplina marcial impedia a possibilidade de se tirar proveito dos sucessos iniciais. Eles armavam uma ofensiva somente quando e se quisessem. A maioria dos membros da milícia lutava com base na programação de uma jornada de trabalho. Muitos deles viajavam da frente de batalha para Madri, para passar a noite em casa com suas famílias, ou se gabando de seus feitos heróicos daquele dia nos bares locais.[101] A performance da milícia foi ainda pior contra tropas profissionais ou o Exército da África, que marchava, sem encontrar nenhuma resistência significativa, em direção a Madri.

Somente a centralização efetiva, o posicionamento estratégico e a mobilização de todos os recursos humanos e materiais poderiam protelar a iminente derrota da República. Também havia um consenso geral de que, na importante arena internacional, a eliminação da máquina estatal burguesa teria isolado as democracias ocidentais e, por conseguinte, até mesmo a União Soviética. A Espanha, ao contrário da Rússia em 1917, possuía uma ampla classe média, em grande medida identificada com a República, que teria de ser acomodada no caso de se reconstruir uma coalizão popular e antioligárquica. Com exceção das províncias bascas socialmente conservadoras, em Valência e na Catalunha havia grande número de pequenos proprietários que seriam isolados pelo excesso revolucionário. A tarefa de apaziguá-los era imperativa porque a própria insurreição significava a perda, por parte da República, de grande parcela do eleitorado radical, os sem-terra rurais do interior do sul vítimas da invasão do Exército da África.[102] No entanto, o governo liderado por Largo não era simplesmente um retorno a 1931. Ele se tornou a primeira administração democrata na Europa a conter não só os comunistas, mas também, e isso seria impensável algumas semanas antes, os anarco-sindicalistas.

A decisão histórica de se unir primeiro à administração catalã e depois à central não foi uma mudança tão repentina para os anarco-sindicalistas como poderia parecer a princípio. Pelo contrário, para eles era a medida lógica e decisiva depois de aceitarem a responsabilidade de administrar as questões locais com a colaboração de outros e após terem se unido (em julho) ao Comitê de Milícias Antifascistas, dissolvido quando três membros da CNT ingressaram na Generalitat. A colaboração não foi uma trama planejada pelo secretário-geral Horacio Prieto e alguns militantes de alto escalão. Divididos ideologicamente desde os dias de julho em Barcelona, muitos membros da CNT e mesmo da FAI abandonaram aos poucos todos os seus conceitos prévios antigovernamentais e antiestatais.[103] Confrontados pela terrível realidade militar, a maioria entendia que, se a guerra fosse perdida, nunca haveria uma revolução. Mesmo que houvesse uma ruptura entre alguns dos extremistas de linha-dura, agora o slogan aceito pela maioria era combater o fascismo acima de tudo. Para os anarco-sindicalistas, a questão não se resumia a colaborar com os outros, mas a assumir o controle de mecanismos de poder antes que outros deles se apoderassem.[104]

A chegada em tempo das Brigadas Internacionais e dos armamentos soviéticos deu esperanças à República. No entanto, seria tudo em vão, a não ser que, como Malraux expressou de maneira brilhante em seu relato ficcional da guerra civil, o "Apocalipse da Fraternidade" das primeiras semanas fosse organizado. Daí em diante, a ênfase foi colocada na criação de um governo central forte que pudesse dirigir uma economia de guerra. Em conseqüência, em outubro de 1936, o ministro comunista da Agricultura, Vicente Uribe, legalizou a expropriação sem compensações de toda terra pertencente aos envolvidos na revolta militar. Camponeses e organizações agrárias, contudo, podiam escolher trabalhar nas terras individual ou coletivamente, de acordo com a decisão da maioria.

Em dezembro, o Ministério ajudou na criação de uma federação camponesa para defender o direito de propriedade de quem possuía pequenas terras.[105] A situação de outros governos concorrentes foi regularizada. Em outubro, a lealdade do PNV foi recompensada com a concessão da autonomia basca e a indicação de seu líder, José Antonio Aguirre, como primeiro presidente do País Basco. As fontes rivais de autoridade nas Astúrias se fundiram em dezembro, no Conselho de Astúrias e Leão. Também naquele mês, o Conselho de Aragão, liderado pelo anarquista Joaquín Ascaso, e no qual todas as forças republicanas estavam representadas, foi oficialmente reconhecido. O estabelecimento dos Tribunais Populares presididos por juízes profissionais e o aumento no número da polícia armada e de segurança também eram provas da intenção de retomar o controle da justiça e da ordem pública e pôr um fim ao período dos *paseos*.

Finalmente, adotaram-se medidas para criar uma força militar coesa, o Exército Popular. Uma equipe formada por oficiais leais foi criada e academias militares estabelecidas. Em 29 de setembro, um decreto entrou em vigor, colocando todas as milícias sob uma disciplina militar central e sob o controle do Departamento de Guerra. O modelo para o novo Exército foi o 5º Regimento Comunista, órgão bem treinado e liderado por oficiais profissionais, que contava com comissários políticos para treinar as tropas e motivá-las ideologicamente. As unidades básicas do novo Exército Popular eram as chamadas "brigadas mistas". Elas tinham cerca de 160 oficiais e quatro mil combatentes, organizadas em quatro batalhões de infantaria, assim como artilharia, engenharia, refeitório e serviços médicos.[106]

Na virada do ano, as forças republicanas foram incorporadas em brigadas mistas para formar divisões e corpos do Exército. No entanto, o processo era lento e difícil. A falta de armas e de grupos militares qualificados era um obstáculo, enquanto áreas distantes das linhas de frente não compartilhavam a mesma sensação de urgência que havia na zona central. Os executivos bascos e catalães mantiveram controle sobre suas forças e agiram quase como nações independentes.[107] Além disso, a militarização das milícias, embora finalmente aceita pela CNT em fevereiro de 1937, estava longe de ser executada de forma satisfatória em redutos libertários onde prevalecia uma prolongada desconfiança do Estado. A tensão e as rivalidades permaneceram. Especialmente em Barcelona, a oposição de alguns setores das classes trabalhadoras, assim como do eleitorado de classe média regionalista, à iniciativa central significava a permanência de terríveis conflitos desgastantes que enfraqueceram o esforço de guerra. Contudo, uma República em processo de reconstruir suas formas democratas não poderia, sem destruir sua própria *raison d'être*, resolver esse dilema da maneira autoritária dos rebeldes.[108]

O *CAUDILLO* E A *CRUZADA* NA ESPANHA NACIONALISTA

Na Espanha nacionalista era mais fácil alcançar a coordenação e a unificação de forças fragmentadas. A tarefa foi facilitada por dois fatores significativos: em primeiro lugar, a supremacia das Forças Armadas e a continuidade de suas cadeias de comando organizadas; em segundo, apesar das ambições e de diferenças táticas nutridas por alguns para colocar sua própria marca no futuro, estavam mais unidas do que divididas as diversas facções políticas dos rebeldes. Eles não só colaboraram, entre 1931 e 1936, no objetivo comum de destruir a República, como também foram submetidos durante esse período a um processo de "fascistização", compartilhando um programa similar antidemocrático, autoritário, ultracatólico e corporativista. Em seguida participaram na conspiração militar e aceitaram de imediato a subordinação de suas atividades ao comando militar.[109] Mais imprevisível, embora bastante crucial no processo de unificação, contudo, foi a impressionante ascensão do general Francisco Franco.

Nascido em 1892, Franco teve uma longa carreira influenciada pela combinação de sua nativa cautela galega com fortes doses de oportunismo, ambição e sorte. Após medíocres qualificações na academia militar, em fevereiro de 1912, ele se ofereceu como voluntário para servir no Marrocos, onde conseguiu uma rápida promoção por mérito no campo de batalha e contornou a fechada e burocrática hierarquia de um corpo do Exército com excedente de funcionários no continente. Durante os 14 anos seguintes, as cruéis campanhas coloniais no norte da África foram a experiência mais importante de sua formação. Franco até mesmo diria que sem a África não teria conseguido entender a si mesmo.[110] Em 1926, aos 33 anos, ele se tornou general (era o brigadeiro-general mais jovem da Europa naquela época) e ganhou uma reputação de bravura e profissionalismo. No entanto, o oportunismo e as afortunadas viradas do destino sempre estiveram presentes. Franco nada tinha contra aumentar seu histórico de guerra e fazer uma campanha pesada para obter promoções. Sua lenda foi consolidada quando herdou o importante trabalho de chefe da terrível Legião Estrangeira, o que aconteceu somente depois que José Millán Astray (fundador da Legião e mentor de Franco) foi ferido em combate, e seu substituto, o tenente-coronel Rafael Valenzuela, foi morto.[111]

Festejado pelo monarca e pelo diretor da Academia Militar no final dos anos 1920, e no distinto posto de diretor da academia militar de Saragoça, Franco certamente não recebeu com entusiasmo o advento da Segunda República. O novo regime introduziu reformas militares que atrapalharam sua carreira e até fecharam a Academia Militar. Ele via com extrema desconfiança as tendências esquerdistas do governo republicano e era muito influenciado pelo boletim anticomunista – que assinava com muitos outros oficiais – da Entente Internationale Anticommuniste, com sede em Genebra,[112] Mas ficou longe dos conspiradores em 1932. A tarefa de reprimir a revolução de outubro de 1934, que ele recebeu do radical ministro da Guerra Diego Hidalgo, tirou-o de uma relativa obscuridade. Com o país sob a lei marcial, Franco não teve escrúpulos em enviar tropas mouras pela primeira vez ao continente com o objetivo de sufocar a revolta nas Astúrias (ironicamente, a única parte da Espanha jamais conquistada pelos muçulmanos). Ele foi saudado em círculos de direita como o salvador contra o mal comunista.[113] Gil Robles recompensou-o no ano seguinte com a indicação para chefe do Comando Geral.

Mais uma vez fazendo face ao abandono, com a dissolução da Câmara em dezembro de 1935 e a vitória da Frente Popular em fevereiro de 1936, Franco se divertia com a idéia de um golpe, mas a cautela prevaleceu. Expulso do novo governo e enviado para as ilhas Canárias, ele se mantinha informado sobre o desenvolvimento da conspiração, mas permanecia sem se comprometer. Os conspiradores, preocupados com sua hesitação, até o apelidaram de "Miss Ilhas Canárias 1936". Um irritado Sanjurjo comentou que os planos iriam adiante "com ou sem Franquito". Ainda assim, o ápice da ambigüidade de Franco ocorreu quando ele escreveu uma carta endereçada ao primeiro-ministro em 23 de junho de 1936, na qual enfatizava a profunda insatisfação sentida pelas Forças Armadas e sugeria que era possível encontrar uma solução se ele fosse enviado de volta a Madri. Os defensores do general argumentariam que esse foi um nobre e último alerta ao governo. Contudo, a outra possível inferência (e menos honrada) era que, se promovido, Franco se voltaria contra seus companheiros.[114]

Já em 12 de julho, Franco se recusou a se unir à conspiração de seus colegas *africanistas*, mesmo que (por intermédio do correspondente de Londres do jornal monarquista *El ABC*) eles tivessem fretado um avião inglês, o *Dragon Rapide*, para aterrissar nas Canárias e levá-lo então ao Marrocos. Só mudou de opinião após ouvir a notícia do assassinato de Calvo Sotelo.[115] Mesmo assim, Franco levou um tempo impressionante para chegar: o suficiente para garantir não só a segurança de sua esposa e sua filha, mas também a sua própria, com uma carta que assegurava sua lealdade ao governo e, se isso falhasse, um passaporte diplomático para viajar ao exterior, onde tinha conta secreta em um banco.[116]

Paradoxalmente, o fracasso do golpe elevou Franco de rebelde hesitante a líder incontestável. Se a insurreição tivesse sido bem-sucedida, ele seria recompensado com o posto de alto-comissário do Marrocos. No entanto, uma série de terríveis desastres para os nacionalistas abriu caminho para o poder absoluto. Os militares mais importantes (Sanjurjo, Goded, Fanjul) e os políticos vitais (José Antonio, Calvo Sotelo) nas fileiras rebeldes tinham sido ou logo seriam mortos. Desse modo, durante uma pausa da insurreição, Franco se viu sem um sério rival político ou militar com quem concorrer pela liderança. Para impedir o perigo do regionalismo, os principais generais se reuniram em Salamanca, em 21 de setembro, para escolher um único generalíssimo. Oficialmente, teria sido o general Kindelán, oficial monarquista que convocara o encontro. Mas não era segredo que durante semanas o irmão de Franco, Nicolás, em conjunto com importantes personalidades, como Millán Astray e o monarquista José Antonio Sangróniz, tinham feito uma forte campanha para que Franco tomasse controle de um comando unificado.

Na reunião dos generais, Franco não enfrentou quase oposição alguma para assumir o posto. Seus dois potenciais rivais, Queipo e Mola, não eram páreos para ele. Mola, embora fosse forte candidato como diretor da rebelião, perdera poder por não conseguir organizar um golpe bem-sucedido. Além disso, ele era somente brigadeiro-general, enquanto Franco era, até o momento, major-general. Queipo era um major-general mais experiente, porém, em grande medida, era considerado um lunático excêntrico e, de qualquer forma, estava automaticamente desqualificado por seu envolvimento passado em conspirações contra a Monarquia.

Em contraposição, a reivindicação de Franco era irrefutável. Sua falta de tendência política clara o tornava atraente para todas as diferentes facções. Ele tinha o apoio total do Exército da África, cujo avanço bem-sucedido em agosto tinha confirmado seu papel fundamental na guerra. Por fim, ele estabelecera uma ligação direta com a Itália e a Alemanha.[117] Antes que o anúncio se tornasse público, os generais voltaram para a frente de batalha, depois de combinarem retomar as discussões uma semana mais tarde. Franco aproveitou esses dias para ampliar seu poder político e militar num limite além do que seus colegas oficiais tinham em mente. Ele tomou uma decisão polêmica, mas sagaz, quando desviou o avanço em direção ao norte de Madri para ajudar o sitiado Alcázar em Toledo – a leste de sua rota, mas um local com imenso simbolismo emocional e religioso para os nacionalistas.

Desde o início da guerra, um grupo de direita em Toledo, liderado pelo coronel José Moscardó, se entrincheirou com suas famílias (e um grande número de reféns, uma centena de mulheres e filhos de conhecidos esquerdistas) na antiga Academia Militar, uma antiga fortaleza ou Alcázar. Quando Franco optou por resgatar as forças cercadas de Moscardó, deu a Madri um tempo precioso para consolidar suas defesas. Entretanto, ele estava ciente da propaganda moral e espiritual em jogo. Em 27 de setembro, o Alcázar foi salvo e se tornou parte da lenda nacionalista. Rumores para aumentar o status mítico do episódio afirmavam que os sitiados tinham ameaçado assassinar o filho de Moscardó se ele não se entregasse. Como durante a Reconquista, séculos antes, quando os mouros forçaram essa mesma escolha a um cavaleiro cristão (Guzmán *el Bueno*), Moscardó se recusou a obedecer e disse ao filho para entregar sua alma a Deus e morrer de forma corajosa.

O filho de Moscardó levou um tiro em 23 de agosto, mas não por causa dessa ameaça. Junto a outros prisioneiros, ele foi executado como represália por um ataque aéreo a Toledo. Na verdade, é bastante duvidoso se a ameaça pessoal contra o filho de Moscardó tinha realmente sido feita. Na verdade, os responsáveis pelo cerco permitiram até que os oficiais em Alcázar escrevessem para seus parentes em Madri. Ainda assim, o mito teve um enorme valor de propaganda. Naturalmente, a lenda não mencionava o destino de inúmeros reféns detidos contra sua vontade na fortaleza nem o banho de sangue que se seguiu à captura de Toledo pelos nacionalistas.[118]

Quando os outros generais se encontraram com Franco no dia seguinte, foram recebidos por uma campanha bem orquestrada que endeusava o "salvador do Alcázar". Franco maximizou sua vantagem em meio àquela frenética atmosfera e obteve de seus companheiros a ambígua posição de chefe do governo do Estado nacionalista. De forma significativa, ficou acertado que sua indicação só valeria durante a guerra. Contudo, qualquer referência à natureza provisória do poder de Franco desaparecera de forma misteriosa quando a ordem foi publicada oficialmente em 1º de outubro.[119] No emergente Estado nacionalista, a linha entre mito e realidade já se encontrava desgastada. Franco foi saudado como um líder militar invencível e conhecido como o *caudillo*, denominação dos chefes guerreiros medievais. Seu nome era repetido e seu retrato colocado em todos os cantos da Espanha nacionalista. Símbolos patrióticos e uniformes do Exército, característicos de um Estado militarizado, associados a modernos valores fascistas e tradições religiosas ocultas, tornaram-se traços dominantes.[120]

De forma irônica, com exceção dos redutos carlistas no norte, sempre marcados por um fervor intenso, as alusões religiosas estavam visivelmente ausentes das declarações iniciais do general, em vez disso, dominadas pelo jargão anticomunista e anti-separatista. Na verdade, não foram os insurgentes que pediram o apoio da Igreja, mas essa que se juntou a eles de corpo e alma.[121] Logo a aliança entre espada e altar foi recriada. Nesse casamento de conveniência, a Igreja Católica ofereceu seus poderosos serviços aos rebeldes militares. A posição da Igreja não era só o resultado da perseguição realizada na outra zona do país, mas também conseqüência da tentativa de reconquistar sua privilegiada posição, que fora desafiada desde 1931.[122] Como cortesia das autoridades militares, a hierarquia religiosa passou a impor os princípios cristãos com uma combinação de zelo e compulsão que lembravam a Idade Média. Como os nacionalistas não tinham grandes intelectuais, o sacerdócio assumiu esse papel para Franco. Apesar da posição ambígua do Vaticano, a rede católica foi crucial para mobilizar a opinião internacional e, do mesmo modo, para reunir uma grande força social na Espanha – fazendeiros rurais, comerciantes e a classe média religiosa, todos temerosos do espectro comunista. Na ausência de qualquer objetivo que não fosse a tomada do poder, o catolicismo também teve o papel importantíssimo de unificar todos aqueles que aderiram à insurreição.[123]

A hierarquia eclesiástica foi central ao se reescrever a história. Os bispos de Pamplona e Saragoça e o arcebispo de Santiago já usavam o termo *cruzada* e a expressão "guerra de Deus" para caracterizar a causa rebelde em agosto. A publicação da carta pastoral "As duas cidades", em 30 de setembro, pelo bispo de Salamanca, Enrique Pla y Deniel, que de forma cortês oferecia seu palácio a Franco para estabelecer o posto de comando nacionalista, foi o momento decisivo no processo de conceder à guerra civil um caráter religioso. De acordo com o prelado, a guerra não era nem um conflito político nem de classes, mas uma luta titânica entre dois conceitos de vida, um deles representado por uma cidade terrena habitada pelos filhos de Caim, comunistas e anarquistas que por inveja mataram seus irmãos; o outro, uma cidade celestial onde a doutrina de Deus, o martírio e o heroísmo prevaleceram. Os insurgentes não eram rebeldes contra seu governo, mas abençoados como heróis de uma nova Reconquista – patriotas lutando para libertar a Espanha de hordas de ateus de Moscou e restaurar a civilização da pátria em perigo.[124]

A partir daí, o triunfo da cidade de Deus foi acompanhado por uma retórica que associava o catolicismo militante ao patriotismo e ao militarismo. As vitórias de Franco eram comemoradas com *Te Deum*, e o sacerdócio apoiava abertamente a saudação fascista, fazia discursos inflamados para as tropas e apelava pelo extermínio dos comunistas. Em sua caracterização da causa nacionalista como uma cruzada patriota, a Igreja abrandou o papel da Itália e da Alemanha. A progressiva tendência da repressão, contudo, obteve sua bênção, se não colaboração aberta, e desse modo adquiriu legitimidade moral.[125] Ainda mais impressionante foi a aparente ignorância do clero em relação ao papel vital e homicida exercido por milhões de mouros infiéis na "cruzada cristã". O assassinato, cometido por nacionalistas, de 14 padres bascos que tinham apoiado o também católico fervoroso (mas separatista) PNV, parecia igualmente escapar de sua atenção.

O confronto entre o célebre filósofo e romancista Miguel de Unamuno e Millán Astray, o mutilado herói de guerra indicado como o chefe da imprensa e da propaganda nacionalista, ilustrava de forma vívida o exaltado patriotismo e o fanatismo brutal que permeavam a cruzada. Apesar de seu passado antimonarquista e polêmico, Unamuno ficou desapontado com a Segunda República e passou a apoiar passivamente a rebelião. No entanto, o número de amigos muito próximos a ele na academia que tinham desaparecido durante os primeiros meses do conflito o preocupava. Em 12 de outubro, como reitor da Universidade de Salamanca, Unamuno teve de presidir as comemorações de aniversário da descoberta da América por Cristóvão Colombo. O ato, que contou com a participação de várias personalidades, como a esposa de Franco, Carmen Polo, foi marcado pela presença de grupos de sacerdotes, políticos e escritores que tinham um discurso de adulação ao novo regime, combinado a uma venenosa retórica contra os males do separatismo e do comunismo. Não mais capaz de se conter, Unamuno declarou:

> Vocês me conhecem bem e agora não consigo continuar em silêncio. ... Não queria falar, mas sinto que é minha obrigação. Foi dito aqui que esta é uma guerra internacional em defesa da civilização cristã. ... No entanto, nosso conflito não é uma guerra civil. *Vencer* não é *convencer*, e vocês devem convencer acima de tudo, mas o ódio que não deixa espaço para a compaixão nunca pode convencer. ... Deixarei de lado a ofensa de chamar os bascos e os catalães de antiespanhóis. Aqui está o bispo [Enrique Pla], que, goste ou não, é catalão nascido em Barcelona e ensina a vocês princípios cristãos. Eu, nascido em Bilbao, sou basco e passei toda a minha vida ensinando a vocês a língua espanhola, que vocês não conhecem.

Nessa atmosfera exaltada, Millán Astray interrompeu o filósofo com gritos de "Morte aos intelectuais!" e com o lema da Legião "*Viva la Muerte!*". Unamuno replicou que Astray não tinha a grandeza espiritual do outro aleijado, Miguel de Cervantes, já que ninguém poderia encontrar a felicidade em ver o país repleto de novas mutilações. A situação se tornou ainda mais violenta com gritos para atirarem em Unamuno, enquanto os seguranças de Astray sacavam suas pistolas. Sob uma chuva de insultos, ele conseguiu deixar o local protegido por Carmen Polo. Destituído de seu cargo e colocado em prisão domiciliar, Unamuno morreu arrasado, três meses depois.[126]

Até o final de 1936, os nacionalistas tiveram sua cruzada e seu *caudillo* e uma retórica e um simbolismo inspirados na era do *Cid* e nos reis católicos, quando a Espanha foi reconquistada das mãos dos invasores muçulmanos. Sem êxito na tomada de Madri e reconhecida oficialmente apenas pelas potências fascistas, a causa deles permanecia, em termos de legalidade internacional, uma revolta incitadora contra um regime constituído de forma democrática.

5

ROMPENDO O IMPASSE

(dezembro de 1936 – março de 1938)

A verdadeira tragédia para a Espanha foi a morte de Mola: o verdadeiro cérebro, verdadeiro líder. Franco chegou ao topo como Pôncio Pilatos no Credo.[1]

A questão Deutschland .... era previsível desde o momento em que navios de guerra italianos e alemães, aliados aos rebeldes, vigiavam nosso litoral sob desculpa da não-intervenção. ... Como dois aviões "comunistas" podem ousar atacar um pacífico navio de guerra alemão, parado em um porto espanhol, enquanto tropas alemãs estão em guerra com a República no continente?[2]

O VÁCUO POLÍTICO NA ESPANHA NACIONALISTA

Para os insurgentes, o retrocesso nos portões de Madri foi uma bênção disfarçada, já que o verdadeiro fracasso logo se transformou em algo que poderia ser usado em seu próprio benefício. Alemães e italianos, com sua imensa contribuição material e em termos de efetivo, não só salvaram os rebeldes da derrota, mas também associaram seu prestígio ao resultado da aventura espanhola. A continuidade da guerra também forneceu o tempo necessário para sufocar por completo, embora lentamente, a resistência republicana e consolidar um poderoso mito em torno da liderança do general Franco.

Oficiais alemães, italianos e até espanhóis criticaram muitas vezes a conduta de Franco na campanha. Eles se desesperavam com o que consideravam avanços excessivamente cautelosos, em lugar do uso de uma esmagadora superioridade material – que os nacionalistas gostavam de empregar por meio das linhas inimigas – que forçaria a República a se render. No entanto, suas objeções estavam mal formuladas. Decisões militares que pareciam desnorteadas para eles eram em parte justificadas pelo fato de que o alto comando nacionalista tinha oficiais *africanistas*; muito eficientes em combates coloniais de pequena escala, mas bem menos competentes em liderar grandes forças no conflito armado moderno.[3] Mas também havia interesses políticos ocultos. O *caudillo* não estava interessado em uma batalha rápida e definitiva, mas em subordinar objetivos militares a metas políticas. Como *africanista* arquetípico, Franco seguiu uma estratégia destinada a aniquilar o inimigo aos poucos, mas por completo, sempre ciente de que uma campanha mais longa ajudaria a fortalecer sua própria fama pessoal.[4]

Enquanto Franco alcançava o comando militar supremo em outubro de 1936, as fundações políticas da Espanha nacionalista permaneceram extremamente difusas. O verdadeiro arquiteto de um aparato estatal seria Ramón Serrano Suñer, cunhado de Franco. Os meses de Serrano anteriores a sua chegada em Salamanca, em fevereiro de 1937, eram dignos de um romance. Advogado jovem e inteligente, amigo próximo de José Antonio e representante da Ceda em Saragoça, Serrano criticava a indecisão de Gil Robles e foi útil ao levar um bom número de membros da JAP para a Falange na primavera de 1936. Surpreendido em Madri pela eclosão da guerra, logo foi preso e por pouco escapou da *saca* de agosto, na qual muitos de seus colegas morreram. Transferido para um hospital pela saúde precária, tirou vantagem de condições mais propícias para organizar, em colaboração com o prestigiado médico Gregorio Marañon e alguns oficiais holandeses, sua fuga para o consulado da Holanda disfarçado de mulher. Já nesse país, ouviu as notícias do assassinato de seus irmãos Fernando e José. Em seguida viajou de carro para Alicante, acompanhado pelo capitão Fernández Castañeda, assistente do general Miaja, que também tentava desertar. Em Alicante, vestido de marinheiro argentino, embarcou em um navio desse país, o *Tucumán*.[5]

Uma vez em Salamanca, o carisma de Serrano se destacou entre a variedade de bajuladores que cercavam o *caudillo*. Bonito, louro e de olhos azuis, era bastante atraente e, quando acompanhado por sua esposa Zita, ofuscava o casal Carmen, irmã de Zita, e o gordo e baixo Franco. Graças a sua ascensão meteórica, ele seria apelidado de *el cuñadísimo*, para rimar com o título de Franco, *generalísimo*. Logo que chegou, ele descreveu a máquina governamental nacionalista como um campo armado (*estado campamental*) dominado por uma atmosfera anacrônica de guerra santa, valores militares e caos administrativo. Além do quartel-general do *caudillo* em Salamanca havia um poderoso secretariado controlado pelo irmão de Franco, Nicolás, e um aparato de imprensa e propaganda chefiado pelo pouco sofisticado Millán Astray. Um tipo de governo provisório – conhecido como Junta Técnica del Estado e liderado, em primeiro lugar, pelo general Fidel Dávila e depois pelo general Francisco Gómez Jordana – foi estabelecido, nesse meio tempo, em Burgos. Além disso, os generais Mola e Queipo de Llano, respectivamente como comandantes dos Exércitos do Norte e do Sul, dirigiam suas zonas como feudos privados. Podia-se encontrar entre Burgos e Salamanca todo tipo de milícia e de políticos em disputa pela influência.[6]

Apesar de tudo isso, a supremacia política de Franco foi estabelecida em tempo relativamente curto, e a disciplina foi imposta sobre uma variedade de forças convergentes nesse campo. Os nacionalistas, dominados pelos militares e com métodos mais vantajosos, nunca tinham vivido o nível de conflito que assolaria a República.

Os partidos de direita tinham estabelecido colaboração mais próxima no período anterior ao golpe de 1936. Na década de 1930, todos se submeteram a um processo de "fascistização", tendo em comum um programa extremamente antidemocrático e antiliberal. Como resultado, o autêntico partido fascista, a Falange, encontrava-se singularmente fragilizado. Assim, ao contrário do que acontecera na Itália e na Alemanha, ele se tornou subordinado a outros grupos reacionários.[7] Compreendendo a importância da unidade para obter o prêmio final, a vitória na guerra, todos esses grupos estavam preparados para apoiar um líder de guerra que, acreditavam, pudesse conseguir esse resultado.

Após julho de 1936, só existiam duas grandes forças políticas na Espanha nacionalista: os carlistas e os falangistas. O status deles foi sobrepujado pelo grande influxo de novos recrutas, e suas milícias tiveram papel vital na frente de guerra e no policiamento da retaguarda. Em contraposição, a Ceda entrou em declínio terminal. Gil Robles, para conseguir favores do comando militar, decidiu até acabar com seu partido em novembro de 1936. Mas na nova e irascível atmosfera não haveria um papel central no campo franquista para Gil Robles – a incorporação do direito legalista não aconteceria antes de 1936. Em suas viagens para Salamanca, Robles foi muitas vezes insultado e recebeu até ameaças físicas dos falangistas. Semi-exilado em Portugal, sua tarefa era facilitar os fornecimentos e a assistência econômica para o regime.[8] Embora possuíssem quadros militares mais preparados e ligações cruciais com o círculo financeiro e os oficiais do Exército, os monarquistas eram poucos em número, e a idéia de uma restauração dos Bourbon era bastante impopular entre os recrutas nacionalistas – mesmo após a abdicação de Afonso XIII em nome de seu herdeiro, dom João.[9] Franco, em um majestoso exercício de duplicidade, logo reduziu as aspirações do jovem príncipe. Desse modo, quando dom João, reforçando sua experiência na

Marinha Real, escreveu em dezembro pedindo permissão para se unir à batalha nacionalista, o *caudillo* recusou de imediato a oferta, mencionando a necessidade de manter o herdeiro do trono a salvo. Na verdade, Franco tentava impedir que um potencial competidor reunisse um bom número de oficiais de alto posto em apoio a sua candidatura.[10]

De certo modo, o espírito messiânico que inspirou os carlistas *requetés* tornou-os, em seguida à Legião Estrangeira e aos mouros, as tropas mais temidas e treinadas. No entanto, o populismo medieval, associado ao pequeno grupo de seguidores fora de Navarra e do País Basco, impedia a possibilidade de que exercessem uma hegemonia política total. Além do mais, as ambições carlistas sofreram terrível retrocesso em dezembro de 1936, quando, após estabelecer uma Academia Militar separada para seus próprios oficiais sem a aprovação de Franco, o líder carlista Fal Conde teve de enfrentar como alternativas o exílio imediato ou a corte marcial. O conselho carlista, ciente dos limites de sua força, evitou um confronto e o substituiu pelo conde Rodezno, mais transigente.[11] Para impedir incidentes similares, em 21 de dezembro, Franco decretou a subordinação de todas as milícias ao comando do Exército central. Sem perceber, os falangistas tinham perdido sua primeira batalha.[12]

ABRIL EM SALAMANCA

O rápido crescimento da Falange, associado à intervenção fundamental do Eixo, parece ter oferecido ao fascismo espanhol a oportunidade de impor sua agenda política. Entretanto, as estimativas eram em grande parte artificiais. Pois, ao contrário dos inúmeros carlistas sinceros e fervorosos, os espanhóis fascistas autênticos eram poucos. A grande maioria dos novos recrutas da Falange, em vez disso, era formada por reacionários de todos os tipos, oportunistas e antigos indivíduos de esquerda que buscavam se proteger contra a repressão. Além disso, com a maior parte de seus líderes mortos ou capturados nos primeiros dias da guerra, a Falange foi decapitada e dividida.[13]

O fundador, José Antonio, estava preso em Alicante desde março de 1936. Muitos planos para arquitetar sua fuga foram concebidos e abortados em seguida. Entre eles estavam ataques do comando em colaboração com a Alemanha, o suborno de funcionários da prisão e sua troca com prisioneiros da esquerda. Muitos republicanos acreditavam que sua execução em 20 de novembro de 1936 foi um grave erro.[14] As autoridades de Alicante, porém, com medo de que Madri optasse pela indulgência, mataram-no antes de o governo rever sua sentença.

Durante sua prisão e julgamento, José Antonio parecia ter passado por uma transformação radical, rejeitando a insensível violência fratricida e pedindo permissão para viajar a Salamanca com o intuito de buscar um término negociado para o conflito. Mas ainda permanece a dúvida: era sincero ou tentava somente enganar seus carcereiros. Do mesmo modo, o impacto que sua atitude poderia ter não pôde ser avaliado, graças à predominante atmosfera de histeria. Certamente ele estava aberto à idéia de reconciliação, algo que Franco nunca esteve. Sua morte, contudo, foi uma dádiva para o *caudillo*: um rival carismático se tornou mártir da causa a ponto de ser quase endeusado como "ausente", enquanto a Falange poderia ser bem mais facilmente assimilada agora que seu líder estava morto.[15] Na verdade, o apoio de Franco às várias operações de resgate foi morno, e seus sentimentos com relação ao líder falangista estavam longe da benevolência. Para horror de Serrano, o general denegriria a memória de José Antonio em conversas pessoais. Ele afirmou algumas vezes que o líder falangista não fora executado, mas seqüestrado e então castrado pelos russos; em outros momentos, dizia que ele morrera como um covarde, precisando tomar uma injeção para ficar de pé diante do pelotão de fuzilamento.[16]

Com José Antonio fora do caminho, Franco e Serrano conseguiram tirar vantagem da fragmentada Falange com relativa facilidade. Chefe da Falange de Santander e líder nacional provisório do partido, Manuel Hedilla liderava uma facção cujo principal apoio vinha das províncias do norte. Mecânico de profissão, ele representava o "fascismo de esquerda" idealista, ávido por atrair antigos esquerdistas arrependidos e bastante crítico em relação às forças reacionárias na Espanha nacionalista. Tinha a oposição dos chamados "legitimistas", liderados por amigos e parentes de José Antonio que viviam em Madri e no sul. Segundo Serrano, a maioria dos militares e políticos de alto escalão queria reprimir os modos abrasivos e o populismo plebeu dos falangistas. Ficavam lisonjeados quando os chamavam informalmente pela segunda pessoa, *tu*, e de "camaradas", e se incomodavam com as constantes referências dos falangistas a uma próxima revolução nacional-sindicalista.[17]

Quando as negociações para a formação de um partido nacional unido ganharam impulso, a contenda falangista interna atingiu o ponto de ebulição – a sede militar incendiava sob as chamas da discórdia e jogava um lado contra o outro. Hedilla, por exemplo, foi encorajado a reafirmar seu controle, enquanto seus rivais eram incentivados a derrubá-lo. O objetivo era facilitar e justificar a tomada de poder por Franco. Até abril de 1937, ambas as facções falangistas estavam em situação de guerra e reuniam seus defensores em Salamanca. Os "legitimistas" atacaram primeiro. Na manhã do dia 16 de abril, eles tomaram o escritório central da Falange e depuseram Hedilla. O contra-ataque ocorreu naquela noite, quando se realizaram incursões armadas contra as casas de importantes legitimistas. Nos combates, dois falangistas, um de cada facção, foram mortos. Com a maioria dos "legitimistas" presos pelas autoridades, e com a liderança de Hedilla confirmada pelo conselho nacional em 18 de abril, sua facção acreditava que vencera a luta partidária. A vitória, contudo, seria curta.[18]

No dia seguinte, Franco decretou a unificação de todas as forças nacionalistas, o que necessariamente implicava a dissolução de todas as estruturas de partido existentes. O novo nome do partido, Falange Española Tradicionalista (FET), mais conhecido como "o movimento", enfatizava claramente a relevância dos dois principais grupos de nacionalistas. Seu símbolo eram a canga e as flechas falangistas, mas o novo uniforme combinava a camisa azul falangista e a boina vermelha carlista. Na verdade, a FET representava o nascimento de um partido franquista e o término das ambições hegemônicas da Falange. Serrano a descreveu como um "*golpe de estado a la inversa*" (um golpe de Estado às avessas). Não foi um partido que tomou o poder, mas uma poderosa fusão, vinda do topo, de todas as forças políticas.[19] Embora possuísse um importante papel, a Falange era somente uma das candidatas desse novo movimento híbrido.

Hedilla recusou o posto oferecido em um novo conselho político formado por lacaios e submissos falangistas de pós-julho de 1936. Depois de instruir as antigas delegações provincianas da Falange a resistirem à fusão imposta, foi acusado de se rebelar, preso com vários outros falangistas e condenado à morte. Depois da interferência de Serrano e alguns diplomatas italianos e alemães, a sentença de morte de Hedilla foi comutada, mas ele ainda permaneceria na prisão até 1947.[20] As reclamações carlistas eram ainda mais silenciadas. O regente dom Javier estava furioso com relação a esses desenvolvimentos, mas até o final do ano recebeu ordens para deixar a Espanha. Os carlistas sentiram um certo desconforto por serem deslocados de seus postos. No entanto, foram capazes de justificar sua participação na guerra, a aceitação geral da unificação política no contexto da destruição da República ateísta, da restauração da ordem social, e da proeminência católica e da confirmação de sua supremacia em Navarra.[21]

CATOLICISMO NACIONAL

Acima de tudo, o golpe de abril determinou a ditadura personalista de Franco. Ele agora era o generalíssimo das Forças Armadas, chefe de Estado, *caudillo* da cruzada e líder do único partido político. Em menos de um ano, o hesitante rebelde tinha acumulado mais poder que um monarca medieval. Abril de 1937 também foi uma considerável vitória sobre o fascismo genuíno para os partidos "fascistizados". Sem muitos seguidores, eles receberam com entusiasmo a oportunidade de dividir o controle da administração do Estado emergente com carlistas e falangistas.[22]

Os falangistas enfrentaram uma escolha difícil: ou aceitavam o fato consumado e tinham acesso aos privilégios do poder, ou eram deixados de fora, enfrentando a possibilidade de perseguição e prisão. A obediência da maioria dos antigos radicais revelou que eles estavam prontos a ceder. Nunca haviam estado tão próximo dos corredores do poder e não se mostravam dispostos a arriscar esse triunfo pelo bem de interpretações doutrinais excessivamente rígidas.[23] Além disso, Serrano, que fornecera uma privilegiada ligação direta com o *caudillo,* representava cada vez mais as aspirações dos falangistas. Símbolos, coreografia e liturgia da Falange também foram, de certa forma, adotados pelo movimento, enquanto alguns falangistas dividiam os despojos do cargo na administração e nos serviços de segurança, recebiam a tarefa de arregimentar o trabalho e foram colocados no controle da maior parte da mídia então em desenvolvimento. Entretanto, o ritual e a retórica fascistas também se combinaram a valores militares e religiosos, ou por vezes foram mesmo substituídos por eles.

Ao apostar nos nacionalistas, a Igreja assumiu um papel nos assuntos do Estado semelhante ao que tinha no século XVI. A publicação pela hierarquia católica espanhola, em julho de 1937, de uma carta coletiva para os bispos do mundo não foi apenas a declaração oficial de sua posição partidária, mas também um vital golpe de propaganda.[24] A Igreja confirmou seu papel como principal propagadora da visão maniqueísta dos nacionalistas a respeito da guerra e responsável ideológica por sua legitimidade.[25] Como nas épocas medievais, a pompa religiosa e a intimidação mágica eram partes instrumentais do regime. Franco foi saudado como o salvador da perseguida fé. Em conseqüência, o *caudillo*, por já ter estabelecido seu posto de comando no Palácio Episcopal de Salamanca, cedido de forma gentil pelo bispo Pla, concedeu a si mesmo a prerrogativa real de entrar e sair de locais religiosos *bajo palio* (sob um pálio).[26] A Igreja, por sua vez, viveu uma era dourada, pois adquiriu o monopólio da educação e um papel proeminente nos serviços sociais. Também recebeu uma ajuda financeira constante, assim como a isenção na cobrança de impostos. A legislação republicana laica foi derrubada, templos e igrejas foram restaurados e o sacerdócio se tornou o guardião dos costumes do povo.[27]

As fundações da Espanha de Franco eram, deste modo, uma fusão de tendências totalitárias modernizadoras com elementos religiosos absolutistas e medievais,[28] um casamento que pode ser definido como catolicismo-nacional. As constantes referências à Reconquista e à Idade Dourada iniciadas pelos reis católicos foram associadas à retórica fascista. O slogan alemão *"Ein Volk, ein Reich, ein Führer"* se tornou *"Una patria, un Estado, un caudillo"*. Essa confusa coreografia estava claramente presente na cerimônia de posse no Conselho Nacional da FET, em 2 de dezembro de 1937. Baseado no Grande Conselho Fascista de Mussolini, ele se reuniu no mosteiro de Santa María de la Real de las Huelgas (Burgos). Depois que músicos com figurinos do século XVII tocaram tambores e trompetes, os integrantes do conselho juraram lealdade a Franco, que se declarou responsável somente com relação a Deus e à história – tudo isso diante de uma delgada estátua de mármore de Cristo e do estandarte de batalha da histórica vitória contra os mouros em Navas de Tolosa.[29]

Em 1937, forjou-se uma coalizão governante altamente efetiva, junto com a retórica exaltada e toda essa parafernália. A grande manobra de Franco foi equilibrar todos os seus componentes. Ligadas pelo chamado "Pacto de Sangue" (a cumplicidade na permanente e brutal repressão), todas as facções dividiam os despojos do governo, enquanto o líder nacional protegia seus interesses particulares. Uma clara expressão dessa realidade foi a formação do primeiro governo nacionalista em 30 de janeiro de 1938. Serrano Suñer, como ministro do Interior, era a principal personalidade encarregada da administração, da imprensa e propaganda. No entanto, a ordem pública foi entregue ao general Martínez Anido, homem com uma inigualável reputação de sede de sangue. Os demais integrantes do ministério passaram por uma cuidadosa seleção de oficiais, católicos, falangistas, carlistas e monarquistas.[30]

A ESTRELA CADENTE DE LARGO

A guerra acelerou o programa progressista original da República. Registros criminais foram apagados. As mulheres obtiveram direitos civis e status de viúvas, e as crianças de pais que não eram casados receberiam legitimidade se o pai fosse morto em combate. Em determinados casos, o governo catalão legalizou até o aborto. A luta a favor da instrução cultural e da alfabetização ganhou ímpeto. Pequenas casas e propriedades abandonadas foram convertidas em escolas. Institutos para os trabalhadores foram estabelecidos, onde se ofereciam planos de estudo de dois anos, incluindo matérias acadêmicas e vocacionais, aos indivíduos entre 18 e 35 anos que não estavam alistados. Na frente de batalha, os chamados "membros da milícia cultural" aproveitavam a trégua nos combates para dar aulas a colegas combatentes e levar livros e filmes para os povoados.[31] Ao mesmo tempo, o governo Largo tomou medidas destinadas a unir as forças eleitorais da República. No processo, contudo, o governo passou por uma explosão de disputas internas. Assim como no campo do inimigo, o resultado desse confronto representou uma consolidação do Estado. No entanto, o desgaste com a guerra e o derrotismo mantiveram vivos os antagonismos, o que acabaria por enfraquecer a capacidade de resistência da República.

Embora a lei marcial fornecesse aos generais rebeldes um controle indiscutível sobre seu território, a falta de confiança dos oficiais leais fez com que ela fosse decretada na República da Espanha somente em janeiro de 1939, época em que a guerra já tinha quase terminado. Um regime que, apesar de todas as deficiências, ainda era uma democracia não poderia imitar o método do consenso cuja unidade se baseava na autoridade suprema do *caudillo*. Além disso, ao contrário do histórico de colaboração entre forças de direita, a esquerda era marcada por uma tradição de ódio fratricida. Apesar da terrível ameaça que os avanços nacionalistas representavam, essas rivalidades não só permaneceram como foram muitas vezes exacerbadas pelo novo contexto produzido pela guerra.

As constantes derrotas levaram realmente à aceitação geral da reconstrução de um Estado forte, capaz de revidar (embora a determinação dessa aceitação dependesse muitas vezes da proximidade de um grupo ou de um indivíduo com relação à frente de batalha). O apocalipse dos meses anteriores, contudo, não poderia ser facilmente superado. Em primeiro lugar, o governo central se defrontou com as aspirações nacionalistas catalã e basca; em segundo, a autoridade dos republicanos burgueses foi cerceada pelo rápido crescimento das organizações trabalhadoras. Tensões internas socialistas e anarco-sindicalistas também foram ampliadas. Além do mais, os comunistas, força irrelevante antes do verão de 1936, rapidamente ampliaram sua influência.

A vitória na frente de batalha de Madri no inverno de 1936-37 ofereceu somente uma breve pausa à República sitiada e certamente não fortaleceu a posição do chamado "Governo da Vitória". Tendo fugido de Valência no início de novembro, Largo dificilmente pode receber qualquer crédito pela resistência bem-sucedida em Madri. A queda de Málaga, em fevereiro de 1937, também foi um grande golpe em sua autoridade. Nesse período, o primeiro-ministro já estava quase totalmente isolado em seu gabinete, e seus defeitos, até então ocultos, se tornaram preocupantes.[32]

Muitos socialistas e republicanos não tinham se esquecido da posição inflexível de Largo, inclusive seu bloqueio do acesso de Prieto ao poder em maio de 1936, que, segundo acreditavam, poderia ter ajudado indiretamente a enfraquecer o governo da Frente Popular e facilitar a insurreição. Largo ofendeu então o Comitê Executivo Nacional do Psoe ao aceitar o cargo de primeiro-ministro sem mesmo consultá-lo, reivindicando agir de acordo com sua posição de presidente da UGT. Para piorar, Largo logo ignorou toda sua retórica revolucionária e procedeu como um político pragmático, investindo todo seu esforço na reconstrução da República burguesa. Isso, por sua vez, enfureceu muitos socialistas moderados, que sentiam que ele estava tomando o programa deles em suas mãos – o que revelava que sua posição anterior não passava de exibicionismo.[33]

Para agravar ainda mais a situação, a boa relação inicial de Largo com o PCE logo se deteriorou. Ele se ressentia do domínio dos comunistas em cargos vitais dos serviços de segurança, no comando do Exército e na rede de comissários políticos, e logo se envolveu em terríveis confrontos com conselheiros russos e com o embaixador soviético Marcel Rosenberg. Ainda incomodado com a hegemonia comunista na Juventude Socialista Unificada (JSU) e no Partido Socialista Unificado Catalão (Psuc), Largo se opôs naturalmente à união entre socialistas e comunistas. No entanto, como a resistência republicana dependia tanto da ajuda militar soviética, uma diplomacia sutil era mais profícua que o temperamento explosivo de Largo. Além disso, o primeiro-ministro não percebeu a crescente importância dos comunistas no esforço de guerra. Em menos de um ano, o PCE, com uma força relativamente frágil de cerca de 20 mil ativistas, tornou-se um poderoso movimento com quase 400 mil integrantes e o controle efetivo sobre 350 mil afiliados da JSU.

De forma incontestável, a popularidade da União Soviética como única grande potência a fornecer assistência militar à República aumentava o prestígio comunista. Havia, entretanto, outras razões para explicar o impressionante crescimento do PCE. Os comunistas apresentavam uma imagem de competência e disciplina, e também possuíam uma formidável máquina de propaganda. Quando o governo deixou Madri, os comunistas assumiram o vácuo. Seus líderes se tornaram os heróis da capital, incitando o povo com poderosos slogans. O 5º Regimento Comunista, com a qualidade superior de seu quadro militar, comissários políticos e oficiais profissionais, se tornou o modelo para o Exército Popular. Além do prestígio conquistado pela eficiência (ao contrário de outros grupos republicanos, traumatizados pela guerra ou atormentados por tensões internas), o PCE surgiu como estrutura central da aliança entre classes da Frente Popular. Ele conservou um importante eleitorado entre o proletariado, cuja força foi reanimada com promessas de um novo acordo social e econômico radical após a vitória. Mas, ao mesmo tempo, a moderação de táticas comunistas (a defesa do respeito pela propriedade privada e da colaboração leal entre classes médias e trabalhadoras) atraía milhares de pequenos arrendatários, artesãos, comerciantes e funcionários de escritório, que correram para se unir ao Partido. Além disso, os comunistas fizeram importantes incursões no Exército e nas organizações de segurança. Certamente a agenda deles incluía o controle direcionado de cargos importantes no Exército.

No entanto, o sucesso comunista nessa área não se baseou meramente em táticas maquiavélicas. Oficiais da polícia e das Forças Armadas se uniram ao PCE porque este lhes oferecia um refúgio no qual conceitos de disciplina e comando eram respeitados – raridade naqueles tempos traumáticos após o golpe.[34] O crescimento meteórico do PCE refletia o da Falange. Ambos davam, em grande parte, a impressão artificial de força, à medida que muitos dos vários novos recrutas se uniam a esses partidos não como conseqüência de convicções ideológicas, mas de oportunismo e carreirismo.[35]

A obstinação de Largo em aderir ao cargo de ministro da Guerra, apesar de suas óbvias limitações, em conjunto com as constantes demonstrações de mesquinharia e sua recusa em aceitar conselhos, confirmou a apreensão dos rivais políticos e afastou os amigos potenciais. Ele não conseguia ver com clareza as medidas necessárias de centralização e mobilização. Na verdade, ficou preso entre seu radicalismo verbal e o curso moderado que suas preferências políticas e práticas passadas lhe impuseram.[36] Quando conselheiros russos pediram a Largo que instruísse membros da milícia a cavar trincheiras em vez de recuar, ele simplesmente respondeu que os espanhóis eram muito orgulhosos para se esconder em fossas. Sua obsessão com uma contabilidade justa e com recibos de tudo – até dos cartuchos para os desesperados defensores de Madri – levou muitos partidários a se perguntarem se ele era "o Lênin espanhol" ou um velho diretor de escola.[37] Preocupado com a popularidade do general Miaja, ele investiu em uma campanha pessoal contra o herói de Madri e finalmente dissolveu o Conselho de Defesa da capital, em abril.[38] Após a perda de Málaga, uma campanha comunista forçou a demissão do general José Asensio, o subsecretário de Guerra. Na verdade, o alvo era a pessoa encarregada das questões militares, Largo Caballero.[39]

MAIO EM BARCELONA

As disputas no interior do campo republicano foram além da dualidade da primazia da guerra ou da revolução. Eram acima de tudo o resultado do processo inexorável da normalização política. A maioria das forças republicanas, subjugadas pela dinâmica imposta pela guerra total, concluiu que o sucesso dependia de sua habilidade de unir recursos.[40] No entanto, as tensões persistiram, nem tanto como resultado da necessidade de reconstruir o Estado – difícil de ser aceito até mesmo por líderes da CNT –, mas pela luta para controlar sua agenda. Desse modo, a manutenção da influência local se traduziu em uma luta de poder que, em alguns casos, levou a retaliações do tipo olho por olho. Miaja, por exemplo, teve de intervir com vigor em Madri após o assassinato do membro do Conselho Comunista Pablo Yagüe. Em Valência, confrontos armados se seguiram aos funerais de militantes rivais.[41] Entretanto, uma explosão se aproximava da libertária Barcelona.

Orgulhosa capital da nação catalã e metrópole industrial mais moderna da Espanha, Barcelona tinha uma tradição igualmente rica de lutas de classe e de aspirações nacionalistas contra o Estado central. Chamada de "a Chicago do Mediterrâneo", pelo alto número de assassinatos durante os conflitos após a Primeira Guerra Mundial, Barcelona também fizera surgir as Juntas Militares, e em seguida levou Primo de Rivera ao poder. Com a proclamação da República, uma reconciliação pragmática ocorreu entre a Esquerra e a CNT. Republicanos catalães da esquerda agiram muitas vezes como advogados de defesa para os anarco-sindicalistas, e alguns *cenetistas* até se juntaram ao partido catalanista após 1931. Apesar do aumento das tensões, quando os catalanistas de esquerda se tornaram o "novo partido da ordem", eles adotaram um acordo não escrito: a Esquerra controlava a política catalã; a CNT controlava o movimento dos trabalhadores. No entanto, a revolta militar levou a águas desconhecidas, e a cidade teve de se tornar um espaço político ferozmente concorrido.[42]

O colapso do poder central proporcionou uma excelente oportunidade para que a Generalitat fosse promovida na agenda nacionalista. Mesmo assim, o governo catalão, com menor número de armas, foi sobrepujado pela demonstração de poder da CNT nas ruas e a mobilização popular. Entretanto, a falta de ação política harmonizada dos

Libertários e sua inabilidade em articular os vários comitês locais e provincianos em uma força revolucionária coesa facilitaram a sobrevivência da autoridade da Generalitat.[43] A situação foi ainda mais exacerbada pela existência da outras forças concorrentes. Em 23 de julho de 1936, a união de quatro pequenos grupos comunistas e socialistas produziu pela primeira vez um Partido Socialista Unificado da Cataluña (Psuc) forte que chegou a contar com 60 mil integrantes até a primavera de 1937. Formalmente, o Psuc se afiliou ao Comintern independentemente do PCE.[44] De fato, após julho de 1936, houve um grande influxo de membros para o Psuc e seu sindicato, o braço catalão da UGT, à medida que as pessoas buscavam uma defesa contra o poder armado da CNT.

Apesar do imponente poder que exerceram por meio de comitês locais e de vizinhanças, os anarco-sindicalistas não poderiam reivindicar para si o papel de única voz do movimento de trabalhadores catalães em 1936. Em 1919, a CNT tinha mais de 400 mil afiliados catalães, e ainda possuía mais de 300 mil em 1931. No entanto, o desgaste conseqüente da estratégia de exercício revolucionário imposto pela FAI e a separação treintista reduziram os afiliados em cerca de 150 mil até julho de 1936. A principal beneficiária disso foi a UGT, que, a exemplo do Psuc, na primavera e no verão de 1936, reuniu a maior parte do movimento sindicalista fora da CNT, inclusive um importante número de treintistas.[45] Na agitada atmosfera daquele ano, quando ser membro de um sindicato era essencial, tanto socialistas como anarco-sindicalistas passaram por um salto enorme no número de adesões. Mas seus eleitorados eram radicalmente diferentes. A CNT permaneceu a voz dos trabalhadores com pouca qualificação e dos pobres urbanos, enquanto a UGT atraía aqueles setores com medo do poder anarco-sindicalista: artesãos, funcionários de escritório, profissionais liberais, fazendeiros e policiais.[46] Por fim, existia na Catalunha um pequeno partido revolucionário de dissidentes marxistas (Poum), bastante crítico quanto à linha política moderada do PCE. Embora não fosse um partido exclusivamente catalão, somente nessa região o Poum tinha consideráveis seguidores. Como seu líder mais competente, Joaquín Maurín, estava preso na zona nacionalista, o impulsivo Andreu Nin assumiu a direção. O antigo papel de Nin como secretário particular de Trótski nos anos 1920, seus ataques dogmáticos contra a Frente Popular, que seria um instrumento de dominação burguesa, e sua crítica à União Soviética facilitaram as acusações dos comunistas de que o Poum era um partido trotskista. Na verdade, Nin rompera com os revolucionários russos, que muitas vezes reprovavam o Poum em seus textos.[47]

A Generalitat fez uma difícil e sutil tentativa de equilíbrio ao unir forças com o UGT-Psuc para conter a ascendência da CNT, restaurar o poder estatal e garantir a defesa da propriedade privada. Apesar disso, houve um desconforto com as tendências centralistas dos setores dentro do Psuc e com as crescentes invasões desse partido no próprio eleitorado social da Esquerra. A Generalitat precisava de uma CNT controlada, mas ainda poderosa, para servir como contrapeso para o Psuc.[48] Mesmo antes da batalha por Madri, a Generalitat viu uma solução temporária na formação, em setembro de 1936, de uma ampla coalizão governamental na qual todas as tendências se encontravam representadas. Em uma surpreendente rendição, a CNT concordou em participar aceitando alguns ministérios e mesmo em dissolver o Comitê de Milícias Antifascistas, potencial embrião do poder dual na cidade. Contudo, as agendas concorrentes mantiveram as tensões.

Em outubro, a administração catalã aprovou um decreto sobre a coletivização e o controle da economia pelos trabalhadores que parecia legalizar os ganhos da revolução espontânea das semanas anteriores. Na verdade, porém, a confirmação da supervisão geral da Generalitat sobre o processo revolucionário significava uma verdadeira transição do controle do sindicato para o controle governamental da economia.[49] Por outro lado, como resultado de seu comando no Ministério do Abastecimento, a CNT permaneceu encarregada da distribuição de alimentos por meio de seus comitês de refeição; seu controle severo se chocava com medidas de livre mercado favoráveis a pequenos proprietários rurais catalães representados pelo Psuc e pela Esquerra. Foi, contudo, a posição do Poum que desencadeou a primeira grande crise.

Apesar de Nin estar no governo, *La Batalla,* o jornal do Poum, em análises que ignoravam de maneira impressionante a realidade militar, falava da Frente Popular como uma perversa distração para os trabalhadores, que deveriam tentar realizar seus objetivos históricos de forma independente. Por conseguinte, o jornal apelava diversas vezes à CNT-FAI para unir forças no sentido de destruir a República democrata.[50] O Psuc teve vantagens com isso, e, por sua vez, em suas próprias publicações, começou a equiparar o Poum a organizações clandestinas que deveriam ser eliminadas. Ele não poderia contar com a solidariedade dos libertários, já que havia um histórico de ressentimentos entre eles. Para os anarco-sindicalistas, os avanços do Poum eram uma repetição do que acontecera no início dos anos 1920, quando um grupo de sindicalistas bolcheviques liderados por Maurín e Nin tentou tomar o controle da CNT.[51] Isolado e sob ataque do Psuc, o Poum ficou fora da reforma geral do governo em dezembro de 1936.[52]

Durante os primeiros meses de 1937 a situação na Catalunha piorou de modo dramático. A queda de Málaga produziu um grande influxo de refugiados que dificilmente poderiam ser alimentados e abrigados. As tensões aumentaram quando Joan Comorera, o líder do Psuc, recebeu o cargo de ministro do Abastecimento depois da reforma governamental, dispersando de imediato os comitês de refeição e apoiando medidas de livre comércio que elevaram os preços. Com o crescimento do mercado negro, a CNT e o Poum orquestraram manifestações populares, e em fevereiro começaram os racionamentos.[53] Ao mesmo tempo, com a intenção de garantir uma responsabilidade comum, os ministros anarco-sindicalistas aceitaram a legislação que normalizava a vida pública, o que incluía a entrega de todas as armas mantidas por cidadãos comuns. Isso, contudo, foi ignorado pela população, e os militantes, entrincheirados em grupos de patrulha, se recusaram a se desarmar e a abandonar partes vitais da economia tomadas durante os dias de combate.[54] À medida que os impressionantes imperativos práticos da guerra encontraram os líderes da CNT-FAI cada vez mais incorporados à máquina do governo, verificou-se um afastamento com relação àqueles militantes ainda determinados a resistir a qualquer forma de invasão.[55] A colaboração governamental passou a ser bastante criticada por anarquistas radicais, como os chamados "Amigos de Durruti", grupo formado em março de 1937 por antigos membros da coluna Durruti que tinham abandonado a frente de batalha após o decreto do controle militar sobre a milícia.[56]

O aumento das tensões levou à proliferação da violência. Em 27 de abril, o funeral de Roldán Cortada, proeminente líder da UGT supostamente assassinado pelos anarquistas, se transformou em enorme demonstração de força estatal, com uma longa marcha das tropas armadas. Alguns dias depois, uma incursão policial para tomar o controle de postos na fronteira produziu várias mortes, entre elas a do conhecido anarquista Antonio Martín. Por medo da violência, as tradicionais manifestações do Dia do Trabalho foram canceladas.[57]

O envio de três caminhões de carga da Guarda de Assalto, em 3 de maio – por iniciativa do ministro do Interior da Esquerra Artemí Ayguadé (sob o comando do chefe da polícia do Psuc, Eusebio Rodríguez Salas) –, com o intuito de controlar o sistema de telefonia central mantido pela CNT foi a fagulha que iniciou o incêndio. Os *cenetistas* enfrentaram a polícia com tiros. Logo os rumores se espalharam por toda a cidade, lojas e fábricas fecharam e barricadas começaram a ser construídas. A cidade entrou em guerra e ficou dividida entre a periferia industrial e os bairros proletários, controlados pela CNT, e o centro da cidade, de classe média, sob o comando da Generalitat. Durante quatro dias, Barcelona viveu uma pequena guerra civil, enquanto membros da CNT-FAI e do Poum lutaram contra UGT-Psuc, os catalanistas de esquerda e os republicanos.[58] Era enorme a preocupação de que os distúrbios se espalhassem por toda a região, e que tropas do Poum e da CNT na frente de batalha abandonassem seus postos e fossem para Barcelona. Isso não ocorreu, mas muitos militantes comunistas e da UGT foram assassinados (com a conivência de alguns importantes anarquistas do Conselho de Aragão).[59]

Um angustiado presidente Azaña, sitiado em sua residência oficial catalã do Palacio de las Cortes Catalañas, foi uma testemunha privilegiada do combate. Ao enviar mensagens para a Generalitat e para o governo central em Valência, pedindo para ser resgatado, seu séquito foi alvejado diversas vezes, e alguns de seus homens foram detidos (embora outros tivessem recebido permissão para passar pelas fileiras, sendo algumas vezes até escoltados por seus captores). Desmoralizado pela eclosão da guerra e em seguida pela *saca* de agosto de 1936, e depois o episódio no Dia do Trabalho em Barcelona, Azaña ficou em um estado de desespero do qual ele nunca se recuperou:

> A Catalunha está em total desintegração. Nada permanece: governo, partidos, autoridades, serviços públicos, forças armadas; nada existe, ... somente a histeria revolucionária. ... A falta de controle das autoridades, a imoralidade, a covardia, tiroteios entre sindicalistas rivais, deslealdade. ... Por dentro, a pacífica população desejava um general que pudesse suprimir a ordem existente, a autonomia e a FAI, tudo de uma vez.[60]

Teorias da conspiração absurdas logo começaram a circular e se tornaram típicas de alguns narradores desses acontecimentos. As duas versões mais extremas foram a dos comunistas e a dos anarquistas. Os comunistas, apoiando o jargão paranóico da época, falavam sobre um "*putsh* anarquista-trotskista" planejado por organizações clandestinas ou mesmo diretamente pelos postos de comando dos nacionalistas.[61] Os anarquistas e os poumistas, por sua vez, comentavam sobre uma operação bem planejada e orquestrada por Moscou, com a cumplicidade da Generalitat. No entanto, examinar o que ocorreu em maio, depois do Dia do Trabalho, em termos conspiratórios significava ignorar tanto o contexto histórico da Barcelona revolucionária como a explosiva situação da época. Azaña, republicano burguês de Madri, presenciou e narrou os eventos sem entendê-los. Em meio ao que descreveu como histeria revolucionária, ele não entendia esse teatro do absurdo catalão no qual ele, como o primeiro símbolo do Estado, não era incomodado. Acima de tudo, foi uma explosão espontânea que estava para acontecer; mesmo assim, seu desdobramento pegou a todos de surpresa. Até George Orwell, outra testemunha privilegiada (apesar de sua posição subjetiva como parte da milícia Poum), admitiu que a luta só era planejada no sentido de que todos a esperavam, mas não havia sinais de um plano definido de nenhum dos lados.[62]

Apesar da mitologia, todos os lados envolvidos na luta pressionavam por negociações.[63] Certamente grupos como os Amigos de Durruti estavam ávidos por fazer parte das barricadas. O Poum, após exigir durante meses a abolição do Estado burguês, assumiu a causa dos revolucionários, e até o jornal *La Batalla* imprimiu um panfleto escrito pelos Amigos saudando a rebelião, pedindo o estabelecimento de uma junta revolucionária e a morte dos inimigos da revolução.[64] No entanto, longe de organizar – muito menos liderar – qualquer revolução do tipo, eles foram arrastados pelos eventos e desistiram assim que a liderança da CNT se recusou a sancionar a ação armada.

Na verdade, os eventos de maio revelaram totalmente a crise do anarco-sindicalismo. A CNT e seus aliados tinham o controle da disputa, possuíam a artilharia pesada que dominava a cidade do alto de Montjuïc e, se necessário, poderiam trazer reforços de outras partes da Catalunha e de Aragão. Contudo, absortos durante meses no sistema governamental, os líderes da CNT eram agora a favor da disciplina interna e da maior centralização da autoridade nas mãos da Executiva Nacional. Eles eram contra os ataques de idealismo revolucionário sem controle do tipo que predominava em Barcelona. Também estavam cientes de que o preço do seu sucesso teria sido um confronto maior com o resto da Espanha republicana – e, inevitavelmente, a vitória de Franco.[65] Desse modo, os ministros anarco-sindicalistas correram para Barcelona, mas somente para renegar os Amigos de Durruti e combinar com a Generalitat a transmissão de um apelo feito a seus confusos seguidores para renunciarem às armas.

Os confrontos armados foram, afinal, vantajosos para aqueles que exigiam disciplina na retaguarda, inclusive os comunistas. Entretanto, embora os agentes do Comintern que faziam relatórios para Moscou descrevessem uma tentativa de golpe que não vingou e vissem traidores em toda parte, eles não se alegraram com o sucesso ao provocar as confrontações. Pelo contrário, ficaram desnorteados e surpresos por uma insurreição que não tinham previsto nem feito planos para combater. Naturalmente exigiram medidas extremas para eliminar os golpistas.[66] Na verdade, o Comintern nunca ofereceu uma direção clara e centralizada. Em função da luta política e militar complexa e que mudava rapidamente, seus artífices tiveram de reagir com pressa e muitas vezes tomaram decisões contraditórias.[67]

Para a Generalitat, tomar a estação telefônica em 3 de maio foi somente outra medida no processo de normalização da ordem pública. As constantes interrupções das conversas dos militantes da CNT (mesmo uma que ocorreu em 2 de maio entre Azaña e Companys) obrigaram o governo catalão a agir. Se, na primeira noite de distúrbios, a Generalitat tivesse concordado com a demissão de dois dos elementos mais comprometidos no ataque, Aiguadé e Salas, a calma ainda poderia ter prevalecido. No entanto, eles levaram muito tempo para perceber a seriedade da situação. De acordo com Azaña, apesar da bravata de Companys de combater os anarquistas, ele realmente participava de modo relutante no confronto e não tinha meios para alcançar o sucesso.[68] A ausência de tropas e a incapacidade de arregimentar reforços demonstraram a falta de perspicácia da Generalitat e refutaram todas as afirmações de que ela planejara os confrontos de maio.

À medida que o conflito ficou mais acirrado, Companys foi forçado a reduzir suas ambições nacionalistas e continuou a pedir ajuda a

Valência. Mas Largo não tinha pressa em prestar atenção às demandas de Companys ou mesmo de Azaña por ajuda.[69] Ironicamente, após ter passado a vida toda combatendo a CNT, Largo descobria agora que essa organização era a fonte mais leal de apoio ao seu governo. Portanto, relutava em admitir qualquer movimento que pudesse resultar na perda de terreno político pelos anarco-sindicalistas, e esperava que emissários da UGT e da CNT pudessem acabar com o derramamento de sangue por meio de um acordo. Só concordou em enviar centenas de guardas de assalto a Barcelona quando uma trégua, conseguida depois do estabelecimento de um ministério de emergência, formado por quatro homens (representando a UGT, a Esquerra e a CNT), fracassou, depois que Antonio Sesé, secretário da UGT catalã, foi morto a tiros quando se dirigia para a Generalitat a fim de aceitar seu cargo. Mas até a chegada dos reforços de Valência, em 7 de maio, as barricadas já eram desmanteladas e os combatentes voltavam para o trabalho.[70]

NEGRÍN, O HOMEM NECESSÁRIO

O episódio do Dia do Trabalho em Barcelona teve enorme impacto sobre toda a Espanha republicana. Os acontecimentos fortaleceram em particular os que defendiam a centralização do poder e a restauração da ordem na retaguarda. O governo catalão perdeu grande parte de sua autonomia depois que o Estado central assumiu a ordem pública, e em seguida passou seu posto de comando para Barcelona, em novembro de 1937; em agosto de 1938, assumiu total controle econômico, em uma tentativa de melhorar o desempenho da indústria de guerra. A CNT, nesse meio tempo, embora ainda tivesse bastante poder, ficou desmoralizada nos dias do conflito de maio, depois daquilo que muitos em seus postos consideraram ser a rendição de seus líderes. Finalmente, os enfrentamentos selaram a queda de Largo Caballero e o destino do Poum.

A expulsão de Largo não foi conseqüência de alguma trama maligna orquestrada pelo Kremlin ou uma conspiração comunista. Em vez disso, foi a resolução de antigas rixas dentro do Psoe, associada à crescente hostilidade da maioria das forças republicanas com relação a alguém considerado um ineficiente líder de guerra, que levou à sua queda. A gota final foi a reunião do conturbado conselho do gabinete, de 13 de maio de 1937, quando ministros comunistas propuseram um boicote político contra o Poum e a prisão de seus líderes. O primeiro-ministro se opôs a eles e, após uma longa e intensa disputa, disse que a porta estava sempre aberta para ser usada caso não estivessem satisfeitos com seu desempenho. Para desgosto de Largo, só teve o apoio de seus colegas da UGT e dos quatro ministros anarco-sindicalistas.[71] O PCE teria apreciado a renúncia de Largo do Ministério da Guerra, mas ele não estava preparado para que isso acontecesse. Propôs, em contrapartida, um governo reduzido no qual conservaria um Ministério da Guerra ampliado que incorporaria o controle sobre a Força Aérea e a Marinha, dominadas anteriormente por Prieto. Largo enraiveceu até a CNT, ao propor diminuir pela metade sua participação no governo.[72] Seu plano de um gabinete reduzido foi rejeitado e ele foi forçado a renunciar.

Dias antes da crise do gabinete, uma delegação de grupos republicanos liderados por Giral informou a Azaña sua determinação de acabar com o governo do inepto e abusivo Largo. Eles reclamavam que o primeiro-ministro não os mantinha informados com relação às decisões mais importantes e que cometera a descortesia de mandá-los ler os jornais quando se opunham a ele.[73] O próprio Azaña, ainda furioso com a indiferença de Largo a seus apelos por ajuda durante a luta em Barcelona, aguardava sua destituição. A longa e esperada ocasião de eliminar a influência da ala *caballerista* no partido e no sindicato se apresentava finalmente para os líderes do Psoe. Assim, após a renúncia de Largo como primeiro-ministro, Ramón Lamoneda, o secretário do Psoe, liderou um ataque coordenado contra as bases de poder remanescentes: os defensores de Largo foram demitidos de posições importantes, seus jornais foram tomados à força e, finalmente, em outubro, um novo executivo assumiu o controle da UGT.[74]

O socialista Juan Negrín, o novo primeiro-ministro, foi algumas vezes rejeitado como marionete comunista, "o homem de Moscou". Na verdade, pelas dificuldades de seu cargo, ele era acima de tudo um político realista cuja principal tentativa foi liderar com sucesso a sitiada República em guerra.[75] Nascido nas ilhas Canárias, Negrín terminou os estudos de medicina na Alemanha e atingiu o ápice da carreira quando, aos 30 anos, ganhou a cátedra de fisiologia na Universidade de Madri.

Só se juntou ao Psoe em 1929, e, como representante depois de 1931, permaneceu ligado a Prieto. Encarregado das Finanças durante o governo Largo, Negrín trabalhou a favor da centralização dos recursos econômicos, foi criticado pela indisciplina e muitas vezes arriscou a vida para acabar com o justiçamento dos *paseos*.[76]

Durante a crise de maio de 1937, Negrín era acima de tudo o candidato de Azaña e de Prieto. E o presidente da República acreditava que o poder e a determinação de Negrín o tornavam o homem necessário para assumir o governo. Azaña escreveu mais tarde que, depois que Negrín substituiu Largo como primeiro-ministro, sentia que não falava mais com "um homem morto".[77] Ao contrário do inepto Largo, insignificante e desprovido de idéias novas, Negrín tinha uma compreensão intelectual bem mais ampla da diplomacia internacional e poderia defender a República de forma mais efetiva e convincente para a Grã-Bretanha, já que ele mesmo acreditava firmemente nos princípios liberal-democratas.[78]

O socialista Julián Zugazagoitia, o novo ministro do Interior, longe de simpatizar com os comunistas, percebeu que não era plausível a sugestão de que Negrín fosse uma mera fachada para o PCE.[79] Na verdade, relatórios do Comintern enfatizavam que, com Negrín no governo, o PCE muitas vezes consentiu no que normalmente não aceitaria e teve de ceder em acordos para evitar a crise. As propostas comunistas, embora quase sempre aprovadas, demoravam muito para serem postas em vigor, quando o eram.[80]

Negrín era um pragmático em busca da vitória. Ciente de que a guerra não poderia ser vencida a não ser que as democracias ocidentais mudassem sua posição, acreditava que, nesse meio tempo, a principal tarefa da República era concentrar todos os seus esforços na sustentação de sua capacidade defensiva de longo prazo. Desse modo, manter boas relações com os comunistas tornava-se crucial. A Rússia permanecia a principal fornecedora de equipamento militar, a tábua de salvação para um afogado.[81] Com os partidos republicanos em desordem e o Psoe cheio de divisões internas, o PCE era a única força disciplinada, em 1937, que poderia mobilizar efetivamente todos os componentes sociais da Frente Popular e que apoiaria totalmente a reconstrução do Estado e a centralização da autoridade – pré-requisitos para se travar uma guerra eficiente.

Como Negrín disse de modo eloqüente a diplomatas ocidentais em outubro de 1938, ele se livraria dos ministros comunistas assim que os Aliados providenciassem os estoques militares que até então só vinham da Rússia.[82] Na verdade, foi Largo quem aceitou de imediato a alcunha de "Lênin espanhol" e insistiu na presença de comunistas em seu governo. No entanto, ele não tinha as habilidades diplomáticas de Lamoneda e Negrín, que impediram habilmente uma união dos socialistas com os comunistas e evitaram confrontos violentos.[83]

O slogan de Negrín, "Resistir é vencer", resumia sua estratégia de guerra. Já que a vitória não poderia ser aproveitada com o *status quo* vigente, tratava-se de ganhar tempo e contar com alternativas diferentes: na melhor das hipóteses, o conflito espanhol poderia ser associado a uma guerra européia; ou os Aliados poderiam ser persuadidos a impor a incipiente política de não-intervenção, ou abandoná-la de todo e dar à República os suprimentos militares para ela se defender; na pior das hipóteses, com o aumento de um esforço de guerra efetivo, a República poderia forçar Franco a negociar um compromisso de paz.[84] A fraqueza do plano de Negrín era que as esperanças em torno da mudança na situação internacional deviam ser equilibradas com um desgaste provocado pela guerra e por uma desmoralização cada vez mais acentuada. Além disso, a tarefa de fortalecer o poder estatal tinha como preço liquidar o fervor revolucionário dos primeiros dias, quando o idealismo impulsivo era a única vantagem da qual a República poderia realmente depender.

A ascensão de Negrín ao poder, contudo, não significou o triunfo da contra-revolução, mas o ápice do processo de concentração da autoridade nas mãos do governo já iniciado pela administração anterior: a criação de um sistema eficiente e central no controle da economia de guerra, uma diplomacia unificada e uma estratégia militar coordenada. A liderança da CNT tinha aceitado a reconstrução do Estado bem antes de Negrín entrar em cena.[85] O novo governo também tomou o controle da ordem pública, acabou com a justiça feita pelos *paseos* e suspendeu as patrulhas de rua ilegais realizadas pelos membros da milícia. Retomar o controle da ordem pública, contudo, foi custoso. Um total de 3.734 antifascistas foi preso na Catalunha de abril de 1937 a janeiro de 1939, acusados de rebelião, assassinato ou posse ilegal de armas. A repressão em parte era um ajuste de contas contra os radicais dos primeiros dias.

Mas não se tratava meramente de uma operação comunista. A força policial estava longe de ser um monólito do Psuc, cujos oficiais odiavam os anarquistas bem antes de eles adotarem carteiras do Partido Comunista. Acima de tudo, todo o retrocesso da repressão fazia parte da recuperação estatal do monopólio da violência legal.[86]

Na Catalunha, alguns anarquistas foram presos e assassinados, uma série de prédios da CNT foi ocupada e destruída, militantes foram detidos e suas carteiras do sindicato rasgadas e marcadas.[87] Em 11 de agosto de 1937, o governo decretou a dissolução do Conselho de Aragão, dominado pelos anarquistas, e indicou José Ignacio Mantecón, um republicano, como governador da região. O pretexto final para a súbita repressão foi a necessidade de reativar uma linha de frente que, após os avanços das primeiras semanas da guerra, permaneceu em situação tão estática que um colega estrangeiro de George Orwell afirmou que na Espanha não havia uma guerra, mas uma "ópera cômica com algumas mortes ocasionais".[88] Tropas comandadas pelo comunista Enrique Lister entraram na região e prenderam alguns militantes de alto escalão, inclusive o presidente do Conselho de Aragão, Joaquín Ascaso, acusado de contrabando de jóias.[89]

A CNT, que ainda era uma organização poderosa, nunca foi oficialmente atacada. A liderança adotava uma posição cada vez mais pragmática, e os comitês regionais catalães ameaçaram até expulsar todos os membros dos Amigos de Durruti que não haviam se separado do grupo.[90] As reclamações contra a perseguição de militantes eram poucas e não houve praticamente qualquer reação depois da dissolução do Conselho de Aragão. Pelo contrário, os comitês regionais da CNT se atinham a uma visão legalista de evitar qualquer conflito interno que pudesse prejudicar a ampla frente de batalha antifascista. Após ser libertado em setembro, Ascaso foi expulso.[91] Mas a transição de poder real dos sindicatos para os partidos foi facilitada pela auto-eliminação da CNT do poder, ao se recusar a apoiar qualquer governo não liderado por Largo. Isso teve pouco impacto sobre Negrín, que simplesmente formou um gabinete (com metade do número de ministérios anteriores) com três socialistas, dois republicanos, dois comunistas, um catalão e um nacionalista basco. Até junho, a CNT já solicitava representação e prometia a Negrín apoio total na guerra. Na reforma geral de abril de 1938, a CNT entrou de novo no governo.

O Poum recebeu uma punição particular após os confrontos de maio. A repressão que sofreu foi o resultado de duas agendas paralelas, porém não idênticas: as destrutivas guerras no interior do movimento comunista e a dinâmica da reconstrução da autoridade estatal republicana. Após ser oficialmente proscrito, em 15 de junho de 1937, o Poum continuou uma existência semilegal em locais como Valência e Madri, mas na Catalunha sua liderança e centenas de seus militantes foram presos sob acusações dúbias de espionagem. Ao mesmo tempo, cidadãos estrangeiros que se alistaram na milícia do Poum ou suspeitos de tendências trotskistas eram caçados e em alguns casos assassinados pelos agentes do Comintern.[92]

Um incidente particularmente escandaloso foi o seqüestro e assassinato de Andreu Nin, líder do Poum. O governo, por conveniência, evitou qualquer investigação verdadeira.[93] Mesmo assim, apesar de todas as falhas, a legalidade republicana não foi de todo subvertida. Os julgamentos-espetáculos promulgados em Moscou na época não foram repetidos na Espanha. O nacionalista basco Irujo, ministro da Justiça, e o socialista Zugazagoitia, ministro do Interior, tomaram medidas decisivas para apoiar os canais jurídicos legais e fizeram com que Antonio Ortega, diretor de segurança comunista, se demitisse. Os líderes do Poum foram por fim levados a julgamento em outubro de 1938: quatro deles foram condenados a 15 anos de prisão, um a 11 anos, e dois outros absolvidos. Não foram condenados pelas acusações grotescas de serem espiões fascistas, mas o peso total da lei foi aplicado à liderança de um grupo que apoiou abertamente a rebelião contra um Estado em guerra.[94]

GUERRA NO NORTE

Enquanto ambos os campos se envolviam na reconstrução de seus respectivos Estados, a carnificina militar continuava na linha de frente. Após meses de batalhas sangrentas em torno da capital que resultaram em impasses, os nacionalistas voltaram sua atenção para a frente de batalha do norte, relativamente paralisada até então. O domínio dessa área rica em recursos minerais e industriais foi um passo importante. Nela se localizavam a crucial indústria de mineração de carvão, as fábricas de explosivos das Astúrias, as siderurgias e os estaleiros de Biscaia.

Os líderes nacionalistas logo identificaram um ponto fraco na capacidade defensiva da República na região. Isoladas do resto da Espanha republicana, as três províncias – Biscaia, Santander e Astúrias – não poderiam receber ajuda por mar, porque a maior parte da frota republicana estava comprometida em proteger no Mediterrâneo as rotas de abastecimento vindas da Rússia.[95] Além disso, os conceitos do comando militar unificado que poderiam ter facilitado uma defesa coordenada não eram utilizados, e as três províncias, em particular Biscaia, concentravam seus esforços militares em uma resistência local.[96] No interior das forças bascas, havia regimentos do PNV, os chamados *Gudaris*, que freqüentavam a missa com assiduidade e tinham até seus próprios capelães. Oficiais de carreira enviados de Madri foram ignorados, e, quando a situação se deteriorou em maio, o próprio presidente basco Aguirre assumiu o comando militar. Além da desorganização interna, o Exército Republicano estava mal armado de artilharia pesada e sem poder aéreo.[97] Os nacionalistas podiam contar tanto com as unidades italianas motorizadas, ávidas por apagar a memória de Guadalajara, e com a Legião do Condor, o elemento decisivo da campanha.

Sob o comando do presidente Aguirre, a grande maioria dos nacionalistas bascos lutou lealmente do lado republicano. Houve, contudo, casos de deserção e rumores de tentativas de se fazer um acordo com Franco.[98] Na verdade, sempre houve tensões entre os bascos e outras forças políticas da República. A onda revolucionária que atingia outras regiões praticamente não existia em Biscaia. Conservador na área social e católico-extremista, o PNV criou sua própria força policial, o *Ertzanza*, que garantia o respeito pela propriedade privada e pela Igreja, e ignorava apelos de outras autoridades centrais no sentido de aplicar a política da terra queimada para impedir o inimigo de ganhar o controle dos vastos recursos industriais de Biscaia.[99]

Quando a ofensiva dos nacionalistas do Norte começou, em 31 de março, o general Mola exigiu uma rendição imediata e incondicional. Caso contrário, afirmou, ele possuía meios para destruir totalmente Biscaia. E isso não era um blefe. Crianças bascas que tiveram de sair da província e passaram a morar em lares adotivos na Inglaterra e na França expressaram o horror que sofreram ao correr para os porões ou terem reações histéricas toda vez que um avião passava no céu.[100] Apesar de sua impressionante inferioridade de equipamentos – mas com a vantagem do terreno montanhoso –, os bascos resistiram com bravura. Mola esperava completar a conquista de Biscaia em três semanas, mas levou três meses. A ofensiva dos nacionalistas estava longe de ser brilhante, porém confirmou a eficácia de uma estratégia de avanços lentos, mas consistentes, com base no uso sistemático e implacável de poder de fogo superior.

A resistência foi finalmente rompida por constantes bombardeios como nunca vistos na Europa. Invencível no céu, a Legião Condor testou a técnica do bombardeio em massa das cidades. Muitos locais, como Durango, foram devastados pelo letal poder aéreo alemão, mas nenhum teve significado mais simbólico que a destruição, em 26 de abril, de Guernica, antiga capital basca. A operação levou mais de três horas e contou com a presença de bombardeiros Junker 52 e Heinkel 111, e do moderno avião de guerra Messerchmitt 109. No total, mais de 1.600 pessoas foram mortas e 800 ficaram feridas. A decisão de destruir Guernica foi tomada em conjunto com o alto comando dos nacionalistas. Repleta de refugiados, a pequena cidade não apresentava nenhuma importância militar ou estratégica. A atrocidade, deliberadamente programada para coincidir com o horário mais movimentado de um dia de feira na cidade, foi uma punição aos traidores bascos católicos por decidirem apoiar os comunistas em troca de autonomia. Também foi uma clara mensagem – como Badajoz um ano antes – aos que resistiram à nova ordem de Franco. Para piorar, os nacionalistas organizaram uma enganadora campanha alegando que os anarquistas em retirada tinham dinamitado Guernica para fabricar uma história falsa com objetivos de propaganda.[101] A tragédia da pequena cidade basca ficou imortalizada como um símbolo dos horrores da guerra no quadro de Pablo Picasso, exibido naquele mesmo ano na Feira Mundial em Paris.

A morte do general Mola em um acidente de avião, em 3 de junho, não foi o sinal da providência esperado pelos bascos. (O maior beneficiário foi Franco, livre agora de seu principal rival militar.) Mola foi substituído pelo general Dávila, e a campanha foi retomada a sério. Sob uma avalanche de fogo e aço, os bascos recuaram para Bilbao, esperando atingir uma última posição de força por trás do círculo de ferro defensivo. Entretanto, graças à traição do principal engenheiro de defesas, Alejandro Goicoechea, os nacionalistas sabiam como penetrar a fortaleza basca. Em 18 de junho, a cidade foi evacuada, e no dia seguinte caiu nas mãos dos que a sitiavam.[102]

Em 5 de julho, os republicanos lançaram um diversificado ataque a oeste de Madri, em direção ao povoado de Brunete. Planejado pelo chefe do Estado-Maior, general Rojo, a ofensiva tinha a intenção de socorrer a frente de batalha do norte. Em termos estratégicos, foi um sucesso absoluto. Mais de 50 mil das melhores tropas da República iniciaram uma ofensiva que forçou os nacionalistas, tomados de surpresa, a se concentrarem em um teatro de operações que não foi de sua escolha.

Em termos militares, contudo, a história foi diferente. Após a vantagem tática inicial, os republicanos fracassaram no objetivo de fazer recuar os responsáveis pelo cerco da capital. Eles tinham pouca reserva de equipamento, não possuíam oficiais de hierarquia intermediária com experiência para coordenar o ataque e ficaram presos, sem conseguir progredir, ao tomarem pequenas cidades, em vez de flanquearem-nas. Franco, contra a recomendação de conselheiros do Eixo, aceitou o desafio e desviou sua força principal do lugar. Desse modo, o progresso republicano se tornou uma longa batalha de atrito que favoreceu os planos de Franco de acabar com o inimigo. Sob um calor insuportável, a batalha durou mais de 20 dias, enquanto os republicanos não conseguiam manter seu enclave conquistado. Por fim, recuaram para as posições iniciais. Ambos os campos sofreram um terrível custo em termos de vidas e equipamentos.[103] Mas enquanto Franco, graças ao fornecimento de ditadores, poderia logo compensar suas perdas, a República não podia permitir-se ver a destruição de suas forças de elite e de equipamento vital.

A batalha de Brunete só adiou a queda de Santander por cinco semanas. A cidade seria tomada (em grande parte por tropas italianas) em 26 de agosto. Em abril, alguns setores do PNV tinham iniciado negociações com os italianos para obter garantias em troca da rendição. Aguirre confessou a Azaña que, após a queda de Bilbao, o moral ficara destruído, e muitos bascos sentiram que, uma vez perdida sua pátria, nada mais poderia ser feito.[104] Depois que finalmente se estabeleceu um acordo entre o comandante italiano Roatta e o líder do PNV Juan Ajuariaguerra, vários regimentos bascos se reuniram na pequena cidade de Santoña (Santander), onde se renderam aos italianos. No entanto, para tristeza de Roatta, Franco não estava preparado para honrar um acordo que não propusera. Oficiais bascos já nos navios britânicos tiveram de desembarcar e enfrentar julgamentos sumários e execuções .[105]

Enquanto os exércitos nacionalistas estavam prontos para conquistar seu objetivo definitivo no norte – a província de Astúrias –, os republicanos começaram uma nova ofensiva na até então letárgica frente de batalha de Aragão. Em uma repetição da iniciativa em Brunete, obtiveram uma surpresa tática crucial sobre o inimigo. No entanto, não atingiram seu objetivo final: a capital, Saragoça. As melhores tropas do Exército Popular e das Brigadas Internacionais perderam um tempo precioso, já que foram retardadas pela resistência de cidades fortificadas. Até o final de setembro, a ofensiva se extinguiu após 12 dias de tentativas de conquista da cidade de Belchite. Equipamento e força de trabalho essenciais foram assim perdidos sem nenhum impacto significativo sobre o curso da guerra.[106] Logo depois, a conquista nacionalista das Astúrias foi concluída com a queda de Gijón, em 21 de outubro. Após a triunfante marcha pelo norte da Espanha, os nacionalistas agora ocupavam um território maior que o da República. Além disso, a conquista de áreas industriais vitais no norte confirmou que o equilíbrio militar nitidamente virava a seu favor.

O momento decisivo: Teruel

As ofensivas em Brunete e em Belchite revelaram que a mera superioridade material dos nacionalistas prevaleceria por fim sobre a coragem e mesmo sobre a perspicácia tática dos republicanos.[107] A batalha de Teruel, momento decisivo na balança militar, provava esse fato.

Após a conquista do norte, os nacionalistas começaram a se preparar para uma nova operação contra Madri. No entanto, mais uma vez, foram vencidos e forçados a abandonar seus planos quando, em 15 de dezembro de 1937, a República lançou sua própria ofensiva contra a menor das capitais provinciais, Teruel (Aragão). Seguindo o roteiro de batalhas anteriores, o Alto Comando dos nacionalistas foi tomado de surpresa quando milhares de tropas republicanas armaram um grande ataque. Obcecado em resistir e antecipar uma nova campanha de atrito, Franco passou por cima de seus conselheiros estrangeiros, desistiu temporariamente de Madri e desviou a maior parte de suas forças para Teruel.[108]

Temperaturas muito baixas e nevascas impediram que os nacionalistas usassem seus transportes mecanizados e aviões. Em 7 de janeiro, a República comemorou uma importante vitória moral, a conquista de uma grande cidade. Entretanto, com uma artilharia pesada menor e bem menos aviões de guerra, os republicanos em Teruel logo ficaram sitiados e isolados de suas bases de mantimentos e munição. Após semanas de combates frontais exaustivos, eles conseguiram furar o cerco, mas com perdas irreparáveis de efetivo e equipamentos. Até 22 de fevereiro de 1938, Teruel voltou às mãos dos nacionalistas.[109]

Franco abandonou de uma vez por todas a sua permanente cautela e, na metade de março, lançou um verdadeiro ataque-relâmpago – a *blitzkrieg*, tática muitas vezes empreendida pelos oficiais do Eixo – contra as já abatidas tropas republicanas em Aragão. Sob uma cortina de fogo produzida por mil aviões de caça, carros e tanques blindados italianos e alemães, mais de 100 mil soldados, com forças italianas e da elite moura na ponta de lança, elas cruzaram o rio Ebro. Em 15 de abril tomaram Vinaroz (Castellón), alcançaram o Mediterrâneo e cortaram a zona republicana em duas. A vitória parecia iminente.[110]

A GRANDE CHARADA PRECISA CONTINUAR

O desgaste com a guerra que atingia cada vez mais a República era conseqüência lógica dos constantes retrocessos na linha de frente, da escassez e das perturbações econômicas na retaguarda. No entanto, o elevado derrotismo enfrentado pelos governos republicanos não foi tanto resultado de sua política como do poder de forças internacionais dispostas contra eles. Os republicanos lutavam para combater os exércitos nacionalistas equipados pelo Eixo e também combatiam um debilitante embargo que impediu a República de ter uma situação militar equivalente a seus inimigos e, no final, acabou por enfraquecer as tentativas de manter a estrutura física e o moral da frente interna – fatores cruciais para sua guerra de resistência.[111] Na verdade, Negrín perdeu definitivamente a guerra na frente de batalha diplomática. Hitler, Mussolini e Chamberlain foram os responsáveis pela vitória nacionalista, e não as ambíguas políticas de Stálin e a superioridade comunista. De fato, o PCE, a despeito de todos os seus erros, teve papel importantíssimo ao manter a resistência republicana ativa por mais tempo do que provavelmente iria durar.[112]

A não-intervenção se mostrou fundamental na determinação do cerco internacional da República. Sob o respeitável ideal de confinar a guerra dentro das fronteiras espanholas, o NIA comportava um elemento essencial de fraude. Ao assumir a brevidade do conflito, já que a República parecia próxima da capitulação, o acordo foi inicialmente planejado como solução diplomática para ganhar tempo.[113] A inesperada defesa republicana da capital perturbou essa lógica. A estratégia teve de ser reajustada para um confronto de longo prazo. Desde o final de 1936, o NIA foi vendido à opinião pública como um exercício de diplomacia pacífica em vigor. Na realidade, a comunidade diplomática foi conivente ao perpetuar por mais de dois anos um instrumento sem paralelo de zombaria. Apesar da evidente intervenção de muitos de seus principais integrantes, a grande charada continuou até os últimos dias da Guerra Civil Espanhola e condenou efetivamente a República.

Com países que desprezavam claramente a não-intervenção, se o NIC tivesse cumprido seu trabalho honestamente, todo o esquema entraria em colapso ou haveria um embate frontal. Em vez disso, como observou um diplomata encarregado dos negócios na Grã-Bretanha em janeiro de 1938, uma farsa surreal continuava:

> Tivemos de seguir essencialmente táticas negligentes no comitê durante todo o ano passado. ... Todas as negociações têm algo de irreal, já que os participantes enxergam o jogo pelo outro lado, mas raramente expressam isso abertamente. ... A política de não-intervenção é tão instável e significa uma criação tão artificial que todos temem causar seu colapso com um claro "não" e depois terem de assumir a responsabilidade.[114]

Para aplacar as críticas por sua inatividade, o NIC deu início aos debates no final de outubro de 1936 para estabelecer um esquema de supervisão do acordo. Foi um processo imperfeito e demorado, durante o qual as potências fascistas prestavam falsas declarações em Londres, enquanto forneciam ajuda suficiente para garantir a vitória nacionalista. A supervisão de fronteiras em terra e a vigilância do litoral finalmente começaram a vigorar em 20 de abril de 1937, o que consistia em um corpo de observadores internacionais nas fronteiras espanholas e em importantes portos europeus, com o direito de identificar e verificar as cargas transportadas, mas somente de países signatários do NIA. Nunca houve uma tentativa coordenada de fazer o processo efetivamente funcionar. Durante seu curto período de existência, o esquema de supervisão foi contornado com facilidade. As frotas comerciais republicanas traziam carregamentos da Rússia, enquanto os alemães usavam navios em que tremulavam a bandeira panamenha ou liberiana e descarregavam seus suprimentos em Portugal (com a cumplicidade das autoridades locais), e os italianos utilizavam seus próprios navios de guerra. Os aviões iam diretamente para bases espanholas. Por incrível que pareça, o patrulhamento da costa espanhola envolvia (além da marinhas britânica e francesa) as frotas da Alemanha e da Itália, principais destruidoras do esquema.[115]

O dano infligido à República pela não-intervenção e o papel central da Grã-Bretanha na manutenção dessa posição foram claramente enfatizados pelo presidente Azaña:

> O governo britânico foi até aqui nosso maior inimigo. Todos os subterfúgios planejados pela não-intervenção prejudicaram a República e favoreceram os rebeldes. A hipocrisia é tão transparente que atinge níveis de cinismo infantil. ... Como seus interesses podem ser ajudados pela vitória de uma frente ligada à Itália e à Alemanha?[116]

Na mesma linha de pensamento do presidente republicano, George Orwell tentava entender se as classes governantes britânicas eram perversas ou simplesmente estúpidas. Ele achava uma vergonha elas agirem como cúmplices na vitória de um regime apoiado pelo Eixo quando era evidente que a Europa caminhava para o confronto.[117] Ao escrever em 1943, e com a vantagem da visão em retrospecto, Orwell comentou que na época da Guerra Civil Espanhola os governantes britânicos agiam de acordo com seus interesses de classe. Eles perceberam que acalmar os ditadores era uma opção pragmática, pois uma coalizão entre eles beneficiaria somente o inimigo real, a União Soviética. Além do mais, estavam convencidos de que a diplomacia da "libra esterlina" seria suficiente para proteger os interesses britânicos em uma futura Espanha nacionalista. Lorde Plymouth, o presidente do NIC, confidenciou ao embaixador russo que os vastos lucros da Grã-Bretanha nunca seriam colocados em risco em uma Espanha dominada pelo Eixo. Depois da guerra, a Espanha precisaria de dinheiro para sua reconstrução, e o único local onde seria possível consegui-lo era a cidade de Londres.[118]

Assim, para assegurar a paz, o NIC evitava a questão real – a constante infração do acordo por alguns de seus principais integrantes, cada vez mais freqüente no caso da Alemanha, e mais ainda da Itália, com relação a uma guerra não declarada com a República. Mesmo que o objetivo fosse preservar a paz na Europa, a insistência em manter o NIA acabou aumentando a tensão internacional e tornou a guerra mais provável. A República foi lançada nas mãos do único grande poder disposto a ajudar: a União Soviética. Ao mesmo tempo, não apenas aumentava a impotência francesa, mas também os desacordos internos britânicos, à medida que os ditadores, cientes da passividade dos Aliados, ficavam cada vez mais ousados e imprudentes em suas atividades.

Em 2 de janeiro de 1937, a Grã-Bretanha e a Itália assinaram o "Acordo dos Cavalheiros", como foi eloqüentemente chamado, que confirmou o *status quo* no Mediterrâneo ao reconhecer a compatibilidade de interesses dos dois países na área.[119] Diferenças logo surgiram no gabinete britânico, entre Eden, ministro das Relações Exteriores, e a maioria de seus colegas. Ele via o NIA como instrumento útil para impedir que o conflito espanhol se difundisse pela Europa. No entanto, confrontado por uma guerra mais longa que o normal, e bastante preocupado com a contínua intervenção externa. Eden apavorava-se com o fato de que, mesmo aceitando as negociações, os italianos continuavam a enviar enormes contingentes de tropas em clara violação do acordo. Ele concluiu que Mussolini, a quem descreveu como um "gângster", só acreditava no valor de medidas severas. Desse modo, argumentava, a não ser que o NIA agisse com vigor para controlar a agressão fascista na Espanha, logo haveria problemas em outros locais. A maior parte do gabinete britânico, contudo, não tinha as mesmas preocupações que ele e ansiava para que a questão espanhola não atrapalhasse a política de apaziguamento. Além disso, eles eram claramente favoráveis a uma vitória nacionalista. Sir Samuel Hoare, primeiro lorde do Almirantado, afirmava que, se seguissem o conselho de Éden, poderia parecer que a Grã-Bretanha tentava impedir Franco de vencer, enquanto muitos no governo desejavam que os "soviéticos" não prevalecessem.[120]

No início de 1937, uma atitude mais decidida teria inibido a intervenção do Eixo. Nesse estágio, Itália e Alemanha ainda testavam a determinação dos Aliados e a validade do NIA. Os dois países estavam preparados para expandir os limites de tolerância, esperando enviar tropas e equipamentos suficientes à Espanha com o objetivo de garantir uma vitória nacionalista antes que o esquema entrasse em vigor, mas ainda queriam evitar uma ruptura e o risco de confronto com as democracias.[121]

Um sentimento de frustração com o letárgico progresso comandado por Franco forçou o Eixo a escolher entre continuar sua operação de abastecimento ou pensar em um recuo humilhante. Ainda assim, as hesitações logo foram dissipadas com a recusa contínua do NIC em agir, apesar da evidência do envio de grande quantidade de efetivo e equipamento para a Espanha. A cautela fascista inicial, por sua vez, se transformou em ousadia e provocação. Na verdade, o NIC ignorou toda prova factual da presença italiana maciça na Espanha depois da captura de prisioneiros e documentos, em seguida à batalha de Guadalajara, em março de 1937. Algumas ameaças foram feitas pelo embaixador francês Corbin, e Eden escreveu em seu diário que passara a preferir uma vitória republicana. Ainda assim, todos os países se recusavam a apoiar as exigências de Maiskii a favor de uma investigação completa – mesmo depois que o embaixador italiano pareceu se afastar do roteiro diplomático e afirmar que nenhum voluntário fascista deixaria a Espanha até Franco ser vitorioso. Ribbentrop escreveu que a França não faria nada sem a aprovação da Inglaterra, e os britânicos eram hábeis em conseguir um acordo.[122] Ninguém estava preparado para acabar com o absurdo jogo no qual existiam muitas regras e um único resultado possível, a negação da realidade.[123]

Recepção similar deu-se ante a terrível destruição de Guernica pela Legião Condor. Negações oficiais alemãs – Berlim, afinal, se recusava a admitir que existiam unidades da Luftwaffe na Espanha – entravam em contradição com o relato de sobreviventes e jornalistas, como o repórter George L. Steer, do *Times*. O governo britânico também obteve provas de primeira mão com seu cônsul em Bilbao, Ralph Stevenson, que visitou a cidade 24 horas após o ataque. Apesar disso, todas as questões desconcertantes foram evitadas na Câmara dos Comuns, e quando a atrocidade foi discutida no NIC, lorde Plymouth concluiu a questão com um apelo aos dois lados em luta na Espanha – ignorando deliberadamente a participação estrangeira – para que parassem de bombardear alvos civis.[124]

Um novo incidente muito grave aconteceu em 29 de maio de 1937, quando dois aviões republicanos bombardearam o navio de guerra *Deutschland* (ancorado em Ibiza), causando 39 mortes e 75 feridos. Em represália, dois dias depois, a frota alemã lançou uma bomba na cidade de Almería, matando 19 pessoas. O governo republicano discutiu então a proposta de Prieto de usar todas as aeronaves disponíveis para atacar objetivos alemães de modo a produzir um confronto internacional. Mas ela foi rejeitada. A maioria dos ministros acreditava que a República seria abandonada ao seu destino. Além disso, os russos deixaram claro que se opunham a isso.[125]

Em junho, novo incidente envolvendo supostos ataques de submarinos "bolcheviques" contra o navio de guerra alemão *Leipzig* foi o pretexto final para que italianos e alemães enfatizassem seu papel de vítimas e abandonassem completamente a proposta de controle por parte do NIA (embora declarassem naturalmente seu contínuo compromisso com os princípios da não-intervenção).[126] Para desespero do governo francês, a Grã-Bretanha se recusou a dar uma resposta firme e saudou a decisão do Eixo de permanecer no NIC. Segundo Winston Churchill, a eliminação do falho sistema de supervisão relegou o Comitê de Não-Intervenção a um papel irrelevante, convivendo com fraudes oficiais, confirmou a subordinação da política estrangeira francesa com relação aos interesses britânicos e selou a solução do conflito espanhol em detrimento da paz.[127]

No início de agosto, Franco pediu a ajuda de Mussolini para acabar com a rota pela qual os comboios de fornecimento soviético passavam pelo Mediterrâneo para chegar à República.[128] A adesão de Mussolini resultou em uma excepcional e curta demonstração de fraqueza dos Aliados. Por mais de um mês, submarinos e aviões italianos atacaram cerca de 30 navios, inclusive embarcações espanholas, russas, francesas, britânicas e outras de países neutros. Em 27 de agosto, a participação fascista na Espanha repercutiu na publicação, na jactanciosa imprensa italiana, da conquista de Santander pelas tropas de Mussolini em um telegrama de felicitações de Franco.[129] A imprensa começou a usar o eufemismo de "ações piratas" misteriosas no Mediterrâneo. Na verdade, até os italianos, informados pelos alemães, estavam cientes de que a inteligência britânica decifrara seus códigos navais e portanto sabia que submarinos italianos eram responsáveis por toda a confusão no Mediterrâneo. Entretanto, como Ciano observou, eles estavam confiantes de que a Grã-Bretanha não se arriscaria a um confronto.[130]

Na verdade, desde a ascensão ao poder de Neville Chamberlain, em maio de 1937, o isolamento de Eden e outros anticonciliadores se tornou mais profundo. Os franceses, por outro lado, cuja paciência parecia ter atingido o limite, ameaçavam abandonar o NIC. Por fim, acertou-se uma conferência internacional a ser realizada na cidade suíça de Nyon, em meados de setembro, para discutir os misteriosos naufrágios no Mediterrâneo. A França insistia na presença da Rússia e até na da República espanhola, mas os britânicos impuseram a visão de que nenhum lado espanhol deveria estar presente, e estenderam o convite aos italianos, que o recusaram após fingirem estar ofendidos com as acusações soviéticas de que teriam lançado torpedos contra navios russos.[131]

Com as potências fascistas ausentes da conferência em Nyon, os presentes concordaram em dividir o Mediterrâneo entre zonas de patrulhamento e interceptar e destruir toda atividade pirata. Eden observou que a agressão fascista poderia ser interrompida se enfrentada com vigor.[132] No entanto, ele era uma voz isolada em um gabinete britânico dominado por conciliadores. O espírito de Nyon durou pouco. Além disso, os russos ficaram furiosos quando os britânicos convidaram mais uma vez os italianos, os verdadeiros vilões da história, para participar das patrulhas.[133] Ciano podia se gabar de que os "piratas foram transformados em policiais". Em meados de outubro ele mencionou em seu diário o reconhecimento de erro dos franceses diante da oposição britânica a se impor obediência à não-intervenção como marca do declínio das democracias ocidentais.[134]

Mesmo com a interrupção dos ataques piratas, a rota do Mediterrâneo foi efetivamente interrompida. A chamada "não-intervenção" amena se tornou vital para a sobrevivência da República. Negrín viajou a Paris em julho de 1937 e conseguiu garantias do novo primeiro-ministro francês, Chautemps, de que continuaria a política de seu predecessor. Blum, agora vice-primeiro-ministro, afirmava que estava em melhor posição para ajudar, pois não se encontrava mais no centro das atenções.[135] Na verdade, os franceses pareciam reagir de forma mais positiva aos apelos republicanos. O controle internacional nas fronteiras do país foi suspenso e algumas idéias das potências fascistas no NIC, de dar a ambos os lados direitos de beligerância, foram rejeitadas de imediato.[136] A France-Navigation, empresa criada em abril de 1937 e dirigida por membros do Partido Comunista Francês, com uma equipe confiável da CGT no sindicato marítimo e financiada pelo banco soviético baseado em Paris, La Banque Commerciale de l'Europe du Nord, responsabilizou-se pela maior parte das viagens de Mursmank do norte da Rússia para os portos atlânticos franceses. Com a cumplicidade de integrantes do governo francês, comboios de caminhões blindados, acompanhados por agentes da alfândega escolhidos a dedo, contrabandeavam o equipamento pela fronteira.[137] Entretanto, como afirmou o ministro radical francês, seu país interveio o suficiente para ser criticado e não dar apoio suficiente à República.[138]

Os nacionalistas tinham definitivamente conseguido tomar o controle do campo de batalha até o início de 1938, mas ainda havia esperanças para a República. Talvez a estratégia de Negrín de resistência para ganhar tempo se justificasse à medida que a agressão nazista na Europa central parecia prestes a afundar o continente em um confronto total.

6

A DERROTA DA REPÚBLICA

(março de 1938 – março de 1939)

Crônica de uma morte anunciada?

Em 26 de janeiro, Barcelona foi conquistada por Franco. Teve início o êxodo de todas as cidades e aldeias ao longo da costa. Mulheres, crianças, homens, animais lutando pelas estradas, por campos congelados, na implacável neve das montanhas. Aviões sem piedade sobrevoavam, um Exército sedento de sangue pressionava a retaguarda, e um pequeno grupo de soldados controlava seu avanço, fazia-o recuar inexoravelmente e ainda combatia o inimigo. Pobres com suas trouxas e afortunados em carros sobrecarregados abriam caminho por auto-estradas estreitas, e na fronteira da França uma fila interminável de exaustos fugitivos esperava para ser admitida numa área de segurança.[1]

MANTENDO A RESISTÊNCIA

Na primavera de 1938 a República parecia estar à beira da derrota. O ano não poderia ter começado melhor, com a conquista, pela primeira vez, de uma capital provinciana (Teruel). Entretanto, o otimismo logo se transformou em desmoralização. Incapaz de manter a vitória, o Exército Republicano foi forçado a recuar em desordem, já que as tropas nacionalistas marcharam em direção ao leste por Aragão e pela Catalunha, alcançaram o Mediterrâneo e cortaram a zona republicana em duas partes. O desespero impregnava o campo republicano. Toda derrota aumentava a pressão sobre seus já desgastados recursos humanos e materiais. Além da constante perda de equipamento valioso e de milhares de soldados (muitas vezes se refazendo e juntando-se aos nacionalistas), a República teve de prover a subsistência de uma avalanche de refugiados. Bombardeios aéreos, notícias tristes da frente de batalha e penosos déficits de mercadorias representavam um custo alto. A retaguarda começou a desmoronar, e a população, cada vez mais sacrificada com a guerra, cujas rações escassas consistiam principalmente de arroz e lentilha – conhecidas como as pílulas do doutor Negrín –, começou a querer o pão de Franco e a se perguntar quando terminaria a tragédia que abatia a Espanha.[2]

O derrotismo e a desânimo também se espalharam entre aqueles que ocupavam altos cargos políticos. A força de vontade do presidente Azaña, como de muitos outros republicanos burgueses, decaía progressivamente enquanto uma luta cruel que ele não conseguia entender e nem agüentar se prolongava. Sem ter jamais se recuperado de sua experiência de conflito de rua após o Dia do Trabalho, Azaña começou a esperar por um fim negociado para a guerra. Em maio de 1937 a coroação do rei Jorge VI lhe pareceu uma oportunidade de explorar a possibilidade de mediação britânica para acabar com as hostilidades. Para essa delicada missão, incumbiu Julián Besteiro de representar a Espanha na cerimônia.[3] Profundamente decepcionado com a radicalização sofrida pelo Psoe entre 1931 e 1936, Besteiro, como Azaña, foi seriamente afetado pela permanente orgia de sangue e pelo tumulto. Ele aceitou com entusiasmo sua tarefa e ficou bastante desencorajado com os seus pobres resultados.

O encontro de Besteiro com Eden em 11 de maio fora estimulante, e o Ministério das Relações Exteriores chegou a suscitar o problema da mediação internacional com outras grandes potências. A França e a União Soviética aceitaram em princípio, mas as potências do Eixo adiaram a resposta. A Grã-Bretanha desistiu então da iniciativa.[4] Para tristeza de Besteiro, uma proposta de paz também se chocou com a realidade interna da Espanha. Franco era contra qualquer negociação que não implicasse uma rendição incondicional. Além disso, mais penoso ainda para Besteiro era o fato de que qualquer acordo também contradizia o compromisso do novo governo Negrín de combater até o fim – um governo que chegara ao poder durante sua missão na Grã-Bretanha. Bastante magoado por ter seus esforços ignorados, Besteiro passou, a partir de então, a nutrir um profundo rancor contra o novo primeiro-ministro.[5]

Após o fracasso em Teruel, aumentou a divergência entre os defensores da resistência e aqueles dispostos a encontrar uma solução negociada para o conflito. Azaña era uma importante liderança em um campo cada vez maior de republicanos afetados pelo desgaste com a guerra, mas incapazes de apresentar alternativa coerente. Em geral, tinham chegado à conclusão de que a luta estava perdida. Com o isolamento internacional e a evidente inferioridade militar republicana no campo de batalha, Azaña e seus colegas sentiram que o melhor seria achar uma forma satisfatória de acabar com a guerra. Em contraposição, Negrín e seus aliados acreditaram que nada mudara. Para eles, uma política de resistência firme permanecia a prioridade. Mesmo que a vitória fosse inalcançável, com um efetivo esforço de guerra, a República poderia obter dos nacionalistas condições justas. A resistência era imperativa para ganhar tempo, já que, argumentavam eles, a agressão fascista mais cedo ou mais tarde revelaria a ilusão que era a política de pacificação. O resultado mais provável seria então um grande conflito europeu no qual a Guerra Civil Espanhola seria só um dos campos de batalha.[6]

Apesar disso, na primavera de 1938 a República parecia prestes a entrar em colapso. Depois que a frente de batalha republicana foi dizimada em Aragão, a destruidora força nacionalista passou a tomar cidade após cidade. Barcelona foi submetida a cruéis bombardeios e a retaguarda foi paralisada pelo medo e pelas trevas. Nesses momentos cruciais, Zugazagoitia assinalou que a poderosa determinação de Negrín era vital para manter a resistência. Aparentemente impenetrável com relação ao fracasso militar permanente, Negrín continuava a passar uma imagem de confiança e otimismo.[7] Entretanto, o primeiro-ministro estava prestes a brigar com seu velho amigo Indalecio Prieto.

A antiga relação amistosa entre Prieto e o PCE se deterioraria completamente até a primavera de 1938. Como ministro da Guerra, Prieto tinha aprovado medidas que receberam acidentalmente total apoio de Negrín e eram claramente destinadas a limitar a influência comunista no comissariado e nas Forças Armadas. Ele proibiu a propaganda política no Exército, buscou fortalecer a autoridade de oficiais diante da autoridade dos comissários políticos e encarregou um homem de sua confiança, Crescenciano Bilbao, de cuidar do comissariado.[8] No entanto, as críticas abertas dos comunistas sobre Prieto só aumentaram após o desastre de Teruel. Até então, no mais profundo desespero, o ministro da Guerra tinha se tornado uma desconcertante fonte de derrotismo.[9] Em 29 de março de 1938, Prieto ofereceu um quadro tão devastador de pessimismo em um encontro do gabinete que Negrín confessou a um amigo que, ao partir, não estava certo se diria ao motorista para levá-lo para casa ou direto para a fronteira![10]

Em 16 de março de 1938, ocorreu em Barcelona uma grande manifestação exigindo a retirada de ministros "traidores". Seus principais instigadores eram os comunistas – e o alvo era claramente Prieto –, mas todas as organizações da Frente Popular estavam representadas. Apesar do crescente desgaste com a guerra, eles sabiam que a única alternativa à política pregada por Negrín era a capitulação. Portanto, buscaram pressionar Azaña para permitir que Negrín realizasse uma reforma geral do gabinete. Acreditavam que, se Azaña desse poder ao governo dominado pelo derrotismo, o resultado seria a rendição e o extermínio de milhares de republicanos.[11]

Como prova de sua determinação de continuar a luta com um vigor determinado, a UGT e a CNT assinaram um pacto de unidade de ação em 18 de março. Para consternação de muitos anarquistas, a executiva nacional da CNT já tinha desistido há muito dos ideais revolucionários dos primeiros dias e passado a buscar uma estratégia "realista". A conclusão lógica foi o apoio da CNT (em conjunto com a UGT) à autoridade do Estado, seu apoio total ao planejamento econômico central e ao estabelecimento de um eficiente Exército popular.[12] Em 6 de abril de 1938, Negrín formou um novo governo de *union sacrée* no qual todos os membros da Frente Popular estavam representados. Suas mais consideráveis inovações foram a posse do primeiro-ministro no Ministério de Guerra, o retorno, no Ministério das Relações Exteriores, do socialista Alvarez del Vayo e (como recompensa pelo apoio de seu sindicato) a inclusão no governo do líder veterano da UGT proveniente das Astúrias, Ramón González Peña, como ministro da Justiça e do *cenetista* Segundo Blanco como ministro da Saúde e da Educação.[13]

A partir de então, graças principalmente a seu ego ferido e ao rancor pessoal, Indalecio Prieto se tornou um dos piores detratores de Negrín. A raiva com a perda de seu cargo no gabinete se transformou no ódio total ao antigo amigo. Após a guerra, Prieto afirmaria que, como no caso de Largo Caballero, ele tinha se tornado a vítima de uma caça às bruxas comunista: fora expulso por Negrín, que seguia ordens de Moscou![14] Parece que esqueceu do papel central que assumira na expulsão de Largo. Na verdade, os russos nada tiveram a ver com a demissão de Prieto. Semanas antes, Stálin sugerira que os comunistas deveriam aproveitar a oportunidade de qualquer crise governamental para deixar o governo, tornando-o assim mais palatável para as potências ocidentais. Seu conselho não foi seguido pelo PCE. Os comunistas espanhóis que contavam com o apoio do representante do Comintern, o italiano Palmiro Togliatti,[15] argumentavam que o abandono do cargo ministerial não seria entendido pelas multidões em combate e viraria a balança de poder contra Negrín.[16] Além disso, o primeiro-ministro tentou manter Prieto no gabinete, como ministro de Serviços Públicos, mas ele recusou a oferta. O pessimismo sabotador de Prieto o impediu, portanto, de permanecer à frente do esforço de guerra da República.[17]

Até julho de 1938 a República conseguiu sobreviver apesar das difíceis circunstâncias dos meses anteriores. Mesmo Azaña teve de admitir que o primeiro-ministro mantivera o moral e transformara o governo em um verdadeiro órgão de combate.[18] Negrín foi auxiliado em suas tentativas de estabilizar a situação política e militar por dois fatores cruciais: a estratégia militar de Franco e a óbvia deterioração do contexto internacional.

O avanço nacionalista para o Mediterrâneo destruíra o Exército Republicano, e suas capacidades defensivas ficaram bastante prejudicadas. De posse da ofensiva militar, as forças de Franco pareciam prontas para conquistar o resto da Catalunha. A tomada do principal centro industrial da República e do mais importante porto da região, assim como o fechamento da fronteira francesa, poderiam ter acelerado dramaticamente o final da guerra. No entanto, em vez de se voltar para o norte, Franco dirigiu a maioria de suas tropas para o sul, em direção a Valência. Isso não só deu às forças republicanas trégua para se reagrupar, mas também acabou com o ímpeto nacionalista. Os defensores tinham a vantagem do terreno montanhoso, e o avanço das tropas franquistas tornava-se dolorosamente lento e muito custoso em termos de perdas. Em 14 de junho de 1938, os nacionalistas tomaram Castellón após dois meses de luta, porém logo sua ofensiva estagnou a 40km de Valência. Considerando-se a desmoralização de alguns meses antes, a bem-sucedida contenção do ataque nacionalista se mostrou uma das mais impressionantes vitórias defensivas republicanas.[19]

Embora alguns importantes generais, como Kindelán e Vigón, não conseguissem esconder seu embaraço, várias explicações (ou, o que é mais provável, uma combinação delas) podem justificar a estratégia seguida pelo alto comando nacionalista. Já se argumentou que interromper o avanço em direção a Barcelona teria sido o resultado da péssima capacidade tática dos generais *africanistas*. Escolher Valência como próximo objetivo dos nacionalistas também poderia ser visto como parte da vontade de Franco de prolongar a guerra para consolidar seu poder pessoal e deixar aos poucos o inimigo sangrar até a morte. Entretanto, uma consideração de máxima importância ao se adiar a invasão da Catalunha foi certamente evitar que a França se alarmasse desnecessariamente. Em uma época de crescente tensão internacional, seria sem dúvida um erro diplomático ordenar que a Legião Condor e as divisões italianas se movessem em direção à fronteira francesa.[20]

A FRONTEIRA INFERNAL

Confrontado pelas claras ambições do Eixo, a política ocidental de conciliação começou a revelar sua total insignificância ao longo de 1938. Até o início desse ano, as discordâncias no interior do governo britânico não podiam ser mais abafadas. Em novembro de 1937, a decisão da Itália de se unir ao Pacto Anti-Comintern com a Alemanha e o Japão, e, um mês depois, sua saída da Liga das Nações confirmaram a visão de Eden de que uma posição mais rígida deveria ser tomada, e que a Espanha deveria ser o teste da sinceridade de Mussolini. Para Neville Chamberlain e para a maioria de seus ministros, contudo, a Espanha era "o grande empecilho" no caminho da Grã-Bretanha quanto ao objetivo de melhorar sua relação com a Itália.[21] Além disso, Chamberlain acreditava que seu governo deveria adotar medidas que garantissem a boa vontade do vencedor da Guerra Civil, que certamente seria o lado nacionalista. Desse modo, em 12 de novembro de 1937, o duque de Alba foi reconhecido agente oficial do general Franco em Londres (cargo que ocupava desde a eclosão da guerra, mas sem status oficial), e um diplomata aposentado, sir Robert Hodgson, foi nomeado agente britânico oficial na Espanha nacionalista. Embora isso ainda estivesse longe de um reconhecimento legal, tratava-se de um claro golpe diplomático em favor das autoridades franquistas.[22]

A posição de Eden como chefe da diplomacia britânica se tornava cada vez mais insustentável. Em setembro de 1937, seu apoio à proposta do ministro francês Delbos a favor da colaboração mútua de ambos os governos para fortalecer o Acordo de Não-Intervenção, tentando evitar assim que a Itália continuasse a ignorar seus princípios, deixou-o isolado no gabinete britânico. A maioria dos ministros, para desenvolver boas relações com a Itália, estava na verdade determinada a restringir a "firmeza" francesa. Subseqüentemente, Eden ficou consternado quando lorde Halifax, o vice-primeiro-ministro, visitou Berlim em novembro de 1937 e informou a Hitler que o governo britânico não se oporia a qualquer "ajuste territorial apropriado" na Europa, desde que fosse obtido por meios diplomáticos.

Afinal, ficou evidente que as duas visões contrárias a respeito de como proceder nas negociações com a Itália fascista eram irreconciliáveis. Enquanto o ministro das Relações Exteriores queria a adesão italiana para a não-intervenção na Espanha como condição implícita antes de qualquer acordo ser assinado, Chamberlain estava preparado para continuar a ignorar o envolvimento de Mussolini na aventura espanhola. Os italianos recebiam todas as informações sobre as divisões no interior do governo britânico por seu embaixador em Londres, Dino Grandi. Em 19 de fevereiro de 1938, o diplomata italiano foi confrontado por Eden (em uma conversa na qual Chamberlain também estava presente e durante a qual mostrou muitas vezes um visível incômodo com relação a seu ministro das Relações Exteriores). Éden lhe dava provas da constante desobediência do Acordo de Não-Intervenção pela Itália, e Grandi teve a insolência de responder que seu país estava do lado do general Franco pelas mesmas razões que levaram os britânicos a enviar tropas à Espanha para derrotar Napoleão em 1808! Grandi concluiu a partir de sua experiência naquele dia que Chamberlain e Eden eram inimigos em confronto como "dois galos em uma rinha". Em 20 de fevereiro de 1938, isolado no gabinete britânico, Eden renunciou e foi substituído pelo pacificador lorde Halifax.[23]

O fim de Eden teve um efeito devastador na França e foi um golpe pessoal para Delbos.[24] Ao mesmo tempo, passou um claro sinal para as capitais do Eixo: Londres não se oporia à aventura militar deles na Espanha. Ciano observou que, quando a notícia da renúncia de Eden foi transmitida durante uma festa onde ele estava presente, o público aplaudiu e se alegrou.[25] Durante suas negociações com os italianos, em março de 1938, Halifax sugeriu que um gesto simbólico como uma retirada parcial de seus "voluntários" impressionaria de forma favorável a opinião pública britânica. A força aérea de Mussolini agiu de fato para impressionar o mundo – mas com a intensificação do devastador bombardeio de Barcelona.[26]

A farsa da não-intervenção não poderia ter alcançado apogeu maior. No final de fevereiro de 1938, Hans George von Mackensen, secretário de Estado no Ministério das Relações Exteriores alemão, escreveu que Franco não poderia ter conseguido vitória militar sem que fosse constantemente abastecido de equipamentos, e isso dependia não só da boa vontade alemã, mas das determinações do NIC em Londres.[27] Ainda assim, Franco não tinha com o que se preocupar. A não-intervenção continuava a garantir que o embargo internacional e o isolamento afetassem só a República. O governo britânico estava perfeitamente ciente da devastadora participação da Itália na Espanha. Entretanto, em março de 1938, Londres não exigiu que Mussolini interrompesse seu notório envolvimento naquela guerra, como estava estabelecido no NIA, mas implorou a Ciano para ordenar o fim do bombardeio de cidades espanholas porque a situação poderia ficar "delicada" para Chamberlain. A resposta de Ciano foi notável: ele faria o que pudesse, mas Barcelona era a sede do governo, e não uma cidade aberta![28]

Sem levar em consideração o movimento aventureiro da Itália, em 16 de abril de 1938, um tratado anglo-italiano, o "Acordo de Páscoa", que reconhecia *de jure* a conquista da Abissínia pela Itália, foi assinado em Roma. A implementação total do acordo ainda foi retardada pela promessa de Chamberlain ao Parlamento, durante o debate após a renúncia de Eden, de que o documento não entraria em vigor até que houvesse provas suficientes da retirada de tropas italianas da Espanha. No entanto, Halifax não deixou dúvida sobre o que isso significava. Em seu diário, ele escreveu que a vitória de Franco deveria ocorrer dentro de um ou dois meses.[29]

Ainda assim, o crescente expansionismo alemão deu à República um pouco de esperança. Em 12 de março de 1938 a Alemanha anexou a Áustria (*Anschluss*) e planejou o próximo prêmio: Sudetos, na Tchecoslováquia. Os franceses ficaram preocupados, e formou-se um segundo gabinete Blum. Negrín não deixou passar a oportunidade e viajou para a França a fim de obter armas (aviões em particular) com o novo governo francês.[30] O apelo espanhol foi ouvido. Blum não era mais o hesitante primeiro-ministro de 1936 e estava determinado a enfrentar a agressão fascista. Com o aumento do clamor público após o indiscriminado bombardeio italiano de Barcelona, o primeiro-ministro francês convocou um encontro do Comitê de Defesa Nacional Permanente. Blum queria enviar um ultimato a Franco exigindo a retirada de tropas estrangeiras e sugerindo o envio de armas para a República. No entanto, as propostas de Blum encontraram resistência e bateram de frente, mais uma vez, no mesmo obstáculo que derrubara seus planos durante o primeiro governo: a evidente hostilidade da Grã-Bretanha com relação a qualquer intervenção na arena espanhola (fato comunicado pelo embaixador britânico Eric Phillips para o ministro das Relações Exteriores francês Joseph-Paul Boncour, antes do crucial encontro). Diplomatas e generais franceses se opuseram a qualquer medida que pudesse pôr em risco a paz na Europa.

Na verdade, com o cenário internacional cada dia mais perigoso, a maioria dos políticos e autoridades franceses achava que não poderiam arriscar um rompimento com a Grã-Bretanha. As autoridades também declararam que, no clima de então, a França não poderia se privar de nenhum equipamento militar. Convocado para consultas em Paris, o adido militar francês na Espanha, tenente-coronel Henri Morel, disse a seu primeiro-ministro: *"Monsieur le président du Conseil, je n'ai qu'un mot à vous dire, un roi de France ferait la guerre"* ("Senhor primeiro-ministro, só tenho uma palavra a dizer, um rei da França entraria em guerra"). Mas Blum não era rei, e no final teve de se contentar com uma fórmula a contragosto: a abertura total da fronteira francesa a fim de entregar armas russas para a Espanha.[31] O máximo que a França parecia capaz de fazer pela República era permitir a ajuda de outros (a União Soviética). Ainda assim, entre março e junho de 1938, enquanto Franco se concentrava em Valência, o Exército Republicano teve alguns valiosos meses para se rearmar com 18.219 toneladas de equipamento de guerra que cruzaram a fronteira.[32]

A reação de Londres com relação ao *Anschluss* foi diametralmente oposta à de Paris. O governo britânico acelerou suas negociações com Mussolini e, em conseqüência, ficou horrorizado com a evidente simpatia de Blum pela Espanha republicana. De fato, considerava-se que o comportamento "imprudente" do governo francês colocara em risco os esforços pela paz. Em vez de a vitória de Franco levar alguns meses como previsto por Halifax, a "loucura" de Blum foi criticada por ameaçar prolongar o "diversionismo espanhol". Desse modo, não surpreende que os britânicos tenham saudado o fim do gabinete francês depois de apenas um mês no poder. Ainda mais importante, o novo governo em Paris só incluía membros do Partido Radical, e, embora fosse presidido pelo hesitante Edouard Daladier, o "sensível" Georges Bonnet, leal defensor da conciliação, estava agora no Quai d'Orsay.[33]

Desde abril, Chamberlain e Halifax estavam impressionados com dois aspectos cruciais de seus equivalentes franceses: a preocupação de dar firmes garantias aos tchecos no caso de agressão alemã e a urgência de fechar a fronteira com a Espanha.[34] Para o governo britânico, favorável à conciliação, foi a atitude francesa, e não a brutal demonstração de força na Espanha (ou em outro local), que desconsiderou os princípios da não-intervenção e levou a Europa à beira da guerra. No verão de 1936, os britânicos forçaram a Frente Popular francesa a se afastar da Espanha enquanto ignoravam a flagrante intervenção de italianos e alemães. Dois anos depois, o colapso da "Espanha comunista" ainda era claramente considerado um sacrifício válido para aplacar os ditadores.

A pressão britânica sobre os aliados franceses aumentou no sentido de fechar a fronteira, o último e único canal seguro de entrada de armas para a cercada República agora que a rota de abastecimento pelo Mediterrâneo fora praticamente barrada pelas atividades italianas. Na verdade, a administração Chamberlain ficou furiosa com o fato de a resistência republicana ser um obstáculo à implementação do Acordo de Paz com a Itália. Em 5 de junho de 1938, o secretário de lorde Halifax escreveu: "O governo reza para a vitória de Franco e pressiona a França para que cesse a remessa de suprimentos para a República."[35] No caso de Bonnet, eles choviam no molhado. Um indeciso Daladier cedeu finalmente, e a fronteira foi fechada em 13 de junho.[36]

A permanente campanha empreendida pela Força Aérea de Franco contra navios mercantes neutros (70% deles britânicos) em águas republicanas parecia obstruir incidentalmente o apoio fundamental do governo britânico aos nacionalistas. Somente depois que dez navios britânicos foram afundados e outros 37 foram destruídos, em maio e junho de 1938, é que Chamberlain prestou atenção no clamor da opinião pública. Uma mensagem raivosa foi entregue ao posto de comando de Franco para que interrompessem os ataques. O *caudillo* obedeceu, embora o bombardeio continuasse de modo mais esporádico.[37] Em 29 de junho, Bonnet pediu ajuda ao embaixador britânico para assegurar que Daladier não fosse influenciado pelo movimento similar de simpatia causado pelos bombardeios franquistas. Sir Eric Phipps escreveu naquele dia a Halifax:

> Vou me encontrar com Daladier amanhã de manhã e o impressionarei com a importância absolutamente vital que o governo de Sua Majestade atribui ao fechamento contínuo da fronteira dos Pireneus, pois acho que é muito importante apoiar Bonnet de todas as formas possíveis agora, no que acredito ser sua luta genuína para manter fechada esta *fronteira infernal*.[38]

ENTRE O EBRO E MUNIQUE

No início da primavera de 1938 a maioria dos aliados e inimigos de Franco acreditava que sua vitória seria rápida. No entanto, ressurgindo das cinzas, a República se reergueu de modo surpreendente. Sem se deixar desencorajar pela crescente desmoralização e decepção militar, Negrín iniciou uma ofensiva diplomática e militar sem precedentes que representava o ponto alto de sua liderança e a tentativa republicana mais ambiciosa de encontrar um resultado favorável para o conflito: ou resistir até a luta espanhola ser englobada pela guerra européia cada vez mais iminente, ou forçar um acordo de paz em termos honrosos. A ofensiva foi um esforço corajoso, mas se mostrou também o canto de cisne da República.

Em 1º de maio, Negrín publicou uma declaração de 13 pontos, um programa liberal e moderado que estabelecia os objetivos de guerra da República, mas deixava uma alternativa para a paz negociada.[39] O primeiro-ministro buscou mostrar ao público interno e internacional que seu governo não estava cego à possibilidade de um acordo. O caráter moderado das metas de Negrín foi um choque para anarquistas como García Oliver – que declarou não saber se ria ou se chorava. Entretanto, após ter renunciado a todos os seus princípios ideológicos, muitos revolucionários radicais estavam preparados para prosseguir com os planos de Negrín, já que falar em "revolução" havia deixado de ser um requisito no discurso oficial da CNT. O importante agora era vencer a guerra.[40]

A visão de Negrín de uma Espanha pós-guerra liberal e democrática tinha o objetivo de conseguir apoio em seu próprio campo e também de impressionar os Aliados. Os 13 pontos estipulavam que a Espanha do pós-guerra seria uma democracia independente da interferência externa, com eleições livres e direitos civis integrais, inclusive a liberdade de pensamento e religião. Seria convocado um plebiscito popular para determinar a estrutura social e política do Estado. As singularidades regionais seriam respeitadas na Espanha unida. A propriedade privada seria garantida dentro dos limites determinados pelo interesse nacional, empresas estrangeiras afetadas financeiramente pela guerra receberiam compensações, a reforma agrária seria realizada, os direitos dos trabalhadores seriam garantidos e a Espanha adotaria a segurança coletiva da Liga das Nações. Por fim, todos os espanhóis que quisessem participar da reconstrução nacional seriam anistiados.[41] Era evidente que os pontos de Negrín não tinham chances de serem aprovados por Franco.

Ao mesmo tempo, nas primeiras horas de 25 de julho de 1938, com o intuito de mostrar que a República estava longe de ser derrubada, iniciou-se uma ousada ofensiva, planejada pelo principal estrategista da República e chefe do Estado-Maior general Vicente Rojo. O novo Exército de Ebro, como ficou conhecido, foi criado em abril especialmente para realizar o ataque. Originário do 5º Regimento, reunia a elite das forças republicanas e foi decisivamente liderado por comandantes comunistas, sendo os principais deles Juan Modesto, Manuel Tagueña e Enrique Lister.[42] Beneficiando-se das reservas militares acumuladas antes do fechamento da fronteira francesa, o Exército de Ebro cruzou o rio que lhe dava nome, com o objetivo de aliviar a pressão em Valência. Sua meta final era ganhar tempo, na medida em que a guerra na Europa parecia cada vez mais próxima.

Inicialmente a operação foi um sucesso, pegando os nacionalistas de surpresa, rompendo suas linhas e estabelecendo uma cabeça-de-ponte a 40km do ponto de partida. Na primeira semana, os atacantes conquistaram 800km² de território. Apesar disso, os nacionalistas rapidamente enviaram novas tropas e equipamentos de outras linhas de frente, e sua Força Aérea agiu com uma precisão devastadora. A ofensiva ficou paralisada, certamente não ajudada pelo uso tardio de sua escassa Força Aérea, no acesso à importante cidade de Gandesa. Até o início de agosto, os republicanos tinham cavado trincheiras profundas e adotado posições defensivas. Apesar dos problemas em relação a material, e combatendo com um rio na retaguarda, o Exército de Ebro foi um oponente difícil, bem diferente dos desorganizados membros da milícia dos primeiros dias. Entrincheirados nos altos picos do terreno montanhoso, eles resistiram a sete grandes ofensivas nacionalistas. A batalha de Ebro foi a mais longa e sangrenta de toda a guerra – quatro meses de constante massacre no qual posições eram tomadas e retomadas muitas vezes.

Mais uma vez, o *caudillo* chocou muitos generais de seu entourage (assim como oficiais do Eixo) com suas táticas. Uma vez que o ataque republicano foi contido, os nacionalistas estavam livres para retomar sua operação contra Valência ou para se voltarem contra Barcelona. Franco, em vez disso, preferiu uma batalha frontal de aniquilação, tirando vantagem da artilharia aérea para sangrar o inimigo, sem considerar o custo humano para suas próprias forças.[43]

No entanto, embora a batalha se tornasse mais violenta, a atenção dos combatentes se concentrava sobre os acontecimentos do resto do continente. Em vez das *sierras* cobertas de sangue do leste da Espanha, o destino da guerra parecia resolutamente ligado a decisões tomadas nas chancelarias européias. Durante boa parte do "verão quente" de 1938, as esperanças de Franco de uma vitória esmagadora começaram a desmoronar. Não só a República organizou um ataque surpresa, refreando os nacionalistas no Ebro, como a arena internacional também parecia se voltar contra o *caudillo*. Depois de meses de triunfo, pela primeira vez surgiam dúvidas no campo nacionalista, e o moral estava em baixa nos quartéis-generais.[44]

Ao mesmo tempo, os poderes do Eixo não conseguiam esconder sua consternação; praticamente eliminada, a República ainda revidava e com certo sucesso. Eles não podiam entender a débil conduta de guerra adotada por Franco e a incapacidade de usar de forma decisiva seu imenso poder de fogo. O embaixador alemão Eberhard von Stohrer ficou frustrado com a falta de progresso na linha de frente e observou o surgimento de desgaste com a guerra na Espanha nacionalista. Os italianos estavam ainda mais nervosos. Em 22 de agosto, o general Mario Berti, comandante da CTV, passou para Franco as instruções de Mussolini de que a campanha deveria ser realizada com maior vigor. Uma semana depois, um aborrecido *Duce* disse a Ciano para registrar em seu diário: "Hoje, 29 de agosto de 1938, prevejo a derrota de Franco. Este homem não sabe, ou não quer, fazer a guerra. Os comunistas são combatentes, Franco não!"[45]

Por um breve momento, os republicanos se alegraram. A intransigência alemã com relação a sua reivindicação de Sudetos ameaçava arrastar a Europa para a guerra. A República acreditava que a situação finalmente mudava. Para manter o ímpeto, em 21 de setembro, Negrín viajou para a Liga das Nações em Genebra a fim de anunciar a retirada unilateral de soldados estrangeiros. A partir de então, os relatórios de guerra republicanos, não sem justificativa, passariam a se referir às tropas como "forças espanholas".[46] A retirada dos 12 mil membros estrangeiros remanescentes das Brigadas Internacionais não teve conseqüência séria. Em vez disso, foi um ato simbólico, mas perspicaz. Negrín buscou passar para seus interlocutores a determinação de seu governo de obedecer aos princípios da não-intervenção, o que, esperava ele, produziria a pressão internacional necessária para forçar os nacionalistas a fazerem o mesmo.[47] Franco, privado da ajuda do Eixo, certamente não poderia manter a guerra.

A parada de despedida das Brigadas Internacionais foi celebrada em Barcelona em 29 de outubro de 1938. Os brigadistas marcharam diante dos líderes republicanos enquanto bandas militares tocavam, milhares de pessoas os saudavam, flores eram jogadas e meninas corriam para beijá-los. Negrín e outros expressaram sua gratidão, mas foi a líder comunista La Pasionaria quem pronunciou as palavras mais tocantes:

> Razões políticas, razões de Estado ... enviam vocês de volta, alguns para seu próprio país e outros para o exílio forçado. Vocês podem partir com orgulho. Vocês são história. São uma lenda. São o exemplo heróico da solidariedade e da universalidade da democracia. Não nos esqueceremos de vocês, e quando a oliveira da paz florescer de novo, mesclada aos louros da vitória da República espanhola – retornem![48]

Em setembro de 1938, ao mesmo tempo que as esperanças republicanas ressurgiam, o outro campo entrava em um período sombrio. Franco estava horrorizado e perplexo. Sofrendo de um extremo esgotamento, pela primeira vez em anos ele ficou doente e confinado em seu posto de comando durante dias.[49] Em 27 de setembro, após hesitações agonizantes, assumiu com os Aliados o compromisso de permanecer neutro no caso de uma guerra européia. Previamente informada sobre essa decisão, a Alemanha, concentrada na questão tcheca, pareceu entender o dilema de Franco e só pediu uma neutralidade benevolente. Os italianos, contudo, estavam enraivecidos. Ciano classificou a iniciativa de Franco como doentia e acrescentou que os soldados mortos na Espanha deveriam estar se revirando em seus túmulos.[50]

Apesar da alegação de neutralidade, os nacionalistas estavam cientes de que não poderiam controlar a agenda internacional. A declaração de Franco possuía sérias falhas em termos de credibilidade e aplicação.

Afinal, a Espanha tinha contingentes significativos de equipamento militar do Eixo, além de tropas que os Aliados não podiam ignorar e os nacionalistas não podiam perder. Postos de comando franquistas temiam que, assim que as hostilidades explodissem no continente, a República declarasse guerra contra a Alemanha e ligasse sua sorte à das democracias ocidentais. Os republicanos ainda resistiam no Ebro, e os rebeldes ficariam isolados geograficamente de seus amigos e enfrentariam grandes dificuldades para obter suprimentos militares. Além disso, assim que a guerra começou, a estratégia militar francesa incluía o envio de tropas para a Catalunha e Marrocos.[51] O embaixador nacionalista em Berlim, conde Magaz, revelou a ansiedade vivida por seu lado naqueles dias: "Uma guerra européia era um pesadelo, já que, independentemente de nossas ações, a República declararia automaticamente guerra contra o Eixo e se tornaria assim aliada daqueles cuja neutralidade queremos preservar".[52]

A situação internacional se desenvolveu de modo totalmente favorável a Franco. Embora levado ao extremo limite pela crise tcheca, a política de conciliação ocidental ainda prevalecia. Em 29 de setembro, em vez de arriscar a guerra, Chamberlain e Daladier se encontraram com Hitler em Munique, tendo Mussolini como mediador. Sabiamente, a União Soviética e a Tchecoslováquia não foram convidadas. Os líderes ocidentais, propensos a conservar a paz *à outrance*, concordaram em apoiar os planos de Hitler, e os tchecos foram intimados a entregar o território que os alemães queriam. Alguns, como Bonnet e Chamberlain, acreditavam que a paz fora preservada. Na verdade, a guerra só tinha sido adiada. Uma nova retirada ocidental encorajou o insaciável apetite fascista, e, desde então, um Reich mais poderoso se mostrava ainda menos inclinado à paz. Apesar disso, multidões britânicas e francesas aliviadas receberam com entusiasmo seus líderes. No posto de comando de Negrín, no entanto, não havia razões para comemorar. A sentença de morte da República fora praticamente selada em Munique.

CAI O PANO

Em 16 de novembro de 1938, os últimos combatentes republicanos ao longo do rio Ebro se retiraram, colocando fim à batalha. Os nacionalistas levaram quase quatro meses para expulsá-los do território conquistado em julho. Eles podiam sentir orgulho por ter resistido por tanto tempo a todas as ofensivas de um Exército mais bem equipado que o deles. Além do mais, não foram derrotados, e a retirada final tinha sido uma operação organizada.[53] Ainda assim, o resultado não poderia ter sido mais favorável a Franco. A campanha do Ebro fora o tipo de guerra de aniquilação que ele sempre quisera. O número de vítimas foi o maior em toda a guerra: os republicanos tiveram cerca de 70 mil baixas, e os nacionalistas 60 mil.[54] Foi a solução da crise tcheca, mais que a carnificina humana, contudo, que acelerou o final da guerra. De uma só vez, as esperanças de que a República fosse salva pelas democracias ocidentais – ou, no mínimo, as esperanças de uma autêntica não-intervenção – foram destruídas. Franco, por seu lado, sabia que a vitória total estava a seu alcance. No início de outubro, um triunfante duque de Alba escreveu de Londres confirmando que a declaração de neutralidade de Franco no mês anterior fora bem recebida pelo governo britânico. Um dos principais integrantes do governo Chamberlain, lorde Hailsham, confidenciou pessoalmente a Alba que o gabinete britânico aguardava uma vitória nacionalista, descrita por ele como "o ato final de uma paz européia".[55]

No final de 1938, as duas zonas espanholas não poderiam apresentar imagens mais contrastantes. Enquanto na Espanha nacionalista havia abundância de comida, combustível e mercadorias básicas, o desgaste com a guerra e as privações de equipamentos destruíam a República. A situação humanitária na zona republicana atingia proporções alarmantes. Severos racionamentos e escassez causavam desespero na retaguarda, onde a população civil tinha de enfrentar longas filas, dietas pobres e constantes bombardeios. À noite, grupos de mulheres em locais como Valência saíam no campo e nas docas em busca de alimentos. Simultaneamente, grupos clandestinos, incentivados pelo curso da guerra, começaram a operar com bastante audácia nas ruas e guarnições, incentivando o derrotismo e alimentando a população contra a resistência contínua.[56] O futuro também parecia terrível em termos militares. Ambos os exércitos estavam esgotados após a exaustiva batalha do Ebro. Entretanto, enquanto a República usara algumas de suas melhores tropas e equipamentos militares, que nunca poderiam ser substituídos, Franco poderia arcar com perdas consideráveis.

Sem se desencorajar com o terrível cenário militar e diplomático, mais uma vez Negrín recorreu à União Soviética. No início de dezembro, ele enviou o chefe da Força Aérea Republicana, general Ignacio Hidalgo Cisneros, a Moscou com uma carta pessoal (datada de 11 de novembro) para Stálin, pedindo nova remessa de armas. Em termos calorosos, Negrín afirmava que o líder soviético era a última chance que a República tinha de resistir e enfatizava que a Espanha era o último reduto da democracia antes da deflagração de uma grande guerra entre poderes democráticos e totalitários, o que considerava iminente, "a não ser que ocorram novas capitulações impressionantes". O primeiro-ministro reconheceu que o pior inimigo da República fora Chamberlain. Ele disse, por sua vez, que o frágil Daladier permitira que os interesses britânicos ditassem a política externa francesa.[57]

Stálin não precisava de uma aula sobre a situação mundial na época. Ele já tirara suas conclusões a partir do encontro de Munique. Na verdade, consternado pelo resultado da crise tcheca, Stálin já começava a testar a possibilidade de uma reaproximação com a Alemanha, que, em agosto de 1939, finalmente levaria à conclusão do pacto de não-agressão entre a União Soviética e aquele país. Os Aliados estavam perplexos. Mas os soviéticos apenas mostravam que também poderiam participar do jogo de conciliação. Isso, de qualquer forma, fazia parte do futuro. No final de 1938, o perigo fascista ainda era uma realidade, e Stálin ainda não tinha rompido seu compromisso com a República. Apesar do esgotamento das reservas de ouro em Moscou, a União Soviética atendeu à súplica de Negrín e enviou um grande estoque militar (40 tanques T-26, 134 aviões, 359 canhões de artilharia com mais de um milhão de bombas, três mil metralhadoras, 40 mil rifles com um milhão de cartuchos etc.) equivalente a 55 milhões de dólares. No entanto, esse equipamento chegou na França somente em janeiro de 1939, quando já era muito tarde para mudar o curso da guerra. Além disso, a maior parte dele nem mesmo atingiu seu destino.[58]

Embora tivesse seus próprios problemas, Franco, em contrapartida, podia rapidamente restaurar seu esgotado estoque de equipamento militar. Após mais de dois anos como principal fonte de armamento dos nacionalistas, a Itália estava exaurida. Além disso, em 15 de outubro de 1938, ainda inflamado pela "traição" de setembro, Mussolini retirou dez mil soldados da Espanha. Era o gesto simbólico de "boa vontade" que permitiu a Chamberlain implementar o acordo feito na Páscoa anterior, em 16 de novembro (dia do término da batalha do Ebro).[59] Longe de aplacar sua ambição, os corajosos italianos viram isso como prova do declínio ocidental. Em 30 de novembro, representantes dos camisas negras interromperam o discurso que Ciano fazia para o Grande Conselho Fascista com demandas pelo retorno dos históricos territórios da Itália agora nas mãos dos franceses (Nice, Córsega, Tunísia etc.).[60] No entanto, o *Duce* não estava preparado para abandonar sua aventura espanhola. Quando Franco escreveu-lhe em outubro de 1938, com seu habitual tom de bajulação, explicando as circunstâncias que o tinham forçado a assumir uma posição neutra, Mussolini assegurou-lhe que a Itália pretendia concluir de forma bem-sucedida sua cruzada em comum. Cerca de 30 mil "voluntários" italianos permaneceram em território espanhol e, ainda mais importante para os nacionalistas, tiveram suas divisões mecanizadas e a Força Aérea reabastecidas.[61]

Na verdade, Hitler, que já preparava seu novo golpe no Leste europeu (Polônia), era o mais ansioso para ver o fim da aventura espanhola. Entretanto, ao contrário do *Duce*, o ditador alemão conseguiria primeiro grandes vantagens econômicas. Durante meses, as autoridades nacionalistas tinham protelado com sucesso o "Projeto Montana", de Hermann Göring, nome dado à compra e ao controle de substanciais direitos de mineração na Espanha. Mas agora, no outono de 1938, os nazistas reabasteciam a Legião Condor e entregavam importantes novos estoques militares (50 mil rifles, 1.500 metralhadoras leves e 500 metralhadoras pesadas, 100 armas de 75mm etc.), condicionando isso à aceitação de suas exigências econômicas. Cientes da terrível situação de suas reservas de equipamento militar, os nacionalistas consentiram, e o ministro de Relações Exteriores de Franco, general Jordana, confirmou a concessão de direitos de exploração em mais de 200 minas.[62]

O rápido reequipamento de suas tropas no outono de 1938 permitiu que os nacionalistas rompessem o impasse no Ebro. Em 23 de dezembro, Franco iniciou o ataque final à Catalunha. Para essa operação, ele reuniu a maior concentração militar vista na guerra: 300 mil soldados, 300 tanques, 500 aviões e mil peças de artilharia. Privadas de suprimentos e bem menos armadas, as defesas republicanas entraram em colapso após três semanas de obstinada resistência. Até meados de janeiro de 1939, as tropas nacionalistas romperam as linhas de frente e avançaram em direção a Barcelona.[63] Em uma tentativa desesperada de impedir os nacionalistas de completarem sua conquista da Catalunha, no início de janeiro a República lançou nova ofensiva na Extremadura. Mas ela não surtiu efeito sobre a marcha da guerra. Após algumas incursões iniciais, o ataque perdeu sua força em poucos dias, e, depois de duas semanas de combate pesado, o Exército Republicano foi repelido para suas posições iniciais.[64]

Perto da derrota total, Negrín pediu ajuda à França. O primeiro-ministro republicano argumentou que o governo francês, ao ajudar a defender a Catalunha, estaria protegendo seu próprio país. Em 15 de janeiro, após muita hesitação, Daladier concordou em reabrir a fronteira de modo que os trens carregados com armas soviéticas recém-enviadas pudessem chegar à Catalunha.[65] Mas era tarde demais. O Exército Republicano já fora derrotado e não representava mais uma força de combate efetiva. Nada, com exceção de uma experiente intervenção francesa, poderia impedir a ruína militar da República. E esta não era uma opção. Os britânicos, sempre prontos a interromper a "aventura" francesa, informaram a Daladier que Ciano alertara que qualquer intervenção de última hora na Espanha implicaria o risco de uma guerra européia. Mussolini se vangloriava de estar disposto a enviar divisões italianas para a Espanha sem pesar as conseqüências.[66] O apaziguamento chegava de novo a seu ponto de partida. Após dois anos de vergonhosas rendições, não foi o avanço das forças do Eixo rumo à fronteira franco-espanhola, mas a potencial reação francesa que colocou a paz em perigo! Nesse momento, contudo, enquanto Daladier hesitava, mas ainda mantinha certa simpatia pela causa da República, Bonnet começava a impor sua linha de ação e a explorar os meios de obter o favor dos vencedores nacionalistas.[67]

No início de 1939, o heroísmo popular e a obstinação que salvaram Madri dois anos antes não estavam mais presentes em Barcelona. As armas soviéticas e os voluntários estrangeiros não chegaram. A capital catalã estava privada de alimentos, repleta de refugiados e era constantemente bombardeada. Além disso, o acordo de Munique acabara com qualquer esperança de simpatia internacional e produzira uma desmoralização generalizada. Com a linha de frente rompida, em meados de janeiro de 1939, grande parte do Exército Republicano simplesmente se desintegrou. Muitos soldados mal armados, em diversos casos convocados há pouco tempo, tiraram vantagem da rápida retirada para o deserto, atravessando os campos catalães e escondendo-se em palheiros ou nas casas de aldeões solidários.[68] Em 26 de janeiro, Barcelona caiu sem resistência. Finalmente os milhões de defensores secretos de Franco, que constantemente temiam por suas vidas, se alegraram. Muitos catalães, exaustos com as privações e os desgastes da guerra, receberam com resignação o que esperavam ser o fim do pesadelo.

Para todos os que se identificavam com a República, contudo, o pesadelo tinha apenas começado. O idioma catalão, assim como a qualquer manifestação da cultura e tradição catalãs, foi imediatamente proibido. As novas autoridades ordenaram a todos que falassem castelhano, "a língua do Império". Até o início de fevereiro a fronteira era um cenário de tragédia. Remanescentes do Exército Republicano na Catalunha, políticos republicanos, funcionários do governo e um grande número de refugiados civis (no total meio milhão de pessoas) fugiram em direção à fronteira. Pessoas de todas as idades, com os poucos pertences que foram capazes de salvar, continuaram sua odisséia por estradas congeladas, com medo de que os mouros e os fascistas estivessem em seus calcanhares.[69]

Em 1º de fevereiro, os remanescentes do Parlamento republicano (64 representantes) se reuniram no castelo de Figueras (Girona) para seu último encontro em território espanhol. Negrín fez um longo discurso no qual sublinhou suas três condições para a paz: a garantia da independência da Espanha com relação à interferência estrangeira; plebiscito popular sobre a estrutura do regime e a promessa de nenhuma represália ou perseguição após a guerra.[70] Logo nos dias seguintes, os soberanos republicanos cruzaram os Pireneus. Em 10 de fevereiro, os nacionalistas chegaram à fronteira.

A ruína militar republicana logo foi acompanhada de um golpe de morte diplomático. Em 27 de fevereiro de 1939 a Grã-Bretanha e a França reconheceram oficialmente a Espanha de Franco. Sob pressão de seus equivalentes britânicos, as dúvidas francesas foram dissipadas pelo resultado da missão secreta do senador de direita Léon Bérard em Burgos. A França concordou em devolver à Espanha de Franco qualquer parte do patrimônio espanhol (armas, tesouro, dinheiro etc.) ainda em seu território e em impedir a formação de qualquer operação militar republicana na França. Em troca, os nacionalistas prometeram estabelecer relações amigáveis e praticar uma política de colaboração leal em Marrocos.[71] Nesse meio tempo, quase sem aviso, o NIC foi destituído. Já alcançara seu objetivo de marginalizar o problema espanhol, mas também garantira o isolamento e a derrota da República. Em 16 de janeiro de 1939, o representante diplomático sir Robert Vansittart, do Ministério das Relações Exteriores da Grã-Bretanha, observou:

> Todo o curso de nossa política de não-intervenção tem funcionado, na realidade, como sabemos, de uma forma completamente unilateral, e tem apostado na vitória de Franco. ... Era somente uma questão de tempo, ... pressionar os franceses para fecharem sua fronteira enquanto se consentia que os italianos procedessem como bem entendessem.[72]

De fato, sem o sufocante embargo de armas imposto pelo NIA, e ao mesmo tempo ignorando a flagrante assistência militar e econômica proporcionada pelo Eixo aos nacionalistas, o resultado do conflito teria sido muito diferente – e certamente estaria longe da vitória total que Franco experimentou em fevereiro de 1939.[73] Alvarez del Vayo fez uma ótima comparação entre a posição das potências ocidentais que intimidavam os tchecos a entregarem Sudetos em setembro de 1938, mas relutavam em interromper o movimento das potências do Eixo na Espanha: "O Comitê de Londres [Não-Intervenção] era o equivalente de Munique. Era o melhor exemplo da arte de entregar vítimas aos Estados agressores, enquanto preservava os modos perfeitos de um cavalheiro e dava a impressão de que a paz é o único objetivo e a principal ponderação."[74]

Em 28 de fevereiro, Azaña se demitiu do cargo em desespero. Como presidente do Parlamento, Diego Martínez Barrios concordou em ocupar temporariamente a função de presidente da República, embora com certa hesitação.[75] Nenhum dos dois estava preparado para se unir a Negrín, que, recusando-se a aceitar a derrota, voltara para a Espanha em 10 de fevereiro. Sua justificativa era simples: "Como o governo poderia, após pregar a resistência por tanto tempo, abandonar aqueles ainda armados a seu destino?"[76]

Negrín não era bobo. Tinha consciência de que os republicanos não poderiam sonhar em armar uma ofensiva vitoriosa. Ainda assim, a

República controlava a zona centro-sul-leste. Esse reduto republicano que englobava um terço do país, inclusive as cidades de Madri e Valência, tinha uma população de dez milhões de pessoas e um Exército de meio milhão de homens. Na melhor das hipóteses, Negrín planejava uma última reação entre Madri e Valência – e, com sorte, resistir até que eclodisse uma guerra geral na Europa. Se isso não ocorresse, então, pelo menos, ao prolongar a resistência, ele poderia forçar os nacionalistas a não considerarem a vitória como certa e a concordarem com as negociações, enquanto criava tempo e espaço para estruturar uma retirada republicana.[77] Ao encontrar Negrín antes de seu retorno para a Espanha, Zugazagoitia teve certeza de que o objetivo do primeiro-ministro era, no mínimo, antes de admitir a derrota, forçar o inimigo a providenciar garantias para uma evacuação segura daqueles republicanos cujas vidas poderiam estar em perigo.[78]

O status de Negrín como estadista foi confirmado pelo fato de que ele podia ver além do desespero, da complexidade e da incerteza do momento, com relação à quase certeza de que, sem garantias prévias ou mediação internacional, a população civil no que restava de território republicano estava destinada a desfrutar uma paz baseada somente na vingança cruel do vencedor.[79] Ele sabia que não havia alternativa. A retórica e as ações da liderança nacionalista não deixavam margem para dúvida sobre o que estava planejado se a República fosse derrotada militarmente. Franco enfatizou muitas vezes que buscava o extermínio de seus inimigos.[80] Em 13 de fevereiro de 1939, com a vitória a seu alcance, o *caudillo* deixou claro que não pensaria em anistia ou reconciliação com os republicanos derrotados, a quem se referia como "criminosos". No mesmo dia, ele instituiu a Lei das Responsabilidades Políticas, que declarava os defensores da República culpados por apoiarem um sistema político "ilegítimo". A lei era retroativa a outubro de 1934 e decretava que a participação em partidos da Frente Popular era crime. Foi um prenúncio do tipo de paz que Franco tinha em mente: a repressão draconiana na qual as execuções em massa, campos de trabalho e perseguição seriam o destino dos derrotados.[81]

Os esforços de Negrín para reanimar a resistência foram inúteis. No início de 1939, todos os partidos da Frente Popular estavam divididos. Os executivos do Psoe e da UGT, liderados por Ramón Lamoneda e Ramón González Pena, respectivamente, encontravam-se nas mãos de defensores do primeiro-ministro, e o comitê nacional de anarco-sindicalistas sob o comando de seu secretário-geral, Mariano Vázquez, seguia um curso legalista. Com maior ou menor relutância, eles apoiaram o governo até a derrota catalã. No entanto, estavam estabelecidos em Barcelona, e, após cruzarem a fronteira, a maioria escolheu o exílio. Enquanto isso, no interior de todas as forças políticas, com traumas de guerra e desmoralizadas pelo curso do conflito, havia muitas vozes dissidentes contra os executivos, um profundo ressentimento contra o agressivo proselitismo dos comunistas e apelos a favor de um rápido fim da tragédia. Somente o PCE permanecia unido por trás da política oficial de resistência contínua, e seus líderes políticos e militares seguiram o governo de volta à Espanha. O gabinete finalmente estabeleceu sua sede na pequena cidade de Elda (Alicante). Negrín seria mais tarde acusado de se cercar de comunistas; na verdade, eles eram praticamente os únicos preparados para voltar com ele.[82]

Após 30 meses de combate, a zona centro-sul-leste foi atingida pelo derrotismo e o moral baixo. Cercado pelo inimigo, esse território encontrava-se isolado da liderança republicana desde a primavera de 1938 e tinha sido poupado da maioria das operações militares. Ainda assim, as privações materiais, a exaustão física e o golpe sofrido em Munique enfraqueceram as expectativas dos civis. Em Madri, a situação era mais desesperadora que em qualquer outra parte. No início de 1939, a cidade deixou de ser o reduto da coragem e da resistência. Sob o cerco desde novembro de 1936, o moral da população tinha caído diante do constante bombardeio e da crescente miséria. Órfã de uma liderança política durante todo esse tempo, a cidade era um terreno natural para atividades de organizações clandestinas bem infiltradas no governo e nas Forças Armadas. Durante esses longos meses, a falta de alimentos e combustível havia intensificado a sensação de isolamento e desespero. A miséria e a fome derrubaram finalmente a legitimidade da República entre a população atingida pela guerra.[83]

Em 16 de fevereiro, o primeiro-ministro se encontrou com comandantes do Exército Republicano no aeroporto de Los Llanos (Albacete). Com exceção do general Miaja, todos descreviam a situação como de escassez, baixo moral e derrotismo generalizado, e concordavam que era inútil continuar a resistir. Ainda assim, Negrín tentou explicar que não era contrário a buscar a paz em termos honráveis lançando mão de mediadores. De fato, no outono de 1938, com esse objetivo em mente, ele havia se encontrado em segredo com o embaixador alemão em Paris, o conde Johannes von Welczech. O resultado decepcionante do encontro, contudo, só fortaleceu sua crença de que Franco se dedicava à aniquilação completa dos inimigos. Ele concluiu que a única alternativa para continuar a guerra era a rendição incondicional. Era imperativo continuar a lutar, portanto, já que só a partir de uma posição de força e de grande resistência a República poderia obter concessões. Os canais com o inimigo deveriam permanecer abertos, mas secretos. Caso contrário, levariam à desintegração final do Exército Republicano como força permanente e em seguida à derrota catastrófica.[84]

Na verdade, na época do encontro de Los Llanos, estava em andamento um golpe contra o líder republicano. As intrigas políticas e a hostilidade do ano anterior entre Azaña e Negrín eram agora substituídas por uma hábil conspiração para expulsar o governo, por meio da força, se necessário, e buscar o fim da guerra. A rebelião representava a intriga entre oficiais do Exército e alguns setores, cada vez mais desencantados, das forças políticas – entre eles republicanos, socialistas e anarco-sindicalistas. Após o acordo de Munique e a perda da Catalunha, todos acreditavam que continuar a resistência seria loucura. Além disso, eles estavam unidos pela hostilidade com relação ao governo e ao Partido Comunista. Ao chegarem à conclusão de que a guerra já estava perdida e o massacre deveria ser interrompido, todos se uniram contra o PCE, considerado influente demais nos órgãos militares e administrativos.[85]

Durante dois anos, oficiais do Exército e partidos políticos tinham tolerado o agressivo recrutamento comunista e suas práticas coercivas para vencer a guerra. Agora, contudo, o PCE era culpado pelas recentes derrotas, e o mito de que o primeiro-ministro era uma marionete em suas mãos ganhou credibilidade.[86] Em conseqüência, Negrín e o PCE, que já tinham sido considerados vitais para a sobrevivência da República, agora eram vistos como obstáculos a um acordo negociado. Eles representavam o partido de uma guerra fútil. Os apelos por "resistência até a morte" de alguns líderes comunistas em Madri só aumentaram seu isolamento, e o partido se tornou um alvo dos sentimentos antibelicistas de setores cada vez maiores dos partidos políticos e da população desgastada pelos confrontos.[87]

O coronel Segismundo Casado, comandante do Exército Republicano da região central, foi o arquiteto da conspiração. Como muitos outros oficiais do Exército, Casado se convencera, pelo menos desde o final da batalha do Ebro, de que a República defendia uma causa perdida. Imbuído de profundos sentimentos anticomunistas, acreditava que derrubar o governo e destruir a influência do PCE iriam favorecê-lo junto a seus irmãos oficiais no campo nacionalista. Entretanto, enquanto Casado sonhava ingenuamente em conseguir encontrar uma solução para o conflito, Franco só acreditava em vitória total e, desse modo, na rendição incondicional dos inimigos.[88]

Sabendo da disposição derrotista de Casado, em novembro de 1938, integrantes de organizações clandestinas em Madri procuraram seu irmão, César, tenente-coronel da cavalaria. Em fevereiro de 1939, Casado esteve em contato permanente com importantes organizações clandestinas (surpreendentemente, uma delas incluía um de seus assistentes, o coronel José Centaño, e seu médico pessoal, Diego Medina) que mantinham o posto de comando de Franco completamente informado sobre a conspiração. Numa tentativa de expressar seus próprios sentimentos ou de cativar o inimigo, Centaño observou que Casado enfatizava seu ódio por maçons (como Azaña), comunistas e judeus, os alvos habituais do discurso nacionalista.[89] Enquanto isso, Casado obteve aos poucos o apoio de muitos oficiais e destacados representantes dos partidos políticos em Madri. Mais importante ainda, obteve o apoio do líder anarquista Cipriano Mera, comandante do 4º Corpo do Exército.[90]

O mais proeminente dos políticos a dar seu apoio foi Julián Besteiro, o veterano líder socialista que permanecera em Madri durante toda a guerra, recusando inúmeras oportunidades de buscar um exílio seguro e se tornando defensor feroz do derrotismo e do anticomunismo. Não foi difícil convencê-lo a apoiar a tese de que o governo estava sob a influência dos comunistas e levava a Espanha a uma catástrofe. Apesar de todas as suas diferenças com Negrín e sua desconfiança em relação ao PCE, em 19 de novembro de 1938, Azaña mostrou preocupação em seu diário quanto ao radical anticomunismo de Besteiro e à opinião que este tinha de que Negrín era um mero fantoche de Moscou, agindo como um cavalo-de-tróia no Psoe. Mas certamente, como o cunhado de Azaña, Cipriano Rivas Cheriff, observou, o presidente republicano nunca agiria como Besteiro, oferecendo legitimidade a um golpe militar contra a legalidade constitucional que não lembrava em nada o levante de julho de 1936.[91]

Parece difícil acreditar que Casado, Besteiro e seus colegas conspiradores desconhecessem a escala da repressão nacionalista. No entanto, a exaustão física e o desespero poderiam explicar esse nível de ingenuidade e a irresponsabilidade que faziam com que eles subestimassem a terrível realidade da outra zona. Eles foram presas fáceis de todos os tipos de ilusões. Enganavam-se, em particular, ao acreditarem que poderiam alcançar uma "paz honrosa" com Franco, uma vez que Negrín e os comunistas fossem depostos. Em sua crença ingênua de que tinha o propósito nobre de acabar com o derramamento de sangue, Besteiro mantinha contato com organizações clandestinas desde a primavera de 1938 – encontros facilitados pelo fato de que alguns agentes secretos nacionalistas eram membros da universidade. Besteiro, aparentemente, teria até imaginado que o regime de Franco seria similar à ditadura paternalista de Primo de Rivera, e que, deste modo, uma UGT reformada, purgada de revolucionários, teria permissão para atuar.[92]

A batalha do Ebro, por sua vez, e a subseqüente retirada da maioria do Exército liderado pelos comunistas viraram a situação contra o governo para muitos oficiais. O mesmo oportunismo que no passado permitira que alguns deles aceitassem a participação do PCE agora se transformava em ressentimento.[93] Estimulados por agentes de organizações clandestinas, Casado e outros oficiais se iludiram na esperança de que, ao contrário de Negrín, poderiam obter a *paz digna*. Os postos de comando nacionalistas expressaram sua intenção de tratar com magnanimidade a todos aqueles dispostos a prestarem "bons serviços à causa da Espanha". E que melhor serviço poderia ser prestado, devem ter pensado os rebeldes oficiais republicanos, do que acabar com o comunismo![94] Eles começaram a pensar até que a luta fratricida poderia terminar de forma similar a outra cruel guerra civil do século passado, a Primeira Guerra Carlista. Então, em 1839, os comandantes de ambos os exércitos deixaram de lado suas diferenças e terminaram o massacre com um abraço (o "*abrazo de Vergara*"). Os oficiais carlistas conservaram até seus status e poderes no novo Exército do pós-guerra.[95]

As ilusões também se mantiveram graças ao contato com agentes da inteligência britânica, como Denys Cowan, que estivera a bordo do navio britânico *HMS Devonshire* em 7 de fevereiro de 1939, quando se davam as negociações para conseguir a rendição de Menorca. Dois dias depois, os nacionalistas tomaram o controle da ilha balear enquanto o governador republicano e cerca de 600 combatentes partiram para o exílio no *Devonshire*. O exemplo de Menorca pode ter encorajado Casado a acreditar que processo similar seria aplicado ao resto da zona republicana.[96] Até então, contudo, Casado estava determinado a ignorar ou subestimar toda prova de que havia planos nacionalistas para os conquistados. Mas Franco era consistente em sua reiteração de que tinha como objetivo somente a derrota total e incondicional do inimigo. Com a vitória a seu alcance, Menorca era um caso isolado e distante do campo de batalha central; 30% do continente espanhol eram uma questão completamente diferente.

Os acontecimentos ganharam ímpeto após a publicação, em 3 de março de 1939, de uma série de promoções nas Forças Armadas. Os conspiradores cultivariam mais tarde o mito de que Negrín entregara efetivamente o Exército para os comunistas. Na verdade, isso estava muito longe da verdade. Para manter a resistência, o primeiro-ministro tinha todas as justificativas para liberar os oficiais derrotistas de Los Llanos de seus cargos e substituí-los por homens determinados e corajosos, e nesse estágio ele podia contar principalmente com os comunistas. Entretanto, dentro da lista de novas nomeações, os comunistas só foram promovidos para tomar o comando de Cartagena, Múrcia, Albacete e Alicante – todos locais perto da costa mediterrânea. A conclusão era evidente: oficiais confiáveis estariam encarregados de defender posições essenciais quando houvesse uma evacuação geral.

Todavia, isso soou como um sinal alarmante para aqueles que já tinham decidido que Negrín era um fantoche comunista. Os conspiradores talvez também estivessem preocupados com o fato de que alguns deles tinham sido promovidos, mas somente para posições de comando geral, sem comando efetivo. Aquilo era um *déjà vu*: como em julho de 1936, os militares poderiam agora distorcer a realidade para afirmar que seu golpe contra a legalidade constitucional era somente um nobre esforço para impedir a tomada de poder por parte dos comunistas.[97]

Em 4 de março, oficiais republicanos se revoltaram em Cartagena para impedir o coronel comunista Francisco Galán de tomar o controle dessa importante base naval. No terrível desdobramento dos fatos, para seu constrangimento, os conspiradores logo perceberam que sua iniciativa tinha dado a uma série de organizações clandestinas no Exército oportunidade de organizar seu próprio golpe e se apoderar de posições essenciais na cidade. Após mais de 24 horas de combates pesados, os reforços republicanos correram para Cartagena e retomaram o controle para o governo. Entretanto, na confusão, a frota (para impedir a captura) partiu de sua base e se entregou por fim às autoridades francesas em Bizerta (Tunísia).

Com o ataque, a República ficou desprovida dos meios para realizar uma potencial evacuação. De forma irônica, a questão de Cartagena também terminou com um desastre menor para os nacionalistas. Confiantes de que seus defensores estavam a ponto de tomar o controle da cidade, eles enviaram dois navios de guerra com tropas de aterrissagem. Ficaram surpresos, portanto, quando as baterias do litoral abriram fogo. O navio *El Castillo de Olite* afundou, 1.270 soldados morreram e mais 700 foram capturados. *El Castillo de Peñafiel* foi atingido, mas conseguiu escapar com quatro mortos e 25 feridos.[98]

Na noite de 5 de março, com a batalha ainda em marcha em Cartagena, Casado fez sua tentativa. Nos porões do antigo Ministério das Finanças, estabeleceu o Conselho de Defesa Nacional, com representantes de todos os principais partidos em Madri, com exceção do PCE. Durante o jantar em Elda, o governo foi surpreendido por uma transmissão de rádio vinda de Madri. O principal porta-voz era Julián Besteiro, que aceitara o cargo de ministro das Relações Exteriores no Conselho. O veterano socialista deixou claros os objetivos dos conspiradores. Ele afirmou que o gabinete existente não tinha mais autoridade moral ou legalidade política, que agora cabiam apenas aos militares. O Conselho tomara o poder, portanto, para iniciar um diálogo com o inimigo e pôr fim ao massacre contínuo. Durante as horas tensas que se seguiram, Negrín conversou com Casado ao telefone enquanto os ministros se ocupavam de suas contrapartes no gabinete recém-formado. No entanto, o golpe não tinha mais volta.[99] Sem dissuadir os conspiradores, Negrín entendeu que o jogo terminara. Somente após uma luta cruel, que o governo provavelmente não conseguiria vencer, a rebelião poderia ser sufocada. Até então a guerra teria sido perdida. Em 6 de março, Negrín e seus ministros fugiram de avião. Não voltariam mais. Os líderes comunistas e seus agentes do Comintern fizeram o mesmo.

Contando com a simpatia da maioria dos oficiais, o golpe de Casado foi bem-sucedido na maior parte do que restava da Espanha republicana. De modo irônico, o sucesso imediato da rebelião acabou com o mito de que o Exército estava sob controle comunista. Muitos oficiais que tinham se unido ao PCE desertaram imediatamente, demonstrando que portavam a carteira do partido meramente por razões oportunistas (promoção da carreira, proteção política contra os primeiros dias de excessos revolucionários etc.).[100] De fato, houve pouca resistência contra a rebelião, já que, até então, a prioridade comunista era salvar a maior parte de seu quadro militar e deixar Casado prosseguir em seu plano. Assim, na maioria dos lugares, os comunistas buscaram um acordo com o Conselho.

A exceção foi Madri, onde o isolamento dos comunistas locais de seus líderes em fuga – além das severas medidas que Casado tomou contra eles como meio de estabelecer um conjunto de referências aceitáveis para Franco – produziu uma pequena guerra civil, quando alguns contingentes do Exército tentaram acabar com o Conselho.[101] Por mais de uma semana, tropas comunistas combateram defensores de Casado pelo controle da capital. Mais uma vez, em uma reviravolta irônica, aqueles que tinham sido os protagonistas de uma revolta acusaram de rebelião os que lutavam em nome do governo legítimo. Após três dias de combate, as forças de Casado estavam à beira da derrota. Nesse momento, contudo, notícias da fuga do governo e dos líderes comunistas deixaram o lado legalista imerso em dúvidas e sem objetivos claros ou direção.

De forma impressionante, o Conselho pediu ajuda ao posto de comando nacionalista. Franco deu uma resposta indiferente, organizando alguns ataques contra as posições dos inimigos de Casado. Na verdade, o *caudillo* não pensava – pelo menos não ainda – em tomar a capital. Ele estava satisfeito em observar forças republicanas destruindo umas às outras e, no processo, destruindo a possibilidade de armar depois qualquer resistência significativa. Por fim, a intervenção do 4º Corpo do Exército, liderada pelo anarquista Mera, virou a situação a favor do Conselho. A batalha por Madri resultou em milhares de vítimas e, mais importante que isso, assinalou o fim do Exército Republicano como força de combate.[102]

Em 12 de março, o triunfante Conselho tentou iniciar negociações com o posto de comando nacionalista, mas não antes de sua euforia evaporar. Na verdade, durante as duas semanas seguintes, o fracasso dos planos de Casado foi brutalmente exposto. Todos os pedidos de tempo para organizar a evacuação da cidade e de garantias no sentido de que não haveria represália – condições que repercutiam as de Negrín – foram rejeitados. Franco simplesmente reiterou o que sempre fora o seu objetivo: a rendição incondicional. O *caudillo* queria humilhar o inimigo e nem deixaria o Conselho disfarçar seu constrangimento com um tratado inútil.[103] Em poucos dias, Casado arruinou a possibilidade de resistência mais longa e tornou sem efeito o derramamento de sangue e os sacrifícios dos três anos anteriores.

Em 26 de março, os nacionalistas retomaram a ofensiva quase sem oposição. Tropas republicanas desertaram em massa, enquanto muitos outros escaparam em direção ao litoral, em uma tentativa final – e, na maioria dos casos, inútil – de fugir para o exterior.[104] Quando a capital foi ocupada dois dias depois, Ciano observou que o fascismo conseguira sua vitória mais formidável até o momento.[105] Em 1º de abril de 1939, o *caudillo* anunciou o fim da guerra: "Hoje, com o Exército Vermelho prisioneiro e desarmado, nossas tropas vitoriosas alcançaram seus objetivos militares finais. A guerra acabou", vangloriou-se ele.[106]

EPÍLOGO

O legado da Guerra Civil Espanhola

Acredito que talvez haja ou possa haver na Espanha tantos fascistas quanto desejarmos. Mesmo assim, não haverá um regime fascista. .... Nós retrocederemos para uma ditadura militar ou eclesiástica de tipo tradicional. Não importa quantos slogans eles possam propor, ... este país só consegue produzir espadas, batinas, paradas militares e homenagens à Virgem do Pilar.[1]

A MORTE DA HISTÓRIA

Em julho de 1936, dificilmente alguém na Espanha poderia prever que a rebelião militar se transformaria em cruel e prolongada luta fratricida. Menos provável ainda seria imaginar que o general Franco presidiria uma ditadura que iria durar quase 40 anos. Largo Caballero escreveu que, pela Guerra Civil Espanhola, Franco não poderia ficar na história como um grande líder do Exército. Apesar dos milhões de mercenários mouros, da maciça ajuda do Eixo e mesmo da farsa de não-intervenção, os nacionalistas levaram quase três anos para derrotar os mal armados membros da milícia.[2] Embora o veredicto de Largo pudesse ser preciso, ele não compreendeu o principal.

A verdade foi a primeira vítima da nova ordem. A Espanha de Franco se preparou para realizar um grande revisionismo cultural. Professores, estudiosos e escritores – os intelectuais liberais, em geral – foram expulsos de suas funções. Em seu lugar, criou-se um grande aparato de propaganda para oferecer uma visão maniqueísta do passado. Lembrando os tempos medievais, a Igreja Católica emprestou de modo entusiasmado seu poder e influência para legitimar as fundações míticas do novo regime. A história foi reescrita e durante 40 anos a população (em particular as crianças) aprendeu que não ocorrera uma luta fratricida, mas uma guerra de libertação nacional contra as hordas de Moscou. A Espanha nacionalista foi glorificada como a sucessora da grandiosa e imperial Castela da Reconquista, dos reis católicos (Fernando de Aragão e Isabel de Castela) e de Felipe II, que tinha sofrido um longo período de declínio com a chegada das idéias estrangeiras do Iluminismo e do liberalismo, introduzidas pelos frágeis Bourbon. O próprio Franco foi retratado como "*caudillo invicto*", nunca derrotado, que liderou uma gloriosa cruzada para derrubar comunistas, maçons, judeus e separatistas responsáveis por levar a nação à catástrofe. Obviamente, o papel exercido pelas potências do Eixo e pelos mercenários mouros foi minimizado. Assim, a vitória nacionalista adquiriu uma dimensão épica: os "cruzados modernos" lutaram e derrotaram as hordas bárbaras moscovitas que invadiram a Espanha.[3]

Outras flagrantes manipulações dos acontecimentos também se tornaram cânones fundamentais da nova ordem. O ditador espanhol, por exemplo, seria saudado como o astuto e zeloso líder que conseguiu ser mais esperto que Hitler e poupou a Espanha da provação da Segunda Guerra Mundial.[4] Na verdade, a não-beligerância de Franco não poderia estar mais distante da verdadeira neutralidade. A mídia espanhola dos tempos de guerra estava saturada de propagandas que aclamavam toda vitória nazista; submarinos alemães recebiam ajuda irrestrita; a Gestapo colaborou com a polícia espanhola; os serviços de inteligência nazistas operavam à vontade na Espanha. O *caudillo* se via como companheiro de armas de Hitler e Mussolini, e desprezava as democracias ocidentais. Ele desejava uma vitória alemã, ajudou o Eixo o quanto pôde e até incitou a Espanha a entrar na guerra. O embaixador britânico sir Samuel Hoare, que por acaso fora defensor dos nacionalistas quando integrava o governo Chamberlain, narrou em suas memórias as constantes grosserias sofridas: os discursos pró-Eixo dos ministros, a permanente importunação de sua equipe, a hostilidade de multidões falangistas e, finalmente, o *caudillo*, cuja mesa ficava rodeada de fotografias autografadas de Mussolini e Hitler.[5]

O não-envolvimento da Espanha na guerra não ocorreu graças ao enorme talento e à visão do ditador espanhol, mas a uma combinação de circunstâncias nas quais a sorte e os fatores externos, que estavam além do controle de Franco, foram cruciais: a terrível realidade econômica não permitia novas aventuras militares; a inesperada resistência da Grã-Bretanha; e, acima de tudo, o desinteresse de Hitler em ver a Espanha no campo de batalha. Se o ditador alemão exercesse pressão ou mostrasse intenção de satisfazer as exigências imperialistas de Franco (que englobavam grandes partes do território no Norte da África sob o domínio da França de Vichy), a Espanha teria se unido ao Eixo. Entretanto, após as desastrosas campanhas italianas nos Bálcãs e na Líbia, no final dos anos 1940, Hitler, que então planejava seu próximo grande empreendimento (a invasão da União Soviética), concluiu que era melhor ter um amigo benevolente que outro aliado caro e ineficaz.[6] Mesmo assim, a Espanha nacionalista enviou um contingente de 47 mil voluntários ("Divisão Azul") a fim de lutar na frente de batalha do leste, para que, segundo as palavras de Franco, "eles possam se unir à batalha pela qual o cristianismo ansiou durante tantos anos e na qual o sangue de nossos jovens se misturará ao do Eixo como expressão viva de nossa solidariedade".[7]

Depois da Segunda Guerra Mundial, o regime franquista representava o único Estado na Europa cujas origens e natureza estavam diretamente associadas ao derrotado Eixo. No entanto, em relação a outras urgentes questões políticas, seu destino foi considerado pelas grandes potências como uma questão marginal no turbulento período do pós-guerra.[8] Assim, a pressão internacional nunca foi além da retirada de embaixadores e atos simbólicos de ostracismo, e nunca se desenvolveu em prolongada e vigorosa campanha para derrubar o ditador espanhol. Logo depois, o surgimento da Guerra Fria garantiu a sobrevivência e até consolidou o regime de Franco. Em setembro de 1953, a assinatura do tratado de assistência de defesa mútua e de outros acordos com os Estados Unidos assegurou o retorno da Espanha à comunidade internacional. A propaganda oficial não poupou esforços ao demonstrar que o mundo finalmente tinha reconhecido a legitimidade da Espanha nacionalista. Se em 1941 a Guerra Civil Espanhola foi aclamada como a primeira batalha contra as decadentes plutocracias, agora era descrita como a primeira vitória contra a agressão soviética. O *caudillo*, o bem-sucedido vencedor da ameaça comunista, foi enaltecido como "A Sentinela do Ocidente".[9]

Ainda assim, o mito mais dominante e cínico de todos era a insistência de que a vitória de Franco iniciara uma era dourada de paz na Espanha.

O PACTO DE SANGUE

Os historiadores modernos ficaram muitas vezes presos a um debate bastante infrutífero para decidir até que ponto a ordem política de Franco era fascista. O rótulo dado a um regime é questão secundária. Fascista ou não, o histórico de repressão interna na Espanha nacionalista, na verdade, ultrapassou o de Hitler na Alemanha e o de Mussolini na Itália.

A ordem franquista tinha uma base de apoio autêntica: fazendeiros e pequenos proprietários católicos do norte da Espanha, grandes latifundiários do sul, classes proprietárias e industriais urbanas e, de forma geral, os muitos indivíduos alarmados pelo levante revolucionário dos anos anteriores. O próprio Movimento Nacional era uma enorme burocracia que promovia o emprego e a segurança de trabalho para muitos. O *caudillo* era o chefe de uma coalizão de governo bem pragmática de diferentes forças ("famílias", segundo a retórica do regime) reunidas durante os anos de guerra. A coalizão representava a mesma aliança antidemocrática e contra-revolucionária que surgira para tomar o poder estatal na Itália e na Alemanha. A Espanha de Franco também se baseava em um único partido, recorria ao uso difundido do terror e copiava os princípios de liderança, autarquia econômica e até grande parte da coreografia, legislação e retórica do fascismo.

Ainda assim, a correlação de forças na Espanha não era exatamente favorável ao Partido Fascista. Pelo contrário, a Falange original fora perdedora em face de outros grupos conservadores e "fascistizados". Além disso, o regime nunca buscou a mobilização popular e a política externa agressiva da Alemanha e da Itália. Nem o *caudillo* baseou sua autoridade na força do partido; em vez disso, exerceu o poder como o generalíssimo do Exército e "pela Graça de Deus".[10] Azaña estava correto ao sugerir que não se criaria na Espanha nenhuma ordem fascista "pura", mas uma ordem na qual as habituais forças de reação – "batinas e espadas" – teriam papel importante. No entanto, o presidente republicano estava errado ao acreditar que este seria um tipo tradicional de ditadura.

Apesar de toda a propaganda, a vitória nacionalista não levou a um período de paz. Pelo contrário, sob o domínio de Franco, nunca haveria clemência – só a perpetuação do clima de guerra civil e a institucionalização da vingança em escala total. Todas as famílias franquistas estavam inextricavelmente ligadas pelo chamado "Pacto de Sangue", ou seja, tinham uma cumplicidade ativa na constante e cruel repressão, além de valores autoritários comuns.[11] A Espanha de Franco jamais viu o *abrazo de Vergara* que Casado e Besteiro haviam ingenuamente aguardado. Durante 40 anos, a sociedade ficou dividida entre os patriotas da "Espanha real" e a "escória comunista" que apoiara a "Espanha atéia". Para estes, a única paz possível era a da prisão, do exílio ou dos cemitérios.[12] Ao contrário do paternalismo característico do regime de Primo de Rivera, nos anos 1920, a ditadura do general Franco foi uma das mais cruéis do século XX na Europa. A fraqueza do Partido Fascista Espanhol não tornou a Espanha Nacionalista menos repressiva ou vingativa. Na verdade, deu-se o oposto. A perseguição brutal da população local foi bem além da Alemanha nazista e da Itália de Mussolini. Ao contrário dos Estados fascistas, com a ordem pública nas mãos dos *africanistas*, não se deveria tentar integrar e mobilizar as classes operárias. O inimigo tinha de ser derrotado, preso ou aterrorizado em submissão como os nativos coloniais outrora. Uma Igreja cruzada, por sua vez, abençoou o terror dominante, como no período da Reconquista.[13]

Em anos recentes, a meticulosa pesquisa realizada por estudiosos da história espanhola na época da repressão franquista, em diferentes províncias, indica que pelo menos 150 mil pessoas foram mortas. No entanto, os números exatos provavelmente nunca serão conhecidos. As autoridades nacionalistas tiveram quase 40 anos para esconder todos os vestígios de sua "justiça". Milhões de espanhóis foram dados por "desaparecidos", e suas mortes não foram registradas; registraram-se como causa da morte de muitos outros todos os tipos de doenças misteriosas e acidentes.[14]

VAE VICTIS!

Para todos aqueles que lutaram pela República, o dia 1º de abril de 1939 significou o início de uma longa e terrível jornada. Para os milhões de espanhóis que fugiram para o exílio, era o começo de uma longa diáspora. A história dos líderes da política republicana, dispersos e divididos até o começo da década de 1970, foi marcada por amargas recriminações. Em agosto de 1945 a imagem do governo no exílio (com exceção dos comunistas) aparecia sob a liderança de José Giral, no México. Reconhecidos somente pelos mexicanos, os políticos republicanos permaneceram ali em seu mundo insular, totalmente desconectados

dos acontecimentos na Espanha, enquanto outros grupos seus rivais políticos se estabeleciam na França ou na União Soviética.

Os muitos que não conseguiram chegar à segurança oferecida pelo México enfrentaram anos de perseguição e sofrimento na Europa. Despreparado para tal avalanche humana, o governo francês colocou uma população de quase meio milhão de fugitivos exaustos em campos onde a comida era pouca e faltavam abrigo e saneamento adequados. As espantosas condições de vida eram um convite deliberado para que fugissem e retornassem à Espanha.[15] Muitos antigos soldados do Exército republicano na Catalunha, como meu próprio avô, seus dois irmãos e seu cunhado, fizeram isso. Viajando em pequenos grupos, eles sobreviveram graças à compaixão de catalães franceses solidários que lhes davam alimentos e refúgio. Esses estavam entre os afortunados; muitos nunca chegavam em casa, pois morriam ao cruzar os Pireneus a pé.

A deflagração da Segunda Guerra Mundial surpreendeu os milhões de republicanos espanhóis que, temendo por suas vidas, tinham decidido ficar na França. Muitos se uniram à Legião Estrangeira francesa ou a batalhões de trabalhadores que ajudaram a construir a linha Maginot e outras fortificações. No entanto, a ocupação nazista da França marcou o início de uma nova provação para eles. Sem pátria e encarados como politicamente indesejáveis, não só eram alvo certo do Terceiro Reich como também um importante elemento na resistência a ele. A Gestapo prendeu alguns, como o último presidente catalão, Lluís Companys, os ex-ministros Joan Peiró e Julián Zugazagoitia, e os entregou às autoridades espanholas. Eles seriam executados. Milhões de espanhóis se tornaram trabalhadores escravos para os novos mestres da Europa. Quase 30 mil foram deportados para trabalhar na Alemanha. Cerca de quatro mil foram enviados para as ilhas anglo-normandas para trabalhar em construções subterrâneas; só 59 deles sobreviveram. Mais de 15 mil republicanos acabaram em campos de concentração nazistas. Quase sete mil foram exterminados em Mauthausen. Largo Caballero era um homem derrotado após a longa retirada da glória de Sachsenhausen.[16]

Após a guerra, um monumento foi erguido no cemitério Père Lachaise, em Paris, em homenagem aos muitos espanhóis que perderam suas vidas na libertação da França. Sem lugar para ir, milhões de republicanos não tiveram escolha a não ser lutar contra a ocupação nazista.

Além disso, eles viam a guerra contra o Terceiro Reich, na França, como parte da luta contra o fascismo que, logicamente, incluía o companheiro de Hitler em armas, Francisco Franco. Desse modo, eles tiveram um papel central na Resistência, e sua experiência militar recente tornou-se um recurso vital quando se uniram aos *maquisards*.

Outros, como Miralles, o protagonista fictício do best-seller espanhol *Soldados de Salamina*, se uniram às Forças Francesas Livres que lutaram da África à Europa.[17] Como recompensa por sua bravura no combate, o general Leclerc permitiu que os espanhóis estivessem entre o primeiro contingente a entrar em Paris em agosto de 1944. Até então, eles haviam lutado quase sem parar durante mais de oito anos. Mas a guerra deles estava longe de acabar.

A partir do verão de 1944, milhares de republicanos cruzaram os Pireneus e lançaram uma campanha de guerrilha contra o regime franquista. Mais uma vez se desapontaram com as democracias ocidentais e se frustrariam no sonho de derrubar a ditadura espanhola. Sem armas pesadas e sem a ajuda do poder militar dos Aliados, não constituíam ameaça para as forças franquistas, mais bem armadas e organizadas. As efetivas táticas repressivas da Guarda Civil, assim como a impossibilidade de reerguer um campo já exaurido, garantiram seu isolamento e eventual eliminação.

Em 1951, os comunistas, reconhecendo a inutilidade de sua estratégia, abandonaram a luta armada, embora alguns anarquistas continuassem a combater até o início dos anos 1960.[18] Paradoxalmente, a intensificação da guerra de guerrilha após 1945 foi uma dádiva para o regime. Com o país destruído pela crise econômica e excluído da arena internacional, ela permitia a perpetuação do estado de emergência e o fim de várias alas das diferentes facções nacionalistas.

A paz de Franco era tão falsa quanto sua neutralidade na Segunda Guerra Mundial. Após quase três anos de luta fratricida, a economia estava arruinada, o sistema de transportes em colapso, alimentos e combustível escassos. Essas terríveis condições não detiveram os triunfantes nacionalistas no empreendimento de um programa sem precedentes de repressão. Para grandes setores da população, o período até o início dos anos 1950 ficou conhecido como *los años de hambre*; o padrão de vida piorou, a miséria se disseminou e as mercadorias básicas foram racionadas. No entanto, a proteção dos interesses das elites sociais cujos privilégios tinham sido abalados pelas reformas da República era uma prioridade: os salários foram cortados, greves foram ameaçadas com sabotagem (e punidas com longas sentenças de prisão), e o movimento de trabalhadores viu-se submetido ao controle falangista.

A guerra não acabou em 1º de abril de 1939; na verdade, ela durou até a morte do ditador, em 1975. De fato, a vitória nacionalista não apenas levou a anos de fome, mas também de silêncio e perseguição. Em 1939, a Espanha parecia com um enorme campo de concentração. As prisões franquistas tinham uma função social clara: purgar, limpar e exterminar todos os inimigos da pátria, os partidários da "anti-Espanha".[19] Cerca de meio milhão de pessoas a respeito de quem se tinha desconfiança política foram presas e encarceradas em prisões superlotadas. Tribunais militares trabalhavam sem pausa, anunciando sentenças vingativas. Aqueles que escapavam da execução tinham de sobreviver em condições deploráveis, incluindo escassez de comida, parca higiene e constantes humilhações, surras e tortura. Sua correspondência era controlada por uma rígida censura militar, e os prisioneiros ainda tinham de escrever slogans como "Viva o *caudillo* e o novo regime!", às margens das cartas.[20]

Na melhor tradição nazista, os que cumpriam longas sentenças recebiam a chance de se redimir de seus crimes pelo trabalho. Desse modo, milhões de prisioneiros republicanos tiveram de se unir aos batalhões operários empregados pelas empresas privadas ou pelo Estado. A maior aberração de todas foi a construção, entre 1940 e 1959 – realizada por 20 mil prisioneiros políticos, muitos dos quais morreram ou foram mortalmente feridos no processo –, do chamado Valle de los Caidos, um gigantesco mausoléu a nordeste de Madri para homenagear aqueles que morreram pela "causa de Deus" – e que se tornaria também o túmulo do *caudillo*.[21]

O clima de terror psicológico coletivo foi muito além dos muros da prisão. Certamente a classe trabalhadora se tornou o principal alvo do controle estatal e da repressão, mas a discriminação afetou todos os aspectos da vida das pessoas. Para obter coisas vitais, como o cartão de racionamento de comida ou um trabalho, era necessário dar provas de lealdade ao novo sistema com um certificado oficial assinado por uma pessoa autorizada pelo regime (um padre, um oficial do Exército ou alguém influente da Falange).[22]

Apenas na Idade Média o sacerdócio possuiu poder e influência similares. Agora, os padres se tornavam praticamente os oficiais de um regime descrito corretamente como "católico-nacional". A Igreja controlava a educação das crianças e a censura dos hábitos da comunidade, garantindo, nesse processo, a erradicação de qualquer sinal de modernidade e divergência. Na verdade, os padres não eram só propagandistas do Estado, mas também agiam como policiais exercendo importante papel na denúncia de todos aqueles considerados anti-Espanha.[23] Milhões de indivíduos estavam dispostos a dar informações que certamente levariam à prisão e mesmo à execução de seus vizinhos. Ódios ancestrais, a resolução de antigas desavenças, a vontade de provar lealdade ao novo regime e a expectativa de tomar os cargos e empregos dos denunciados eram poderosas motivações naqueles tempos de perseguição.[24] Uma vida de medo, alienação, escassez e salários baixos fizeram o resto. Aqueles que não compartilhavam dos princípios do regime foram condenados a renunciar a seu passado e identidade e a buscar sobreviver em silenciosa submissão.[25]

A CAMINHO DE UMA NOVA ESPANHA

Com a oposição fisicamente eliminada ou no exílio, e a Espanha de volta à arena internacional, a ditadura entrou em um período de normalização, nos anos 1950, quando as medidas repressoras da década anterior não eram mais necessárias. O *caudillo* manteve todos os seus cargos e permaneceu como árbitro decisivo quando a situação exigia sua intervenção pessoal. No entanto, Franco se retirou gradualmente do dia-a-dia da política e começou a assumir o ar distante de um personagem da realeza. Era regularmente retratado pela propaganda oficial como o incansável líder, recebendo dignitários estrangeiros, inaugurando represas ou fábricas e garantindo o bem-estar e a paz de seu povo. No final dos anos 1950, o acúmulo de capital local e o fluxo de investimento externo deram início a uma explosão econômica na Espanha.

Ironicamente, foi a rápida modernização econômica da qual o regime se orgulhava que levou ao colapso da ditadura. A abertura de fronteiras e mercados significava a chegada de idéias e valores modernos por intermédio do cinema, da literatura e do turismo. Os espanhóis aprenderam, imitaram e se identificaram com pessoas da Europa ocidental, suas instituições e seu modo de vida. No final dos anos 1960 e início dos 1970, o hiato entre uma sociedade de consumo moderna e um Estado obsoleto ainda ligado aos princípios da cruzada aumentou até o ponto de não ter remédio. Cada vez mais, a emergência de uma sociedade civil moderna, mais complexa e plural, mostrava que os setores de fora e mesmo internos ao regime consideravam a ditadura um anacronismo e um obstáculo ao progresso.[26]

Após a morte do *caudillo* em novembro de 1975, o desmantelamento da ditadura foi bem-sucedido, promovido em menos de dois anos por um consenso que entrecruzava classes e partidos de elementos da antiga ordem e da oposição. As novas elites políticas, herdeiras das que tinham lutado 40 anos antes, buscaram deixar o passado para trás, abandonar antigas paixões e começar do zero, em um exercício de amnésia coletiva que ficaria conhecido como Pacto del Olvido.[27]

Colocar uma cortina para esconder o passado talvez fosse lógico para a classe política, mas isso podia representar a aprovação das evidentes distorções e manipulações do regime anterior. Também significaria assegurar que a Espanha nunca se submeteria ao terrível processo de auto-exame empreendido por muitos países europeus após 1945. O novo clima democrático, contudo, permitiu que uma nova geração de estudiosos, desde a metade dos anos 1980, tivesse acesso pela primeira vez a fontes originais com as quais se tornou possível enfraquecer aos poucos os mitos franquistas e recriar a história como ela realmente foi. Em um âmbito mais popular, sua tarefa inovadora tem sido ajudada por inúmeros romances, filmes, documentários de televisão e reportagens de jornal.

A nova geração de espanhóis com certeza não quer manter os demônios de seus antepassados. Entretanto, a tragédia fratricida e a repressão do pós-guerra são parte vital de sua memória coletiva e de sua identidade. Como seus conterrâneos na Europa, eles devem viver o presente e planejar o futuro, mas têm o direito de conhecer a verdade sobre uma era sombria de ódio, violência e terror. Só depois de aprender com as paixões e os erros de seus ancestrais, eles serão capazes de entender e adotar a mensagem de Azaña, de paz, piedade e perdão.

NOTAS

1. O DOLOROSO CAMINHO RUMO À MODERNIDADE (p.23-52)

1. *España*, n.203 (27 fev 1919).

2. Essas guerras foram uma combinação entre disputas sociais e dinásticas. Os carlistas adotaram esse nome por causa do pretendente dom Carlos, irmão de Fernando VII, que se rebelou contra sua sobrinha Isabel II, apoiada pelos liberais. A maior parte de seus defensores era das áreas rurais de Navarra, do País Basco, da Catalunha e de Valência, onde camponeses católicos relativamente ricos se opunham aos princípios centralizadores e anticlericais do novo regime. Os centros urbanos, assim como a maioria da nobreza fundiária, apoiavam os liberais. A Primeira Guerra Carlista durou de 1833 a 1840; a Segunda, de 1846 a 1849, ficou confinada à Catalunha; a Terceira e última ocorreu entre 1872 e 1876.

3. H. Graham e P. Preston (orgs.), *The Popular Front in Europe* (Londres, Macmilan, 1987, p.1).

4. A expressão "Geração de 98" foi cunhada pelo escritor Antonio Azorín em 1913. As diversas tendências ideológicas desses intelectuais dificultam a aplicação do conceito a uma geração. No entanto, seu apelo comum de auto-análise e renovação teve influência vital sobre o pensamento posterior. Importantes personalidades desse grupo foram os romancistas Pío Baroja e Antonio Azorín; o ensaísta Ramiro de Maeztu; o romancista e filósofo Miguel de Unamuno; o filósofo José Ortega y Gasset; e o ensaísta Joaquín Costa.

5. No leito de morte de Afonso XII em 1885, o acordo entre os dois partidos foi formalmente selado no Pacto de El Pardo.

6. O Parlamento eleito em abril de 1916, por exemplo, que agrupava integrantes da família de todos os principais políticos dinásticos, foi chamado de "a Corte dos Parentes". Ver F. Soldevilla, *El año político de 1916* (Madri, Julio Cosano, 1917, p.91-5).

7. Obviamente o Estado não poderia ser reduzido simplesmente ao instrumento de uma bem definida e unificada classe "capitalista". Em vez disso, era uma arena na qual os conflitos entre facções concorrentes da burguesia viam-se controlados. As ligações entre as classes econômicas governantes da Espanha e os partidos governan-

tes, o chamado Bloco do Poder (*Bloque de Poder*), foram documentadas por M. Tuñon de Lara em *Poder y sociedade en España, 1900-1931* (Madri, Espasa-Calpe, 1992, p.112-7, 210-1). A ênfase na natureza complexa dos elos entre oligarquias econômicas e políticas é discutida em F. Del Rey, *Propietarios y patronos: La política de las organizaciones económicas en la España de la Restauración, 1914-1923* (Madri, Ministerio del Trabajo y Seguridad Social, 1992, p.689-95), e M. Cabrera e F. Del Rey, *El poder de los empresarios: Política y economía en la España contemporánea, 1875-2000* (Madri, Taurus, 2002, p.74-5). *El Socialista* (22 abr 1916) produziu uma lista de políticos dinásticos membros das administrações de comissões de diretores de bancos, ferrovias e outras importantes empresas. O artigo comentou ironicamente que o caso espanhol não poderia ter adotado com mais exatidão as palavras de Marx e Engels no *Manifesto Comunista*, de que os governos são pouco mais que comitês formados para proteger os interesses da burguesia.

8. P. Carasa, "La Restauración monárquica (1875-1902)", in A. Bahamonde (org.), *Historia de España. Siglo* XX*, 1875-1939* (Madri, Cátedra, 2000, p.45-9).

9. M. Ballbé, *Orden público y militarismo en la España constitucional, 1812-1983* (Madri, Alianza, 1985, p.247-8).

10. J. Berruezo, *Por el sendero de mis recuerdos* (Santa Coloma, Fernando, 1987, p.20-1).

11. O nome foi inspirado nos chefes de tribos norte-americanas. Por meio do controle que exerciam sobre um determinado território, os espanhóis conseguiram garantir vastas áreas do continente. S. Cruz Artacho, "Clientes, clientelas y política en la España de la Restauración, 1875-1923"(*Ayer*, p.36, 1999, p.105-29).

12. T. Carnero, "Elite gobernante dinástica e igualdad política en España, 1898-1914", in *Historia contemporánea*, n.8, 1992, p.46-8; B. De Riquer, "La débil nacionalización española del siglo XIX"(*Historia social*, n.20, 1994, p.103-12).

13. S. Balfour, *The End of the Spanish Empire, 1898-1923* (Oxford, Oxford University Press, 1997, p.99).

14. A França tinha 45% de sua população ativa no setor primário enquanto a Grã-Bretanha tinha 12%. A mortalidade infantil em ambos os países era de aproximadamente 146 por 1.000. A proporção da população com 18 anos escolarizada era de 59% na França e de 52% na Grã-Bretanha. Ver L. Prados de la Escosura, *De imperio a nácion: Crecimiento y atraso económico en España, 1870-1930* (Madri, Alianza, 1988, p.56).

15. G. Tortella, "Agriculture: A slow moving sector, 1830-1935", in N. Sánchez Albornoz (org.), *The Economic Modernization of Spain, 1830-1930* (Nova York, New York University Press, 1987, p.55).

16. F.J. Romero Salvadó, *Twentieth-Century Spain: Politics and Society in Spain, 1898-1998* (Londres, Macmillan, 1999, p.2-4).

17. Uma comissão de reforma social foi criada em 1883 para recomendar políticas trabalhistas. Em 1902, foi renomeada de Instituto de Reformas Sociales, e tinha o propósito de aconselhar e promover a legislação social. Apesar de sua boa intenção, o Instituto não distribuiu recursos suficientes, e suas inspeções trabalhistas eram muito raras para cumprir sua missão. Além disso, suas recomendações legislativas enfrenta-

vam normalmente hostilidades ou não eram implementadas pelos empregadores. Ver B. Martin, *The Agony of Modernization: Labor and Industrialization in Spain* (Ithaca, Nova York, Cornell University Press, 1990, p.61-5).

18. P. Heywood, *Marxism and the Failure of Organised Socialism in Spain, 1879-1936* (Cambridge, Cambridge University Press, 1990, p.1-18). M Pérez Ledesma, *Pensamiento socialista español a comienzos de siglo* (Madri, Centro, 1974, p.26-54); S. Juliá, *Los socialistas en la política española, 1879-1982* (Madri, Taurus, 1997, p.15-49).

19. Para o País Basco, ver J.P. Fusi, *Política obrera en el País Vasco, 1880-1923* (Madri, Tuner, 1975, p.82-103); J.M. Eguiguren, *El PSOE en el País Vasco, 1886-1936* (San Sebastián, Haramburu, 1984, p.25-6); Para Astúrias, ver A. Shubert, *The Road to Revolution in Asturias: the Coal Miners of Asturias, 1860-1934* (Chicago, University of Illinois Press, 1987, p.111-2).

20. S. Caudillo (org.), *Historia de la Unión General de Trabajadores* (Madri, Unión, 1998, vol.1, p.107-8).

21. X. Cuadrat, *Socialismo y anarquismo en Cataluña, 1890-1911* (Madri, Revista de Trabajo, 1976, p.26-41, 80-9, 321); A. Balcells, "El socialismo en Cataluña hasta la Guerra Civil", in *Anales de la Historia*, vol.3 (Madri, Pablo Iglesias, 1988, p.9-14); A. Smith, "Anarchism, the General Strike and the Barcelona Labour Movement, 1899-1914", *European History Quarterly*, vol.27, 1997, p.14-23.

22. J.J. Morato, *Pablo Iglesias* (Barcelona, reimpresso por Ariel, 2000, p.91-2, 162).

23. M. Bookchin, *The Spanish Anarchists* (Nova York, Free Life, 1976), J. Alvarez Junco, *La ideología política del anarquismo español, 1868-1910* (Madri, Siglo XXI, 1976, p.592-4); G.R. Esenwein, *Anarchist Ideology and the Working-Class Movement in Spain, 1868-98* (Berkeley, University of California Press, 1989, p.29-30).

24. Sobre a violência, ver J. Casanova, "La cara oscura del anarquismo", in S. Juliá (org.), *Violencia política en la España del Siglo XX* (Madri, Taurus, 2000, p.67); W.L. Bernecker, "Acción directa y violencia en el anarquismo español", *Ayer*, n.13, 1994, p.151-4, 165-6.

25. A Lliga entrou no governo de coalizão nos anos 1917, 1918, 1921 e 1931. B. de Riquer, *Regionalistes i nacionalistes, 1898-1931* (Barcelona, Dopesa, 1979, p.42-9).

26. É inegável a capacidade de Lerroux criar um partido político moderno pela mobilização de elementos da pequena burguesia e do proletariado, antes sub-representadas no sistema político. Não parece que Lerroux tinha sido enviado a Barcelona por Madri, em 1901, mas seu sucesso encorajou governos liberais a o apoiarem. Isso está bem claro em documentos particulares de importantes políticos da Restauração guardados na Biblioteca de la Real Academia de la Historia. Por exemplo, parece ser dos *Diários de Natalio Rivas* (daqui em diante ANR), Leg.11-8898, a informação de que Natalio Rivas, importante personalidade na então administração liberal de Segismundo Moret, se encontrou com Lerroux em sua casa e entregou mais de 3.500 pesetas para o cunhado deste último (em 26 de janeiro de 1910); o conservador Augusto Besada disse a Rivas que, em conversas com o rei, garantiu ao monarca que uma revolução não poderia ocorrer na Espanha, já que o único líder capaz de conduzi-la seria Lerroux, e este

podia ser comprado (27 de janeiro de 1910). Relatos equilibrados a respeito do talento político e da demagogia populista de Lerroux podem ser encontrados em J. Alvarez Junco, *El emperador del Paralelo: Lerroux y la demagogia populista* (Madri, Alianza, 1990, especialmente, p.169-70, 216-7, 270-3, 334-6).

27. C. Seco Serrano, *Militarismo y civilismo en la España contemporánea* (Madri, Instituto de Estudios Económicos, 1984, p.233).

28. As crises políticas eram conhecidas como *orientales*, por serem geralmente produzidas e resolvidas no Palácio do Oriente, a residência de Afonso XIII.

29. A charge retratava o diálogo entre um civil e um soldado, que viam uma multidão entrar em um grande estádio. O soldado perguntava o que se comemorava, e o civil respondia que era um "banquete de vitória". "Bom", disse o soldado, "então eles devem ser civis."

30. Ballbé, *Orden público*, p.273-7.

31. Um tratado assinado em Algeciras, em 1906, confirmou, um ano depois na Conferência de Cartagena, a atribuição à Espanha de uma parcela de terra no norte do Marrocos, onde o país já possuía enclaves no litoral de Ceuta e Melilla.

32. Em 31 de maio de 1906, dia do casamento do rei Afonso e da princesa inglesa Victoria Eugénie de Battenberg, Mateo Morral, antigo professor de Ferrer, atirou uma bomba na carruagem real. O casal real escapou sem ferimentos, mas 20 pessoas morreram e mais de 100 foram feridas. Para evitar a captura, Morral se matou na manhã seguinte. Ferrer foi julgado, mas teve de ser solto por falta de provas. O melhor estudo sobre a Semana Trágica ainda é o de J. Connelly Ullman, *The Tragic Week: A Study of Anticlericalism in Spain, 1875-1912* (Cambridge, MA, Harvard University Press, 1968, p.167-282).

33. Esta pode ser medida pelo grande número de relatórios que estão no Arquivo do Palácio Real (Cx: 15, 418, Exp.8).

34. G. Maura e M. Fernández Almagro, *Por qué cayó Alfonso XIII* (Madri, Ambos Mundos, 1948, p.155).

35. F.J. Romero Salvadó, *Spain 1914-1918: Between War and Revolution* (Londres, Routledge, 1999, p.6-16). Houve importantes exceções. Por exemplo, o general Miguel Primo de Rivera foi um conhecido francófilo. Também houve uma importante divergência entre as posições apoiadas pela maioria dos carlistas e mauristas e seus respectivos líderes, o carlista pró-russo Pretender e o neutralismo moderado de Maura. Ao contrário dos socialistas, dominados pela veemente liderança pró-aliada, a CNT aderiu à posição internacionalista denunciando a guerra como luta "capitalista".

36. G. Meaker, "A Civil War of Words", in H.A. Schmitt (org.), *Neutral Europa between War and Revolution, 1917-1923* (Charlottesville, University of Virginia Press, 1988, p.1-2, 6-7).

37. F.J. Romero Salvadó, "Fatal Neutrality: Pragmatism or Capitulation? Spain's Foreign Policy during the Great War", *European History Quarterly*, vol.33, n.3, jul 2003, p.299-300). A conivência entre alemães e anarco-sindicalistas foi reconhecida por Angel Pestaña, um dos líderes mais influentes da CNT, em suas memórias, *Lo que aprendí en*

la vida (Múrcia, reimpresso por Zero, 1971, vol.1, p.66-74). O órgão da CNT, Solidaridad Obrera, recebeu financiamento alemão. Depois que Pestaña e uma nova equipe substituíram os antigos funcionários, este jornal providenciou, em 9 de junho de 1918, provas documentais de que o inspetor de polícia de Barcelona, Manuel Bravo Portillo, e outros agentes tinham emitido informações sobre o movimento de navios espanhóis que mais tarde foram afundados por navios alemães. Portillo também teve papel crucial no assassinato de José Barret, importante proprietário de uma fábrica de metal que exportava para a França.

38. M. Tuñón de Lara, *Historia del movimiento obrero español* (Madri, Taurus, 1972, p.550-72).

39. Heywood, *Marxism*, p.40-1.

40. B. Márquez e J. Capó, *Las Juntas militares de defensa* (La Habana, Porvenir, 1923, p.24); C.B. Boyd, *Praetorian Politics in Liberal Spain* (Chapel Hill, University of North Carolina Press, 1979, p.53-60).

41. F. Cambó, *Memorias* (Madri, Alianza, 1987, p.223-4); M. Cabrera, F. Comín e J.L. García Delgado, *Santiago Alba: un programa de reforma económica en la España del primer tercio del Siglo XX* (Madri, Instituto de Estudios Fiscales, 1989, p.251-426).

42. A posição abertamente pró-aliada de Romanone foi um caso excepcional dentro nas elites governantes. Já no início de agosto de 1914, ele chocou as classes governantes quando expôs suas opiniões em um editorial chamado "Neutralidades fatais". O escandaloso naufrágio do navio espanhol *San Fulgencio* em abril de 1917 foi o momento psicológico certo para romper relações diplomáticas com a Alemanha. No entanto, ele enfrentou a oposição do rei e foi substituído no cargo pelo marquês de Alhucemas, o líder da seção neutralista do Partido Liberal.

43. M. Burgos y Mazo, *Páginas históricas de 1917* (Madri, Núñez Samper, 1918, p.54-9, 73-4).

44. A. Lacomba, *La crisis española de 1917* (Málaga, Ciencia Nueva, 1970, p.165-212).

45. J. Ferrer, *Simó Piera, perfil d'un sindicalista: Records i experiences d'un dirigent de la CNT* (Barcelona, Portic, 1975, p.143).

46. F.J. Romero Salvadó, "Spain and the First World War: The Structural Crisis of the Liberal Monarchy", *European History Quarterly*, vol.25, n.4 (out 1995, p.543).

47. L. Simarro, *Los sucesos de agosto en el parlamento* (Madri, s.e., 1918, p.13-20, 50-1).

48. As estimativas oficiais confirmaram um total de 71 mortos, 200 feridos e dois mil presos. Na verdade, o número de vítimas foi ainda maior que este. Ver Lacomba, *La crisis española*, p.213-84.

49. Os objetivos da Lliga foram alcançados: o monopólio da política desfrutada pelo *turno* foi rompido e agora regionalistas catalães eram os responsáveis por dois ministérios que incluíam o controle da economia.

50. Muitas provas dessa caça às bruxas de estrangeiros do período de 1919-23 podem ser encontradas no Archivo Histórico Nacional, Serie Gobernación, Leg. 2A, Exp. 16; Leg.2A, Exp.16, Leg.3A, Exp.15; Leg.17A, Exp.1; e Leg.35A, Exp.1 (1920-23); e no Archivo del Ministerio de Asuntos Exteriores, H2766.

51. Borodin recebeu ajuda do comunista indiano M.N. Roy e Jesús Ramírez (pseudônimo do comunista norte-americano Charles Francis Phillips). Relatórios sobre suas atividades podem ser encontrados na Fundación Pablo Iglesia e na Internacional Comunista. Informes de España (AAVV-CV-16).

52. G. Meaker, *The Revolucionary Left in Spain, 1914-23* (Stanford, CA, Stanford University Press, 1974, p.478-83).

53. J. Díaz del Moral, *Historia de las agitaciones campesinas andaluzas*, 4ª ed. (Madri, Alianza, 1995, p.267-73).

54. A. Balcells, *El sindicalisme a Barcelona, 1916-1923* (Barcelona, Nova Terra, 1965, p.73-82).

55. No entanto, a CNT se retiraria do Cominterm na Conferência de Zaragoza em junho de 1922. Ver A. Bar, *La CNT en los años rojos, 1910-26* (Madri, Akal, 1981, p.489-555); e F.J. Romero Salvadó, "The Views of an Anarcho-syndicalist on the Soviet Union: The Defeat of the Third International in Spain", *Revolutionary Russia*, vol.8, n.1 (jun 1995, p.33-5).

56. Para os *Libres* ver C. Winston, *Workers and the Right in Spain, 1900-1936* (Princeton, NJ, Princeton University Press, 1984, p.108-71). Uma excelente análise da aliança entre a burguesia catalã e o setor militar pode ser encontrada em S. Bengoechea, *El Locaut de Barcelona, 1919-20* (Barcelona, Curial, 1998, p.75-234).

57. A. Barcells, "Violencia y terrorismo en la lucha de clases en Barcelona de 1913 a 1923" e F. Del Rey Reguillo, "Ciudadanos honrados y somatenistas. El orden y la subversión en la España de los años 20", ambos in *Estudios de Historia Social*, n.42-3 (jul-dez 1987, p.37-79, 97-150); E. González Calleja, *El Mauser y el sufragio: Orden público, subversión y violencia política en la crisis de la Restauración, 1917-1923* (Madri, CSIC, 1999, p.127-226).

58. P. La Porte, *La Atracción del imán: El desastre de Annual y sus repercusiones en la política europea, 1921-1923* (Madri, Biblioteca Nueva, 2001, p.63-88).

59. O manifesto de Primo de Rivera está em *El ABC* (14 set 1923).

60. M. Maura, *Así cayó Alfonso* XIII, 7ª ed. (Barcelona, Ariel, 1995, p.39); S. Ben-Ami, *The Origins of the Second Republic in Spain* (Oxford, Oxford University Press, 1978, p.8-9).

61. J.L. Gómez Navarro, *El régimen de Primo de Rivera* (Madri, Cátedra, 1991, p.53-66).

62. Na estação se encontraram, entre outros, Josep Puig i Cadafalch (presidente da instituição administrativa local La Mancomunitat), o marquês de Alella (prefeito de Barcelona), o marquês de Comillas (magnata ultracatólico e proprietário de navio), o visconde de Cusso (presidente da confederação de industriais Fomento del Trabajo Nacional) e o principal político da Liga, Joan Ventosa.

63. M.T. González Calbet, *La dictadura de Primo de Rivera* (Madri, El Arquero, 1987, p.79-84).

64. Heywood, *Marxism*, p.95-7.

65. Esse não foi o caso na Espanha rural, onde a legislação social paternalista não fora introduzida.

66. Martin, *Agony*, p.281-4.

67. Preocupados com o sucesso dos nativos liderados por Abd-el-Krim, os Exércitos francês e espanhol decidiram, no verão de 1925, realizar uma operação militar conjunta. Desse modo, os rebeldes se encontraram presos entre tropas espanholas provenientes do norte e francesas vindas do sul. Até a primavera de 1926, a paz já fora estabelecida no Marrocos.

68. S. Ben-Ami, *Fascism from Above: The Dictatorship of Primo de Rivera in Spain, 1923-1930* (Oxford, Oxford University Press, 1983, p.127-60).

69. Até 1925, graças à simpatia de Primo pelo *abandonismo* (a retirada do Marrocos), a oposição é composta sobretudo de *africanistas*. No entanto, depois da conclusão da bem-sucedida campanha no país, Primo não só se reconciliou com o grupo, como até começou a promover oficiais da colônia para cargos importantes. Além disso, a introdução da promoção por seleção especial, iniciada pelo ditador, inflamou o metropolitano *Junteros*, que defendia uma escala fechada (o sistema de promoção restrita ao tempo de serviço). O líder liberal, conde Romanones, e o conservador, J. Sanchez Guerra, tiveram um importante papel nessas rebeliões. Ver ANR, Legs.11-8917-8920.

70. J. Harrison, *The Spanish Economy in the Twentieth Century* (Londres, Croom Helm, 1985, p.69-70).

71. S. Ben-Ami, "The Republican 'Take-over': Prelude to Inevitable Catastrophe?", in P. Preston (org.), *Revolution and War in Spain, 1931-1939* (Londres, Methuen, 1984, p.15-6).

72. Romero Salvadó, *Twentieth-Century Spain*, p.62.

73. Uma excelente análise da desordem monarquista está em S. Ben-Ami, "The crisis of the dynastic elite in the transition from Monarchy to Republic, 1929-1931", in P. Preston e F. Lannon (orgs.), *Elites and Power in Twentieth-Century Spain: Essays in Honour of Sir Raymond Carr* (Oxford, Oxford University Press, 1990, p.72-7).

74. E. Montero, "Reform Idealized: The intellectual and ideological origins of the Second Republic", in H. Graham e J. Labanyi (orgs.), *Spanish Cultural Studies* (Oxford, Oxford University Press, 1995, p.129.

75. Maura, *Así cayó Alfonso*, p.69-72.

76. Em uma última tentativa de impedir a rebelião de Gálan, o governo provisório enviou um de seus membros, o republicano Santiago Cesares Quiroga, para detê-lo, mas já era muito tarde. Ben-Ami, *Origins*, p.94-9.

77. Maura, *Así cayó Alfonso*, p.132-7.

78. Maura e Fernández Almagro, *Por qué cayó Alfonso XIII*, p.387.

79. O último primeiro-ministro, almirante Aznar, admitiu essa derrota. Perguntado por jornalistas se havia uma crise, ele retorquiu que não poderia haver uma crise maior que a de um país que foi para a cama monarquista e acordou republicano. A visita de Romanone na tarde de 14 de abril a Alcalá Zamora, para negociar uma trégüa política, confirmou para os republicanos que eles tinham vencido. Encorajado, Alcalá pediu a partida do rei do país antes do pôr-do-sol. Mais cedo, o general Sanjurjo, chefe da Guarda Civil, foi para a casa de Miguel Maura para assegurar a lealdade dessa instituição à República. Ver Maura, *Así cayó Alfonso*, p.149-69.

2. A SEGUNDA REPÚBLICA (1931-1936): UMA BREVE EXPERIÊNCIA DE DEMOCRACIA (p.53-91)

1. A. Lerroux, *Al servicio de la República* (Madri, Morata, 1930, p.353). O estabelecimento da República foi saudado entusiasticamente pela multidão. Muitos pareciam acreditar que, magicamente, todos os problemas desapareceriam da noite para o dia – um sentimento presente nos textos de Lerroux.

2. S. Juliá, *Madri, 1931-34: De la fiesta popular a la lucha de clases* (Madri, Siglo XXI, 1984, p.2,7-11).

3. J. Palafox, *Atraso económico y democracia; La Segunda República y la economía española, 1892-1936* (Barcelona, Crítica, 1991, p.127, 148-50, 173).

4. N. Townson, *The Crisis of Democracy in Spain: Centrist Politics under the Second Republic, 1931-1936* (Brighton, Sussex Academic Press, 2000, p.19). Se elementos do antigo regime permaneciam entricheirados no judiciário, na polícia e no serviço civil, isso não ocorria com a classe política tradicional. Mesmo que, pelo menos em teoria, as antigas elites governantes tivessem obtido extensa maioria na Espanha rural durante as eleições municipais de abril, elas logo perderiam o controle de seus redutos. Em muitos locais, seus integrantes eram informalmente expulsos dos cargos – por grupos de pró-republicanos ou por governadores civis recém-nomeados que os substituíam por comitês temporários.

5. O conde Romanones, por exemplo, seria eleito como representante monarquista independente nas três eleições da Segunda República.

6. M. Tuñón de Lara, *La II República*, vol.1 (Madri, Siglo XXI, 1976, p.76).

7. Juliá, *Los socialistas*, p.152-7, 165-6; Heywood, *Marxism*, p.117-20.

8. C.P. Boyd, *Historia Patria: Política, historia e identidad nacional en España, 1875-1975* (Barcelona, Pomares, 2000, p.175).

9. Os dois primeiros ministros da Educação eram intelectuais: o radical-socialista Marcelino Domingo era jornalista e ensaísta; o socialista Fernando de los Ríos era professor na Universidade de Granada. Havia muitos outros exemplos eminentes, como Julián Besteiro (professor da Universidade de Madri) e Manuel Azaña (antigo professor do Ateneo, o centro cultural da capital).

10. P.B. Radcliff, *From Mobilization to Civil War: The Politics of Polarization in the Spanish City of Gijón, 1900-1937* (Cambridge, Cambridge University Press, 1996, p.36).

11. C. Cobb, "The republican State and mass educational-cultural activities, 1931-36", in Graham e Labanyi (orgs.), *Spanish Cultural Studies*, p.133.

12. Juliá, *Los socialistas*, p.180-1.

13. Cobb, "The republican State", p.136.

14. S. Juliá, *Manuel Azaña: Una biografía política* (Madri, Alianza, 1991, p.98-110); G. Cardona, *Poder militar en la España contemporánea hasta la Guerra Civil* (Madri, Siglo XXI, 1983, p.123-4, 138-66).

15. Martin, *Agony*, p.305.

16. E. Malefakis, *Agrarian Reform and Peasant Revolution in Spain* (Londres, Yale University Press, 1970, p.166-71).

17. A Esquerra Republicana (uma aliança do nacionalista Estat Catalá e do Partit Republicá Catalá) se precipitou, em abril de 1931, declarando a existência de uma República Catalã no interior da nova República Federal da Espanha. Depois da visita de uma delegação governamental, foram convencidos a esperar e reconhecer a legitimidade do Parlamento espanhol para conceder autonomia à Catalunha. A Esquerra surgia agora como força política catalã hegemônica, substituindo a Lliga. Um de seus líderes, Lluís Companys, tornou-se ministro no governo central em 1933.

18. O direito de voto das mulheres foi apoiado pelos socialistas e pelos partidos de extrema direita. A maioria dos republicanos era contra ou indiferente, pois acreditava que a maior parte das mulheres era católica e, portanto, muito facilmente influenciada pelo sacerdócio.

19. Maura, *Así cayó Alfonso*, p.84-93, também citado por F. Largo Caballero, *Mis recuerdos: Cartas a un amigo* (México, Ed. Unidas, 1976, p.99). Lerroux recebeu finalmente a proposta do Ministério das Relações Exteriores.

20. Antigos *caciques* monarquistas e até organizações locais inteiras entraram nos partidos republicanos com o objetivo de manter o poder. Em troca, os republicanos podiam reforçar sua fraca posição em muitas áreas. No entanto, a ambigüidade política dos radicais significava que, em geral, eles se beneficiavam ao máximo da "súbita conversão republicana". Townson, *Crisis of Democracy*, p.32, 40-2, 49.

21. Já em julho de 1931, Prieto declarou que o Psoe não apoiaria nem confiaria em um ministério presidido por Lerroux. O líder radical ficou furioso, julgando que Azaña, um novato na política, tinha usurpado o cargo de primeiro-ministro quando não permitiu a formação de um novo gabinete liderado pelo mais antigo republicano, ele mesmo. Ver Juliá, *Manual Azaña*, p.116-21, 155.

22. S. Juliá, "Sistemas de partidos y problemas de consolidación de la democracia", in S. Juliá (org.), *Política en la Segunda República, Ayer*, n.20, 1995, p.125.

23. F. Lannon, *Privilege, Persecution and Prophecy: The Catholic Church in Spain, 1875-1975* (Oxford, Oxford University Press, 1987, p.181).

24. Boyd, *Historia Patria*, p.178.

25. Lannon, *Privilege*, p.185. Ironicamente, a Lei das Congregações (finalmente aprovada em maio de 1933), que determinou o fim do ensino praticado por ordens católicas, em janeiro de 1934, não foi implementada, já que no momento um novo governo tinha assumido. Outras leis, como a secularização dos cemitérios, em janeiro de 1933, foram certamente motivadas por vingança, e não por sentimentos modernizadores. Ver J. Avilés Farré, *La izquierda burguesa en la República* (Madri, EspasaCalpe, 1985, p.128). A religião como principal símbolo para atrair as pessoas para a direita é reconhecida em J. M. Gil Robles, *No fue posible la paz* (Madri, Planeta, 1998, p.53).

26. Maura (*Así cayó Alfonso*, p.293-306) enfatizou que as atividades subversivas de elementos influentes na hierarquia da Igreja deixaram-lhe como única opção a expulsão dela do país.

27. H. Raguer, *La pólvora y el incienso: La Iglesia y la Guerra Civil Española, 1936-1939* (Barcelona, Península, 2001, p.48).

28. A insensível observação de Azaña, de que todos os conventos de Madri não valiam a vida de um republicano (depois do incêndio de prédios religiosos em várias cidades após a provocação monarquista em maio de 1931) foi uma munição crucial para aqueles que, nas instituições católicas, estavam ávidos por combater a República. De fato, o ministro do Interior, Miguel Maura, recebeu poderes totais para lidar de modo vigoroso com os que causavam desordens e incêndios culposos. A lei marcial foi declarada, e o Exército foi convocado para restaurar a ordem e proteger os bens da Igreja. Os três ministros socialistas não hesitaram em apoiar medidas mais enérgicas. Ver Maura, *Así cayó Alfonso*, p.249-53; e N. Alcalá Zamora, *Memorias* (Madri, Planeta, 1998, p.291-2).

29. De modo irônico, o discurso radical de Azaña (que incluiu a dissolução dos jesuítas e retirou das ordens religiosas sua função educadora) foi um esforço bem-sucedido de buscar o apoio socialista e, ao mesmo tempo, isolar seus colegas mais anticlericais do PRRS, que propunham a dissolução de todas as ordens.

30. Lannon, *Privilege*, p.18.

31. Ibid., p.163-4.

32. Existiam, na verdade, inúmeros maçons nos partidos republicanos. Ver Avilés Farré, *La izquierda burguesa*, p.85-6.

33. P. Preston, *The Coming of the Spanish Civil War: Reform, Reaction and Revolution in the Second Republic* (Londres, Routledge, 1994, p.5).

34. De acordo com Palafox (*Atraso económico*, p.180), entre 14 de abril e 30 de junho de 1931, foram retiradas 917 milhões de pesetas (13% do total de depósitos)..

35. M. Cabrera, *La patronal ante la II Republica* (Madri, Siglo XXI, 1983, p.204-6, 215-8).

36. Malefakis, *Agrarian Reform*, p.170.

37. P. Preston, "The Agrarian War in the South", in Preston (org.), *Revolution and War*, p.159.

38. C. Gil Andrés, *Echarse a la calle: Amotinados, huelguistas y revolucionarios, La Rioja, 1890-1936* (Saragoça: Prensas Univesitarias, 2000, p.194-7).

39. J.M. Macarro, *Socialismo, República y revolución en Andalucía, 1931-36* (Sevilha, Universidad de Sevilla, 2000, p.117-19, 165-7).

40. A participação na UGT passou de 300 mil, em dezembro de 1930, para mais de um milhão em junho de 1932. O súbito crescimento da FNTT era bem desproporcionado em relação ao crescimento da UGT. A FNTT constituía cerca de 10% do total de membros da UGT, em 1930; dois anos mais tarde, era em torno de 40%.

41. Cabrera, *La patronal*, p.63-5.

42. Macarro, *Socialismo*, p.73, 101-2.

43. Preston, *The Coming*, p.82.

44. A. Elorza e M. Bizcarrondo, *Queridos camaradas: La Internacional Comunista y España, 1919-1939* (Madri, Planeta, 1999, p.71-4, 78).

45. O PCE permaneceu um partido pequeno, com cerca de três mil membros, em maio de 1931, e próximo de 12 mil, dois anos depois; era financeiramente dependente do Comintern e tutorado por seus representantes na Espanha. Na verdade, muito mais

que por conflitos ideológicos, a queda da liderança de Bullejos foi causada por constantes disputas com o representante do Comintern, o argentino Victorio Codovilla. Ver Elorza e Bizcarrondo, *Queridos camaradas,* p.146-53, 161-70; e R. Cruz, *El Partido Comunista de España en la II República* (Madri, Alianza, 1987, p.31-2, 116).

46. Alguns dos grupos de ação bem-conhecidos, como Los Solidarios (os quais incluíam Joan García Oliver, Francisco Ascaso, Ricardo Sanz e Buenaventura Durruti) não se juntaram à FAI até 1933.

47. J. Casanova, *De la calle al frente. El anarcosindicalismo en España 1931-1939* (Barcelona, Crítica, 1997, p.13-5).

48. J. García Oliver, *El eco de los pasos* (Paris, Ruedo Ibérico, 1978, p.115).

49. A FAI lançou uma campanha cruel contra conhecidos líderes "moderados" como Joan Peiró, Angel Pestaña e Camil Piñón. M. Lladonosa, *Sindicalistes i Llibertaris: L'experiencia de Camil Piñón* (Barcelona, Rafael Dalmau, 1989, p.54-6).

50. J. M. Macarro, "Sindicalismo y política", in Juliá (org.), *Política*, p.144-5.

51. C. Ealham, "Revolutionary Gymnastics and the Unemployed. The limits of the spanish anarchist utopia, 1931-37", in K. Flett e D. Renton (orgs.), *The Twentieth Century. A Century of Wars and Revolutions?* (Londres, Rivers Oram, 2000, p.142-3).

52. Juliá, *Los socialistas*, p.168-72.

53. Macarro, "Sindicalismo", p.152.

54. Ealham, "Revolutionary Gymnastics", p.136.

55. As Guardas de Ataque eram bem treinadas; seus homens tinham pelo menos 1,80m de altura e carregavam uma arma pequena e cacetete em lugar do tradicional longo rifle da Guarda Civil, o Mauser. E. González Calleja, "El estado ante la violencia", in Juliá (org.), *Violencia*, p.382-3.

56. Gil Andrés, *Echarse a la calle*, p.198.

57. No verão de 1933, a Ley de Vagos y Maleantes (Lei contra Desocupados e Delinqüentes) foi aprovada. Ela permitia a prisão daqueles que não podiam provar ter meios legais para se sustentar. Muitos na CNT acreditavam que ela lhes era dirigida, já que poderia levar à prisão os que coletavam impostos para sustentar a ação direta de seus sindicatos. Ver C. Lorenzo, *Los anarquistas y el poder* (Paris, Ruedo Ibérico, 1972, p.59-60).

58. Ferrer, *Simó Piera*, p.139.

59. Lladonosa, *Sindicalistes*, p.58.

60. Ballbé, *Orden público*, p.342.

61. Joan Peiró e a comissão editorial do jornal da CNT, *Solidaridad Obrera*, tiveram de se demitir em setembro de 1931. Pestaña perdeu seu cargo de secretário-geral em março de 1932. Acusados de reformismo, os sindicatos de Sabadell (Barcelona) foram expulsos em setembro de 1932. Durante os meses seguintes, outros sindicatos também foram expulsos ou deixaram a CNT. Ver E. Vega, *Anarquistas y sindicalistas, 1931-1936* (Valencia: Alfons el Magnánim, 1987, p.56-7).

62. Casanova, *De la calle*, p.28, 84-5.

63. Se a posição pessoal de Lerroux não estava acima de suspeita, este não era o caso de muitos radicais. Em Sevilha, o líder do partido, Diego Martínez Barrios,

colocou-se imediatamente à disposição do governo. Ver Townson, *Crisis of Democracy*, p.134-43. M. Azaña, *Diarios, 1932-3* (Madri, Crítica, 1997, p.3), expressa como o governo já sabia do golpe desde o final de julho e estava preparado para esvaziá-lo. A amante de um dos oficiais comprometidos alertou as autoridades (p.13). A opinião de Azaña (p.38) sobre Lerroux era de que ele era *"un bruto, un loco ou un malvado"* ("bruto, louco ou perverso"). Com exceção do ministro do Interior, Santiago Casares Quiroga, o governo votou pela comutação de todas as sentenças de morte, de modo a não manchar o regime de sangue (p.44-8).

64. Juliá, *Manuel Azaña*, p.183.

65. Azaña (*Diarios*, p.407) escreveu em julho de 1933 que as iniciativas de Domingo o deixaram desolado.

66. A melhor análise da reforma agrária pode ser encontrada em Malefakis, *Agrarian Reform*, p.200-35, 243-57.

67. Em abril de 1932 a Acción Nacional mudou seu nome para Acción Popular.

68. O Partido Agrário foi fundado em janeiro de 1934 e era dirigido por um conhecido monarquista, José Martínez de Velasco. Dominado por proprietários de terra de Castela, os integrantes desse partido tinham sido parte da minoria agrária, abrangente coalizão de representantes da direita. Eles colaboravam normalmente com a Ceda.

69. Gil Robles (*No fue posible*, p.788) em carta 13 jan 1933 para o líder monarquista, A. Goicoechea, afirmou: "Deve ficar bem claro que nossa incompatibilidade não se deve a diferenças políticas, mas a razões de estratégia".

70. Azaña (*Diarios*, p.138) observou em seu diário as dificuldades criadas por essa *tenaza* (tenaz) entre monarquistas e anarquistas.

71. Malefakis, *Agrarian Reform*, p.258-9.

72. Líder do pelotão da Guarda de Assalto, o capitão Rojas disse aos repórteres que recebeu ordens para não levar "prisioneiros ou feridos", e que mesmo Azaña usou a expressão "atire no ventre deles". A subseqüente investigação isentou o governo, mas o diretor-geral de segurança, Arturo Menéndez, foi forçado a se demitir. Rojas e seu tenente-chefe foram dispensados do trabalho. Rojas foi finalmente levado a julgamento em maio de 1934 e sentenciado a 21 anos de prisão, o único membro da equipe de segurança processado por atrocidades policiais sob o comando da República. Ver S. Payne, *Spain's First Democracy. The Second Republic, 1931-6* (Madison: University of Wisconsin Press, 1993, p.131-2). Azaña declarou como todos os ministros (inclusive os socialistas Largo e de los Ríos) acreditavam que medidas rigorosas eram necessárias para sufocar a revolta, mas, quando Rojas foi entrevistado pelo primeiro-ministro, ele negou ter atirado em qualquer pessoa a sangue-frio. Ver Azaña, *Diarios*, p.136, 198-9.

73. Azaña (*Diarios*, p.186) ficou enojado com a campanha de "trazer cadáveres para a Câmara" na qual tanto radicais como membros da direita colaboraram.

74. Palafox, *Atraso económico*, p.193. Em um ano, o desemprego subiu de 440 mil para 600 mil.

75. Macarro, *Socialismo*, p.168-9.

76. Shubert, *The Road*, p.142-3.

77. No décimo terceiro congresso do Psoe, em outubro de 1932, os defensores de Largo Caballero e os de Prieto colaboraram para derrotar Besteiro. Caballero se tornou presidente do Psoe. Os *besteiristas* foram finalmente expulsos da liderança da UGT em janeiro de 1934, quando foi nomeado um novo executivo dominado por *caballeristas*. Ver Juliá, *Los socialistas*, p.201-3.

78. Esse setor foi uma exceção no triste histórico da perda de participação da CNT. À medida que a depressão piorava, produzindo um brusco aumento do desemprego, a estratégia de mobilização da CNT (oposta à confiança da UGT na negociação) apelava para trabalhadores de construção amadores, muitos dos quais tinham chegado havia pouco em Madri, durante a expansão econômica dos anos da ditadura. A greve geral de setembro de 1933 forçou os empregados da construção a reconhecerem a CNT, colocando assim um fim ao monopólio socialista. Ver Juliá, *Madrid*, p.169-71, 240-58.

79. Heywood, *Marxism*, p.130.

80. Azaña (*Diarios*, p.254) dizia que eram as províncias mais revolucionárias do país.

81. Avilés Farré, *La izquierda burguesa*, p.174, 191-6.

82. Azaña (*Diarios*, p.277, 307-8, 316) reclamava sobre o comportamento de Alcalá, que criticava os ministros ao mesmo tempo que conspirava pelas costas deles. Ele forçou uma reforma do governo em junho e, em seguida, insistindo que a ala esquerda do Parlamento não respondia à vontade do país, derrubou o governo (p.366).

83. Largo via o fim da participação socialista no governo como traição de antigos parceiros republicanos. Ver F. Largo Caballero, *Escritos de La República* (Madri, Pablo Iglesias, 1985, p.32).

84. Em 1933, Gil Robles (*No fue posible*, p.90, 96-8) freqüentava os encontros nazistas em Nuremberg e aprendeu como utilizavam os apelos da massa.

85. Tuñón de Lara, *La II Republica*, vol.2 , p.12-5.

86. Apesar disso, ele resistiu a todas as pressões dos membros dos governos anteriores para cancelarem os resultados. Alcalá Zamora, *Memorias*, p.298-301.

87. Townson, *Crisis of Democracy*, p.127, 205, 208-10.

88. Ibid., p.257-8.

89. Juliá, *Madrid*, p.345.

90. Payne, *Spain's First Democracy*, p.185.

91. Juliá, "Sistema", p.130.

92. Townson, *Crisis of Democracy*, p.221.

93. Alcalá Zamora, *Memorias*, p.307.

94. Avilés Farré, *La izquierda burguesa*, p.238, 246-8.

95. Martin, *Agony*, p.338.

96. Ballbé, *Orden público*, p.364.

97. Juliá, *Los socialistas*, p.211.

98. Cabrera, *La patronal*, p.21, 161.

99. Preston, "Agrarian War", p.174-6.

100. Companys tinha se tornado presidente da Generalitat e líder da Esquerra após a morte de Francesc Maciá em dezembro de 1933.

101. G. Jackson, *The Spanish Republic and the Civil War, 1931-9* (Princeton, NJ, Princeton University Press, 1967, p.148).

102. S. Juliá, "Preparados para cuando la ocasión se presente: Los socialistas y la revolución", in Juliá (org.), *Violencia*, p.176. Largo Caballero (*Escritos*, p.140-9) retratou os preparativos da revolução como caóticos, com aquisições de armas que terminaram em perdas, fraudes ou confiscos pela polícia.

103. Largo Caballero (*Mis recuerdos*, p.127-8) escreveu que, quando questionado pelo juiz militar, negou ser o líder do movimento revolucionário e afirmou que não tinha nada a ver com a greve geral. Ele dormira nas primeiras duas noites na casa de Prieto, mudando-se então para a casa de um médico e depois de um jornalista antes de voltar para sua própria casa. Não há menção, nesse livro, sobre qualquer estratégia revolucionária, muito menos à imagem que se tem de Lênin às vésperas da Revolução de Outubro!

104. S. Balfour, *Deadly Embrace: Morocco and the Road to the Spanish Civil War* (Oxford, Oxford University Press, 2002, p.256).

105. Membros da Legião Estrangeira assassinaram Luis Sirval, jornalista que ousou relatar as brutalidades cometidas nas Astúrias.

106. Tuñón de Lara, *La II República*, vol.2, p.96.

107. Cabrera, *La patronal*, p.242.

108. Malefakis, *Agrarian Reform*, p.347-55.

109. Gil Robles (*No fue posible*, p.138-43, 205) sustenta que, quanto aos três oficiais catalães envolvidos nos acontecimentos de outubro, Lerroux estava preparado para apoiar a sentença de morte, mas o governo foi impedido por "políticas lamentáveis de Alcalá Zamora", na época "o perigo mais grave para a paz na Espanha". A raiva da Ceda era tal que eles sugeriram a possibilidade de um golpe militar, mas foram dissuadidos pela reação negativa dos generais.

110. Ballbé, *Orden público*, p.378-80.

111. Gil Robles, *No fue posible*, p.256-7.

112. Malefakis, *Agrarian Reform*, p.355-60.

113. Townson, *Crisis of Democracy*, p.315-36. A chamada fraude de aposta *straperlo* explodiu em outubro. Ela envolvia vários ministros (e mesmo o enteado de Lerroux) e um vigarista internacional, o holandês Daniel Strauss, que recebeu autorização para operar sua roleta (conhecida como *straperlo*, já que os nomes de seus inventores eram Strauss e Perl) em San Sebastián e Formentor (Maiorca). Quando a autorização foi retirada, Strauss, enfurecido, sem conseguir indenização para suas despesas, enviou um dossiê integral para o presidente da República. Alcalá se recusou a passar por cima da questão, forçando a criação de uma comissão parlamentar que condenava vários radicais proeminentes. Um mês depois, novo escândalo estourava, envolvendo a conivência do próprio Lerroux em pagamentos irregulares relativos aos fundos coloniais, o chamado "Tesouro da Guinea", para uma empresa falida, por seus antigos serviços na colônia. Ver também Alcalá Zamora, *Memorias*, p.353-7.

114. Preston, *The Coming*, p.200.

115. Gil Robles (*No fue posible*, p.352-8) escreveu que foi muito franco em sua conversa com o presidente. Quando Alcalá argumentou que o governo da República não poderia ser confiado a alguém que não tivesse prestado juramento à Constituição, o líder católico respondeu que o presidente da República tinha jurado lealdade à Monarquia. Gil Robles estava ciente de que o governo, nessa época, tinha ordenado que forças policiais cercassem o Ministério da Guerra e outros locais estratégicos.

116. Gil Robles (*No fue posible*, p.476) chamou Alcalá de "*cacique* andaluz".

117. Nas eleições de novembro de 1933, com 30% dos votos, o PNV surgiu como a principal força política basca em Biscaia e Guipúzcoa. No entanto, a rejeição, pela Ceda, do estatuto basco, em 1934, acrescentada ao conflito do governo central com a Generalitat catalã, convenceu o PNV de que nada poderia ser conseguido com governos de direita em Madri.

118. Gil Robles, *No fue posible*, p.369-71, 391-6.

119. P. Preston, "The Creation of the Popular Front in Spain", in Graham e Preston (orgs.), *Popular Front*, p.84.

120. O IR resultou da união do próprio partido de Azaña (AR) com a seção do PRRS liderado por Marcelino Domingo e os republicanos galegos de Santiago Casares Quiroga.

121. Azaña escreveu a Prieto em abril de 1935 perguntando sobre as possibilidades de renovar a coalizão com os socialistas. Ver Juliá, *Manuel Azaña*, p.411-20.

122. S. Juliá, *Orígenes del Frente Popular en España, 1934-6* (Madri, Siglo XXI, 1979, p.44-5). Um resumo de seu trabalho em inglês está in S. Juliá, "The Origins of the Spanish Popular Front", in M.S. Alexander e H. Graham (orgs.), *The French and Spanish Popular Fronts* (Cambridge, Cambridge University Press, 1989, p.24-37).

123. Preston, *The Coming*, p.211-38.

124. Cruz, *El Partido Comunista*, p.189-230.

125. O súbito meia-volta, volver do PCE começou oficialmente com um discurso de José Díaz em Madri, em junho de 1935. Ver Elorza e Bizcarrondo, *Queridos camaradas*, p.245-50.

126. Avilés Farré, *La izquierda burguesa*, p.371; Elorza e Bizcarrondo, *Queridos camaradas*, p.259-63.

127. Até mesmo radicais da FAI como García Oliver (*El eco de los pasos*, p.163) concordaram em não pedir a abstenção eleitoral.

128. Tuñón de Lara, *La II República*, vol.2, p.166.

129. Tanto Alcalá Zamora (*Memorias*, p.393-4) como Gil Robles (*No fue posible*, p.481-6) concordaram que um primeiro-ministro derrotado se precipitava em transferir as "preocupações do governo" para os ombros de Azaña.

130. Malefakis, *Agrarian Reform*, p.368-74; Avilés Farré, *La izquierda burguesa*, p.295-8.

131. A ocupação da Renânia por Hitler, em março de 1936, confirmou o Comintern em sua estratégia das Frentes Populares, e os comunistas se tornaram sérios defensores da democracia burguesa contra o risco do fascismo. Ver Elorza e Bizcarrondo,

Queridos camaradas, p.279-86. Durante os meses de primavera e verão de 1936, o PCE se tornou um leal defensor do governo republicano, enfatizando sua oposição a exigências de trabalho abusivas.

132. Casanova, *De la calle*, p.147-9.

133. Jackson, *The Spanish Republic*, p.209.

134. H. Graham, "The Spanish Popular Front and the Civil War", in Graham e Preston (orgs.), *Popular Front*, p.110.

135. Largo Caballero, *Recuerdos*, p.141.

136. O discurso de Prieto, em Cuenca (1º de maio de 1936), com relação a isso está em I. Prieto, *Discursos fundamentales* (Madri, Turner, 1975, p.272).

137. Para Miguel Maura (*Así cayó Alfonso*, p.222), o veto socialista sobre Prieto foi uma catástrofe que selou inevitavelmente o fim da República.

138. Gil Robles, *No fue posible*, p.697.

139. Gil Andrés, *Echarse a la calle*, p.251.

140. Apesar de ter negado inúmeras vezes seu envolvimento direto na conspiração, Gil Robles (*No fue posible*, p.707-8) era mantido informado por alguns de seus colegas de partido que estavam completamente envolvidos com o plano. Menos fácil de explicar (ibid., p.775) é como ele doou, no início de julho, 500 mil pesetas dos fundos eleitorais para o general Mola.

141. Preston, *The Coming*, p.265.

142. Os assassinos de Calvo Sotelo pertenciam à unidade de elite policial baseada nos quartéis de Pontejos, próximos aos ministérios. Eles contaram com um dos poucos oficiais de esquerda que restara na Guarda Civil, o capitão Fernando Condés, amigo pessoal do tenente Castillo . Na incursão noturna, membros da milícia socialista conhecida como La Motorizada tiveram participação. É possível que a princípio a intenção fosse apenas a prisão de Calvo, mas este acabou sendo morto, no calor do momento, por um jovem socialista bastante entusiasmado, chamado Victoriano Cuenca. O corpo foi então deixado no necrotério do cemitério de Madri. Nenhum membro do governo ou importante político de extrema esquerda participou dos acontecimentos. Ver Payne, *Spain's First Democracy*, p.353-9.

143. Gil Robles, *No fue posible*, p.797-807.

3. O REFLEXO DISTORCIDO: A DIMENSÃO INTERNACIONAL DA GUERRA CIVIL ESPANHOLA (p.93-130)

1. C. Palacio em 1939, "Song of the International Brigades", in *Songs of the Battle, 1936-1939* (Valência: Dahiz, 2001, p.51-2). No outono de 1936, Madri se tornou símbolo da resistência popular contra o avanço do fascismo, o local onde as Brigadas Internacionais entraram primeiro em combate.

2. A. Beevor, *The Spanish Civil War* (Londres, Cassel, 1999, p.53).

3. *The Times* (8 set 1936), citado por E. Moradiellos, "El espejo deformante: Las

dimensiones internacionales de la Guerra Civil", *Revista de Extremadura*, n.21 (set-dez de 1996, p.55).

4. J.E. Dreifort, *Yvon Delbos at the Quai d'Orsay: French Foreign Policy during the Popular Front, 1936-1938* (Lawrence, University Press of Kansas, 1973, p.34); J. Avilés Farré, *Pasión y farsa: Franceses y británicos ante la guerra civil* (Madri, Eudema, 1994, p.8).

5. R. Miralles, "La política exterior de la República española hacia Francia durante la guerra civil", *Historia Contemporánea*, n.10, 1993, p.29.

6. Embora não existam provas escritas dessas alusões, é difícil acreditar que, durante essa cúpula, no escalão mais alto, a rebelião na Espanha não tenha sido discutida. Os líderes britânicos devem ter expressado sentimentos antagônicos a qualquer apoio francês à República, ou, pelo menos, essas apreensões devem ter sido transmitidas pelo embaixador francês Charles Corbin. Essa é a opinião de Robert Blum, filho do primeiro-ministro, em P. Renouvin e R. Rémond (orgs.), *Léon Blum* (Paris, Presses de la Fondation Nationales dês Sciences Politiques, 1967, p.356). Em seu quarto de hotel, Blum recebeu a visita do jornalista francês André Géraud "Pertinax", que o alertou que a ajuda militar à República não seria bem recebida pelos britânicos. Ver *L'Oeuvre de Léon Blum*, vol.IV, 2 (Paris, Albin Michel, 1965, p.374); e J. Lacouture, *Léon Blum* (Nova York, Holmes & Meier, 1982, p.307-8).

7. Muitos grupos violentos de direita ativos na França (como o Le Cagoule, Le Croix de Feu, Les Jeunes Patriotes e Les Camelots du Roi) recorriam a métodos terroristas para destruir a República. O próprio Blum foi espancado em fevereiro de 1936.

8. P. Jackson, "French strategy and the Spanish Civil War", in C. Leitz e D.J. Dunthorn (orgs.), *Spain in an International Context, 1936-1959* (Oxford, Berghahn, 1999, p.55-63).

9. *L'Oeuvre de Léon Blum*, p.374-5; W. L. Shirer, *The Collapse of the Third Republic* (Londres, Cox & Wyman, 1970, p.280-1).

10. Renouvin e Rémond, *Léon Blum*, p.372.

11. Ao contrário do governo francês, que não parece ter previsto a insurreição do Exército, o governo britânico sempre foi informado por relatórios diplomáticos e de inteligência sobre a deterioração da situação política.

12. E. Moradiellos, *Neutralidad benévola: El gobierno británico y la insurrección militar española de 1936* (Oviedo, Pentalfa, 1990, p.119-26). Alguns elementos desse trabalho estão disponíveis em inglês como: "The origins of British non-intervention in the Spanish Civil War: Anglo-Spanish relations in early 1936", *European History Quarterly*, vol.21, nº 3, 1991, p.339-64, e "British Political strategy in the face of the military rising of 1936 in Spain", *Contemporary European History*, vol.1, nº 2, 1992, p.123-37. Ver também D. Little, *Malevolent Neutrality: The United States, Great Britain, and the Origins of the Spanish Civil War* (Ithaca, Cornell University Press, 1985, p.23-4, 184-6, 191-219).

13. J. Edwards, *The British Government and the Spanish Civil War* (Londres, Macmillan, 1979, p.4-9); Moradiellos, *Neutralidad*, p.149-53, 165-8.

14. Moradiellos, *Neutralidad*, p.97-102.

15. E. Moradiellos, "The gentle general: The official british perception of general Franco during the Spanish Civil War", in P. Preston e A.L. Mackenzie (orgs.), *The Republic Besieged* (Edimburgo, Edinburgh University Press, 1996, p.6-7).

16. E. Moradiellos *La perfidia de Albión: El gobierno británico y la guerra civil española* (Madri, Siglo XXI, 1996, p.44). Uma versão inglesa condensada desta obra é "Apeasement and non-intervention: British policy during the Spanish Civil War", in P. Catterall e C.J. Morris (orgs.), *Britain and the Threat to Stability in Europe, 1918-45* (Leicester, Leicester University Press, 1993).

17. Little, *Malevolent Neutrality*, p.240.

18. Moradiellos, *Neutralidad*, p.158-64.

19. Citado in Moradiellos, *La Perfidia*, p.51, 58.

20. T. Jones, *A Diary with Letters* (Oxford, Oxford University Press, 1954, p.231).

21. Moradiellos, *La Perfidia*, p.94-5.

22. A. Pena Rodríguez, *El gran aliado de Franco: Portugal y la guerra civil española, prensa, radio, cine y propaganda* (Coruña, Castro, 1998, p.45-9, 174-5); M. Alpert, *A New International History of the Spanish Civil War* (Londres, Macmillan, 1994, p.54-5).

23. A Grã-Bretanha era o principal investidor na Espanha, com 687,5 milhões de pesetas, seguida pela França, com 439,6 milhões de pesetas. Os investimentos de capital da Alemanha somavam apenas 10,3 milhões de pesetas. Ver A. Viñas, *Franco, Hitler y el estallido de la guerra civil* (Madri, Alianza, 2001, p.236).

24. *Documentos sobre a Política Externa Alemã 1918-1945*, Série D, vol.3: *A Alemanha e a Guerra Civil Espanhola* (daqui em diante DGFP), (Londres, His Majesty's Stationery Office, 1951, Doc. 10); Memo of the Director of the Political Department, 25 jul 1936, p.10-1.

25. Viñas, *Franco*, p.344-75; R.H. Whealey, *Hitler and Spain* (Lexington, University Press of Kentucky, 1989, p.6-7).

26. Viñas, *Franco*, p.430.

27. Ibid., p.385-97.

28. C. Leitz, "Nazi Germany and francoist Spain, 1936-45", in S. Balfour e P. Preston (orgs.), *Spain and the Great Powers* (Londres, Routledge, 1996, p.129).

29. Whealey, *Hitler and Spain*, vol.1, n.9, 28-30; C. Leitz, *Economic Relations between Nazi Germany and Franco's Spain, 1936-1945* (Oxford, Oxford University Press, 1996, p.15).

30. I. Saz, *Mussolini contra la II República* (Valência, Alfons el Magnánim, 1986, p.30-1, 39-42, 69-74, 138-42, 171-8).

31. J. Coverdale, *Italian Intervention in the Spanish Civil War* (Princeton, NJ, Princeton University Press, 1975, p.74).

32. Saz, *Mussolini*, p.179-210, 228-9; P. Preston, "Mussolini's spanish adventure: from limited risk to war", in Preston e Mackenzie (orgs.), *The Republic Besieged*, p.23-45. Ver também M. Heiberg, *Emperadores del Mediterrâneo: Franco, Mussolini y la Guerra Civil Española* (Barcelona, Crítica, 2004, p.57-65). Heiberg concorda com Saz e Preston com relação ao caráter oportunista da intervenção italiana. No entanto,

ele enfatiza em particular o papel de relatórios otimistas enviados por diplomatas italianos no Marrocos (Luccardi e del Rossi) ao persuadirem Mussolini a tomar sua decisão final.

33. Coverdale, *Italian Intervention*, p.87.

34. Ibid., p.4.

35. Dreifort, *Yvon Delbos*, p.43-4.

36. Saz, *Mussolini*, p.203-5, 210.

37. Dreifort, *Yvon Delbos*, p.45.

38. Moradiellos, *La Perfidia*, p.66.

39. *L'Oeuvre de Léon Blum*, p.377-8.

40. Asúa acreditava que Blum deveria renunciar, mas o novo embaixador espanhol em Paris, Alvaro de Albornoz, passou por cima de sua autoridade. Apoiado por Madri, o embaixador argumentou que um governo amigável na França, liderado por Blum, até mesmo de mãos amarradas, era melhor que uma nova administração potencialmente hostil. O testemunho de Asúa está in Renouvin e Rémond, *Léon Blum*, p.409-11; ver também Lacouture, *Léon Blum*, p.311-2.

41. O efeito devastador da ameaça do embaixador britânico de ruptura entre os dois aliados é enfatizado pelo então ministro socialista Georges Monnet em Renouvin e Rémond, *Léon Blum*, p.360.

42. Dreifort, *Yvon Delbos*, p.46-7.

43. G. Howson, *Arms for Spain: The Untold Story of the Spanish Civil War* (Londres, John Murray, 1998, p.48-56, 255-6).

44. Lacouture, *Léon Blum*, p.332-3.

45. Blum confidenciou a Eden que estava convencido de que um acordo de não-intervenção era o melhor meio para ajudar a República, já que as ditaduras poderiam fornecer armas com muito mais facilidade que a França. Ver A. Eden, *Facing the Dictators* (Londres, Cassell, 1962, p.409).

46. A. Adamthwaite, *France and the Coming of the Second World War, 1936-1939* (Londres, Frank Cass, 1977, p.44).

47. J. Alvarez del Vayo, *Freedom's Battle* (Londres, Heinemann, 1940, p.70).

48. Edwards, *The British Government*, p.30-5.

49. R.P. Traiana, *American Diplomacy and the Spanish Civil War* (Bloomington, Indiana University Press, 1968, p.52-3, 84, 100).

50. Alpert, *A New International History*, p.60.

51. Edwards, *The British Government*, p.40-7.

52. I. Maisky, *Spanish Notebooks* (Londres, Hutchinson, 1966, p.33).

53. Edwards, *The British Government*, p.33.

54. Moradiellos, *La perfidia*, p.85.

55. DGFP, Doc. 73 (o diretor alemão do departamento jurídico mencionou que o objetivo da Itália e da Alemanha era dar às atividades do NIC um caráter puramente platônico, 5 set 1936, p.75); Doc. 79 (o encarregado dos negócios da Alemanha em Londres observou que o propósito real do NIC era pacificar a esquerda em países ocidentais,

9 set 1936, p.84); e Doc. 131 (o encarregado dos negócios da Alemanha em Londres indicou que, para o governo britânico, o NIC era um instrumento útil no sentido de encorajar soluções dilatoriais para evitar o conflito e funcionar como a proteção contra a pressão parlamentar, 27 nov 1936, p.141-2).

56. H. Thomas, *The Spanish Civil War*, 3ª ed. (Londres, Penguin, 1986, p.396).

57. Em julho de 1934, a tentativa de golpe realizado pelos nazistas austríacos, que resultou no assassinato do chanceler pró-italiano Dollfuss, levou a uma situação hostil entre a Alemanha e a Itália.

58. Whealey, *Hitler and Spain*, p.14, 44.

59. G. Ciano, *Diplomatic Papers* (Londres, Oldham Press, 1948), conversas entre o *Duce* e o ministro da Justiça nazista Hans Frank, 23 set 1936, p.43-6, e entre Hitler e Ciano, 24 out 1936, p.56-7.

60. Thomas, *The Spanish Civil War*, p.376.

61. Whealey, *Hitler and Spain*, p.8.

62. Coverdale, *Italian Intervention*, p.106, 127-46.

63. Little, *Malevolent Neutrality*, p.261.

64. T.G. Powell, *Mexico and the Spanish Civil War* (Albuquerque, University of New Mexico Press, 1981, p.58-60, 71-5, 96-9); M. Ojeda-Revah, "Mexico and the Spanish Republic, 1931-9" (tese de doutorado Universidade de Londres, 2002, p.6-7, 140-1,147-88).

65. Exemplos britânicos podem ser encontrados em T. Buchanan, *Britain and the Spanish Civil War* (Cambridge, Cambridge University Press, 1997, p.93-102).

66. R. Skoutelsky, *L'Espoir guidait leur pas: Les volontaires français dans les Brigades Internationales, 1936-1939* (Paris, Grasset, 1998, p.34-40, 109-11).

67. John Steinbeck, William Faulkner, Aldous Huxley, Arthur Miller, Dashiell Hammet, Lillian Hellman, Melvyn Douglass, Joan Crawford, Frederic March, Bette Davis, Franchot Tone, Charles Chaplin e Orson Welles estavam entre os defensores mais explícitos da República. Atores como Humphrey Bogart, Gregory Peck, Gary Cooper, Charles Boyer, Paul Lukas, Paul Muni, Ray Milland e John Garfield estrelariam filmes (antes da reação da era McCarthy) fazendo papéis de idealistas estrangeiros ou aventureiros que lutaram na Guerra Civil Espanhola. Ver D. Pastor Petit, *Hollywood responde à la guerra civil* (Barcelona, Tempestad, 1998, p.85, 102, 107-8, 153, 229).

68. R. Radosh et al. (orgs.), *Spain Betrayed: The Soviet Union in the Spanish Civil War* (Londres, Yale University Press, 2001), Doc. 10, p.21).

69. D. Kowalsky, *La Unión Soviética y la guerra civil española* (Barcelona, Crítica, 2004, p.25, 77-80); D. Smyth, "We are with you: Solidarity and self-interest in soviet policy towards Republican Spain, 1936-1939", in Preston e Mackenzie (orgs.), *The Republic Besieged*, p.88; E.H. Carr, *The Comintern and the Spanish Civil War* (Londres, Macmillan, 1984, p.15-6).

70. Os relatórios enviados pelo representante do Comintern, o argentino Victorio Codovilla, durante as primeiras semanas do conflito indicavam que os republicanos estavam no controle da situação. Ver Elorza e Bizcarrondo, *Queridos camaradas*, p.294-7.

71. Maisky, *Spanish Notebooks*, p.47.

72. J. Haslam, *The Soviet Union and the Struggle for Collective Security in Europe, 1933-1939* (Londres, Macmillan, 1984, p.110); Kowalsky, *La Unión Soviética*, p.28-31, 43-6.

73. Smyth, "We are with you", p.98-100.

74. Howson, *Arms for Spain*, p.125-6, 136-7.

75. Skoutelsky, *L'Espoir*, p.53-4.

76. M. Jackson, *Fallen Sparrows: The International Brigades in the Spanish Civil War* (Filadélfia, Amer Philosophical Society, 1994, p.31, 45).

77. J. Gurney, *Crusade in Spain* (Newton Abbot, Faber & Faber, 1974, p.36).

78. Skoutelsky, *L'Espoir*, p.119-21.

79. Thomas, *The Spanish Civil War*, p.432.

80. *El Mundo Obrero* (23 nov 1936), citado por Skoutelsky, *L'Espoir*, p.174. Ver também Carr, *Comintern*, p.27.

81. C. Blanco Escolá, *La incompetencia miltar de Franco* (Madri, Alianza, 2000, p.294-5, 306-7).

82. Ojeda-Revah, "México", p.14.

83. Jackson, *Fallen Sparrows*, p.16-7.

84. P. Montoliú, *Madrid en la Guerra Civil*, 2 vols. (Madri, Sílex, 1998, vol.1, p.191-210); G. Cardona, "Las operaciones militares", in M. Tuñón de Lara et al., *La Guerra Civil Española 50 años después* (Barcelona, Labor, 1986, p.215-9).

85. E. Toller, "Madrid-Washington", in V. Cunningham (org.), *Spanish Front: Writers on the Civil War* (Oxford, Oxford University Press, 1986, p.73).

86. Essa era a visão do encarregado de negócios alemão na Espanha. Como a resistência republicana endurecesse, Madri não poderia mais ser conquistada. Ele via duas soluções claras: abandonar a aventura espanhola ou inserir forças adicionais. DGFP, Doc. 144 (5 dez 1936, p.154-5); ver também Blanco Escolá, *La incompetência militar*, p.324.

87. *L'Oeuvre de Léon Blum*, p.379.

88. Testemunho de Pierre Cot em Renouvin e Rémond, *Léon Blum*, p.368.

89. M. Thomas, *Britain, France and Apeasement* (Oxford, Berg, 1996, p.95).

90. R. García Pérez, *Franquismo y Tercer Reich* (Madri, Centro de Estudos Constitucionales, 1994, p.55).

91. Whealey, *Hitler and Spain*, p.53-4.

92. Ciano, *Diplomatic Papers*, p.75-7.

93. I. Saz e J. Tusell (orgs.), *Fascistas em España* (Madri, CSIC, 1981, p.27).

94. Coverdale, *Italian Intervention*, p.180.

95. Saz e Tusell, *Fascistas*, p.29-32.

96. Cardona, "Las operaciones", p.220-1; Thomas, *The Spanish Civil War*, p.488-95.

97. B. Alexander, *British Volunteers for Liberty* (Londres, Lawrence & Wishart, 1983, p.93-107); M. Merriman e W. Lerude, *Robert Hale Merriman and the Abraham Lincoln Brigade* (Reno, University of Nevada Press, 1986, p.114, 118).

98. Gurney, *Crusade in Spain*, p.108.

99. Cardona, "Las operaciones", p.221-4.

100. Saz e Tusell, *Fascistas*, p.43.

101. Ibid., p.52-3.

102. Coverdale, *Italian Intervention*, p.225-48.

103. Saz e Tusell, *Fascistas*, p.63-4.

104. P. Preston, *A Concise History of the Spanish Civil War* (Londres, HarperCollins, 1996, p.98).

105. Alvarez Del Vayo, *Freedom's Battle*, p.72, 222, 227-8.

106. O envio do carregamento de ouro para a Rússia foi uma decisão tomada pelo primeiro-ministro, Largo Caballero, e o ministro das Finanças, Juan Negrín. Somente um grupo bem pequeno de oficiais de alto escalão sabia da operação. Certamente a decisão não foi tomada sob pressão de Moscou, nem a liderança do PCE sabia sobre ela. A. Viñas, "Gold, the Soviet Union and the Spanish Civil War", in M. Blinkhorn (org.), *Spain in Conflict, 1931-1939: Democracy and its Enemies* (Londres, Sage, 1986, p.224-34).

107. Howson, *Arms for Spain*, p.74.

108. Whealey, *Hitler and Spain*, p.56.

109. C. Leitz, "Nazi Germany's intervention in the Spanish Civil War", in Preston e Mackenzie (orgs.), *The Republic Besieged*, p.62-81.

110. Todas as estimativas relativas à ajuda estrangeira estão in E. Moradiellos, *El reñidero de Europa: Las dimensiones internacionales de la guerra civil española* (Barcelona, Península, 2001, p.261-3). No entanto, Kowalsky (*La Unión Soviética*, p.201-2, 212-18) mostra que ainda existem muitas discrepâncias na quantidade total de equipamento militar soviético.

111. A. Hitler, *Hitler's Table Talk, 1941-1944* (Londres, Weidenfeld & Nicolson, 1953, p.569, 607, 687).

112. W. Krivitsky, *I was Stalin's Agent* (Cambridge, Ian Faulkner, 1992, p.89).

113. Um relato dos voluntários nacionalistas está em J. Keene, *Fighting for Franco: International Volunteers in Nationalist Spain During the Spanish Civil War, 1936-39* (Londres, Leicester University Press, 2001).

114. M.R. de Madariaga, "The intervention of moroccan troops in the Spanish Civil War: A reconsideration", *European History Quarterly*, vol.22, 1992, p.78-9).

115. Coverdale, *Italian Intervention*, p.181-6.

116. Uma exceção foi o esquadrão aéreo contratado por André Malraux no início da guerra.

117. Merriman e Lerude, *Robert Hale Merriman*, p.82.

118. Skoutelsky, *L'Espoir*, p.82, 85, 95-6, 262.

119. Como no caso do adido militar Barroso, em Paris, a deserção do corpo diplomático foi um golpe mortal para a República. Havia ainda alguns oficiais de embaixadas e consulados que, ao afirmarem sua lealdade à República, puderam realmente continuar a enganar o governo espanhol.

120. Howson, *Arms for Spain*, p.107-13, 138-40, 146-52; Kowalsky, *La Unión Soviética*, p.218-24, 238-40.

4. APOCALIPSE NA ESPANHA DE 1936, (p.131-68)

1. A. Malraux, *L'Espoir* (Paris, Gallimard, 1987, p.136-40. Publicado em 1937, era o relato fictício de Malraux sobre suas experiências na Espanha. O apelo do autor e piloto francês pela "organização do apocalipse" pode ser visto como um endosso da linha comunista-republicana.

2. K.W. Watkins, *The Effects of the Spanish Civil War on British Political Opinion* (Edimburgo, R. & R. Clark, 1963), p.239-44. A análise e detruição mais competente da teoria conspiratória está em H.R. Southworth, *Conspiracy and the Spanish Civil War: The Brainwashing of Francisco Franco* (Londres, Routledge, 2002).

3. Southworth, *Conspiracy*, p.1-8, 71-2.

4. Ibid., p.87.

5. Ibid., p.122-3.

6. A. Reig Tapia, *Violencia y terror* (Madri, Akal, 1990, p.17, 22).

7. A. Reig Tapia, *Ideologia y historia* (Madri, Akal, 1986, p.38-42).

8. Rieg, *Violência*, p.26-31.

9. P. Preston, *!Comrades: Portraits from the Spanish Civil War* (Londres, Harper-Collins, 1999, p.3-4).

10. Balfour, *Deadly Embrace*, p.262.

11. Cardona, *Poder*, p.307-9; S. Juliá, "De 'guerra contra el invasor'" a 'guerra fratricida'", in S. Juliá (org.), *Víctimas de la guerra civil* (Madri, Temas de Hoy, 1999, p.16).

12. R. Fraser, *Blood of Spain* (Harmondsworh, Penguin, 1981, p.51); H. Graham, *The Spanish Republic at War* (Cambridge, Cambridge University Press, 2002, p.81).

13. J. Zugazagoitia, *Guerra y vicisitudes de los españoles* (Madri, Tuesquets, 2001, p.152); Preston, *!Comrades!*, p.226-28.

14. J. Zugazagoitia, *Guerra*, p.68.

15. A. Barea, *The Clash*, in A. Barea, *The Forging of a Rebel* (Londres, Granta Books, 2001, p.522-3); Zugazagoitia, *Guerra*, p.73; Thomas, *The Spanish Civil War*, p.228-30.

16. Na batalha dialética, os insurgentes, em uma tentativa de serem identificados com a nação/pátria, chamavam a si mesmos de *nacionales*. Os que defendiam a legalidade republicana eram chamados simplesmente de *los rojos* (os comunistas). Os republicanos, por sua vez, chamavam seus inimigos de "rebeldes" ou "fascistas". R. Abella, *La vida cotidiana durante la guerra civil: La España Nacional*, 5ª ed. (Barcelona, Planeta, 1976, p.29-30).

17. M. Blinkhorn, *Carlism and Crisis in Spain* (Cambridge, Cambridge University Press, 1975, p.259); Fraser, *Blood*, p.64-5; 70-1; J. Casanova, *La Iglesia de Franco* (Madri, Temas de Hoy, 2001, p.55).

18. Malraux, *L'Espoir*, p.11-8.

19. Fraser, *Blood*, p.106.

20. P. Pagés, *La Guerra Civil Espanyola a Catalunya, 1936-9*, 2ª ed. (Barcelona, A. Romero, 1997, p.37-40); Fraser, *Blood*, p.63-9.

21. J. Cervera, *Madrid en Guerra* (Madri, Alianza, 1998, p.41-8); Montoliú, *Madri*, vol.1, p.61-73; Zugazagoitia, *Guerra*, p.79-85.

22. J. Ortiz Villalba, *Sevilla 1936* (Sevilha, Vistalegre, 1998, p.111-44); J. Cifuentes e M.P. Maluenda, "De las urnas a los cuarteles; La destrucción de las bases sociales republicanas em Zaragoza", in J. Casanova et.al., *El pasado oculto: Fascismo y violência en Aragón, 1936-1939*, 2ª ed. (Saragoça, Mira, 1999, p.44-7); Fraser, *Blood*, p.69-70.

23. Pagés, *La Guerra Civil*, p.55-8.

24. Blinkhorn, *Carlism*, p.254-5.

25. Cardona, *"Operaciones"*, p.206-11.

26. Thomas, *The Spanish Civil War*, p.227.

27. Juliá, "De 'guerra contra el invasor'", p.20.

28. J. Aróstegui, "Los componentes sociales y políticos", in Tuñón de Lara et al., *La Guerra Civil*, p.60.

29. Reig, *Violencia*, p.64-5.

30. J. Tusell, "La Junta de Defensa de Burgos", *Historia 16, La Guerra Civil*, n.6, 1986, p.56-64; Abella, *La España Nacional*, p.32-4.

31. Graham, *The Spanish Republic*, p.96.

32. E. Malefakis, "La revolución social", in E. Malefakis (org.), *La guerra de España, 1936-39* (Madri, Taurus, 1996, p.424-5).

33. Zugazagoitia, *Guerra*, p.76.

34. W.L. Bernecker, "La revolución social", in S. Payne e J. Tusell (orgs.), *La Guerra Civil* (Madri, Temas de Hoy, 1996, p.489-90); Aróstegui, "Los componentes", p.53-4.

35. A. Balcells, "España entre dos gobiernos", *Historia 16, La Guerra Civil*, n.6, 1986, p.42.

36. M. Alpert, *El ejército republicano en la Guerra Civil*, 2ª ed. (Madri, Siglo XXI, 1989, p.30).

37. Existe uma grande bibliografia sobre coletivização. Por exemplo, J. Casanova (org.), *El sueño igualitário: Campesinado y coletivizaciones en la España Republicana, 1936-1939* (Saragoça, Fernando el Católico, 1989); W.L. Bernecker, *Colectividades y revolución social* (Barcelona, Crítica, 1982); A. Bosch, *Colectivistas, 1936-39* (Valência, Almudín, 1980); G. Leval, *Collectives in the Spanish Revolution* (Londres, Freedom Press, 1975).

38. Jackson, *The Spanish Republic*, p.276-83.

39. G. Orwell, *Homage to Catalonia* (Harmondsworth: Penguin, 1987, p.8-9).

40. R. Abella, *La vida cotidiana durante la guerra civil: La España republicana* (Barcelona, Planeta, 1975, p.15-6).

41. Balcells, *España*, p.8, 38-42; M. Tuñón de Lara, "Los mecanismos del Estado em la zona republicana", *Anales de la Historia*, vol.2, *Socialismo y Guerra Civil* (Madri, Pablo Iglesias, 1987, p.124-6).

42. Martin, *Agony*, p.380.

43. Juliá, *Los socialistas*, p.242.

44. S. Juliá, "De la division orgánica al gobierno de unidad nacional", *Anales*, p.234.

45. G. Esenwein e A. Shubert, *Spain at War: The Spanish Civil War in Context, 1931-1939* (Londres, Longman, 1995, p.110).

46. Lladonosa, *Sindicalistes*, p.66, 72.

47. García Oliver, *El eco*, p.190.

48. Lorenzo, *Los anarquistas*, p.82-4.

49. Casanova, *De la calle*, p.156-8.

50. J. Vilarroya e J.M. Solé i Sabaté, "La represión en la zona rebelde", *Historia 16, La Guerra Civil*, n.6, 1986, p.100-2.

51. Cervera, *Madrid*, p.48, Montoliú, *Madrid*, vol.1, p.69.

52. J. Casanova, "Rebelión y revolución", in Juliá, *Víctimas*, p.86-7, 93-5, 104.

53. O termo foi criado por Gramsci. Ver Q. Hoare e G. Nowell Smith (orgs.), *Selections from the Prison Notebooks of Antonio Gramsci* (Londres, Lawrence e Wishart, 1986, p.5-7).

54. Casanova, *La Iglesia*, p.38-9.

55. O caso de Mosén Puig é citado in Julio de la Cueva Merino, "Si los curas y frailes supieran", in Juliá (org.), *Violencia*, p.191-2; ver também Casanova, "Rebelión", p.127, 139, 153-5: Abella, *La España republicana*, p.100-2; e Casanova, *La Iglesia*, p.154-9, 171-93.

56. Juliá, "De 'guerra contra el invasor'", p.25.

57. Abella, *La España republicana*, p.48.

58. García Oliver, *El eco*, p.195-6.

59. Fraser, *Blood*, p.142; Graham, *The Spanish Republic*, p.87-8.

60. S. Payne, *Fascism in Spain, 1923-77* (Madison, University of Wisconsin Press, 1999, p.254-6); Abella, *La España Nacional*, p.96.

61. Casanova, "Rebelión", p.69-73, 117-21; Ballcells, *España*, p.28-9; Abella, *La España Republicana*, p.94-6.

62. Montoliú, *Madrid*, vol.1, p.81-97; Cervera, *Madrid*, p.56-74.

63. Barea, *The Forging*, p.542, 554-5, 559-61; casos similares são citados por Zugazagoitia, *Guerra*, p.90-1, e Abella, *La España republicana*, p.98.

64. Barea, *The Forging*, p.548.

65. Zugazagoitia, *Guerra*, p.89; Reig, *Ideologia*, p.131-7; Pagés, *La Guerra Civil*, p.72-3.

66. Raguer, *La pólvora*, p.198-204; Cervera, *Madri*, p.347-50, 369-74; Montoliú, *Madri*, vol.1, p.106-7.

67. Reig, *Violência*, p.114-15; Casanova, "Rebelión", p.161-3; Abella, *La España Republicana*, p.40.

68. García Oliver, *El eco*, p.347-8.

69. A. Reig Tapia, *Memoria de la Guerra Civil* (Madri, Alianza, 1999, p.230-1); Montoliú, *Madri*, vol.1, p.234-8; Cervera, *Madri*, p.84-99.

70. J. M. Sole i Sabaté, "Las represiones", in Payne e Tusell (orgs.), *La Guerra Civil*, p.600-1; Reig, *Violência*, p.16.

71. Vilarroya e Sole i Sabaté, "La represión em la zona rebelde", p.100; Reig, *Violência*, p.107; Casanova, "Rebelión", p.59.

72. Um fato reconhecido por R. Serrano Suñer, *Memorias* (Barcelona, Planeta, 1977, p.245-7).

73. Juliá, "De 'guerra contra el invasor'", p.26; Reig, *Violência*, p.14.

74. Reig, Violência, p.110; Casanova, "Rebelión", p.81; H. Southworth, *El mito de la cruzada de Franco* (Barcelona, Plaza and Janés, 1986, p.215-7).

75. P. Preston, *The Politics of Revenge: Fascism and the Military in Twentieth-Century Spain* (Londres, Routledge, 1995, p.3); F. Espinosa, "Julio 1936", in J. Casanova et al., *Morir, matar, sobrevivir: La violência en la dictadura de Franco* (Barcelona, Crítica, 2002, p.115); A. Cenarro, "Matar, vigilar y delatar: La quiebra de la sociedad civil durante la guerra y la posguerra em España, 1936-48", *Historia Social*, n.44, 2002, p.70-2.

76. A. Cenarro, "Muerte y subordinación em la España franquista: El império de la violência como base del nuevo estado", *Historia Social*, n.30, 1998, p.13.

77. M. Richards, *A Time of Silence: Civil War and the Culture of Repression in Franco's Spain, 1936-1945* (Cambridge, Cambridge University Press, 1998, p.9); Casanova, "Rebelión", p.64; Abella, *La España nacional*, p.81.

78. Vilarroya e Solé i Sabaté, "La represión em la zona rebelde", p.104.

79. Espinosa, "Julio 1936", p.90, 117.

80. Zugazagoitia, *Guerra*, p.94; Casanova, "Rebelión", p.76.

81. Preston, *Concise History*, p.89.

82. M.R. de Madariaga, *Los moros que trajo Franco: La intervención de tropas coloniales en la guerra civil* (Barcelona, Martínez Roca, 2002, p.304-8); Balfour, *Deadly Embrace*, p.291, 293; Espinosa, "Julio 1936", p.69-71.

83. Southworth, *El mito*, p.217-31; Reig, *Memoria*, p.115-8, 124-38; Espinosa, "Julio 1936", p.75-7.

84. Casanova, "Rebelión", p.112-4; Raguer, *La Pólvora*, p.204-11.

85. Reig Tapia, *Ideología*, p.144-7.

86. Reig Tapia, *Memoria*, p.130.

87. Ibid., p.228; Abella, *La España republicana*, p.38.

88. Citado por Preston, *!Comrades!*, p.331.

89. Reig Tapia, *Memória*, p.80-1.

90. A. Reig Tapia, *Franco caudillo: Mito y realidad* (Madri, Tecnos, 1995, p.117-8); J. Casanova, "Una dictadura de cuarenta años", in Casanova et al., *Morir*, p.21.

91. Em geral, tenho usado o termo "apocalipse" em seu sentido mais amplo de desordem. Neste subtítulo, ele é empregado a partir da definição de Malraux de fervor revolucionário após o golpe.

92. Thomas, *The Spanish Civil War*, p.282-3.

93. Preston, *Concise History*, p.179-80.

94. H. Graham, *Socialism and War: The Spanish Socialist Party in Power and Crisis, 1936-1939* (Cambridge, Cambridge University Press, 1991, p.88).

95. H. Graham, "The Eclipse of the Socialist Left: 1934-37", in Preston e Lannon (orgs.), *Elites*, p.128.

96. Tuñón de Lara, "Los mecanismos", p.127.

97. Martin, *Agony*, p.381.

98. Juliá, *Los socialistas*, p.250.

99. F. Fernández Bastarreche, "La estratégia militar republicana durante la guerra civil", in *Anales*, p.50-1; H. Graham, "Mobilize and Survive: A Story from the Spanish Civil War", *History Teaching Review Year Book*, vol.10, 1996, p.33.

100. Fraser, *Blood*, p.134-6; Thomas, *The Spanish Civil War*, p.316-22, 400.

101. Abella, *La España republicana*, p.27; Alpert, *El ejército republicano*, p.31.

102. Graham, "Mobilize", p.39.

103. J. Casanova, *Anarquismo y revolución en la sociedad rural aragonesa* (Madri, Siglo XXI, 1985, p.148-50); Martin, *Agony*, p.383.

104. Casanova, *De la calle*, p.177. Lorenzo (*Los anarquistas*, p.182-90) explicou que a questão central não era se unir ao governo, mas como obter o máximo de ministérios possível. Horacio Prieto conseguiu até o apoio de Azaña em sua barganha com Largo Caballero.

105. Fraser, *Blood*, p.372.

106. Alpert, *El ejército republicano*, p.50-2, 68-82.

107. Thomas, *The Spanish Civil War*, p.299.

108. Graham, *The Spanish Republic*, p.130.

109. Preston, *Concise History*, p.145.

110. P. Preston, *Franco* (Londres, HarperCollins, 1993, p.16-21); J. Tusell, *Franco en la Guerra Civil* (Madri, Tusquets, 1993, p.16).

111. Blanco Escolá, *La incompetência*, p.81-101, 121-146.

112. Southworth, *Conspiracy*, p.177.

113. Preston, *Franco*, p.103-5.

114. Blanco Escolá, *La incompetência*, p.194-211; S. Ellwood, *Franco* (Londres, Longman, 1994, p.52-65); Preston, *Franco*, p.131-3.

115. Serrano Suñer, *Memorias*, p.121.

116. Blanco Escolá, *La Incompetencia*, p.212-17; Reig, Franco, p.73-6; Preston, *Franco*, p.134-43.

117. Elwood, *Franco*, p.76, 79-85; Preston, *Concise History*, p.83-4.

118. A lenda criada em torno do cerco de *Alcázar* é analisada a fundo por Southworth, *El mito*, p.93-116; e, mais recentemente, por Reig, *Memórias*, p.156-87.

119. Tusell, *Franco*, p.52-6; Preston, *Franco*, p.176-84.

120. Abella, *La España nacional*, p.48.

121. Raguer, *La pólvora*, p.69-75, 84.

122. Casanova, "Una dictadura", p.33.

123. Casanova, *La Iglesia*, p.14; Lannon, *Privilege*, p.199-200.

124. Reig, *Violência*, p.41-3; Raguer, *La pólvora*, p.107-8.

125. Casanova, *La Iglesia*, p.14, 109-11, 204.

126. Reig, *Memória*, p.280-99.

5. ROMPENDO O IMPASSE (DEZEMBRO DE 1936 - MARÇO DE 1938) (p.169-206)

1. A. Hitler, *Hitler's Table Talk, 1941-1944* (Londres, Weidenfeld and Nicolson, 1953, p.608). A hesitação de Franco de se unir abertamente ao Eixo na Segunda Guerra

Mundial confirmou a já negativa opinião de Hitler sobre o *caudillo* como líder militar na Guerra Civil Espanhola.

2. M. Azaña, *Memórias políticas y de la guerra* (Barcelona, Crítica, 1978, vol.2, p.64-5). Os sarcásticos comentários do presidente da República espanhol não poderiam enfatizar melhor a hipocrisia do Acordo de Não-Intervenção.

3. Blanco Escolá, *La incompetencia*, p.19-25.

4. P. Preston, "Francisco Franco: política y estratégia en la Guerra Civil", *Revista de Extremadura*, n.21 (set-dez 1996, p.6, 14, 17).

5. Serrano Suñer, *Memórias*, p.127-50.

6. Ibid., p.157-9.

7. I. Saz, "La peculiaritat del feixisme espanyol", *Afers*, n.25, 1996, p.629-31 e I. Saz, "Salamanca, 1937: los fundamentos de um régimen", *Revista de Extremadura*, n.21, set-dez 1996, p.83-4.

8. Abella, *La España nacional*, p.100.

9. Serrano Suñer, *Memorias*, p.163.

10. Preston, *Franco*, p.209-10.

11. Blinkhorn, *Carlism*, p.276-7; Tusell, *Franco*, p.70-5.

12. Saz, "Salamanca", p.89.

13. Saz, "La peculiaritat", p.633.

14. Zugazagoitia, *Guerra*, p.270.

15. S. Ellwood, *Spanish Fascism in the Franco Era* (Londres, Macmillan, 1987, p.36-7); Preston, *!Comrades!*, p.101-7; Payne, *Fascism*, p.209-36.

16. Serrano Suñer, *Memorias*, p.169-70; Preston, *Franco*, p.193-7; Thomas, *The Spanish Civil War*, p.498-500.

17. Serrano Suñer, *Memorias*, p.170.

18. Preston, *Franco*, p.260-5; Tusell, *Franco*, p.125-30.

19. Serrano Suñer, *Memorias*, p.174, 187.

20. Payne, *Fascism*, p.270-1; Preston, *Franco*, p.267-70.

21. Blinkhorn, *Carlism*, p.293-5.

22. Saz, "Salamanca", p.89.

23. Ellwood, *Franco*, p.45.

24. Dois cardeais, seis arcebispos, 35 bispos e cinco vigários-gerais assinaram a carta. Somente dois se recusaram a endossá-la: Fracesc Vidal i Barraquer, arcebispo catalão de Tarragona, e Mateo Múgica, bispo basco de Vitória.

25. Casanova, *La Iglesia*, p.78-81.

26. Preston, *Franco*, p.188-9, 273.

27. Abella, *La España nacional*, p.181.

28. Preston, *!Comrades!*, p.53.

29. Preston, *Franco*, p.290-1.

30. Ibid., p.295-6.

31. Abella, *La España republicana*, p.266, 285-96.

32. Graham, *Socialism*, p.67; Juliá, *Los socialistas*, p.253.

33. Juliá, "De la división", p.241-2: Graham, *Socialism*, p.88-9.

34. Graham, *The Spanish Republic*, p.145, 181-4, 213-4.

35. Aróstegui, "Los componentes sociales", p.72.

36. Graham, *The Spanish Republic*, p.140.

37. Jackson, *The Spanish Republic*, p.341-2.

38. Em *Mis recuerdos* (p.180), Largo chamou Miaja de prima-dona que tinha se juntado ao PCE. Azaña (*Memorias*, p.39) considerava as opiniões de Largo chocantes.

39. Elorza e Bizcarrondo, *Queridos camaradas*, p.325, 340. Radosh et al., *Spain*; Doc. 34, p.135-7 e Doc. 37, p.149-50; Carr; *Comintern*, p.37-40; Graham, *The Spanish Republic*, p.140-1, 207-8.

40. Juliá, *Los socialistas*, p.250.

41. Montoliú, *Madrid*, vol.1, p.239-42; Abella, *La España republicana*, p.204-5.

42. H. Graham, "Against the State: A Genealogy of the Barcelona May Days", *European History Quarterly*, vol.29, n.4, out 1999, p.496.

43. Graham, *The Spanish Republic*, p.218-20.

44. O maior de todos os partidos que formavam o Psuc era a Unión Socialista de Catalunya (USC), um grupo dissidente da seção catalã do Psoe em 1923. Ver A. Balcells, *Trabajo industrial y organización obrera en el la Cataluña contemporánea, 1900-1936* (Barcelona, Laia, 1974, p.151-2).

45. D. Ballester, *Marginalidades y hegemonías: La UGT de Cataluña, 1888-1936* (Barcelona, Bronce, 1996, p.200-10).

46. Lorenzo, *Los anarquistas*, p.103-6.

47. Ver, por exemplo, L. Trótsky, *The Spanish Revolution, 1931-39*, 4ª ed. (Nova York, Pathfinder, 1986, p.207-21, 245-50).

48. B. Bolloten, *The Spanish Revolution* (Chapel Hill, University of North Carolina Press, 1979, p.381).

49. Casanova, *De la calle*, p.211-2.

50. Elorza e Bizcarrondo, *Queridos camaradas*, p.347-54.

51. Lorenzo, *Los anarquistas*, p.212.

52. Pelai Pagés, *La Guerra Civil Espanyola a Catalunya - 1936-1939* (Barcelona, Romero, 1997, p.103-4).

53. Casanova, *De la calle*, p.216-8.

54. Ibid., p.219-20.

55. Graham, "Against the State", p.524.

56. A. Guillamón, *The Friends of Durruti Group, 1937-1939* (Edimburgo, AK Press, 1996, p.22).

57. Pagés, *La Guerra Civil*, p.106-7.

58. A melhor versão atualizada sobre os conflitos de maio está em Graham, "Against the State", p.486-542.

59. Casanova, *De la calle*, p.222-4.

60. Azaña, *Memorias*, p.22-3.

61. Na verdade, Franco e seu irmão se vangloriaram perante o embaixador alemão

Wilhem Faupel de que 13 agentes nacionalistas tinham organizado a questão. Ver DGFP, Doc. 254, p.286. Isto, contudo, é dificilmente verossímil.

62. Orwell, *Homage*, p.146-7.

63. Guillamón, *The Friends of Durruti Group*, p.53.

64. Elorza e Bizcarrondo, *Queridos camaradas*, p.358-62.

65. Graham, "Against the State", p.522-3.

66. Radosh et al., *Spain Betrayed*, Doc. 41, p.181-2, Doc.43, p.195-8 e Doc. 44, p.206-7.

67. T. Ress, "The highpoint of communist influence? The Communist Party and the Civil War in Spain", em T. Reess e A. Thorpe (orgs.), *International Communism and the Third International, 1919-43* (Manchester, Manchester University Press, 1998, p.145, 159).

68. Azaña, *Memorias*, p.23.

69. Ibid., p.26.

70. Graham, "Against the State", p.526-7.

71. Lorenzo, *Los anarquistas*, p.220.

72. Azaña, *Memórias*, p.46-53.

73. Ibid., p.42-3.

74. Juliá, *Los socialistas*, p.265; Graham, *Socialism*, p.126-31, 167-81.

75. A visão de Negrín como "o homem de Moscou" reuniu franquistas, anarquistas e alguns socialistas durante a Guerra Fria. Ela foi divulgada nos círculos acadêmicos principalmente por Burnett Bolloten: ver *The Spanish Revolution*, p.451-7, e "Negrín: El hombre de Moscú", *Historia 16* (jan 1986, p.11-24). Apesar de existir uma clara evidência contra esse fato nos documentos que eles mesmos reproduziram, Radosh et al. (*Spain Betrayed*, p.171-6) o endossaram recentemente. Uma reavaliação recente de Negrín pode ser encontrada na nova biografia do primeiro-ministro espanhol feita por R. Miralles, *Juan Negrín* (Madri, Temas de Hoy, 2003); e o capítulo dedicado a ele em E. Moradiellos, *1936: Los mitos de la Guerra Civil* (Barcelona, Península, 2004, p.171-94. Para outras respostas a Bolloten, ver H.R. Southworth, "The Grand Camouflage: Julián Gorkin, Burnett Bolloten and the Spanish Civil War", e H. Graham, "War, Modernity and Reform: The Premiership of Juan Negrín, 1937-39", ambos in Preston e Mackenzie (orgs.), *The Republic Besieged* (p.261-310 e 163-96, respectivamente); J. Aróstegui, "Burnett Bolloten y la Guerra Civil Española: La persistencia del Gran Engaño", *Historia Contemporánea*, n.3, 1990, p.151-77; R. Miralles, "Juan Negrín, ¿resistir, para qué? *Historia 16, 253* (maio, 1997, p.8-23; e M. Tuñón de Lara et al., *Juan Negrín, el hombre necesario* (Las Palmas, Gobierno Canario, 1996, p.13-17, 191-2).

76. Miralles, *Juan Negrín*, p.49-69; Tuñón de Lara et al., *Juan Negrín*, p.19-39, 168.

77. Azaña, *Memorias*, p.55-7.

78. Graham, *The Spanish Republic*, p.297-8.

79. Zugazagoitia, *Guerra*, p.303.

80. Radosh et al., *Spain Betrayed*, Doc. 46, p.220 e Doc. 63, p.396-7.

81. Tuñón de Lara et al., *Juan Negrín*, p.186.

82. Miralles, *Juan Negrín*, p.361-65.

83. Ibid., p.72-4, 140.

84. Miralles, "Juan Negrín: ¿resistir, para qué?, p.9; Moradiellos, *1936*, p.182-3.

85. Casanova, *De la calle*, p.227-8.

86. F. Godicheau, "Los hechos de maio de 1937 y los presos antifascistas: Identificación de un fenômeno repressivo", *Historia Social*, n.44, 2002, p.39-63.

87. Uma lista de represália contra militantes da CNT está em J. Peirats, *La CNT en la revolución española* (Paris, Ruedo Ibérico, 1971, vol.2, p.156-64).

88. Orwell, *Homage*, p.34.

89. Casanova, *Anarquismo*, p.228-9, 253, 268-77; Fraser, *Blood*, p.390-4.

90. Guillamón, *The Friends of Durruti Group*, p.61.

91. Casanova, *Anarquismo*, p.278-9, 293-4.

92. Orwell, *Homage*, p.174-6.

93. Azaña (*Memorias*, p.165) comentou que parecia um romance o que Negrín lhe contou sobre a polícia ter prendido líderes do Poum depois que se encontraram documentos que incriminavam o Partido. Também se supunha que Nín tinha fugido da prisão, ajudado por um esquadrão da Gestapo. Para uma análise mais aprofundada do assassinato de Nín, ver Graham, *The Spanish Republic*, p.287-9.

94. Elorza e Bizcarrondo, *Queridos camaradas*, p.374-5, 380-3; Graham, *The Spanish Republic*, p.284. Até mesmo Orwell (*Homage*, p.168) observou que Negrín mantinha a calma e se recusava a realizar um massacre generalizado dos "trotskistas".

95. Cardona, "Las operaciones", p.232.

96. J.P. Fusi, "El País Vasco durante la guerra", em Malefakis (org.), *La Guerra*, p.310.

97. Blanco Escolá, *La incompetencia*, p.361-5.

98. Azaña, *Memorias*, p.98.

99. Fusi, "El País Vasco", p.305-6.

100. Jackson, *The Spanish Republic*, p.385.

101. H.R. Southworth, *La destrucción de Guernica* (Paris, Ruedo Ibérico, 1977, p..48-50, 487, 499-503); Reig, *Violencia*, p.140-64.

102. Fusi, "El País Vasco", p.317-8.

103. Cardona, "Las operaciones", p.239-40.

104. Azaña, *Memorias*, p.154.

105. Fusi, "El País Vasco", p.319-20; Coverdale, *Italian Intervention*, p.285-94.

106. Cardona, "Las operaciones", p.242-3.

107. Preston, *Concise History*, p.203.

108. Blanco Escolá, *La incompetencia*, p.417-19.

109. Cardona, "Las operaciones", p.243-5.

110. Thomas, *The Spanish Civil War*, p.797-803.

111. Graham, "War", p.193.

112. Preston, *Concise History*, p.4, 190.

113. Moradiellos, *Neutralidad*, p.249-50, 306-13.

114. DGFP, Doc. 506, p.564.

115. Alpert, *A New International History*, p.113, 116; Howson, *Arms*, p.230-1.

116. Azaña, *Memorias*, p.64.

117. Orwell, *Homage*, p.241.

118. Maisky, *Spanish Notebooks*, p.145-6.

119. Ciano, *Diplomatic Papers*, p.75-7.

120. Eden, *Facing the Dictators*, p.412, 430-6, 451.

121. Ciano, *Diplomatic Papers*, p.83-6; DGFP, Doc.202 (Telegrama do ministro das Relações Exteriores da Alemanha Constantin Neurath, 14 jan 1937, p.225) e Doc. 204 (Memorando de Ulrich Hassell, embaixador alemão na Itália, 15 jan 1937, p.226-7).

122. Eden, *Facing the Dictators*, p.439-41; Maisky, *Spanish Notebooks*, p.125; DGFP, Doc. 239 (30 de março de 1937, p.262-5).

123. J. F. Berdah, *La Democracia asesinada: La República española y las grandes potencias, 1931-1939* (Barcelona, Crítica, 2002, p.284-5).

124. Southworth, *La destrucción*, p.255-73, 281-300.

125. Zugazagoitia, *Guerra*, p.304; Radosh et al., *Spain Betrayed*, Doc. 55, ordens comunicadas pelo ministro da Defesa soviético Voroshilov, enfatizando ainda que o próprio Stálin se opunha ao bombardeio de navios estrangeiros, p.275-6.

126. DGFP, Doc. 264, Neurath para a embaixada na Grã-Bretanha (23 jun 1937, p.369).

127. Citado por E. Moradiellos, *El reñidero*, p.163.

128. DGFP, Docs. 407 e 408, Funcionários do corpo diplomático alemão na Itália confirmam o acordo italiano para obedecer ao pedido de Franco, para bloquear estradas para a Espanha (3 e 5 ago 1937, p.432-3).

129. Ciano, *Diplomatic Papers*, p.137.

130. DGFP, Doc. 418 (12 set 1937, p.443; G. Ciano, *Diário, 1937-43* (Londres, Phonix, 2002, p.5).

131. Dreifort, *Yvon Delbos*, p.62-9.

132. Eden, *Facing the Dictators*, p.465-70.

133. Haslam, *The Soviet Union*, p.148.

134. Ciano, *Diary*, p.8, 14-15.

135. Azaña, *Memorias*, p.119-20.

136. Miralles, *Juan Negrín*, p.268-70.

137. Avilés Farré, *Pasión*, p.105-6, 113.

138. Citado por Miralles, "La política exterior", p.48.

6. A DERROTA DA REPÚBLICA (MARÇO DE 1938 - MARÇO DE 1939): CRÔNICA DE UMA MORTE ANUNCIADA? (p.207-37)

1. A crueldade da retirada através dos Pireneus e o gosto da derrota são representados em Barea, *The Forging*, p.750.

2. Zugazagoitia, *Guerra*, p.377; Abella, *La España Republicana*, p.371-4, 380.

3. Azaña, *Memorias*, p.38, 121.

4. Moradiellos, *El reñidero*, p.144-7.

5. Zugazagoitia, *Guerra*, p.445, 460; Jackson, *The Spanish Republic*, p.441-2, 456; P. Preston, "A Pacifist in War: The Tragedy of Julián Besteiro", em Preston, *!Comrades!*, p.178.

6. Miralles, *Juan Negrín*, p.153-5, 356-8.

7. Zugazagoitia, *Guerra*, p.441.

8. Azaña, *Memorias*, p.278; Alpert, *El Ejército Republicano*, p.185-6, 224.

9. P. Preston, "A Life Adrift: Indalecio Prieto", em Preston, *!Comrades!*, p.270.

10. Zugazagoitia, *Guerra*, p.411.

11. Elorza e Bizcarrondo, *Queridos camaradas*, p.412-13; Miralles, *Juan Negrín*, p.195-6.

12. Casanova, *De la calle*, p.235.

13. Tuñón de Lara et. al., *Juan Negrín*, p.81.

14. I. Prieto, *Yo y Moscú* (Madri, Nos, 1955, p.139). Como Graham (*The Spanish Republic*, p.333; e *Socialism*, p.136-7) observa, uma grande parte dos textos anticomunistas de Prieto do pós-guerra estava relacionada à política da Guerra Fria, quando se esperava que a adoção desta posição ajudaria os republicanos a atraírem o apoio ocidental contra Franco. Ver também Preston, "A life", p.272.

15. O comunista italiano Palmiro Togliatti se tornou, até o verão de 1937, o principal homem do Comintern da Espanha. O impopular argentino Victorio Codovilla foi chamado novamente para Moscou. Ver Elorza e Bizcarrondo, *Queridos camaradas*, p.455.

16. Ibid., p.409-10.

17. Alvarez Del Vayo, *Freedom's Battle*, p.215-16.

18. Azaña, *Memorias*, p.396.

19. Tuñón de Lara et al., *Juan Negrín*, p.92; Cardona, "Las operaciones militares", p.248-9.

20. Uma ênfase no desejo de Franco de prolongar a guerra pode ser encontrada em Preston, "Francisco Franco", p.24-5. A crença na intenção nacionalista de não alarmar a França está em M. Alonso Baquer, *El Ebro: La batalla decisiva de los cien días* (Madri, La Esfera de los Libros, 2003, p.220-2). Blanco Escolá (*La incompetencia*, p.442-3, 449, 453-5, 462) ressalta a incompetência militar de Franco.

21. Eden, *Facing the Dictators*, p.571.

22. Moradiellos, *El reñidero*, p.184-5.

23. Eden, *Facing the Dictators*, p.554, 574-5, 589-92; Ciano *Diplomatic Papers*, p.164, 172-84. Ver também Moradiellos, *La perfidia*, p.186-8, 197-200, 221-40; e Alpert, *A New International History*, p.152-4.

24. Dreifort, *Yvon Delbos*, p.101.

25. Ciano, *Diary*, p.61.

26. Heiberg, *Emperadores*, p.128, 133. A campanha de bombardeio italiana das cidades do leste da Espanha na primeira metade de 1938 totalizou 782 incursões e deixou 2.618 civis mortos e 5.678 feridos. Só em Barcelona, os ataques entre 16 e 18 de março mataram 550 pessoas e feriram 689.

27. DGFP, Doc. 539 (28 fev 1938, p.610-12).

28. DGFP, Doc. 548 (21 mar 1938, p.622).

29. Moradiellos, *El reñidero*, p.193, 202; ver também Buchanan, *Britain*, p.60.

30. Miralles, *Juan Negrín*, p.183; Avilés Farré, *Pasión*, p.134.

31. *L'Oeuvre de Léon Blum*, p.398-9; ver também Lacouture, *Léon Blum*, p.346-9.

32. Miralles, *Juan Negrín*, p.219.

33. Berdah (*La democracia*, p.371) chama atenção para a pressão britânica no sentido de persuadir Daladier a substituir Boncour por Georges Bonnet, um conhecido defensor do apaziguamento – considerado *persona non grata* –, no Quai d'Orsay.

34. Ibid., p.376.

35. Citado em Moradiellos, "The gentle general", p.16.

36. A identificação de Bonnet com a linha britânica era completa: como Londres, ele adotou a eliminação do obstáculo espanhol para melhorar as relações com os ditadores e desejava o neutralidade na Europa central. Daladier deu pessoalmente a notícia a Marcelino Pascua, antigo embaixador espanhol na União Soviética e, em seguida, na França onde estava desde abril de 1938. Ele afirmava que não poderia mais resistir à pressão dos britânicos, com quem, observou, a França precisava manter boa relação. Ver Miralles, "La política", p.42-6; e Moradiellos, *El reñidero*, p.209-10.

37. Ciano, *Diplomatic Papers*, p.211; Moradiellos, *La Perfidia*, p.285-97; Tusell, *Franco*, p.198-9.

38. Citado em Moradiellos, *El reñidero*, p.214 (grifos meus). Sir Eric Phips substituiu sir George Clerk como embaixador britânico em Paris em fevereiro de 1937.

39. Graham, *The Spanish Republic*, p.366.

40. García Oliver, *El eco*, p.503. Ver também Casanova, *De la calle*, p.236.

41. Miralles, *Juan Negrín*, p.208-9; Thomas, *The Spanish Civil War*, p.820.

42. J. M. Reverte, *La Batalla del Ebro* (Barcelona, Crítica, 2003, p.11, 19-22); Alpert, *El Ejército Republicano*, p.203.

43. Um relato detalhado da batalha do Ebro pode ser encontrado em textos já mencionados de Reverte e Alonso Baquer. Ver também Servicio Histórico Militar, *La Batalla del Ebro*, nº 13 (Madri, San Martín, 1988); Blanco Escolá, *La Incompetencia*, p.471-502; e Cardona, "Las operaciones", p.249-54.

44. Reverte, *La batalla*, p.280-4; Servicio Histórico Militar, *La batalla*, p.200; Thomas, *The Spanish Civil War*, p.848.

45. DGFP, Doc. 660, relatório de Stohrer (19 set 1938); as instruções de Berti para Franco estão em DGFP, Doc. 654 (22 ago 1938, p.736-7; Ciano, *Diary*, p.119).

46. Até o final da guerra, os nacionalistas eram compostos por mais de 30 mil italianos, assim como milhares de mercenários mouros e pilotos, conselheiros e especialistas alemães em tanques e artilharia. Ver Reverte, *La batalla*, p.5-6.

47. Thomas, *The Spanish Civil War*, p.851-2.

48. Alexander, *British Volunteers*, p.240.

49. Preston, *Franco*, p.312.

50. A compreensão alemã pode ser encontrada em DGFP, Docs. 666 e 669 (28 set 1938, p.749-50, 752; Ciano, *Diary*, p.132).

51. As circunstâncias desfavoráveis enfrentadas pelos nacionalistas se uma guerra geral rompesse são bem examinadas pelo encarregado de negócios alemão na Espanha, Erich Heberlein na DGFP, Doc. 657 (12 set 1938, p.740); e o embaixador alemão, Von Stohrer, DGFP, Doc. 658 (16 set 1938, p.741). Os planos militares franceses são discutidos em Reverte, *La batalla*, p.344-5; e Avilés Farré, *Pasión*, p.163.

52. Citado em Moradiellos, *La perfidia*, p.321.

53. Reverte, *La batalla*, p.563; Blanco Escolá, *La incompetencia*, p.481, 502.

54. Há muitas disparidades na estimativa final de baixas. Utilizei as fornecidas pelo Servicio Histórico Militar, *La batalla*, p.300-3; e Reverte, *La batalla*, p.571.

55. Citado em Moradiellos, *El reñidero*, p.232.

56. Cervera, *Madrid*, p.119, 376-7.

57. Esta carta pode ser encontrada em S. Alvarez, *Negrín, personalidad histórica* (Madri, Ediciones de la Torre, 1994, Doc. 8, p.45-54).

58. Só alguns aviões soviéticos cruzaram a fronteira, mas logo voaram de volta para a França, já que a Catalunha estava quase tomada pelos nacionalistas. Ver Kowalsky, *La Unión Soviética*, p.228-31. Ver também Alpert, *A New International History*, p.166, 168. Para a missão de Cisnero, ver Alvarez Del Vayo, *Freedom's Battle*, Doc. 9, p.55-60.

59. Moradiellos, *La perfidia*, p.326-9.

60. Ciano, *Diary*, p.162.

61. Coverdale, *Italian Intervention*, p.371-2; Tusell, *Franco*, p.213-14.

62. As condições alemães para o abastecimento de seu equipamento militar podem ser encontradas in DGFP, Doc. 674 (5 out 1938, p.758-60); Doc. 679 (14 out 1938, p.767-8); Doc. 682 (18 out 1938), p.769-71; Doc. 691 (7 nov 1938, p.784-7). A aquiescência nacionalista está em DGFP, Doc. 698 (18 nov 1938, p.795-6. Ver também Leitz, *Economic Relations*, p.85-90; e Tusell, *Franco*, p.346).

63. Cardona, "Las operaciones", p.254-6.

64. Servicio Histórico Militar, *La Lucha por la Victoria*, nº 17, vol.1 (Madri, San Martín, 1985, p.47-73).

65. Avilés Farré, *Pasión*, p.178.

66. Ciano, *Diary*, p.173, 179.

67. Miralles, *Juan Negrín*, p.287.

68. Abella, *La España republicana*, p.428.

69. Ibid., p.432-3.

70. Alvarez Del Vayo, *Freedom's Battle*, Doc. 10, p.67-92. Azaña, *Memorias*, p.438.

71. A conclusão bem-sucedida da missão Bérard pode ser encontrada in DGFP, Doc. 745, no relatório de Stohrer para Berlim (26 fev 1939, p.855-6). Ver também Moradiellos, *El reñidero*, p.247.

72. Citado em Moradiellos, *El reñidero*, p.241; e Edwards, *The British Government*, p.211-12.

73. Moradiellos, *1936*, p.97.

74. Alvárez Del Vayo, *Freedom's Battle*, p.252.

75. Ibid., p.281.

76. Citado em Alvarez Del Vayo, *Freedom's Battle*, p.160.

77. Graham, *The Spanish Republic*, p.399.

78. Zugazagoitia, *Guerra*, p.557-8.

79. Graham, *Socialism*, p.150.

80. Miralles, "Juan Negrín, resistir, ¿para qué?, p.19.

81. Preston, *Franco*, p.319-20.

82. Miralles, *Juan Negrín*, p.312.

83. Graham, *The Spanish Republic*, p.352.

84. Para o encontro em Los Llanos ver Zugazagoitia, *Guerra*, p.562-3. Os contatos secretos de Negrín com o inimigo estão em Miralles, *Juan Negrín*, p.358; e Thomas, *The Spanish Civil War*, p.821.

85. Graham, *Socialism*, p.233.

86. Zugazagoitia, *Guerra*, p.492, 536.

87. Graham, *The Spanish Republic*, p.405; Servicio Histórico Militar, *La lucha*, p.125.

88. Cervera, *Madrid*, p.379-80; Alpert, *El Ejército*, p.286; e Servicio Histórico Militar, *La Lucha*, p.149.

89. Cervera, *Madrid*, p.383-7.

90. Miralles, *Juan Negrín*, p.317.

91. Azaña, *Memorias*, 409-10. A opinião de Riva é citada em Tuñón de Lara et al., *Juan Negrín*, p.140. O primeiro contato oficial entre Besteiro e Casado ocorreu em 3 fev 1939, na casa deste último. Eles concordaram em tudo, mas Besteiro recusou o cargo de presidente do novo governo, argumentando que um oficial do Exército deveria ocupá-lo. Ver A. Bahamonde e J. Cervera, *Así terminó la guerra de España* (Madri, Marcial Pons, 1999, p.302).

92. Preston, "A Pacifist", p.179-81, 186-7. Entre os principais membros das organizações clandestinas estavam Antonio Luna García, professor na faculdade de Direito de Madri, e Julio Palacios, vice-reitor da Universidade Central. Ver Bahamonde e Cervera, *Así terminó la guerra*, p.256-7.

93. Ibid., p.350-1.

94. Servicio Histórico Militar, *La Lucha*, p.153.

95. Bahamonde e Cervera, *Así terminó la guerra*, p.52, 245-6.

96. Ibid., p.217-18, 326, 468-9; Servicio Histórico Militar, *La lucha*, p.93-101; Thomas, *The Spanish Civil War*, p.898-9.

97. O mito de uma tomada do poder comunista está perfeitamente explicado em Alpert, *El Ejército Republicano*, p.290; Miralles, *Juan Negrín*, p.318-20; Tuñón de Lara et al., *Juan Negrín*, p.138; e Bahamonde e Cervera, *Así terminó la guerra*, p.340-4. Em 3 de março de 1939, o coronel Francisco Galán, o tenente-coronel Etelvino Vega, o tenente-coronel Leocadio Mendiola e o major Inocêncio Curto receberam o comando da base naval de Cartagena, Alicante, Murcia e Albacete respectivamente.

98. Servicio Histórico Militar, *La lucha*, p.193-233.

99. Zugazagoitia, *Guerra*, p.574; Miralles, *Juan Negrín*, p.322-3.

100. Graham, *The Spanish Republic*, p.404-6; Tuñón de Lara et al., *Juan Negrín*, p.190; Alpert, *El Ejército Republicano*, p.230; Bahamonde e Cervera, *Así terminó la guerra*, p.377.

101. Graham, *The Spanish Republic*, p.409-10

102. Servicio Histórico Militar, *La lucha*, p.264-87; Bahamonde e Cervera, *Así terminó la guerra*, p.377-404.

103. Zugazagoitia, *Guerra*, p.600. Ver também Servicio Histórico Militar, *La lucha*, p.294-314.

104. Thomas, *The Spanish Civil War*, p.900-15.

105. Ciano, *Diary*, p.209.

106. Citado em Preston, *Concise History*, p.214-15.

EPÍLOGO: O LEGADO DA GUERRA CIVIL ESPANHOLA (p.239-49)

1. Azaña, *Memorias*, p.312-13. Devido ao papel central do Exército e da Igreja no campo nacionalista, Azaña acreditava que a nova ordem da Espanha consistiria de uma ditadura reacionária tradicional diferente do fascismo que tinha características "modernizadoras".

2. Largo Caballero, *Mis recuerdos*, p.163.

3. Preston, *The Politics of Revenge*, p.38; Richards, *A Time of Silence*, p.16-17; Reig Tapia, *Franco*, p.78; e Moradiellos, *1936*, p.19-25. Naturalmente, os derrotados no exílio tentaram escrever uma interpretação maniqueísta da Guerra Civil. No entanto, suas discussões e divisões internas tornaram impossível apresentar uma visão coerente e abrangente.

4. Preston, *The Politics Of Revenge*, p.56; J. Tusell, *Franco, España y la II Guerra Mundial. Entre el Eje y la Neutralidad* (Madri, Temas de Hoy, 1995, p.13).

5. S. Hoare, *Ambassador on Special Mission* (Londres, Collins, 1946, p.22-3, 29-32, 47, 60-1). Com relação à posição pró-nazista de Franco, ver Preston, *The Politics of Revenge*, p.56-7; Tusell, *Franco*, p.45-6, 646, 649.

6. Reig, Tapia, *Franco*, p.280-1; Preston, *The Politics of Revenge*, p.57-68, 73-4, 84; Tusell, *Franco*, p.138-9, 144, 160-2, 200.

7. Preston, *The Politics of Revenge*, p.76.

8. Q. Ahmad, *Britain, Franco Spain and the Cold War, 1945-1950* (Londres, Garland, 1992, p.63); F. Portero, *Franco aislado. La cuestión española, 1945-1950* (Madri, Aguilar, 1989, p.128, 212).

9. Reig Tapia, *Franco*, p.202.

10. I. Saz, *Fascismo y Franquismo* (Valência, Universitat de València, 2004, p.82-3, 88-9, 155).

11. Preston, *The Politics of Revenge*, p.37; Reig Tapia, *Franco*, p.187.

12. Richards, *A Time of Silence*, p.7; J. Casanova, "Una dictadura de 40 años", in Casanova et al., *Morir*, p.5-9, 13; F. Moreno, "La represión em la posguerra", in Juliá (org.), *Víctimas*, p.277-8; Reig Tapia, *Franco*, p.61, 199-200 e *Memoria*, p.11, 22, 70.

13. Sem dúvida o holocausto nazista foi uma atrocidade sem comparações possíveis. No entanto, a repressão nazista contra os alemães por motivos políticos foi bem menos difundida que a da Espanha de Franco. O número de execuções na Espanha por razões políticas (mais de 150 mil) foi dez vezes maior que na Alemanha nazista e mil vezes maior que na Itália fascista. Em 1945, seis anos após a vitória nacionalista, ainda havia mais de 43 mil prisioneiros políticos na Espanha, estimativa dez vezes maior do que na Alemanha em 1937. Ver Saz, *Fascismo*, p.14-15, 179. Como Reig Tapia (*Franco*, p.89) observou, Franco assinou mais sentenças de morte que qualquer chefe de Estado anterior a ele na Espanha. Quando visitou a Espanha em julho de 1939, Ciano (*Diplomatic*, p.294) ficou impressionado com a selvagem repressão. Ele se questionou como poderiam ocorrer 80 execuções diárias em Sevilha, que nunca esteve nas mãos dos comunistas.

14. Ainda hoje, vítimas da repressão nacionalista estão sendo desenterradas na Espanha. Um resumo atualizado sobre a repressão do regime franquista está em C. Mir Curcó, "El estudio de la represión franquista: uma cuestión sin agotar", in C. Mir Curcó (org.), *La represión bajo el Franquismo, Ayer*, n.43, 2001, p.11-35. A impossibilidade de descobrir as estimativas finais da repressão é enfatizada por Mir Curcó, "La represión franquista em la Cataluña rural", in Casanova et al., *Morir*, p.130. Ver também Casanova, "Una ditadura", p.8, 20-1.

15. Vilanova i Vila-Abadal, "En el exilio: De los campos franceses al umbral de la deportación", in C. Molinero, M. Sala e J. Sobrequés (orgs.), *Una immensa prisión: Los campos de concentración y las prisiones durante la guerra civil y el franquismo* (Barcelona, Crítica, 2003, p.81-115).

16. Um excelente relato do sofrimento dos republicanos na Europa ocupada pelos alemães, e em particular os horrores de Mauthausen, pode ser encontrado em D.W. Pike, *Spaniards in the Holocaust: Mauthausen, the Horror on the Danube* (Londres, Routledge, 2000).

17. J. Cercas, *Soldados de Salamina* (Barcelona, 21ª ed., 2002, p.156-60).

18. Um bom resumo da guerra de guerrilha pode ser encontrado em F. Moreno Gómez, "Huidos, guerrilleros, resistentes: La oposición armada a la dictadura", in Casanova et al., *Morir*, p.197-295.

19. Uma seleção de artigos instigadores sobre a questão da repressão penal e da perseguição social está em Molinero, Sala e Sobrequés (orgs.), *Una inmensa prisión*. Ver também Richards, *A Time of Silence*, p.26-7, 31; e Moreno, "La represión", p.279, 288-9, 298-9.

20. Tenho uma enorme dívida de gratidão com minha tia-avó, Carmen Salvadó, por ter me mostrado as cartas de seu marido enquanto ele estava em um campo de concentração. Foi a primeira vez que ela mostrou isso a alguém.

21. Richards, *A Time of Silence*, p.73.

22. Moreno, "La represión", p.298-9.

23. Ibid., p.351-9; Casanova, *La Iglesia*, p.243-53. Como nos tempos da Reconquista, muitos padres foram os primeiros a exigir punição para "o populacho comunista e

os ateus" que lutaram pela República. Rafael Puerta, um dos soldados republicanos capturados em Teruel e que mais tarde passou a lutar pelos nacionalistas, ainda se lembra hoje, com consternação, como, antes de uma ofensiva, os sacerdotes agiam como comissários políticos, erguendo o espírito do "exército cristão" e, com pistolas na mão, pediam o extermínio da "escória comunista" sem fé.

24. Cenarro, "Matar", p.78-81.

25. A. Cenarro, "Memory Beyond the Public Sphere: The Francoist Repression remembered in Aragon", in R. Rein (org.), *Spanish Memories: Images of a Contested Past; History and Memory*, vol.44 (outono 2002, p.167; Casanova, "Una dictadura", p.15; Richards, *A Time of Silence*, p.24, 28-9).

26. V. M. Pérez-Díaz, *The Return of Civil Society. The Emergence of Democratic Spain* (Cambridge, Harvard University Press, 1993, p.12-3); P. Preston, *The Triumph of Democracy in Spain* (Londres, Methuen, 1986, p.11-3); D. Gilmour, *The Transformation of Spain. From Franco to the Constitutional Monarchy* (Londres, Quartet, 1985, p.33).

27. P. Aguilar Fernández, *Memoria y olvido de la Guerra Civil española* (Madri, Alianza, 1996, p.34-5, 47, 56-7).

SUGESTÕES DE LEITURA

A Guerra Civil Espanhola produziu enorme quantidade de obras em muitos idiomas. Embora a maioria dos textos esteja em espanhol, vários trabalhos importantes têm sido traduzidos para o inglês, e algumas das contribuições acadêmicas mais significativas para o debate foram produzidas na Grã-Bretanha e nos Estados Unidos. A bibliografia a seguir dirige-se a um público que lê em inglês, embora também apresente obras importantes em espanhol e outras línguas. Seu objetivo é oferecer ao leitor um ponto de partida conciso, mas útil.

AS ORIGENS DA GUERRA CIVIL

Dois textos clássicos sobre as origens da Guerra Civil Espanhola são: G. Brennan, *The Spanish Labyrinth: An Account of the Social and Political Background of the Spanish Civil War* (Nova York, Canto, 1990 [1943]) e R. Carr, *Spain, 1808-1975* (Oxford, Clarendon Press, 1982). Um contexto histórico social bem elaborado está em A. Schubert, *A Social History of Modern Spain* (Londres, Unwin Hyman, 1990). Uma ótima introdução à história econômica está em N. Sánchez Albornoz (org.), *The Economic Modernization of Spain, 1830-1930* (Nova York, New York University Press, 1987); J. Harrison, *The Spanish Economy in the Twentieth Century* (Londres, Croom Helm, 1985); e J. Palafox, *Atraso económico y democracia: la Segunda República y la economía española, 1892-1936* (Barcelona, Crítica, 1991).

É possível encontrar excelentes estudos sobre o movimento trabalhista organizado na Espanha, da Monarquia à República. Uma investigação abrangente das divisões da classe trabalhadora e da radicalização durante os últimos anos da Monarquia liberal pode ser encontrada em G. Meaker, *The Revolutionary Left in Spain, 1914-1923* (Stanford, CA, Stanford University Press, 1974).

O texto bem fundamentado de B. Martin, *The Agony of Modernization: Labor and Industrialization in Spain* (Ithaca, Cornell University Press, 1990), cobre o período que vai do século XIX à Guerra Civil. Sobre o movimento socialista, ver P. Heywood, *Marxism and the Failure of Organised Socialism in Spain, 1879-1936* (Cambridge, Cambridge University Press, 1990). Sobre o movimento anarco-sindicalista há importantes estudos em espanhol, como A. Bar, *La CNT en los años rojos, 1910-26* (Madri, Akal, 1981) e J. Casanova, *De la calle al frente: El anarcosindicalismo em Espana, 1931-1939* (Barcelona, Crítica, 1997). Em contrapartida, os textos em inglês são muitas vezes partidários e não têm grande valor acadêmico. Exceções são os trabalhos de C. Ealham como "Anarchism and Illegality in Barcelona, 1931-1937", *Contemporary European History*, vol.4, n.2 (1995); "Revolutionary gymnastics and the unemployed: The limits of the spanish anarchist utopia, 1931-37", in K. Flett e D. Renton (orgs.), *The Twentieth Century: A Century of Wars and Revolutions?* (Londres, Rivers Oram, 2000) e "Class and the city: Spatial memories of pleasure and danger in Barcelona, 1914-23", *Oral History*, vol.29, n.1, primavera, 2001). Uma interessante reunião de ensaios sobre o operariado catalão pode ser encontrada também em A. Smith (org.), *Red Barcelona: Social Protest and Mobilization in the Twentieth Century* (Londres, Routledge, 2002). Embora frustrante numa parte da conclusão, o livro *Workers and the Right in Spain, 1900-1936* (Princeton, Princeton University Press, 1984), de C. Winston, oferece uma contribuição original sobre o sindicalismo de direita.

Sobre o Exército, ver S. Payne, *Politics and the Military in Modern Spain* (Stanford, Stanford University Press, 1967); C.P. Boyd, *Praetorian Politics in Liberal Spain* (Chapel Hill, University of North Carolina Press, 1979); e M. Ballbé, *Orden público y militarismo en la España constitucional, 1812-1983* (Madri, Alianza, 1985). Uma investigação lúcida sobre a ideologia e o papel do Exército constitucional está em S. Balfour, *Deadly Embrace: Morocco and the Road to the Spanish Civil War* (Oxford, Oxford University Press, 2002). Um estudo clássico da questão crucial da reforma agrária e dos conflitos rurais é *Agrarian Reform and Peasant Revolution in Spain* (Londres, Yale University Press, 1970), de E. Malefakis. As análises mais completas sobre a Igreja Católica estão em F. Lannon, *Privilege, Persecution and Prophecy: The Catholic Church in Spain, 1875-1975* (Oxford, Oxford University Press, 1987) e H. Raguer, *La pólvora y el incienso: La Iglesia y la Guerra Civil Española, 1936-1939* (Barcelona, Península, 2001).

O crescente tumulto político e a rebelião social após a Primeira Guerra Mundial são examinados em F.J. Romero Salvadó, *Spain 1914-1918: Between*

War and Revolution (Londres, Routledge, 1999). A ditadura de Primo de Rivera é estudada por S. Ben-Ami em *The Origins of the Second Republic in Spain* (Oxford, Oxford University Press, 1978) e *Fascism from Above: The Dictatorship of Primo de Rivera in Spain, 1923-1930* (Oxford, Oxford University Press, 1983). No entanto, é possível encontrar estudos mais atualizados em livros escritos em espanhol, como M.T. González Calbet, *La Dictadura de Primo de Rivera* (Madri, El Arquero, 1987) e J.L. Gómez Navarro, *El régimen de Primo de Rivera* (Madri, Cátedra, 1991).

Uma excelente análise do colapso da Segunda República está em P. Preston, *The Coming of the Spanish Civil War: Reform, Reaction and Revolution in the Second Republic* (Londres, Routledge, 1994). Uma visão alternativa, solidária à Ceda, pode ser encontrada em S. Payne, *Spain's First Democracy: The Second Republic , 1931-6* (Madison, University of Wisconsin Press, 1993). O fracasso das políticas centristas é examinado em N. Townson, *The Crisis of Democracy in Spain: Centrist Politics under the Second Republic, 1931-1936* (Brighton, Sussex Academic Press, 2000). P.B. Radcliff apresenta um interessante estudo do radicalismo político e da polarização social que se concentra na cidade de Gijón, nas Astúrias, *From Mobilization to Civil War: The Politics of Polarization in the Spanish City of Gijón, 1900-1937* (Cambridge, Cambridge University Press, 1996). S. Juliá escreveu uma série de livros muito úteis em espanhol sobre esse período: *Madrid, 1931-34: de la fiesta popular a la lucha de clases* (Madri, Siglo XXI, 1984); *Orígenes del Frente Popular en España, 1934-6* (Madri, Siglo XXI, 1979); *Manuel Azaña: Una biografía política* (Madri, Alianza, 1991). Ele também é organizador de uma importante coletânea de ensaios, *Política en la Segunda República, Ayer* (1995).

Embora não estejam traduzidos em inglês, infelizmente, há inúmeras biografias e relatos de protagonistas cruciais: J.M. Gil Robles, *No fue posible la paz* (Madri, Planeta, 1998); M. Maura, *Así cayó Alfonso XIII* (Barcelona, 7ª ed., Ariel, 1995); N. Alcalá Zamora, *Memórias* (Madri, Planeta, 1998); F. Largo Caballero, *Mis recuerdos. Cartas a um amigo* (México: Ed. Unidas, 1976) e *Escritos de La República* (Madri, Pablo Iglesias, 1985); e M. Azaña, *Diários, 1932-3* (Madri, Crítica, 1997).

PESQUISAS GERAIS

Três das narrativas pioneiras sobre a Guerra Civil ainda são muito úteis: H. Thomas, *The Spanish Civil War* (Londres, Penguin, 3ª ed., 1986[1961]); G.

Jackson, *The Spanish Republic and the Civil War, 1931-39* (Princeton, Princeton University Press, 1967); e R. Carr, *The Spanish Tragedy in Perspective* (Londres, 1977, reimpresso por Sterling, 2002). O texto clássico dos autores franceses P. Broué e E. Témine *The Revolution and the Civil War in Spain* (Londres, Faber, 1972) é mais obsoleto. Existem muitos estudos mais recentes e concisos: H. Browne, *Spain's Civil War* (Harlow, Longman, 1983); S. Ellwood, *The Spanish Civil War* (Oxford: Blackwell, 1991); G. Esenwein e A. Schubert, *Spain at War: The Civil War in Context 1931-1939* (Londres, Longman, 1995); P. Preston, *A Concise History of the Spanish Civil War* (Londres, HarperCollins, 1996); A. Beevor, *The Spanish Civil War* (Londres, Cassell, 1999); e F. Lannon, *The Spanish Civil War, 1936-1939* (Oxford, Osprey, 2002). Coletâneas de artigos que abrangem uma variedade de aspectos importantes tanto da Segunda República como da Guerra Civil podem ser encontradas em P. Preston (org.), *Revolution and War in Spain, 1931-1939*, (Londres, Methuen, 1984); M. Blinkhorn (org.), *Democracy and Civil War in Spain, 1931-1939: Democracy and its Enemies* (Londres, Routledge, 1988); e P. Preston e A. Mackenzie (orgs.), *The Republic Besieged: Civil War in Spain, 1936-1939* (Edimburgo, Edinburgh University Press, 1996). Trabalho provocador baseado na história oral é R. Fraser, *Blood of Spain: An Oral History of the Spanish Civil War* (Harmondsworth, Penguin, 1981). Naturalmente, há muitos textos em espanhol. A coletânea de artigos de M. Tuñón de Lara et al., *La Guerra Civil Española 50 años después* (Barcelona, Labor, 1986), *La guerra de España, 1936-39* (Madri, Taurus, 1996); e S. Payne e J. Tusell (orgs.), *La Guerra Civil* (Madri, Temas de Hoy, 1996) são de grande valor. O estudo analítico recente mais importante é de E. Moradiellos, *1936: Los mitos de la Guerra Civil* (Barcelona, Península, 2004).

O CAMPO REPUBLICANO

A análise mais competente e bem fundamentada a respeito do impacto da guerra sobre a República está em H. Graham, *The Spanish Republic at War, 1936-39* (Cambridge, Cambridge University Press, 2002). Graham também é o autor do melhor e mais convincente relato sobre as tensões internas da República, que ficaram evidentes nos conflitos de maio de 1937: "Against the State: A genealogy of the Barcelona May Days", *European History Quarterly*, vol.29, n.4 (out 1999). Sobre a questão da guerra e da revolução, o trabalho monumental de B. Bolloten ainda tem importância: *The Grand Camouflage* (Nova

York, Prager, 1968). O livro de Bolloten foi mais tarde revisado e ampliado em outras publicações bem-sucedidas: *The Spanish Revolution* (Chapel Hill, University of North Carolina Press, 1979) e *The Spanish Civil War: Revolution and Counterrevolution* (Hemel Hempstead, Harvest Wheatsheaf, 1991). No entanto, a forte acusação de Bolleten referente ao Partido Comunista e ao primeiro-ministro Negrín foi contestada por trabalhos mais recentes, incluindo o estudo detalhado de H.R. Southworth: "The grand camouflage: Julián Gorkin, Burnett Bolloten and the Spanish Civil War", in Preston e Mackenzie (orgs.), *The Republic Besieged*. Ataque similar à tese de Bolloten pode ser encontrado em J. Aróstegui, "Burnett Bolloten y la Guerra Civil Española: La persistencia Del Gran Engaño", *Historia Contemporánea*, n.3 (1990). A caracterização de Negrín por Bolloten, por sua vez, como pouco mais que uma marionete de Moscou, tem sido questionada por estudos contundentes de M. Tuñón et al., *Juan Negrín, el hombre necesario* (Las Palmas, Gobierno Canario, 1996) e R. Miralles, *Juan Negrín* (Madri, Temas de Hoy, 2003). Uma boa versão em inglês da reavaliação de Negrín pode ser encontrada em H. Graham, "War, Modernity and Reform: The premiership of Juan Negrín, 1937-39", in Preston e Mackenzie (orgs.), *The Republic Besieged*; ver também H. Graham, "The Spanish Socialist Party in Power and the Government of Juan Negrín", *European History Quarterly*, vol.18, n.2 (1988).

Um relato interessante sobre a vida diária no campo republicano pode ser encontrado em R. Abellá, *La vida cotidiana durante la Guerra Civil: La España Republicana* (Barcelona, Planeta, 1975). No entanto, as memórias de protagonistas são indispensáveis para se compreender os momentos traumáticos que a República enfrentou durante a guerra: M. Azaña, *Memorias políticas y de la Guerra* (Barcelona, Crítica, 1978); J. Zugazagoitia, *Guerra y vicisitudes de los españoles* (Madri, Tusquets, 2001); F. Largo Caballero, *Mis recuerdos. Cartas a um amigo* (México, Unidas, 1976); J. Alvarez Del Vayo, *Freedom's Battle* (Londres, Heinemann, 1940); e A. Barea, *The Clash*, como parte de sua importante trilogia, *The Forging of a Rebel* (Londres, Granta Books, 2001). Um excelente estudo biográfico de proeminentes políticos republicanos – Manuel Azaña, Julián Besteiro e Indalecio Prieto – está em P. Preston, *¡Comrades! Portraits from the Spanish Civil War* (Londres, HarperCollins, 1999).

O estudo mais completo sobre a CNT durante a guerra é o já mencionado *De la calle al frente,* de J. Casanova. Uma versão resumida em inglês do trabalho de Casanova pode ser encontrada em "Anarchism and Revolution in the Spanish Civil War: The case of Aragon", *European History Quarterly*, vol.17, n.4

(out 1987). Outros trabalhos sobre o movimento anarco-sindicalista são: R.J. Alexander, *The Anarchists in the Spanish Civil War*, 2 vols. (Londres, Janus, 1999); J. Brademas, *Anarcosindicalismo y revolución en España, 1930-1937* (Barcelona, Ariel, 1974); G. Kelsey, *Anarchosyndicalism, Libertarian Communism and the State: The CNT in Zaragoza and Aragón* (Amsterdam, Institute for Social History, 1991); J. Peirats, *Anarchists in the Spanish Revolution* (Londres, Freedom Press, 1990). Também é relevante a autobiografia de J. García Oliver: *El eco de los pasos* (Paris, Ruedo Ibérico, 1978); e o estudo do líder anarquista Buenaventura Durruti por A. Paz, *Durruti: The People Armed* (Montreal, Black Rose Books, 1976).

O movimento socialista é estudado em H. Graham, *Socialism and War: The Spanish Socialist Party in Power and Crisis, 1936-1939* (Cambridge, Cambridge University Press, 1991). Por sua vez, a crescente influência do PCE no campo republicano pode ser encontrada em A. Elorza e M. Bizcarrondo, *Queridos camaradas: La Internacional Comunista y España, 1919-1939* (Madri, Planeta, 1999) e T. Rees, "The Highpoint of Communist Influence? The Communist Party and the Civil War in Spain", in T. Rees e A. Thorpe (orgs.), *International Communism and the Third International, 1919-43* (Manchester, Manchester University Press, 1998). Também vale a pena ler o ponto de vista da líder comunista Dolores Ibarruri em *They Shall Not Pass: The Autobiography of La Pasionaria* (Londres, Allen & Unwin, 1966); e R. Low, *La Pasionaria: The Spanish Firebrand* (Londres, Random House, 1992).

Com relação à dificuldade de criar um Exército Republicano, ver M. Alpert, *El ejército republicano en la Guerra Civil* (Madri, 2ª ed., Siglo XXI, 1989). Para o processo de coletivização, ver: J. Casanova (org.), *El sueño igualitario* (Saragoça, Fernando el Católico, 1989); W.L. Bernecker, *Colectividades y revolución social* (Barcelona, Crítica, 1982); A. Bosch, *Colectivistas, 1936-39* (Valência, Almudín, 1980); e G. Leval, *Collectives in the Spanish Revolution* (Londres, Freedom Press, 1975). Um número cada vez maior de livros trata da transformação do papel das mulheres na República: M.A. Ackelsberg, *Free Women of Spain: Anarchism and the Struggle for the Emancipation of Women* (Bloomington, Indiana University Press, 1991); M. Nash, *Defying Male Civilization: Women in the Spanish Civil War* (Denver, Arden Press, 1995); P. Preston, *Doves of War: Four Women of Spain* (Londres, HarperCollins, 2002); e A. Jackson, *British Women and the Spanish Civil War* (Londres, Routledge, 2002).

A melhor análise dos últimos dias da guerra é de A. Bahamonde e J. Cervera, *Así terminó la guerra de España* (Madri, Marcial Pons, 1999). A versão de

Casado dos acontecimentos pode ser encontrada em inglês: *The Last Days of Madrid* (Londres, Peter Davies, 1939). As ilusões e o desespero de Julián Besteiro estão perfeitamente ilustrados no capítulo dedicado a ele em Preston, *¡Comrades!*

A ZONA NACIONALISTA

Eliminando o grande número de narrativas e de propaganda franquista, sobram poucos estudos acadêmicos sobre os nacionalistas, bem menor que sobre a Espanha republicana. Uma exceção é o número significativo de importantes estudos biográficos sobre o *caudillo*. O livro mais completo e de longo alcance é o de P. Preston, *Franco* (Londres, HarperCollins, 1993). Preston também é o autor de um estudo resumido sobre o ditador espanhol, em conjunto com estudos do general Millán Astray e José Antonio Primo de Rivera em *¡Comrades!* Outras importantes biografias são a de J.P. Fusi, *Franco: A Biography* (Londres, Unwin Hyman, 1987); S. Ellwood, *Franco* (Londres, Longman, 1994); e a de G. Ashford Hodges, *Franco* (Londres, Weidenfeld & Nicolson, 2000). O estudo em espanhol sobre a ascensão de Franco durante a Guerra Civil realizado com mais competência é de J. Tusell, *Franco en la Guerra Civil* (Madri, Tuesquets, 1993). Um estudo bem interessante sobre as deficiências militares de Franco é *La incompetência militar de Franco* (Madri, Alianza, 2000) de C. Blanco Escolá. As análises mais proeminentes sobre as fundações míticas da cruzada nacionalista e da ascensão de Franco ao poder são os trabalhos de H.R. Southworth, *El mito de la cruzada e Franco* (Barcelona, Plaza & Janés, 1986) e *Conspiracy and the Spanish Civil War: The Brainwashing of Francisco Franco* (Londres, Routledge, 2002); e *Ideología e historia* (Madri, Akal, 1986) e *Franco Caudillo: Mito y realidad* (Madri, Tecnos, 1995), ambos de Reig Tapia,.

Além de seu excelente estudo sobre a República, R. Abellá é o autor de um interessante relato da vida cotidiana na Espanha de Franco: R. Abellá, *La vida cotidiana durante la Guerra Civil: La España Nacional* (Barcelona, Planeta, 5ª ed., 1976). Um estudo detalhado do carlismo nos anos 1930 pode ser encontrado em M. Blinkhorn, *Carlism and Crisis in Spain, 1931-39* (Cambridge, Cambridge University Press, 1975). Sobre a Falange, os melhores trabalhos são os de S. Ellwood, *Spanish Fascism in the Franco Era* (Londres, Macmillan, 1987); S. Payne, *Fascism in Spain, 1923-77* (Madison, University of Wisconsin Press, 1999); e J. Thomas, *La Falange de Franco. Fascismo y fascistización en el régimen franquista,*

1937-1945 (Barcelona, Plaza & Janés, 2001). Análises fundamentais sobre a Igreja Católica e a Guerra Civil estão no livro já mencionado de Raguer, *La pólvora y el incienso*, e em J. Casanova, *La Iglesia de Franco* (Madri, Temas de Hoy, 2001). As fundações políticas do Estado nacionalista são bem analisadas por I. Saz em *España contra España: Los nacionalismos franquistas* (Madri, Marcial Pons, 2003) e *Fascismo y Franquismo* (Valência, Universitat de València, 2004).

HISTÓRIA MILITAR

A literatura em inglês referente aos aspectos militares e às importantes batalhas da guerra se tornou ultrapassada com a publicação de livros espanhóis com pesquisa mais detalhada e mais recente. Duas exceções são o penetrante estudo sobre a guerra aérea de G. Howson, *Aircraft of the Spanish Civil War, 1936-1939* (Londres, Putnam, 1990) e uma análise completa do bombardeio de Guernica, de H.R. Southworth, *Guernica! Guernica! A Study of Journalism, Diplomacy Propaganda and History* (Berkeley: California University Press, 1977).

Narrativas em inglês sobre a batalha e o cerco de Madri, como a de R.G. Colodny, *The Struggle for Madrid* (Nova York, Payne-Whitman, 1958) e D. Kurzman, *Miracle of November* (Nova York, Putnam, 1980) têm sido substituídas por livros em espanhol como os de J. Aróstegui e J.A. Martínez, *La Junta de Defensa de Madrid* (Madri, Comunidad de Madrid, 1984) e J.M. Reverte, *La Batalla de Madrid* (Barcelona, Crítica, 2004). O mesmo pode ser dito sobre o avanço do Exército da África. Antigos textos, como os de H.G. Cardozo, *The March of a Nation: My Year of Spain's Civil War* (Londres, Right Book Club, 1937) e C. Gerahty, *The Road to Madrid* (Londres, Hutchinson, 1937), parecem muito ultrapassados se comparados com novas contribuições como as de F. Espinosa Maestre, *La columna de la muerte. El avance del Ejército franquista de Sevilla a Badajoz* (Barcelona, Crítica, 2003).

Os arquivos militares espanhóis produziram inúmeros livros sobre todas as importantes batalhas (Servicio Histórico Militar). Um resumo bem coeso sobre os aspectos militares da guerra pode ser encontrado em G. Cardona, "Las operaciones militares", in M. Tuñón de Lara et al., *La Guerra Civil Española*. A batalha do Ebro, o combate mais sangrento e duradouro da guerra, foi examinada a fundo a partir de diferentes perspectivas por J.M. Reverte, *La batalla del Ebro* (Barcelona, Crítica, 2003), e M. Alonso Baquer, *El Ebro: La batalla decisiva de los cien dias* (Madri, La Esfera de los Libros, 2003). Uma análise bem interessante de cada batalha (comparando as estratégias seguidas pelo general Franco e pelo chefe do Estado-Maior da República, general Rojo) pode ser encontrada no livro já mencionado de Blanco Escolá, *La incompetencia militar de Franco.*

A INTERVENÇÃO EXTERNA

A dimensão internacional da guerra é o campo mais bem abordado pelas publicações em inglês. Uma interessante pesquisa pioneira é a de D.A. Puzzo, *Spain and the Great Powers* (Nova York, Columbia University Press, 1962). Um pouco menos atualizada é a de P. van der Esch, *Prelude to War* (Haia, Martinus Nijhoff, 1951). Análise mais recente e de fácil compreensão é do livro de M. Alpert, *A New International History of the Spanish Civil War* (Londres, Macmillan, 1994). G. Howson tem um trabalho bastante original (centrado na área até então negligenciada de transações e obtenções de armas): *Arms for Spain: The Untold Story of the Spanish Civil War* (Londres, John Murray, 1998). A melhor pesquisa em espanhol é de E. Moradiellos, *El reñidero de Europa: Las dimensiones internacionales de la Guerra Civil Española* (Barcelona, Península, 2001). Também interessante é o trabalho, publicado originalmente em francês, por J. F. Berdah, *La democracia asesinada: La república española y las grandes potencias, 1931-1939* (Barcelona, Crítica, 2002).

Sobre a posição da Grã-Bretanha durante a Guerra Civil Espanhola, vale a pena ler os textos: *The Effects of the Spanish Civil War on British Political Opinion* (Edimburgo, R. & R. Clark, 1963) de K.W. Watkins; *The British Government and the Spanish Civil War* (Londres, Macmillan, 1979) de J. Edwards; e *Malevolent Neutrality: The United States, Great Britain and the Origins of Non-Intervention* (Ithaca, NY, Cornell University Press, 1981) de D. Little. Um trabalho recente mais simpático ao governo britânico é o de T. Buchanan, *Britain and the Spanish Civil War* (Cambridge, Cambridge University Press, 1997). No entanto, as melhores análises estão em J. Avilés Farré, *Pasión y farsa: Franceses y británicos ante la Guerra Civil* (Madri, Eudema, 1994); E. Moradiellos, *Neutralidad benévola* (Oviedo, Pentalfa, 1990); e E. Moradiellos, *La Perfidia de Albión* (Madri, Siglo XXI, 1996). Felizmente, os trabalhos de Moradiellos têm versões em inglês: "The origins of British non-intervention in the Spanish Civil War: Anglo-Spanish relations in early 1936", *European History Quarterly*, vol.21, n.131, 1991; "British political strategy in the face of the military rising of 1936 in Spain",

Contemporary European History, vol.1, n.2, 1992; "Appeasement and non-intervention: British policy during the Spanish Civil War", in P. Catterall e C.J. Morris (orgs.), *Britain and the Threat to Stability in Europe, 1918-45* (Leicester, Leicester University Press, 1993); e "The gentle general: The official british perception of general Franco during the Spanish Civil War", in Preston e Mackenzie (orgs.), *The Republic Besieged*.

A atitude francesa é examinada em J. Dreifort, *Yvon Delbos at the Quai d'Orsay: French Foreign Policy during the Popular Front, 1936-1938* (Lawrence, University Press of Kansas, 1973); J. Lacouture, *Léon Blum* (Nova York, Holmes & Meier, 1982); e P. Jackson, "French strategy and the Spanish Civil War", in C. Leitz e D.J. Dunthorn (orgs.), *Spain in an International Context, 1936-1959* (Oxford, Berghahn, 1999). Os textos em francês são bastante reveladores: *L'Oeuvre de Léon Blum*, vol.IV, n.2 (Paris, Albin Michel, 1965); P. Renouvin e R. Rémond (orgs.), *Léon Blum, chef du gouvernement, 1936-1937* (Paris, Presses de la Fondation Nationale des Sciences Politiques, 1967); D.W. Pike, *Les Français et la guerre d'Espagne* (Paris, Presses Universitaires de France, 1975); e J. Sagnes e S. Caucanas, *Les Français et la guerre d'Espagne* (Perpignan, Université de Perpignan, 1990). Em espanhol, há a importante contribuição de J. Avilés Farré já mencionada, *Pasión y farsa*, e o breve, porém completo, ensaio de R. Miralles, "La política exterior de la República española hacia Francia durante la guerra civil", *História Contemporánea*, n.10, 1993.

Sobre o papel da União Soviética na Guerra Civil Espanhola, E.H. Carr escreveu o livro pioneiro *The Comintern and the Spanish Civil War* (Londres, Macmillan, 1984), que está agora um pouco obsoleto. A análise mais recente e abrangente é de D. Kowalsky, *La Unión Soviética y la guerra civil española* (Barcelona, Crítica, 2004). No entanto, um ensaio bem claro e sucinto sobre as razões do envolvimento soviético é encontrado no livro de D. Smyth, "We are with you: solidarity and self-interest in Soviet policy towards Republican Spain, 1936-1939", in Preston e Mackenzie (orgs.), *The Republic Besieged*. Também é válido ler S. Payne, *The Spanish Civil War, the Soviet Union and Communism* (New Haven, CT, Yale University Press, 2004); G. Roberts, "Soviet foreign policy and the Spanish Civil War, 1936-1939", in C. Leitz e D.J. Dunthorn (eds), *Spain in an International Context, 1936-1959* (Oxford, Berghahn, 1999); e J. Haslam, *The Soviet Union and the Struggle for Collective Security in Europe, 1933-1939* (Londres, Macmillan, 1984). Um grande número de documentos originais dos arquivos soviéticos tem sido publicado e organizado por R. Radosh et al., in *Spain Betrayed: The Soviet Union in the Spanish Civil War* (Londres, Yale University Press, 2001). Os trabalhos já mencionados de Elorza e Bizcarrondo, *Queridos camaradas*, e de Rees, "The highpoint of Communist influence?", também apresentam consultas aos arquivos soviéticos. O ponto de vista do embaixador soviético em Londres está em I. Maisky, *Spanish Notebooks* (Londres, Hutchinson, 1966) e é uma leitura bastante proveitosa.

Sobre a intervenção da Alemanha, os *Documentos sobre a política externa alemã 1918-1945*, série D, vol.3: *Germany on the Spanish Civil War* (Londres, HMSO, 1951), são indispensáveis. O melhor estudo sobre a decisão de Hitler de intervir na Espanha é de A. Viñas, *Franco, Hitler y el estallido de la guerra civil* (Madri, Alianza, 2001). Outros textos fundamentais são de R.H. Whealey, *Hitler and Spain: The Nazi Role in the Spanish Civil War* (Lexington: University Press of Kentucky, 1989) e R. Proctor, *Hitler's Luftwaffe in the Spanish Civil War* (Westport, CT, Greenwood Press, 1983). C. Leitz é o autor de uma série de análises irrefutáveis sobre os aspectos econômicos da intervenção nazista: *Economic Relations between Nazi Germany and Franco's Spain, 1936-1945* (Oxford, Oxford University Press, 1995); "Nazi Germany's intervention in the Spanish Civil War and the Foundation of Hisma/Rowak", in Preston e Mackenzie (orgs.), *The Republic Besieged*; e "Nazi Germany and Francoist Spain, 1936-45", in S. Balfour e P. Preston (orgs.), *Spain and the Great Powers* (Londres, Routledge, 1999).

Sobre o papel da Itália, o livro de J. Coverdale, *Italian Intervention in the Spanish Civil War* (Princeton, NJ, Princeton University Press, 1975), ainda é bastante útil. No entanto, as explicações de Coverdale para as razões originais de Mussolini intervir na Espanha têm sido contestadas – primeiro por I. Saz, *Mussolini contra la II República* (Valência, Alfons el Magnánim, 1986) e em seguida por P. Preston, "Mussolini's Spanish adventure: From limited risk to war", in Preston e Mackenzie (orgs.), *The Republic Besieged* e "Italy and Spain in Civil War and World War", in S. Balfour e P. Preston (orgs.), *Spain and the Great Powers*. M. Heiberg apresenta um competente panorama em *Emperadores del Mediterrâneo: Franco, Mussolini y la Guerra Civil Española* (Barcelona, Crítica, 2004). Os textos do ministro das Relações Exteriores italiano, G. Ciano, são bastante reveladores: *Diplomatic Papers* (Londres, Oldham Press, 1948) e *Diary, 1937-43* (Londres, Phoenix, 2002).

A contribuição mais recente sobre o papel dos Estados Unidos é o já mencionado livro de D. Little, *Malevolent Neutrality: The United States, Great Britain and Origins of Non-Intervention*. Os textos de A. Guttmann, *American Neutrality and the Spanish Civil War* (Bloomington, Indiana University Press, 1963) e

American Diplomacy and the Spanish Civil War (Bloomington, Indiana University Press, 1968, de R.P. Traina), são um tanto obsoletos. Um interessante testemunho é dado pelo embaixador dos Estados Unidos C. Bowers em *My Mission to Spain* (Londres, Gollancz, 1954). Sobre a intervenção portuguesa, o trabalho tradicional é o de G. Stone, *The Oldest Ally: Britain and the Portuguese Connection, 1936-1941* (Woodbridge, Royal Historical Society, 1994). Sobre o papel do México, ver T.G. Powell, *Mexico and the Spanish Civil War* (Albuquerque, University of New México Press, 1981). M.R. de Madariaga produziu a obra de maior alcance sobre o papel fundamental dos mercenários mouros na guerra: *España y el Rif* (Málaga, Centro Asociado e Melilla, 2ª ed., 2000) e *Los Moros que trajo Franco: La intervención de tropas coloniales en la guerra civil* (Barcelona, Martinez Roca, 2002). Uma versão resumida de seu trabalho foi traduzida para o inglês: "The Intervention of Moroccan Troops in the Spanish Civil War: A Reconsideration", *European History Quaterly*, vol.22, n.3 (1992).

INTELECTUAIS E VOLUNTÁRIOS INTERNACIONAIS

As Brigadas Internacionais têm sido tema de muitos livros. No entanto, ficou comprovado que alguns dos trabalhos tradicionais são bastante distorcidos e mesmo imprecisos. Entre tais publicações estão V. Brome, *The International Brigades* (Londres, Heinemann, 1965); V.B. Johnson, *Legions of Babel: The International Brigades in the Spanish Civil War* (University Park, Pennsylvania State University Press, 1967); e R.D. Richardson, *Comintern's Army: The International Brigades and the Spanish Civil War* (Lexington, University Press of Kentucky, 1982). Uma tentativa mais bem-sucedida é a de M. Jackson, *Fallen Sparrows: The International Brigades in the Spanish Civil War* (Filadélfia, P.A, American Philosophical Society, 1994). Embora se concentre principalmente no contingente francês, a melhor análise geral e atualizada sobre as Brigadas Internacionais é a de R. Skoutelsky, *L'Espoir guidait leur pas: Les volontaires français dans les Brigades Internationales, 1936-1939* (Paris, Grasset, 1998). Em relação às Brigadas Britânicas, uma análise completa foi elaborada por R. Baxell em *British Volunteers in the Spanish Civil War: The British Battalion in the International Brigades* (Londres, Routledge, 2004). A respeito dos norte-americanos, o trabalho mais competente é o de P.N. Carroll, *The Odyssey of the Abraham Lincoln Brigade: Americans in the Spanish Civil War* (Stanford, CA, Stanford University Press, 1994). Um relato interessante de voluntários na Espanha nacionalista pode ser encontrado em J. Keene, *Fighting for Franco: International Volunteers in Nationalist Spain during the Spanish Civil War* (Londres, Leicester University Press, 2001).

Existem muitas biografias de voluntários como de J. Gurney, *Crusade in Spain* (Newton Abbot, Faber & Faber, 1974); B. Alexander, *British Volunteers for Liberty* (Londres, Lawrence & Wishart, 1983); M. Merriman e W. Lerude, *American Commander in Spain: Robert Hale Merriman and the Abraham Lincoln Brigade* (Reno, University of Nevada Press, 1986); Walter Gregory, *The Shallow Grave* (Gollancz, 1986); e M. Wolff, *Another Hill* (Chicago, University of Illinois Press, 1994).

Com relação aos intelectuais e a guerra, provavelmente o relato mais conhecido de experiências é o de G. Orwell, *Homage to Catalonia* (Harmondsworth, Penguin, 1987). Igualmente interessantes são os trabalhos de F. Borkenau, *The Spanish Cockpit: An Eyewitness Account of the Political and Social Conflicts of the Spanish Civil War* (Londres, Pluto Press, 1986) e A. Koestler, *Dialogue with Death* (Londres, Papermac, 1983). Exemplos de relatos ficcionais da guerra são de E. Hemingway, *For whom the bells tolls* (Londres, Scribner, 1995), traduzido para o português como *Por quem os sinos dobram*, e o excelente romance (com base nas experiências dele na força aérea republicana) de A. Malraux, *L'Espoir* (Paris: Gallimard, 1987), traduzidos para o português como *A esperança*. Uma boa compilação de ensaios e artigos de vários intelectuais sobre a Guerra Civil Espanhola é encontrada em V. Cunningham (org.), *Spanish Front: Writers on the Civil War* (Oxford, Oxford University Press, 1986) e J. Pérez e W. Aycock (orgs.), *The Spanish Civil War in Literature* (Lubbock, TX, Tech University Press, 1990).

O LEGADO DA GUERRA

Desde a metade dos anos 1980, a riqueza dos estudos acadêmicos centrados nas províncias tem sido vital para revelar aspectos até então desconhecidos da guerra e a subseqüente repressão. Alguns desses inovadores trabalhos foram reunidos em coletâneas de ensaios. Entre os mais abrangentes estão: S. Juliá (org.), *Víctimas de la guerra civil* (Madri, Temas de Hoy, 1999); J. Casanova et al., *Morir, matar, sobrevivir: La violência en la dictadura de Franco* (Barcelona, Crítica, 2002); e C. Molinero, M. Sala e J. Sobrequés (orgs.), *Una immensa prisión: Los campos de concentración y las prisiones durante la guerra civil y el franquismo* (Barcelona, Crítica, 2003). Outros excelentes trabalhos sobre a questão da repressão franquista são A. Cazorla Sánchez, *Las políticas de la victoria. La consolidación del Nuevo Estado franquista (1938-1953)* (Madri, Marcial Pons, 2000); e os ensaios de A. Cenarro: "Muerte y subordinación en la España franquista: El império de la violência como base del nuevo Estado", *Historia Social*, n.30 (1998) e "Matar, vigilar y delatar: La quiebra de la sociedad civil durante la guerra y la posguerra em España, 1936-48, *Historia Social*, n.44 (2002). Uma análise crucial do legado franquista da propaganda de manipulação e da criação de mito é a de A. Reig Tapia, *Memoria de la Guerra Civil* (Madri, Alianza, 1999).

Além das biografias de Franco e de algumas pesquisas gerais sobre o regime franquista, há uma pequena bibliografia em inglês sobre a repressão e o legado da guerra. Embora sejam poucos, são livros excelentes. São cruciais os trabalhos de P. Preston, *The Politics of Revenge: Fascism and the Military in the 20th Century Spain* (Londres, Routledge, 1995); M. Richards, *A Time of Silence: Civil War and the Culture of Repression in Franco's Spain, 1939-1945* (Cambridge, Cambridge University Press, 1998); e H. Graham, "Spain's Memory Wars", *History Today*, mai 2004. Um relato bastante comovente do destino dos republicanos espanhóis na França ocupada pode ser encontrado em D.W. Pike, *Spaniards in the Holocaust: Mauthausen, the Horror on the Danube* (Londres, Routledge, 2000).

E, por fim, podemos também encontrar importantes obras escritas originalmente em espanhol, mas traduzidas para o inglês: A. Cenarro, "Memory beyond the public sphere: The francoist repression remembered in Aragon", in R. Rein (org.), *Spanish Memories: Images of a Contested Past; History and Memory*, vol. 44 (outono, 2002); e P. Aguilar Fernández, *Memory and Amnesia: The Role of the Spanish Civil War in the Transition to Democracy* (Nova York, Berghahn, 2002).

AGRADECIMENTOS

Tenho muitas dívidas de gratidão contraídas durante os anos que levei para escrever este livro. Gostaria de expressar meus agradecimentos ao Cañada Blach Centre, na London School of Economics, instituição de pesquisa com um ambiente ideal para todos os especialistas em cultura hispânica que trabalham em Londres. Seu diretor, o professor Paul Preston, sempre foi uma fonte de inspiração para mim, oferecendo apoio e incentivo contínuos. Na verdade, este trabalho deve muito à esclarecedora obra de Preston sobre a Guerra Civil Espanhola. Também gostaria de agradecer à equipe da Fundação Pablo Iglesias, em Madri, ao Centre d'Estudis d'Historia Contemporánia (Biblioteca Figueras) e ao Ateneu Enciclopèdic Popular, em Barcelona, por sua ajuda.

Durante minha pesquisa na Espanha tive a sorte de entrevistar um grupo de pessoas que viveram a guerra. Seus relatos sempre tocantes me ajudaram a entender a loucura e os intensos sentimentos desencadeados pelo conflito. Sou profundamente grato a Carmen Salvadó, Ramón Castelló e Miquel Serrano, em Lleida; Rafael Puerta e Alberto Guerrero, em Madri; e Ana Torres, Angel Romero, Juan Ferrer, Lidia Bosch e Domingo Monsuri, em Valência, por compartilharem suas memórias comigo.

Sou grato a vários amigos e colegas. Antes de tudo, tenho uma dívida enorme com Jonathan Smele por sua revisão meticulosa e pelas sugestões úteis. Tive muita sorte de ter os rascunhos de alguns capítulos deste livro lidos e criticados por dois dos principais especialistas sobre o assunto, Helen Graham e Enrique Moradiellos. Também gostaria de agradecer a Jerry Blaney, Angela Cenarro, Christopher Ealham, Darren Olley e Augustí Salvadó por seus conselhos e ajuda; e a Carlos Puerta, Paula Pinto, Joan Miquel Reichs e Montserrat Salvadó pela cordial hospitalidade durante minhas visitas à Espanha.

Finalmente, nunca conseguiria expressar o quanto devo a minha esposa, Alison Pinington, que não só leu como propôs sugestões sobre cada esboço do livro. Ainda aceitou com seu incomparável bom humor e contínuo apoio minhas constantes viagens para o exterior, minha pesada carga de trabalho e as variadas disposições de ânimo.

Sem ajuda, apoio e incentivo de todos esses amigos e colegas, este trabalho provavelmente nunca estaria completo. Certamente quaisquer erros do texto são de minha total responsabilidade.

ÍNDICE REMISSIVO

Este livro foi composto por Letra e Imagem em Dante e Honest John
e impresso pela Geográfica Editora em agosto de 2008.